철학의 전략화
브랜드 전략

Unitas BRAND
Vol.17 '브랜드 전략'을 읽기 전에

왜, 브랜드 전략일까?
'브랜드 중심'이라는 신질서가 '마케팅 중심'이라는 구질서를 바꾸고 있기 때문이다. 그래서 더 이상 마케팅 전략을 브랜딩을 위한 모든 것이라 생각해서는 안 된다. 또 하나, 유니타스브랜드는 '새롭게 보기'라는 DNA를 가지고 있다. 그래서 항상 새로운 특집을 준비할 때마다 되묻는다. '지금까지 이야기되고 있는 전략이(리더십, 혹은 브랜드 교육이) 과연 맞는 것일까? 그것으로 지금의 브랜드들에서 발견되는 현상들을 모두 설명할 수 있을까?' 이번에도 같은 질문을 던졌고, 브랜드 전략이 새롭게 정의되어야 한다고 판단했다.

무엇이, 브랜드 전략일까?
브랜드 전략을 한 문장으로 답하기에 4개월의 연구 기간은 충분치 않았다. 하지만 마케팅 전략이 아닌 브랜드 전략(장기적인 관점에서 브랜드 가치를 더하는 방향의 방법)을 실행하고 있다고 여겨지는 7개의 브랜드를 통하여 공통적인 패턴을 발견할 수 있었다. 다음의 공통점을 조합하여 브랜드 전략에 대한 정의를 직접 한 문장으로 만들어 보기 바란다. 이때 한 가지 제안은, 첫 번째 패턴인 '철학의 전략화'는 이번 호의 전체 주제로 삼을 만큼 중요하게 다루어졌으니 깊이 있는 이해를 위해 이것에 초점을 맞추라는 것이다.

첫째, 철학의 전략화. 이들은 브랜드 전략을 정하기에 앞서 '우리가 누구인가' 즉, '우리 브랜드는 무엇인가'를 정의했다. 그리고 정의한 대로 자기답게 행동했다. 그것을 외부에서는 '전략적'이라고 말했지만, 그들은 '철학대로 행동한 것뿐'이라고 말한다.

둘째, 셀프 첼린징. 이들은 경쟁사를 염두에 둔 전략, 즉 경쟁사의 가격을 고려한 가격 정책, 경쟁사의 포지셔닝 존zone을 피한 포지셔닝, 경쟁사의 신제품을 공격하기 위한 프로모션 등에 대해 별로 말하지 않았다. 오히려 '나 자신과의 싸움' '스스로에 대한 만족' '나다워지기 위하여'와 같은 대답을 들려주었다. 그들에게 경쟁자는 자기 자신이었다.

셋째, WIN-WIN-WIN 전략. 이상적인 브랜드 전략은 서로 승리하는 전략이다. 고객, 협력사, 투자사와도 승-패가 아닌 승-승을 고민한다. 심지어 경쟁사와도 피 흘리는 전쟁을 하는 것이 아니라, 시장의 파이를 키우고, 서로의 영역을 존중하며 상생할 수 있는 방법을 도모한다.

넷째, 진짜 전략가. 인터뷰이의 대부분은 전략 이론을 일부러 공부하지 않았다. 하지만 이들은 '전략적 사고'를 가지고 '전략적 실행'을 하는 진짜 전략가였다. 따라서 인터뷰 내용에서 봐야 할 것은 전략 이론이 아니라, 이들의 전략적 사고다.

NEVERENDING STORY

철학의 결정판, 전략
전략의 완결판, 철학

현재의 시장 상황을 바둑판에 비유한다면 단순히 흑돌과 백돌의 경쟁이 아니라 수없이 많은 색깔의 돌이 저마다의 전략을 구사하기에 아예 판이 바뀌었다고 말할 수 있을 것이다. 시장의 판이 바뀌었다면 그 판에서 나름대로 규칙과 질서를 이해하고 있는 브랜드는 무엇을, 그리고 어떻게 생각하고 미래를 준비해야 할까?

☑ 브랜드가 '우리는 무엇인가?'라는 철학적(존재론적) 질문에 답할 수 있다면, 그 지점에서 새로운 전략을 생각할 수 있게 된다. 혼돈의 시장 경쟁에서는 막강한 전략을 구축하기 전에 근본적인 질문이 필요하다. 즉 자신의 아이덴티티를 유지하기 위해서는 '나는 누구인가?'라는 질문에 답을 얻으려고 애써야 한다.

☑ 전략의 근간이 될 브랜드 철학을 구축하기 위해서 A4용지 2장과 볼펜 하나를 준비하라. 스스로 '우리 브랜드는 무엇인가?'라는 질문에 대한 답을 쓰는 것이다. 브랜더들은 '우리에게 이것 말고는 다른 것이 없다'는 것을 발견할 때까지 생각해야 한다. 오직 하나만 남아있을 때 거기서 브랜드 철학이 시작되기 때문이다.

☑ 브랜드 전략은 경쟁에서 조화의 개념으로 바뀌어 가고 있다. 브랜드가 사회를 변화시키고, 브랜드의 '독특하고 유일무이한 아이덴티티'가 고객의 아이덴티티 구축을 돕고, 나아가 브랜드로 인해서 좋은 경제가 만들어지고, 브랜드가 사람들의 문화와 라이프 스타일을 만들 것이다.

Conscious Capitalism,
Conscious Business,
Conscious Brand Strategy

배려와 연민, 의미와 목적의 깨어있는 브랜드 전략

The interview with 라젠드라 시소디어(Rajendra S. Sisodia)

짐 콜린스 연구팀의 《좋은 기업을 넘어 위대한 기업으로》, 톰 피터스 연구팀의 《초우량 기업의 조건》과 같이 기업들의 지향점에 대한 연구는 여기저기서 계속되고 있다. 여기 벤틀리 대학의 시소디어 연구팀은 '위대한 기업을 넘어 사랑받는 기업'을 연구 중이다. 그가 말하는 사랑받는 기업은 비즈니스를 돈을 벌기 위한 도박판이나 누군가와 싸워 이기기 위한 전쟁터로 바라보지 않는다.

"깨어날 것인가, 깨어나지 않을 것인가?" 이것이 그의 첫 질문이다. 왜냐하면 지금은 자본주의조차 깨어나는(패러다임이 바뀌는) 거대한 분기점이기 때문이다. 따라서 깨어있지 않은 비즈니스와 브랜드는 장기적으로 성공할 수 없다.

"사랑받는 기업의 전략은 공허하지 않다" 이것이 그의 주요 주장이다. 이해당사자 stakeholder들로부터 사랑받는 기업들은 고차원적 목적의식을 가지고 있기 때문에 이것에 의해서 더 독창적인 전략을 만들어 내고, 공허감을 맛보게 하지도 않는다.

"사랑받는 기업의 이기는 전술, 전략, 그리고 전쟁을 배워라" 이것이 그가 사랑받는 기업을 연구하는 이유다. 그가 말하는 '깨어있는 비즈니스, 깨어있는 브랜드'는 궁극적으로 WIN-WIN-WIN-WIN 게임이며, 이들이 만들어내는 비즈니스 가치의 가능성은 거의 무한대이기 때문이다.

STRATEGIZATION
철학의 전략화 CASE 1

좀 더 생생한 직업 체험 활동을 위해 실제 보잉 727기의 반을 잘라 건물 안으로 들여온 어린이 테마파크 키자니아, 올바른 택시 사업을 위해서 업계의 관행에 무조건 따르지 않고 택시 요금 인하 소송도 불사한 MK 택시, 유연한 조직 구성과 사고방식의 혁신을 이루기 위해 모든 책상과 의자, 사물함에 바퀴를 단 오티콘. 이들 브랜드의 공통점은 무엇일까? 바로 대부분의 기업이 쉽게 생각할 수 없었던 것을 생각해내고 그것을 곧 실행에 옮긴 브랜드라는 점이다. 대한민국 경계 너머 세계 여러 곳에서 태어난 이 브랜드들이 전해온 소식에는 새로운 방법으로 자신만의 철학을 전략화하고자 하는 브랜드라면 눈여겨 봐야 할 메시지들이 담겨 있다. 그렇다면 지금부터 이 메시지들을 하나씩 살펴보도록 하자.

KIDZANIA

컨텐츠의 Story, 재현물의 Subtlety, 행동의 Standard가 만든 Strategy, 키자니아

The interview with 키자니아 서울 대표 최성금, 건설본부장 강석구, 컨텐츠팀장 이경미

개장 4개월 만에 누적 방문자 수 27만 명을 넘긴 어린이 직업체험 테마파크 키자니아는 하고 싶은 것, 되고 싶은 것이 너무나 많은 '요즘 아이들'의 마음만 설레게 하는 것이 아니다. 교육열 높기로 소문난 대한민국의 엄마들, 그리고 키자니아 내에 자사 브랜드를 입점시켜 마케팅 효과를 톡톡히 누리려는 브랜드 담당자의 마음도 설레게 한다. WIN-WIN-WIN(아이-부모-기업)의 3자 수혜 구조를 실현시킨 키자니아는 대체 누구이며, 어떤 전략을 쓰고 있는 것일까?

그들의 전략은 키자니아의 핵심 명제, '어린이에 의한, 어린이의, 어린이를 위한(by the Children, of the Children, for the Children) 공간을 만드는 것'을 실현시키기 위한 솔루션이다.

키자니아가 가진 철학을 컨텐츠로 만들出 스토리Story로 풀어낸 것이, 모든 것을 실제 규모의 3분의 2크기로 구현한 재현물이 가진 미묘함Subtlety이, 브랜드의 핵심가치를 지키기 위해 갖게 된 행동의 기준Standard들이 자연스럽게 타사와는 차별화된 브랜드로 거듭나게 했다.

또한 자신들의 '고객(Who)' 고객의 니즈(What)' 그리고 '그 니즈를 충족시킬 방법(How)'의 3가지 축을 중심으로 그에 맞는 '재화(제품 및 서비스)'를 제공하는 것 자체가 그들에게는 전략이다.

MK TAXI

Game Master의 Game Changing Strategy
'장사꾼'의 철학에서 배우는 '친절한' 전략 운행법, MK 택시

The interview with MK 그룹 부회장 유태식

일본의 유명 택시회사 MK 그룹은 다른 택시회사들뿐만 아니라 JAL과 같은 거대 항공 기업이나 병원, 일반 기업들까지도 'MK를 배우자'며 MK 그룹을 직접 찾아가 강연을 듣고 교육을 받게 만들었다. 이 일본 기업의 총수는 재일 교포 유봉식 회장, 유태식 부회장 형제다. 몹시 어렵던 시절에 일본에 건너가 한 달 순이익만 2억 7천만 엔을 내는 성공적인 브랜드가 되기까지 이들은 '친절'만을 철학이자 전략으로 믿고 노력했다고 한다. 친절이라는 간단한 단어 아래 숨겨진 이들의 성공적인 브랜드 전략의 비밀은 과연 무엇일까?

MK 택시는 경쟁자를 꺾기 위한 전략을 세우거나 실행하지 않았다. 이들이 경쟁자보다 먼저 고려한 것은 인명을 수송하는 중요한 일을 하면서도 부당한 대우를 받는 택시 기사들이었다.

MK 택시는 기사들이 더 나은 환경에서 교육을 받고 친절한 서비스를 제공하면 기사들의 자존감이 높아지고 승객들도 이들을 존경할 수 있을 것이라 생각하고 이를 어렵게 만드는 문제들을 해결해 나갔다. 결과적으로 MK 택시는 택시 업계가 고수하던 게임의 룰을 바꿈으로써 스스로 차별화되었다.

택시 기사들의 주택 문제를 해결하고, 친절한 인사를 건네지 않으면 요금을 받지 않으며, 요금 인하 소송을 하고, 지체부자유자 우선 승차제 등을 마련한 것은 모두 MK 택시의 철학에서 비롯된 전략이었다. 이것은 존경받는 택시 회사와 택시 기사가 되어 '이동하기 위해서가 아니라 오로지 MK 택시를 타기 위해서 승객이 이들을 찾을 것'이라는 MK 택시의 꿈에 한 걸음 더 다가가게 한다.

OTICON

그들의 보청기만큼 그들이 일하는 방식으로 유명한

오티콘의
정신 모델 경영론

The interview with 오티콘 전 CEO 라스 콜린드(Lars Kolind), 오티콘 코리아 대표 박진균

110년의 역사를 가진 덴마크의 보청기 브랜드 오티콘. 이 브랜드는 창립 후 80년쯤 되었을 때, 거대한 경쟁자의 출현과 기업 내부의 매너리즘으로 인해 유례없는 적자를 기록했다. 그러나 오티콘은 이런 위기를 극적으로 극복하고 현재는 세계 최고의 혁신 기업 중 하나로 꼽히고 있다. 고객들의 소리에 귀를 막고 한 때 귀머거리가 되었던 이 브랜드가 다시 청력을 회복할 수 있었던 이유는 모든 직원의 DNA를 근본적으로 바꾸었기 때문이다.

1987년 오티콘의 신임 CEO 라스 콜린드가 취임했을 때, 그는 오티콘의 문제를 '나쁜 정신 모델', 즉 이들의 사고 방식과 일하는 방식에 있다고 판단했다.

'코기타테 인코그니타(Cogitate Incognita, 생각할 수 없는 것을 생각하라)'라는 이들의 변혁 프로젝트 결과, 전통적이고 보수적인 기업문화는 생각할 수 없던 모습으로 변모되었다. 모든 사무실에 '종이 문서'와 '파티션'이 사라졌고, 보청기를 '청각장애자를 위한 스피커'가 아니라 '창조적 인생을 위한 수단'으로 재정의 하고, 언제든 변할 수 있는 기업문화를 보여주기 위해 모든 책상과 의자, 사물함에 바퀴를 달았다.

하지만 모든 것을 바꾼 것은 아니었다. 딱 한 가지 바뀌지 않은 것이 있었는데, 그것은 '인본주의People First'라는 오티콘의 철학이었다.

STRATEGIZATION
철학의 전략화 CASE 2

"싸워서 이기는 것은 최상의 용병用兵이 아니다. 싸우지 않고 적을 굴복시키는 것이 최상이다." 어느 때보다 어지러웠던 춘추전국시대에 아직도 훌륭하다 일컬어지는 병서를 남긴 손자는 싸우지 않고 적을 이기는 것이 최상의 용병술임을 알고 있었던 훌륭한 전략가이자 철학가였다. 그를 '철학가'라 부를 수 있는 것도 제로섬 게임이 아닌 상생WIN-WIN하고자 하는 그의 철학이 손자병법 전체에 묻어나기 때문이다. 진글라이더, 아이레보, 제너럴닥터와 스쿨푸드는 모두가 브랜드 선언을 하여 춘추전국시대 같은 오늘날 한국의 시장에서 저마다 싸우지 않고 승리하는 비법을 찾아냈다. 이를 살펴본 뒤 '철학의 결정판 전략, 전략의 완결판 철학'을 읽으며 당신만의 브랜드 철학을 전략화 strategization해 보자.

GIN GLIDERS

불량률 0%, 완벽도 100%로 진화한 브랜드
진글라이더의 전설이 되는 스토리 전략

The interview with 진글라이더 **대표 송진석**

'당대의 이야기꾼!'이라는 수식어는 주로 소설가나 영화감독에게 주는 찬사다. 그러나 이 시대에 이 수식어를 특히 욕심내야 할 사람들이 있다면, 바로 브랜드 매니저들이다. 패러글라이딩 업계의 신화적, 전설적 브랜드인 진글라이더. 이들이 만든 전설적인 스토리를 들추어 봄으로써, 당신 브랜드의 브랜드 매니저, 즉 이야기꾼들이 알아두어야 할 몇 가지를 짚어 본다.

진글라이더의 창업자 송진석은 패러글라이딩 세계에서 전설적인 패러글라이더이자 패러글라이더 디자이너다. 진글라이더는 휴먼 브랜드가 된 창업자의 레버리지 효과와 함께 성장했다.

지구 끝까지 가서라도 안전성을 확인하고, 검증되지 않은 패러글라이더는 공장이 멈추는 한이 있더라도 시장에 내놓지 않는 완벽성에 대한 집념은 이것 자체로 스토리텔링이 되어 소비자들의 입에서 입으로 퍼져나가고 있다.

진글라이더의 '전설이 되는 스토리 전략'에서 배울 점은 브랜드의 스토리는 거짓으로 꾸며내서는 안 되고 기존의 이야기에서 '발견'해야 하며, 좋은 스토리가 발굴되었을 때는 오히려 소비자들이 그것을 홍보해 줄 것이며, 소비자들은 단순한 물건이 아닌 의미가 담긴 제품을 사게 될 것이라는 점이다.

IREVO

Open the 관계 차별화, Close the 제품 차별화
웰다잉 well-dying 전략의 문을 열다, 아이레보

The interview with 아이레보 창립자 하재홍, 아이레보 차이나 대표 김민규

브랜드에게 친구가 많다는 것, 즉 내 편이 많다는 것은 값으로 매길 수 없는 자산이다. 상식으로 세상을 바꾸겠다는 의미로 자신을 소개하는 디지털 도어락 브랜드 아이레보는 친구가 많은 브랜드다. 이들은 비단 고객뿐 아니라 직원, 납품업체, 대리점, 투자자도 친구로 두고 있다. 경쟁사는 '전략적'이라고 말할지 모르는 이 브랜드의 '우정을 다루는 법'을 소개한다.

아이레보는 런칭 직후 국내 디지털 도어락의 대중화를 선도하며 블루오션을 순조롭게 항해하지만, 곧 '전기 충격기' 사건과 수많은 경쟁사들의 유입으로 인하여 레드오션에 빠지게 된다.

그들이 아직 완전히 레드오션을 빠져나왔다고 할 수는 없지만 이들이 만들어 놓은 친구들(내부 고객, 외부 고객, 협력사, 투자사, 사회 등의 이해당사자들)과 유지하고 있는 '관계차별화'는 이후에 시장에서 제품차별화가 사라지더라도 아이레보의 경쟁력이 될 것이다.

아이레보가 이렇게 우정을 다루는 법을 알고 많은 친구를 만들 수 있었던 것은 '지구에 쓰레기를 하나 더 만드는 것이 아니라 의미 있는 일을 하며, 죽더라도 의미 있게 죽고 싶다'라는 브랜드의 철학에서 기인하고 있었다.

GENERALDOCTOR

지금까지 존재하지는 않았지만, 원래 병원은 이렇지 않았을까 생각되는

제너럴닥터의
퍼즐 맞추기 전략

The interview with 제너럴닥터 원장 김승범, 정혜진

제너럴닥터는 종종 '이색 카페'로 소개되고는 한다. '1차 진료기관'이긴 하지만 제너럴닥터는 일반적인 동네 의원으로 기대되는 것 이상의 다양한 모습을 갖췄다. 포토그래퍼들의 사진전이나 전시, 다양한 행사가 진행되고, 진료를 받으러 오는 사람 이상으로 책을 읽고 커피를 마시기 위해 카페로서의 제너럴닥터를 찾는 사람도 많다. 이런 제너럴닥터는 '병원'일까, 아니면 '카페'일까? 이들은 제너럴닥터다움을 갖기 위해서 어떤 전략을 구사하고 있을까?

제너럴닥터는 '가장 인간적인 진료'를 위해 하루 20명 이하의 환자 예약을 받아 30분 이상의 진료를 하고 있다. 환자도 쉽게 이해할 수 있도록 손으로 처방전을 쓰고, 아이들의 진료를 위해 '인형 속에 숨은 청진기'를 개발하는 등 그들의 철학을 지키기 위해 노력하고 있다.

그러나 이들의 진료비는 일반 병원과 동일하기 때문에 카페라는 비즈니스모델을 활용했다. 카페는 수익적인 측면뿐만 아니라 병원을 카페와 같은 편안한 공간으로 만들어주어 인간적인 진료에도 도움을 주었다.

제너럴닥터는 자신들처럼 인간적인 진료를 위해 노력하는 의사가 많이 생겨나길 바라고 있다. 이를 위해서 필요하다면 전략은 언제든 바뀔 수 있다고 말한다. 남과 다르고 독특한 전략을 쓰더라도 제너럴닥터로서의 아이덴티티를 지킬 수 있는 것은 이들의 철학과 비전이 뚜렷하기 때문이다.

SCHOOLFOOD

자신의 '본능'을 조직의 '지능'으로 자신의 '철학'을 조직의 '전략'으로, 스쿨푸드

The interview with 스쿨푸드 대표 이상윤

평균 단가 7,000원을 넘나드는 메뉴, 카페 같은 인테리어, 트렌디한 상권에 입점함으로 차별화를 이루며 소위 '프리미엄 분식'으로 불리는 스쿨푸드는 어떤 전략을 구사하고 있는 것일까? 이상윤 대표는 딱히 전략이랄 것 없이 자신의 본능을 따랐다고 말한다. 하지만 그 '본능'이란 단어는 그의 철학과 그 철학에서 기인한 전략적 의도를 수반한다. 확실히 남과 다름을 보이기 위해서는 어디서부터 어떻게 시작해야 하는 지 그의 이야기를 들어보자.

사실 눈에 보이고 느낄 수 있는 것(메뉴, 인테리어, 분위기 등)은 대부분 전략이라기 보다는 전술에 가깝고 전략은 그보다 한 발 더 들어가야 이해할 수 있다. 그들의 전략은 음식을 파는 것을 요식업으로 생각하지 않고 문화 사업이라 정의 내린 뒤 음식에 맞는 문화(인테리어, 음반 제작, 문화 공연 기획) 요소를 준비하는 것에 있다.

이러한 전략을 있게 한 것은 이 대표의 전략적 의도(혹은 의지)다. 음식을 통해 (내·외부) 고객에게 ①맛(Flavor) ②즐거움(Entertainment) ③계몽(Enlightment) ④꿈(Dream)을 '제공하겠다(FEED)'는 방향을 설정하고 그에 맞는 실행 계획을 꾸준히 발견해온 것이 곧 전략이 된 것이다.

그리고 그 전략적 의도는 이 대표의 '나눔'에 관한 철학에서 비롯됐다. 다만 앞으로의 과제는 분식(粉食, 가루 음식)을 분식(分食, 나누어 가짐)으로 생각하는 이 대표의 철학이 브랜드의 철학으로 자리잡을 수 있도록 직원들과 수많은 공유 과정을 갖는 것이다.

STRATEGIC MIND
전략적 사고 방법론

《생각이 차이를 만든다》《80/20 법칙》《독점의 기술》. 이 세 책의 저자들은 경영자와 브랜더들의 전략적 사고를 높이는 데 큰 도움을 주었다. 저마다 인터뷰와 실무 경험, 오랜 기간의 연구를 통해서 전략에 대한 뚜렷한 관점을 가지고 있는 이들은 브랜드 관점에서 전략을 바라볼 때 우리가 알아야 할 것들을 정확히 짚어 주었다. 브랜드 전략에 대해 아직 2% 부족함을 느낀다면 서둘러 이들에게 자문을 구해보자. 이들은 기꺼이 당신의 연륜있고 현명한 컨설턴트가 되어줄 것이다.

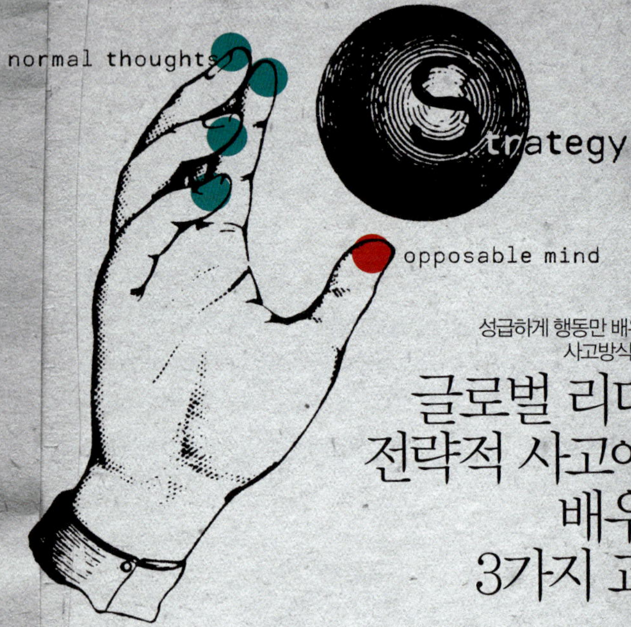

normal thoughts

Strategy

opposable mind

성급하게 행동만 배우지 말고,
사고방식을 배워라

글로벌 리더의 전략적 사고에서 배우는 3가지 교훈

The interview with 로저 마틴(Roger Martin)

로저 마틴은 세계적인 영향력을 가진 경영학자이자 로트먼 경영대학원의 학장이다. 그는 성공을 이뤄내는 훌륭한 리더의 비밀을 알기 위해서는 그들이 '한 일'이 아니라 그 뒤에 감춰진 그들의 '사고방식'을 알아야 한다고 생각하여 훌륭한 리더로 손꼽힌 P&G의 A. G. 래플리나 포시즌스호텔앤리조트의 이사도어 샤프 등 50여 명을 인터뷰했다. 그리고 이 리더들에게 공통적으로 '상반되는 정신Opposable Mind'이 있다는 사실을 알아냈다.

전략에 관한 가장 큰 오해는 전략을 세우는 사람과 실행하는 사람이 따로 있다고 생각하는 것이다. 조직을 사람의 머리와 몸에 비유하는 메타포는 전략이 오직 경영진의 역할이라고 인식하게 만들었으나 실제로는 직원들이 상황에 적합한 결정을 내리고 전략적으로 행동해야 하며 경영진은 이를 도와야 한다.

모든 기업의 환경이 다르기 때문에 섣불리 타사의 성공적인 전략을 그대로 자신의 브랜드에 적용하려 해서는 안 된다. 전략이 아니라 전략적 사고를 배워야 하는 이유도 이것이다.

'위대한' 전략가가 되기 위해서는 단순히 존재하는 옵션을 분석하고 선택하여 문제를 해결하고자 하는 생각을 넘어서야 한다. 상반되는 정신을 가지고 통합적 사고를 하는 리더들은 상충되는 아이디어 사이에서 어느 하나를 고르는 것이 아니라 이 아이디어 사이의 긴장을 기꺼이 즐기고, 이를 통해 새로운 아이디어를 만들어 낸다.

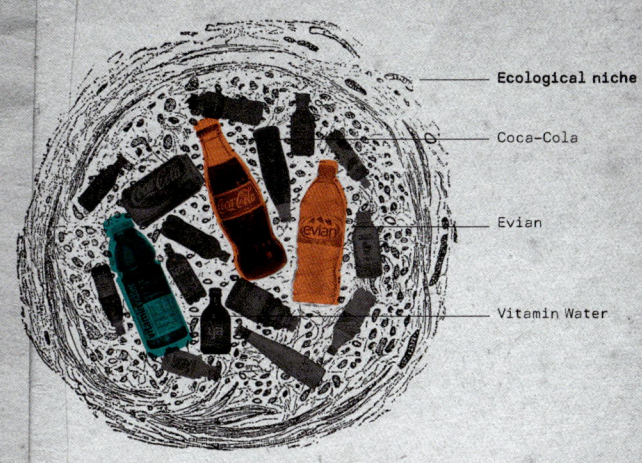

사회학자의 눈을 가진 컨설턴트에게 듣는 거시 전략학

브랜드의 생태학적 적소 niche 전략

The interview with 리처드 코치(Richard Koch)

베인앤컴퍼니의 창립 멤버이자 벤처 캐피탈 투자가라는 이력을 가진 리처드 코치는 세계적인 베스트셀러 작가다. 경영 전략가임에도 불구하고 《80/20 법칙》《서구의 자멸》《슈퍼커넥트》와 같은 책을 쓰며, 거시적인 사회 현상에도 관심을 갖는 그는 브랜드 전략으로 'ecological niche 전략'을 만들라고 권했다. 우리에게 '니치'는 '틈새'로 번역되곤 하지만, 제 의미는 '아주 편한, 꼭 맞는 자리·역할'이다. 따라서 그가 말하는 생태학적 니치는 '생태학적 적소를 찾는 것'이다.

그가 '전략'을 바라보는 태도는 거대한 변화를 겪는다. 변화 이전에 '전략'은 위험하며, 제대로 하는 것은 불가능한 것이었다. 그러나 변화 이후에는 여전히 위험하기는 하지만 제대로 할 수 있으며, 제대로 한다면 유용한 것이다.

변화된 그의 전략에 대한 관점은 주로 '생태학적 적소를 찾아라'라는 문장으로 대표된다. 생태학적 적소란, 그 브랜드가 살아가는 생태계(환경)와 그 브랜드의 유전자 코드 genetic code가 잘 맞을 때 생성된다.

생태학적 적소를 발견한 브랜드들이 가치 있는 이유는 이들은 경쟁상황에서 벗어날 수 있기 때문이다. 컨설팅 업계의 보스턴컨설팅그룹과 베인앤컴퍼니가 대표적이다. 이들은 각자 독특한 유전자 코드를 가지고 있기 때문에 하나의 생태계 안에서 서로 경쟁하지 않는다.

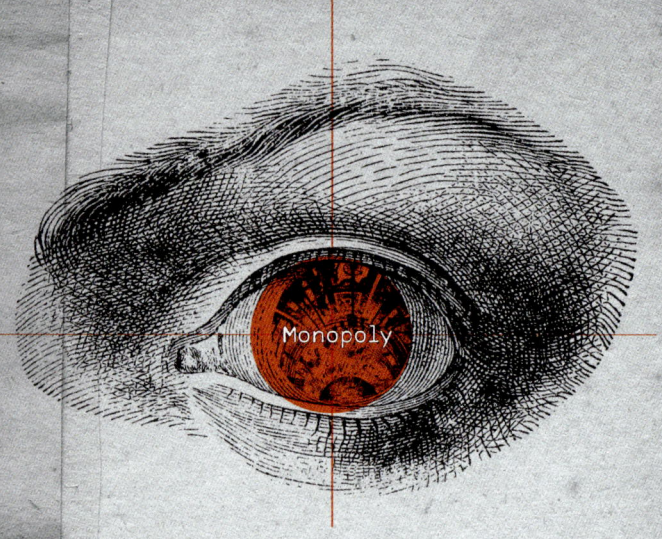

Monopoly

'전략 기획 회의'를 '독점 전망 훈련'으로 교체하라!

'빈 공간'을 선점하는 전략, 독점의 기술

The interview with 밀랜드 M. 레레(Milind M. Lele)

하루하루가 생존을 위한 전쟁 같은 시장에서 만약 경쟁자를 두려워 할 필요도 없고, 고객은 오로지 우리 제품만을 바라보며 우리가 책정한 가격을 아무런 불만 없이 지불한다면 수익은 걱정할 필요도 없을 것이다. 이것을 가능케 하는 것이 바로 독점이다. 시카고 경영대학원의 겸임 교수로, 전략 컨설팅사인 SLC의 이사로 활동해온 밀랜드 레레에게서 '독점의 기술'을 전수 받아 보자.

독점의 제1단계는 '내가 누구인지', 즉 스스로의 정체성을 규명하는 것이다. 그 다음은 '이러한 내가' 어디에서 독점을 찾거나 만들 수 있을지를 고민해야 한다.

독점의 씨앗이 발견되는 '빈 공간'은 소비자의 니즈가 일고 있는, 신기술이 등장하는, 경쟁사들이 무관심한 영역의 교차점이다. 이러한 공간을 선점한다면 결과적으로 고객의 마음을 독점할 수 있고 대체할 수 없는 유일한 것이 된다.

앞으로는 자산이나 기술에 근거한 독점의 수명은 더욱 짧아질 것이다. 그런 독점은 경쟁자들이 쉽게 모방할 수 있기 때문이다. 이것이 브랜드 같은 설명하기 모호한 독점의 형태가 더욱 각광 받는 이유다.

독점은 전략이 아니다. 독점은 궁극의 목표이고 전략은 목표에 도달하기 위한 수단이다. 기업 경영이란 이기는 방법을 찾는 것이 아니라 독점할 수 있는 방법을 찾는 것이다. 오늘도 전쟁처럼 치러질 '전략 기획 회의'를 '독점 전망 훈련'으로 교체하라!

창간 3주년, 유니타스브랜드는 왜 존재해야 하는가?

글을 쓰는 대부분의 사람들에게 글을 쓰는 것보다 더욱 고통스러운 것은 글의 제목을 정하는 것이다. 개인적 경험에 비추어 본다면 제목만 좋다면 좋은 글을 쓸 수 있다. 물론 좋은 제목이라는 것이 좋은 글을 술술 풀어낼 수 있는 그런 제목을 말하는 것은 아니다. 오히려 그 반대다. 좋은 제목은 더 많은 고민과 더 많은 고통을 유발하기 때문에 글을 쓰는 것보다 더 많은 생각을 하게 만든다. 그 과정을 통해 좋은 '글'을 쓰는 것이 아니라 명료한 '정신'이 완성된다. 특히 '왜'라는 질문을 가진 제목으로 서문을 잡으면 글을 쓰는 자세는 묘비의 비문을 쓸 때와 같아진다. 지금까지 걸어온 길을 돌아보게 만들기 때문이다.

놀랍게도(돌이켜보면 어처구니없게도) 우리는 어떻게 살아남을지도 결정하지 않은 채 2007년 10월 18일, 유니타스브랜드를 창간했다. 처음부터 돈을 벌기 위해 만든 잡지는 아니었다. 새로운 시장 질서가 구축되는 경영시장에서 브랜드에 관한 잡지는 반드시 필요하다는 생각에 일단 테스트 버전으로 한 권만 출간해 보자는 혁신적인(돌이켜보면 무식하고 용감한) 생각이었다. 그런데 그 결과는 우리도 아직까지 믿기지 않는다. 유니타스브랜드는 이번 호까지 17권의 책을 발행했고 약 11만 권을 판매했다. 지금까지 만난 인터뷰이만 해도 635명에 이른다.

매 호마다 동료들과 함께 특집 주제를 두고 분투하면서 가장 힘들었던 것은 우리나라에서 다섯 손가락 안에 드는 브랜드 CI 컨설팅사의 대표(이 분은 나의 글에 평생 출연할 것 같다)의 말이 자꾸 귀에 맴돌았기 때문이다. "차라리 잡지에 투자할 돈이 있으면 난 그 돈으로 빌딩을 사겠다." 한마디로 돈을 벌지 못할 비즈니스에 투자하지 말라는 이야기였다. 최근, 잡지 업계에서 스승으로 모시는 분께 인사를 드리러 갔더니 그분께서도 안타까운 마음에 그윽한 눈으로 나를 보면서 이렇게 말씀하셨다. "참 잘 견디네!"

지난 3년 동안 하루 24시간 중 집에 잠시(?) 다녀오는 시간을 빼고는 일만 하던 동료들이 각종 스트레스에 시달리거나 질병을 갖게 되었다. 급기야 하나 둘씩 퇴사하는 것을 보고 있자니, 그 CI 컨설팅사의 대표 이야기는 내 귀에 이명처럼 들렸다. 그럼에도 불구하고 쉽게 포기하지 못한 것은 잡지를 만들기 전 10년 동안 브랜드 컨설팅을 하면서 배운 것 때문이었다. 한 줄로 정리한다면 '브랜드는 돈으로 만드는 것이 아니라 정신으로 만드는 것이다'. 하지만 여전히 힘들 때마다 생각나는 그 대표의 말 때문에 자꾸만 믿음이 흔들렸던 것도 사실이다.

과연 브랜드를 논하는 브랜드 잡지는 어떻게 마케팅과 브랜딩을 해야 할까? 대부분의 브랜드 관련 광고주들은 해외 라이선스지에만 집중적으로 자사의 브랜드를 노출시키고 있다. 또한 자신의 브랜드가 헤어샵, 카페 같은 곳의 열람용 잡지에 실리더라도 단순히 '많이 노출된다'는 이유만으로 '매체가 곧 메시지'라는 말의 무게를 무시한다. 이런 열악한 잡지 시장 환경에서, 그리고 일단 돈이 있어야 브랜드를 만들 수 있다는 기존 경영 관념에서 유니타스브랜드는 '정신으로 브랜드를 만들 수 있다'는 믿음으로 스스로 존재 이유와 생존 철학을 증명해야만 했다.

광고주의 생각이 편집 방향이나 편집인들의 글에 영향을 미치지 않고, 가치가 가격을 이기며, 철학이 전략보다 강하고, 의미가 이익을 초월할 수 있다는 생각만으로도 우리가 존재할 수 있다는 것을 독자들 앞에서 증명해 보여야만 했다. 아마 우리 책을 모두 읽은 독자들은 우리가 다루던 대부분의 브랜드들이 우리가 증명하고자 한 브랜드 공식의 사례였음을 인지했을 것이다. 유니타스브랜드는 생각과 말, 그리고 행동과 결과를 모두 일치시켜 브랜드 잡지로서의 유니타스브랜드가 아니라 브랜드로서 유니타스브랜드를 구축해야만 했다. 빌딩 없이도 존재할 수 있다는 것을 보여주기 위해서 말이다.

그런 고민의 일환으로 꾸준히 유니타스브랜드를 구매하긴 하지만 정기구독은 하지 않는다는 몇 명의 독자들에게 왜 정기구독을 하지 않는지를 물어 보았다. 그들은 '이런 잡지는 순식간에 폐간되기 때문'이라고 했다.

'이런 잡지.'

유니타스브랜드의 구독 타깃은 브랜드 매니저 10년 차. 사실 우리나라에서 브랜드 매니저 10년 차는 거의 찾아보기 어렵다. 그러니까 애초, 유니타스브랜드 런칭 당시의 가상 타깃 독자는 우리나라 브랜드 시장에 존재하지 않는 인물이었다. 그렇다면 왜 '이런 잡지'를 만들었을까? 유니타스브랜드 런칭 후 10년이 지나 진짜 브랜드의 시대가 왔을 때 분명 그 누군가는 우리가 만든 책을 보고 자신의 브랜드 구축에 참고 자료로 활용할 것이기 때문이다. 그리고 이 책을 10년 동안 읽었다면 분명 10년 뒤에는 스스로 글로벌 브랜드를 만들 수 있을 것이다. 유니타스브랜드는 그들을 위해 만든 책이다. 앞으로 7년 후면 우리는 '그들'을 만날 수 있다.

27년 후 아마 나는 편집인이 아니라 발행인으로서 '창간 30주년, 유니타스브랜드는 왜 존재해야 하는가?'라는 질문에 답할 것이다. 우리의 존재는 가치와 비전, 그리고 봉사로 이루어진 진정한 브랜드가 존재할 수 있음을 증명하는 것이었다. 그래서 돈은 없지만 정신만으로 브랜드를 만들 수 있다고 믿는 사람들을 응원하기 위해서 존재했음을 말하고 싶다. 유니타스브랜드는 '좋은 브랜드는 좋은 경제를 만든다'는 것을 여러 브랜드 사례를 통하여 증명하고 싶었고 우리도 유니타스브랜드의 경영을 통해 이를 입증하고 싶다. 그것이 우리 존재 이유다.

평균 약 5%의 기업만이 런칭 3년 후까지 살아남는다고 한다. 그리고 그 5% 중 90%가 평균적으로 10년을 지속한다고 한다. 그래서 3년은 기업에게 있어서 '죽음의 생존 기간'이라고 한다. 창간 이후 3년 동안 우리를 지켜 주고 돌봐 준 정기구독자들은 우리 생명의 원천이다. 그들이 있었기에 치열한 출판·잡지 시장에서 우리가 생존했다. 또 3년 동안 우리와 함께 브랜드의 진리를 찾아 일한 동료들의 헌신이 있었기에 우리가 존재했다. 특히 브랜드의 진리를 찾는 긴 여행을 끝까지 함께하지는 못했지만 우리를 여기까지 밀어 주고 퇴사한 동료들의 희생에 다시 한 번 감사의 마음을 올리고 싶다. 그들이 없었다면 이만큼의 성장도, 성숙도 없었을 것이다.

공교롭게도 창간 3주년 호인 이번 Vol.17의 특집 주제가 '브랜드 철학이 브랜드 전략'이다. 철학이 전략이 될 수 있을까? 특집 기사들을 선보이기 전에 결론부터 말한다면 '철학이 전략'임을 입증하려는 유니타스브랜드가 나오기 전에도 이미 수많은 브랜드가 철학으로 자신의 존재를 완성시키며 생존 전략을 만들어 왔다는 것이다. 철학이 곧 전략이라는 것은 특별한 사례가 아니라 증명된 사실이다.

당신의 브랜드는 왜 존재해야 하는가? 습관적으로 튀어나오는 '고객 만족'이라는 주술적 주문과 같은 대답은 하지 않기를 바란다. '고객 만족'을 통한 자신의 '통장 만족'이라면 결국 그것은 '돈'의 순환에 관한 이야기에 불과하다. 당신의 브랜드가 만약 사라진다면 또 다른 대체품이 있을까? 아니면 세상은 당신의 브랜드가 부활하기를 기다려야만 할까? 당신의 브랜드는 세상을 더 나은 세상으로 바꾸고 있는가? 우리가 말하는 철학은 이 질문에 대한 대답이다. 존재해야만 하는 이유는 철학이 없다면 말할 수 없다.

편집장 권 민

> 당신의 브랜드가 만약 사라진다면 또 다른 대체품이 있을까? 아니면 세상은 당신의 브랜드가 부활하기를 기다려야만 할까? 당신의 브랜드는 세상을 더 나은 세상으로 바꾸고 있는가? 우리가 말하는 철학은 이 질문에 대한 대답이다.

SHOUT

www.shout.co.kr

펜타브리드, 크로스미디어를 외치다

Fill & Fall & Feel

펜타브리드로 느끼다

컨버전스미디어그룹
영상사업본부 / 조종남 사원

감각적인
카피라이터
모십니다

광고, 인쇄편집매체
동종업계 경력자 우대
희망연봉 기재된 이력서
자기소개서(형식제한 없음)
채용 시까지 온라인접수
neo@pentabreed.com

Digital Media Group

e-Consulting BU
KODFA & 닝보 디자인센터 웹사이트

e-Integration service BU
뉴트로지나 스킨클리어링 온라인 마케팅

Advertising & Marketing Group

Marketing Communication BU
오토데스크 – MFG 유저 컨퍼런스
2010 온라인마케팅

Digital advertising BU
MBK SLS AMG마이크로 사이트 오픈

Convergence Media Group

Film & Multimedia BU
도이치증권 조기종료ELW 온라인강좌 수주

User eXperience BU
KT General UI/GUI 규격 개발 진행

Communication Design BU
한국관광협회중앙회 환대서비스 POP 완료

QR코드 리더기를
사용하시면 펜타브리드
모바일 홈페이지에
접속하실 수 있습니다.

100-043 서울시 중구 남산동 3가 34-5 남산빌딩 1층
T 02-6911-5555 F 02-6911-5500 e-mail webmaster@pentabreed.com

PENTABREED

www.pentabreed.com

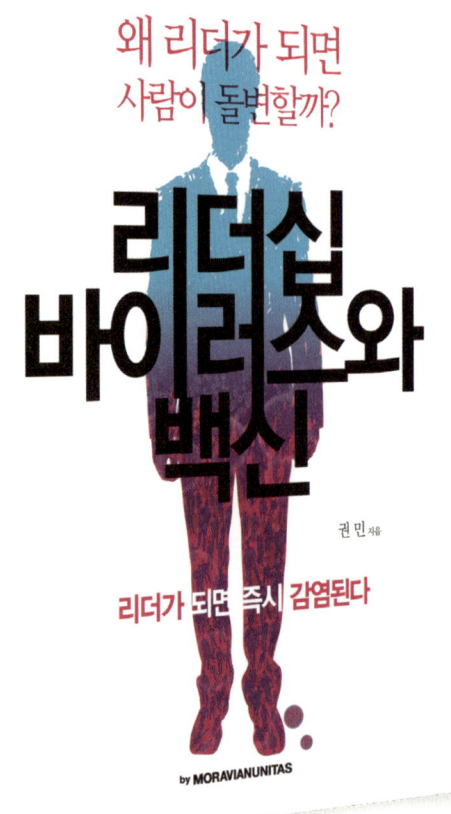

유니타스브랜드 Vol.17
브랜드 전략 미리보기

유니타스브랜드 시즌II는 브랜딩을 위한
여러 솔루션을 제안하고 있다.
브랜드 교육(Vol.14), 브랜드 직관력(Vol.15), 브랜드십(Vol.16)에 이어
Vol.17에서는 '브랜드 전략'을 주제로 삼았다.

왜, 브랜드 전략일까?

브랜드 중심이라는 신질서가 마케팅 중심이라는 구질서를 바꾸고 있기 때문이다. 그래서 더 이상 마케팅 전략을 브랜딩을 위해 가지고 와서는 안 된다. 또 하나, 유니타스브랜드는 '새롭게 보기'라는 DNA를 가지고 있다. 그래서 항상 다음 호를 준비할 때마다 되묻는다. '지금까지 이야기되고 있는 전략이(리더십, 브랜드 교육이) 과연 맞는 것일까? 그것으로 지금의 브랜드들에게서 발견되는 현상들을 모두 설명할 수 있을까?' 이번에도 같은 질문을 던졌고, 지금의 브랜드 전략은 새롭게 정의되어야 한다고 판단했다.

무엇이, 브랜드 전략일까?

브랜드 전략을 한 문장으로 답하기에 4개월의 연구 기간은 충분치 않았다. 그렇지만 마케팅 전략이 아닌 브랜드 전략(장기적인 관점에서 브랜드 가치를 더하는 방향의 방법)을 실행하고 있다고 여겨지는 7개의 브랜드를 통하여 공통적인 패턴을 발견할 수 있었다. 다음의 공통점을 조합하여 브랜드 전략에 대한 정의를 한 문장으로 직접 만들어 보길 바란다. 이때 한 가지 제안은, 첫 번째 패턴인 '철학의 전략화'는 이번 호의 전체 주제로 삼을 만큼 중요하게 다루어졌으니 깊이 있는 이해를 위해 이것에 초점을 맞추라는 것이다.

첫째, 철학의 전략화. 이들은 브랜드 전략을 정하기에 앞서 '우리가 누구인가' 즉, '우리 브랜드는 무엇인가'를 정의했다. 그리고 정의한 대로 자기답게 행동했다. 그것을 외부에서는 '전략적'이라고 말했지만, 그들은 '철학대로 행동한 것뿐'이라고 말한다.

둘째, 셀프 첼린징. 이들은 경쟁사를 염두에 둔 전략을 짜지 않는다. 경쟁사의 가격을 고려한 가격 정책, 경쟁사의 포지셔닝 존zone을 피한 포지셔닝, 경쟁사의 신제품을 공격하기 위한 프로모션 등에 대해 별로 말하지 않았다. 다만 그들은 공통적으로 '나 자신과의 싸움' '스스로에 대한 만족' '나다워지기 위하여'와 같은 대답을 들려주었다. 그들에게 경쟁자는 자기 자신이었다.

셋째, WIN-WIN-WIN 전략. 이상적인 브랜드 전략은 서로 승리하는 전략이다. 고객, 협력사, 투자사와도 승-패가 아닌 승-승을 고민한다. 심지어 경쟁사와도 피 흘리는 전쟁을 하는 것이 아니라, 시장의 파이를 키우고, 서로의 영역을 존중하며 상생할 수 있는 방법을 도모한다.

넷째, 진짜 전략가. 인터뷰이의 대부분은 전략 이론을 일부러 공부하지 않았다. 하지만 이들은 '전략적 사고'를 가지고 '전략적 실행'을 하는 진짜 전략가였다. 따라서 인터뷰 내용에서 봐야 할 것은 전략 이론 학습이 아니라, 이들의 전략적 사고다.

QUICK SERVICE

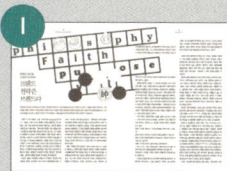
P18

 도입글
 브랜드 케이스 1
 브랜드 케이스 2

 전략적 사고 방법론
 전략적 문제 해결법
 결론글

P24

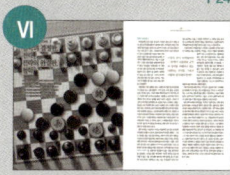
P68

P130

P150

P118

어떻게, '브랜드 전략'을 읽을 것인가?

이번 특집은 크게 도입글('브랜드 전략은 브랜드다')과 4개 섹션의 16개 기사, 그리고 결론글('철학의 결정판, 전략, 전략의 완결판, 철학')로 구성되어 있다. 모든 기사를 읽으며 충분히 이해하면 좋겠지만, 그렇지 못한 독자들을 위하여 255 페이지의 이 한 권을 전략적으로 읽는 방법을 소개한다. 어떤 기사를 골라 읽어야 할지 모르는 독자라면 다음 페이지의 Summary Book을 활용하면 좋다. 기사별로 간단히 요약된 내용을 읽고 관심이 가는 기사의 페이지로 이동하라.

1. 핵심 먼저 파악하고 싶다면?
   Ⅰ → Ⅱ중 1개 브랜드 선택 → Ⅲ중 1개 브랜드 선택
2. 브랜드 전략을 전반적으로 이해하고 싶다면?
   Ⅰ → Ⅱ중 1개 브랜드 선택 → Ⅲ중 1개 브랜드 선택 → Ⅳ 중 1명의 인터뷰 → Ⅴ중 하나 → Ⅵ
3. 전략적 사고에 대해서 관심이 많다면?
   Ⅰ → Ⅱ의 MK 택시 → Ⅲ의 제너럴닥터와 스쿨푸드 → Ⅵ의 로저 마틴 인터뷰 → Ⅴ 전체
4. 브랜드 케이스에 더 관심이 많다면?
   Ⅱ와 Ⅲ 전체

브랜드 간략 소개

키자니아(p26)
멕시코에서 온, 아이들을 위한 직업 체험 테마파크 브랜드.

MK 택시(p42)
친절을 최고의 가치로 여기는 일본 택시 업계를 바꾼 택시 브랜드.

오티콘(p54)
1980년대 말 존폐 위기를 직원들의 '정신 모델 바꾸기'로 극복한 덴마크의 보청기 브랜드.

진글라이더(p70)
유럽에서 명품으로 통하는 전설적인 패러글라이더 브랜드.

아이레보(p82)
국내 디지털 도어록의 대중화를 이끈 디지털 도어록 브랜드.

제너럴닥터(p94)
홍대에 자리 잡은 카페 같은 병원 브랜드.

스쿨푸드(p106)
분식을 요리로 파는 럭셔리 분식 브랜드.

Contents
Vol.17 SEASON II 2010

SPECIAL ISSUE
철학의 전략화
브랜드 전략

브랜드 전략은 타사와의 경쟁이라는 '생존'의 문제가 아닌, 자신의 완성이라는 '존재'의 문제에서 시작돼야 한다. 브랜드 전략이란 자신의 완성을 위해 옳고, 아이덴티티 유지를 위해 해야 하는 모든 행동들을 일컫는 말이 돼야 한다는 의미다. 이처럼 브랜드 전략은 브랜드가 타협하지 않는 부분에서 구축된다. 그리고 그런 노력은 아이덴티티의 완성이라는 결과로 보여진다. 잊지 말아야 할 것은 브랜드의 시작은 상표등록이 아니라 '왜 우리가 존재하는가?'라는 철학적인 질문에서 시작된다는 점이다. 브랜딩이 곧 존재의 이유를 증명하는 과정이 될 때 철학이 전략이 되는 경이로움을 맛볼 수 있을 것이다.

- 03 EDITOR'S LETTER | 편집장의 편지
- 16 SELF CHECK LIST | 귀사의 '철학의 전략화' 지수는?
- 08 QUICK SERVICE | Vol.17 브랜드 전략 미리보기
- 18 INSIGHT | 브랜드 전략은 브랜드다

24 STRATEGIZATION 1

좀 더 생생한 직업 체험 활동을 위해 실제 보잉 727기의 반을 잘라 건물 안으로 들여온 어린이 테마파크 키자니아, 올바른 택시 사업을 위해서 업계의 관행에 무조건 따르지 않고 택시 요금 인하 소송도 불사한 MK 택시, 유연한 조직 구성과 사고방식의 혁신을 이루기 위해 모든 책상과 의자, 사물함에 바퀴를 단 오티콘. 이들 브랜드의 공통점은 무엇일까? 바로 대부분의 기업이 쉽게 생각할 수 없었던 것을 생각해내고 그것을 곧 실행에 옮긴 브랜드라는 점이다. 대한민국 경계 너머 세계 여러 곳에서 태어난 이 브랜드들이 전해온 소식에는 새로운 방법으로 자신만의 철학을 전략화strategization하고자 하는 브랜드라면 눈여겨 봐야 할 메시지들이 담겨 있다. 그렇다면 지금부터 이 메시지들을 하나씩 살펴보도록 하자.

- 26 컨텐츠의 Story, 재현물의 Subtlety, 행동의 Standard가 만든 Strategy, 키자니아
- 42 '장사꾼'의 철학에서 배우는 '친절한' 전략 운행법, MK 택시
- 54 오티콘의 정신 모델 경영론
- 66 IDEA ESSAY | 브랜드 B자 배우기 5

68 STRATEGIZATION 2

"싸워서 이기는 것은 최상의 용병用兵이 아니다. 싸우지 않고 적을 굴복시키는 것이 최상이다." 어느 때보다 어지러웠던 춘추전국시대에 아직도 훌륭하다 일컬어지는 병서를 남긴 손자는 싸우지 않고 적을 이기는 것이 최상의 용병술임을 알고 있었던 훌륭한 전략가이자 철학가였다. 그를 '철학가'라 부를 수 있는 것도 제로섬 게임이 아닌 상생win-win하고자 하는 그의 철학이 손자병법 전체에 묻어나기 때문이다. 진글라이더, 아이레보, 제너럴닥터와 스쿨푸드는 모두 브랜드 선언을 하여 춘추전국시대 같은 오늘날 한국의 시장에서 저마다 싸우지 않고 승리하는 비법을 찾아냈다. 이를 살펴본 뒤 '철학의 결정판 전략, 전략의 완결판 철학'을 읽으며 당신만의 브랜드 철학을 전략화strategization해 보자.

70   진글라이더의 전설이 되는 스토리 전략
82   웰다잉 전략의 문을 열다, 아이레보
94   제너럴닥터의 퍼즐 맞추기 전략
106 자신의 '본능'을 조직의 '지능'으로,
     자신의 '철학'을 조직의 '전략'으로, 스쿨푸드
118 NEVERENDING STORY |
     철학의 결정판 전략, 전략의 완결판 철학
     INTERVIEW | 배려와 연민, 의미와 목적의
     깨어있는 브랜드 전략 _ 라젠드라 시소디아
128 IDEA ESSAY | 브랜드 B자 배우기 6

12
BRAND STRATEGY

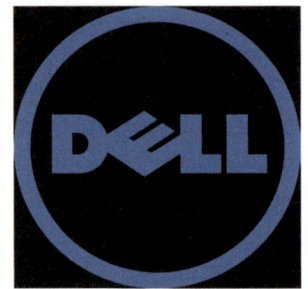

130
STRATEGIC MIND

《생각이 차이를 만든다》《80/20 법칙》《독점의 기술》. 이 세 책의 저자들은 경영자와 브랜더들의 전략적 사고를 높이는 데 큰 도움을 주었다. 저마다 인터뷰와 실무 경험, 오랜 기간의 연구를 통해서 전략에 대한 뚜렷한 관점을 가지고 있는 이들은 브랜드 관점에서 전략을 바라볼 때 우리가 알아야 할 것들을 정확히 짚어 준다. 브랜드 전략에 대해 아직 2% 부족함을 느낀다면 서둘러 이들에게 자문을 구해보자. 이들은 기꺼이 당신의 연륜 있고 현명한 컨설턴트가 되어줄 것이다.

132 INTERVIEW | 글로벌 리더의 전략적 사고
         에서 배우는 3가지 교훈 _ 로저 마틴
136 INTERVIEW |
         브랜드의 생태학적 적소 전략 _ 리처드 코치
140 INTERVIEW | '빈 공간'을 선점하는 전략,
         독점의 기술 _ 밀렌드 M. 레레
148 IDEA ESSAY | 브랜드 B자 배우기 7

150
STRATEGIC APPROACH

문제를 탁월하게 해결하는 방법은 의외의 곳에서 발견되는 경우가 많다. 오로지 자신의 생각만 믿고 그 사고방식으로 문제를 해결하고자 하면 다른 관점에서 오는 통찰력, 그로부터 도출되는 혁신을 놓치게 될지도 모른다. 그래서 여기 바둑과 BSC, 트리즈라는 관점의 안경을 당신에게 씌워줄 전문가들이 모였다. 어떤 안경을 쓰고 해답을 찾아볼 것인지는 당신의 선택에 달렸다. 어떤 안경이든 당신의 시력을 한 단계 높여줄 것은 분명하기 때문이다.

152 INTERVIEW |
         바둑 고수에게 배우는 전략가의 자세
156 INTERVIEW | 철학은 전략으로,
         전략은 실행으로 완성된다. BSC
162 한 천재가 보여 준
         철학적 전술 노트, 트리즈
167 IDEA ESSAY | 브랜드 전략을 위한 서재

experience is
Real Branding™

브랜드를 눈에 익숙하게 하는 것보다는
정확하게 브랜드를 지각하게 할 수 있는 브랜드경험의 디자인
이것이 샘파트너스가 지향하는
실제적이며 통합적인 Real Branding 입니다

: recently works
bonest benest / branding

: 2010 branding workshop
in **tokyo** (sep. 17-20)

sampartners

: 609-25, yeoksamdong, kangnamgu, seoul   : 02.508.7871   : www.sampartners.co.kr   : sampartners@sampartners.co.kr

14
BRAND STRATEGY

169
UB SEASON II 2.0

유니타스브랜드 시즌II에서는 시즌I에서 다루었던 12가지 특집 주제 중 6가지(Vol.3 고등브랜드, Vol.4 휴먼브랜드, Vol.7 RAW, Vol.10 디자인 경영, Vol.11 ON-Branding, Vol.12 슈퍼내추럴 코드)를 선정하여 2.0 버전으로 연재 중이다. 특별히 이번 호에서는 시즌I의 여러 특집에서 종종 다루었던 도시브랜딩의 2.0 버전도 만나볼 수 있다.

170 COLUMN_CITY BRANDING 2.0
도시브랜딩의 복잡계와
게이트웨이 브랜딩_김우형

178 RAW 2.0
향의 원형을 복원하고 창조하다, 데메테르

184 DESIGN MANAGEMENT 2.0
고집 있는 공학자(디자이너)의
브랜드(디자인) 경영, 다이슨

192 SUPERNATURAL CODE 2.0
새로운 문화로의 초대장을 쓰다, 라미

198 IDEA ESSAY | 마케팅 성지순례_TGIF
(Twitter, Google, iPhone, Facebook)

200 IDEA ESSAY | 안녕하신가, 민 과장!

Self Check List

귀사의 '철학의 전략화' 지수는?

아래의 체크리스트는 이번 특집을 준비하면서 만난 여러 브랜드의 '철학의 전략화 사례' 중 타사에 귀감이 될 만한 독특한 (때로는 놀라운) '사실'만을 모아 구성한 것입니다. 물론 아래 제시된 사례들이 철학을 전략화하는 방법의 '정답'은 아닐 수 있습니다. 기업마다 처한 환경과 조직 구조가 다르기 때문입니다. 하지만 아래 사례들을 통해 '다른 브랜드들은 전략을 고민할 때 이것까지 염두에 두는구나!' '철학과 전략의 관계를 이렇게 연결시킬 수도 있겠군!' '브랜드는 이런 철학과 태도를 갖춰야 하는구나!' '이 부분은 우리 브랜드의 전략 기획 때 적용해 봐야지' 하는 느낌만 가지더라도 철학의 전략화를 이해하는 데 도움이 될 것입니다. 질문을 하나씩 읽어 보며 현재 귀사의 '철학의 전략화 수준'을 확인해 보고, 추후 전략을 기획할 때 고려할 사항을 점검해 보기 바랍니다.

* 우측에 표기된 페이지는 해당 기사의 시작 페이지를 의미합니다. 도대체 어떤 브랜드가 이러한 놀라운 스토리를 가지고 있는지 궁금하다면 해당 페이지로 바로 이동해도 좋습니다.

No.	QUESTIONNAIRE	YES	NO	Page
1	만약 우리 브랜드가 문을 닫는다면, 소비자뿐 아니라 경쟁사들도 애도할 것이다.	☐	☐	70
2	우리 브랜드는 경쟁자가 생기는 것을 두려워하지 않고, 오히려 우리와 같은 철학을 가진 사람들이 많아졌으면 좋겠다고 생각한다.	☐	☐	94
3	우리 브랜드는 전략이 곧 우리의 철학을 구현해 내는 방법에 관한 것임을 명확히 인지하고 있다.	☐	☐	26
4	만약 인터브랜드와 같은 기관에서 '철학으로 움직이는 브랜드 100'을 선정한다면 우리 브랜드는 상위 5위 안에 들 것이라 자신한다.	☐	☐	54
5	우리 브랜드 리더가 만약 프랜차이즈 비즈니스를 한다면 브랜드 아이덴티티를 위해 프랜차이즈 가맹점 수에 제한을 둘 것이다. 그것이 브랜드의 희소성과 일관성을 위한 전략이라며 말이다.	☐	☐	106
6	우리 브랜드의 리더는 하청업체와도 갑-을이 아닌 갑-갑 관계를 만들려 노력한다. 그래서 우리는 하청업체에 대한 '당월 현금 결제 원칙'을 가지고 있다.	☐	☐	82
7	우리 브랜드는 '친절'을 생명과 같이 여기며, 친절하지 않고 돈을 벌 수 있는 일은 없다는 생각으로 일한다. 그 결과 '친절' 자체가 우리의 전략이 되었다.	☐	☐	42
8	'생각할 수 없는 것을 생각하는 것'이 우리 브랜드를 움직이게 하는 전략이다. 그래서 우리 사무실에는 파티션이 없고, 언제든지 이동을 할 수 있도록 모든 의자와 책상에 바퀴가 달려 있다. 정해진 팀, 정해진 직책, 정해진 자리는 '생각할 수 있는 것'이어서 남다른 결과를 만들지 못한다고 생각하기 때문이다.	☐	☐	54
9	물론 모든 고객은 최고의 대우를 받을 자격이 있지만 어떤 고객의 행동이 우리 브랜드의 핵심가치를 제공하는 데 해가 된다면 우리 브랜드 리더는 그 고객을 과감히 포기할 용기가 있다.	☐	☐	26
10	경쟁사들은 우리 브랜드에 기업 비밀에 해당하는 설계도면까지 보내 온다. 제조사가 우리라는 것 하나만으로도 시장에서 프리미엄을 얻기 때문이다.	☐	☐	70
11	우리 브랜드는 남들이 당연하다고 생각하는 불편함도 문제라고 생각하는 '문제를 발견하는 눈'을 가지고 있다. 그 문제의 해결책이 곧 전략이다.	☐	☐	94
12	우리 브랜드 조직원들에게 '우리가 만든 최고의 발명품'을 꼽으라면 창업 3년 차에 만든 '브랜드 헌장'이라고 할 것이다. 이것은 액자 속에 갇힌 몇 마디 문구가 아니라 우리의 행동양식이기 때문이다.	☐	☐	82
13	우리 브랜드의 목표는 소비자들이 우리 브랜드를 대할 때 최대한의 예를 갖출 정도로 존경 받는 것이다. 이를 위한 모든 활동을 전략이라 생각한다.	☐	☐	42
14	우리 브랜드의 전략은 어찌 보면 상당히 단순하다. 원칙을 지키는 것이다. 우리의 행동에 일관성 있는 기준이 있다면 그것이 가장 강력한 전략이 된다고 믿기 때문이다.	☐	☐	26

SELF CHECK LIST

No.	QUESTIONNAIRE	YES	NO	Page
15	우리 브랜드는 필요하다면 언제든 기존의 비즈니스 모델을 '내다 버리고' 새로운 비즈니스 모델을 선택할 준비가 되어 있다.	☐	☐	94
16	우리 브랜드는 한때 외부 위협으로 인해 산업 전체가 증발해 버릴 수도 있는 위기를 겪었지만, 그때 우리의 철학대로 의사결정을 한 덕분에 이 산업을 지킴과 동시에 5년이 지난 지금도 업계 1위를 지키고 있다.	☐	☐	82
17	우리 브랜드의 대표가 음식 프랜차이즈 비즈니스를 한다면 전 매장에서 동일한 맛을 내고 있는지 확인하기 위해서 고객이 남긴 음식까지도 먹어 볼 것이다. 설령 그것이 쓰레기 봉투에 들어갔더라도 말이다.	☐	☐	106
18	우리 브랜드는 성숙기에 이르러 매너리즘에 빠졌을 때, 이것을 해결하기 위한 전략으로 컨설팅을 의뢰하거나 신제품 개발에 많은 투자를 한 것이 아니라, 우리 스스로의 DNA(사고방식과 일하는 방식)를 완전히 바꾸기로 했다.	☐	☐	54
19	우리 브랜드는 그간 동종 업계의 브랜드들이 지켜 온 관행을 뒤엎고 새로운 시장의 룰을 만듦으로써 이전의 기준에 따라 경쟁할 필요가 없게 만들었다.	☐	☐	42
20	우리 브랜드는 '불량률 0%, 완벽도 100%'의 브랜드로 통한다. 우리 스스로 만족스럽지 않은 제품이라면 생산을 멈추는 한이 있더라도 시장에 내놓지 않기 때문이다. 이런 완벽성에 대한 집념이 대한민국 브랜드가 세계 시장에서 명품으로 통하게 만들었다.	☐	☐	70
21	우리 브랜드의 철학을 담은 전략적 결과물은 제품이다. 그래서 우리는 R&D 센터가 창의적인 결과물을 만들어 낼 수 있도록 본사와 멀리 떨어진 곳에 위치하게 했으며, 독립적인 결재권을 갖게 했다.	☐	☐	54
22	우리 브랜드 직원들은 우리가 제공하는 여러 가치 중 고객에게 많은 사랑을 받지 못하는 가치가 있다면 수익성을 위해 그 가치를 저버리는 것이 아니라 오히려 어떻게 해서든 더 많은 관심을 받게 하기 위한 전략을 고민한다.	☐	☐	26
23	우리 브랜드의 CEO는 오늘 자신의 주머니만 채우는 것은 오히려 '욕심이 없는 것'이며 '진짜 욕심이 있는 경영자는 미래에 얻을 이익까지도 생각하는 사람'이라고 생각하고 그에 맞는 전략을 구사한다.	☐	☐	42
24	우리 브랜드 리더는 우리 브랜드는 수익 창출의 도구를 넘어서 세상에 꼭 필요한 가치를 전달하는 도구임을 늘 강조한다.	☐	☐	26
25	우리는 전략 그 자체보다는 목표가 뚜렷한 브랜드다. 따라서 목표만 변하지 않을 뿐 전략은 언제든 수정할 수 있다.	☐	☐	94
26	우리 브랜드는 우리의 소신을 지키기 위해서 한 일들이 스토리가 되면서 자연스럽게 전략이 되었다. 그 결과 우리 브랜드의 로고를 몸에 문신으로 남긴 마니아들도 생기고, 우리 브랜드에서 일하고 싶다며 독일에서, 일본에서, 프랑스에서 무작정 찾아오곤 한다.	☐	☐	70
27	우리 브랜드 직원들은 현재 우리가 하고 있는 업과는 거의 관계가 없던 분야의 사람들이지만 공통의 목표 아래 일종의 '운명감'으로 모였다.	☐	☐	106
28	국내외 유수 기업들은 우리 브랜드의 교육을 받기 위해 찾아오며, 우리 브랜드의 정신을 배우기 위해 우리 브랜드명을 딴 모임을 만들기도 했다.	☐	☐	42
29	많은 브랜드가 '혁명'을 핵심가치로 두고 있지만 우리가 생각하는 혁명은 조금 다르다. 모두가 상식적이라고 말하는 것을 규칙으로 만드는 것이다. 따라서 우리의 브랜드 전략 역시 상식적인 것을 실행하는 것이다.	☐	☐	82
30	우리 브랜드의 전략은 우리 브랜드의 핵심가치를 전달하면서 맞닥뜨린 여러 모순점을 해결하기 위한 방법을 고민하다 보니 도출된 것들이다.	☐	☐	26
31	우리 브랜드는 스스로 직면한 문제의 해결을 위해 밸류 체인 내에서가 아니라, 생각지 못한 곳에서 해답을 찾을 정도로 창의적이고 전략적인 사고를 한다.	☐	☐	94
32	우리 브랜드의 창립자는 이 업계의 전설적인 인물이다. 따라서 우리 브랜드가 성장하는 데는 창업자의 휴먼브랜드 레버리지 영향도 컸다.	☐	☐	70
33	현재 우리 브랜드가 가진 포지셔닝은 우리의 전략이 빚어낸 결과라기보다는 고객들에 의해 형성된 포지셔닝이다.	☐	☐	106

전략은 정신을 소유한 아이디어
브랜드 전략은 브랜드다

전략이란 무엇인가? 무엇보다도 브랜드 전략이란 무엇인가? 이번 특집에서 유니타스브랜드의 화두는 '탁월한 브랜드 전략'이다. 과연 탁월한 브랜드 전략의 구축을 위해서 경영지식으로 무장한 사람이 필요할까? 물론 오늘날과 같은 기업간 무한 경쟁 상황에서는 그런 사람이 필요할 수도 있다. 하지만 그것은 단기적 관점이다. 이럴 때일수록 장기적 관점의 '브랜드 전략가'가 필요하다.

전략Strategy의 어원은 고대 그리스어인 Strategies용·병술로서 그 정의는 '적을 이기기 위해서 군대를 배치하는 것'이다. 한편, 근대 전쟁 전략가인 클라우제비츠는 전략에 대해서 다음과 같이 정의 했다. "전략이란 전쟁의 기본 계획을 세우고 용병술을 통해 개별 군인들이 따르도록 하는 것." 어원상의 정의에서 손질되고 추가된 내용은 '계획 수립과 계획 운영'이라는 부분이다. 군사적 목적이라는 태생적 정통성을 가지고 있는 이 단어를 군대용어로 사용할 경우는 전혀 문제가 없다. 그러나 '전략'이라는 단어가 다른 단어와 합쳐져 복합어로서 포괄적으로 사용되는 경우에는 의미가 애매모호해진다. 마케팅과 마케팅 전략에는 어떤 차이가 있을까? 브랜드와 브랜드 전략은? 디자인과 디자인 전략은? 그렇다면 브랜드 전략과 마케팅 전략의 차이점은 또 무엇일까?

인간의 경쟁이 전쟁에서 경영으로 바뀌면서 전략의 개념과 활용 범위도 달라졌다. 먼저 캐나다 맥길대학교 헨리 민츠버그 교수의 이야기를 들어보자. "전략이란 주어진 환경에 어떻게 대처할 것인가에 대한 조직의 '생각'이다. 만약 조직이 창의적이고 통합적인 전략을 가지길 원한다면 조직의 전략을 개념화하고 주어진 환경에 어떻게 대응할 것인가에 대한 '비전'을 종합하기 위해 리더에게 의존할 것이다." 클라우제비츠와 같은 맥락에 설명하고 있지만 용병술의 주최자인 '리더'가 전략의 궁극적 중심임을 말하고 있다. 한마디로 전략은 '조직의 생각'으로서 고유한 생각, 즉 '정신'에 대해서 말하고 있다.

(좋은 기업을 넘어) 위대한 기업이 되어야 한다고 주장한 짐 콜린스는 전략의 힘의 원천에 대해서 "전략은 비전에서 도출해야 한다"라고 말하고 있다. 즉 전략은 보이지 않는 것(비전)을 보이게 하는 일종의 생각의 힘에서 출발한다는 것이다. 그는 이런 전략의 목적을 한 단어로 '사명달성'이라고 말했다. 짐 콜린스는 전략은 신비하지도 않고, 어렵지도 않

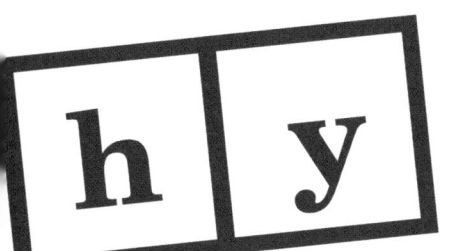

고 복잡하지도 않으며, 순수한 과학적 사고로 하는 것도 아니라고 말하고 있다. 그는 비전이 먼저이고 전략이 나중이기 때문에 전략의 맥을 잡기 위해서는 '어떤 전략을 세울 것인가?'가 아니라 '우리의 비전은 무엇인가?'를 먼저 명확히 해야 한다고 전한다.

전략의 정의에 대해서 그 분야에 대가들은 모두 한마디씩 했다. 먼저 〈하버드비즈니스리뷰〉에서 전략 파트의 편집을 담당했던 조안 마그레타는 다음과 같이 정의했다. "전략이란 탁월한 성과를 내는 논리다." 경쟁 전략의 대가인 마이클 포터는 "전략은 무엇을 하지 않을지를 선택하는 것이다"라고 말했다. '전략적 의도'와 '핵심역량'을 유행시킨 게리 하멜의 경우는 다소 자조적이며 회의적이지만 통찰력 있게 전략에 대해서 이렇게 말했다. "전략이란 운에 따라 좌우되는 예측이며 어쩌다 만들게 된 칵테일과도 같은 것이다." 게리 하멜이 말하고자 하는 핵심은 설명하지 못하는 성공 전략이 많다는 것이다.

이것 외에도 전략에 대한 수많은 정의가 있지만 소개하는 것은 여기까지 하도록 하겠다. 지금까지 나온 정의로 최고의 전략을 '정의'할 수는 없지만 최적의 전략을 '점검'할 수는 있다.
첫째, 우리의 전략으로 우리의 철학을 이야기 할 수 있는가?
둘째, 우리의 전략으로 우리의 비전을 실현할 수 있는가?
셋째, 우리의 전략에 대해서 조직의 모든 사람들이 같은 생각을 하고 있는가?
넷째, 우리의 전략적 선택 자체가 전략적인가?
다섯째, 우리는 (멋진 칵테일 같은 전략을 만들기 위해) 전략적 마인드와 기회를 활용해서 전략을 짜고 있는가?
무엇보다도 여섯째, 우리의 전략은 경쟁자가 모방 불가능한 전략인가?

(그럴리는 없겠지만) 폭스바겐에서 BMW를 모방하는 자동차를 만들었다면 그것은 BMW의 가짜다. 폭스바겐의 신형이 아니라 BMW의 짝퉁을 만든 것이다. 더 좋은 엔진과 첨단 시스템을 추가하더라도 BMW의 심볼과 디자인을 모방했다면 그것은 가짜다. 최고의 전략은 '자기다움의 완성'을 통하여 경쟁자가 감히 흉내내지 못하게 만드는 것이다.

전략에 관한 대부분의 책들은 원, 마름모, 별표를 비롯하여 각종 도형의 조립법들로 전략을 구조화 시켜놓은 것들이 대부분이다. 왜 전략은 항상 도형으로 만들까? 정말로 대입만 하면 전략이 술술 나올까? 지금까지 수많은 전략회의를 해보았지만 전략을 전략 책에 나온 도형에 끼워 맞춰서 뽑아내는 일은 거의 없다. 그렇다면 그 전략 도형의 정체는 무엇일까?

전략에 대한 선입견이 있다면 전략은 매우 논리적이고 합리적이며 수학적이라고 믿는 것이다. 그런 사람들은 전략은 무조건 도형으로 만들어야 된다는 강박증이 있는 사람들이다. 그래서 그들이 보여주는 전략을 살펴보면 매우 이해하기 쉽고, 설득력이 있다. 그러나 이것은 전략이 아니라 함정이다. 탁월한 전략은 그 시대의 지식을 가지고는 이해할 수 없는 것이 많다. 세련된 전략 그리고 너무나 쉬운 전략은 그 자체로 위험하다. 왜냐하면 무엇보다 경쟁자도 이해할 수 있기 때문이다. 그런 것은 전략이라기 보다는 '계획'이라는 개념이 더 잘 어울릴 것이다.

"발상도 흥미진진하고 구성도 좋다. 하지만 C학점 이상을 받으려면 실현 가능성이 있어야 한다." 익일 배송 서비스를 연구한 프레드 스미스$^{Fred\ Smith}$는 A학점을 받는 대신에 이렇게 평가 받은 리포트를 근거로 페덱스를 만들었다. (그런데 그에게 C학점을 준 예일대학 경영학 교수는 아직도 잘 있을까?)

전략으로 성공했다는 애플, CNN, 버진, 마이크로소프트, 구글 등 수많은 기업들의 초기 사업 전략을 듣고 기존에 있는 사람들은 모두 이런 말을 했다고 했다. "미쳤군!" 처음에는 미쳤다는 소리를 듣지만 성공으로 입증하면 미쳤다고 말했던 사람들도 그것을 '혁신'이라고 예찬한다. 놀랍게도 우리 주변에 있는 대부분의 브랜드들이 처음에 '미쳤다'는 말을 듣던 것들이다. '탁월한 전략은 미친 생각이다'라는 관점으로 이론 경제학자 데이비드 리카도$^{David\ Ricado}$도 유사한 말을 했다. "이윤은 남다른 현명함에서 나오는 것이 아니라 남다른 어리석음에서 나온다." 한 마디로 탁월한 전략은 '말도 안 돼!'라는 생각과 '왜 안 되지?'라는 생각 사이에서 태어나는 기괴한 생각이다. 이런 생각을 도형에 담아 슬라이드로 보여줄 수도 있겠지만 '모두 담을 수 있다는 생각은 위험하다.

지금은 이상하게 들리겠지만 10년 전에는 커피숍에서 커피를 시키지 않고 하루 종일 앉아 있는 손님이 있으면 카페 주인

브랜드 전략이란 무엇인가? 과연 탁월한 브랜드 전략의 구축을 위해서 경영지식으로 무장한 사람이 필요할까?

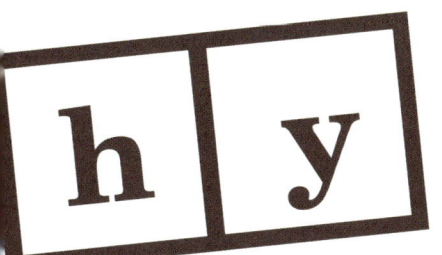

이 그 손님을 경찰에 신고했을 것이다. 우리가 스타벅스와 비슷하게 생긴 커피전문점에서 커피를 먹지 않고도 하루 종일 있을 수 있는 것은 스타벅스가 '커피숍은 커피숍이 아니라 도심의 안식처'라는 자신의 철학을 전략화(구체화 및 실행) 시켰고 이와 많은 커피전문점들이 이와 비슷한 모양새를 갖췄기 때문이다. 바디샵의 초기는 어떤가? 고래를 보호하기 위해서 그린피스와 보트를 타고 태평양에 떠있는 포경선 앞에서 데모를 하고, 경영자는 무차별 벌목이 이루어지는 정글의 벌목장에서 환경 보호를 외쳤다. 이렇게 식상한 이야기가 아직까지 회자 되고 있는 것은 무엇 때문일까? 놀랍게도 아직까지 이보다 더한 전략을 가지고 세상을 바꾸는 기업이 많지 않기 때문이다. 이런 것을 전략 사례에서 볼 수 있지만 엄밀히 따진다면 이것은 철학과 이념을 행동으로 보여주는 역사다.

최근 아이폰을 중심으로 벌어지고 있는 스마트폰 전쟁은 10년에 한번 볼까 말까 하는 세계 전쟁이다. '안테나게이트

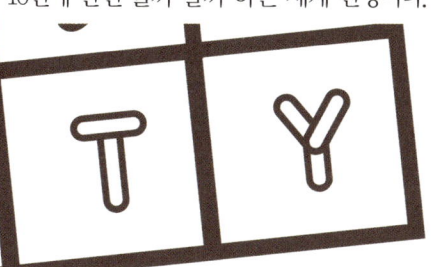

건'으로 이미지가 손상된 스티브 잡스는 지금 무엇을 고민할까? (혹시 병이 재발하면 안되는데) 애플 내부의 균열은 어떻게 일어날까? 미투 브랜드들과 자칭 경쟁 브랜드들은 어떤 전략을 들고 나올까? 대결 구도를 끌고 가는 브랜드는 어떤 전략을 사용할까? 이런 전략 구도를 소비자와 구경꾼으로서 바라보지 말고 게임에 참가한 플레이어로서 살펴보면 더 쉽게 간파할 수 있다. 왜냐하면 우리는 축구장의 펜스를 넘어서 응원하는 관중처럼 보이겠지만 실제로는 우리도 SNS 및 소비를 통해 그들과 함께 경쟁 게임에 선수로 참여하고 있기 때문이다. 휴대폰 시장에서 수많은 경쟁자에게 도전 받는 애플의 전략은 무엇일까? 앞서 설명했던 최적의 전략 기준에 의하면 애플은 '더 애플답게' 일 것이다. 그렇다면 다른 경쟁자들은 어떻게 할까? 철학이 없는 미투 브랜드라면 그들도 '더 애플답게' 할 것이다. 그렇다면 애플스럽게 보이려는 파인 애플(애플 추종 브랜드)들의 최후는 어떨까?

장기의 고수와 장기를 둔다면 한 번쯤은 이런 생각을 해 볼 수 있다. "만약 이 고수와 똑같은 방법으로 장기를 둔다면 최소한 비기지는 않겠는가?" 그러나 이런 생각을 가지고 하다 보면 몇 수 두다가 곧 '장군!'을 당하게 된다. 이렇게 될 수밖에 없는 이유는 간단하다. 그대로 따라 하는 사람은 오직 한 수 밖에는 가지고 있지 않은데, 장기의 고수는 수 백 가지의 수를 읽고 있기 때문이다. 그리고 더욱 중요한 것은 고수가 늘 한 박자 빠르다는 것이다.

그 동안 흑마술처럼 사용했던 B급 브랜드의 벤치마킹 혹은 짝퉁(점잖게 모방 전략이라고 부르기도 한다)은 품질대비 가격만족이라는 소비자의 성감대를 교묘하게 자극시키면서 성장해왔다. 하지만 본격적인 브랜드의 시대와 웹 시대의 정보 공유에 있어서 철학 없이 베껴서 눈속임으로 소비자를 만족시키려는 것은 고객만족이 아니라 일종의 고객 기만이자 소비자 모독이다.

전략이란 무엇인가? 무엇보다도 브랜드 전략이란 무엇인가? 이번 특집에서 유니타스브랜드의 화두는 '탁월한 브랜드 전략'이다. 과연 탁월한 브랜드 전략의 구축을 위해서 경영지식으로 무장한 사람이 필요할까? 물론 오늘날과 같은 기업간 무제한 경쟁환경에서는 그런 사람이 필요할 수도 있다. 하지만 그것은 단기적 관점이다. 이럴 때일수록 장기적 관점의 '브랜드 전략가'가 필요하다. 브랜드 전략은 단순 경쟁과는 다른 개념이다. 하지 말아야 할 것을 하지 않는 용기, 해야 할 것만 해내는 지혜, 처음 생각과 뜻을 일관성 있게 유지하는 인내, 그리고 비전을 중심으로 모두가 협력해 브랜드를 구축하는 것이 브랜드 전략이다.

최고의 전략과 최악의 전략

최악의 전략을 클라우제비츠는 '변경되지 않는 전략'이라고 말한다. 인도의 독립가였던 네로는 '너무나 조심스러운 전략'이라고 말했다. 그렇다면 '과감하며 변화하는 전략'이 최고의 전략일까? 과감하고 민첩한 (위치 변화)전략을 살펴보자. 매출 규모 3조의 허먼 밀러(Herman Miller)는 처음에는 유명 디자이너 의자인 임스체어(Eames Chair)를 만들었다. 하지만 디자인 의자를 만드는 브랜드가 많아지자 이들은 새로운

곳으로 이동했다. 때마침 '미래의 사무실'이라는 컨셉의 트렌드가 있었기에 허먼 밀러는 '사무 설비 관리 연구소'를 만들고 다음과 같은 광고를 했다. "귀사는 가구를 구입했지만 사실 그것은 업무, 사기, 생산성 향상을 구입하는 것입니다. 귀사가 돈을 지불해야 하는 이유는 바로 이것 때문입니다."

고대 전투에서 '전략'의 개념 중 하나는 '적보다 더 좋은 위치를 선점하는 것'이다. 대표적인 예를 소개한다면 B.C. 480년 스파르타의 왕 레오니다스가 300명의 스파르타 용사들을 이끌고 '테르모필레 협곡'에서 페르시아 100만 대군과 싸운 이야기다. 비록 항공 정밀 포격과 대륙간 탄도 미사일로 인해서 현대 전투는 공간 개념을 무시하고 있지만 여전히 위치는 매우 중요한 전략의 요소 중 하나다. 왜냐하면 위치는 단순한 장소의 개념이 아니라 힘의 균형을 만들어 내기 때문이다. 또한 위치는 전략의 근본적 시작점이기도 하다.

마케팅 전략 중에서 가장 고전적이며 효과가 뛰어난 전략도 '위치'를 이용하는 '포지셔닝 전략'이다. 고객의 마음의 포지셔닝도 있지만 상권이라는 지리적 포지셔닝도 있다. 그러나 최근 온라인 쇼핑몰의 발달로 인해서 실제적 상권의 존재는 사라지고 있다. 재래식 마케팅 전략이 '인지도의 경쟁'이라면, 누구나 손쉽게 브랜드 정보를 주도적을 알 수 있는 지금은 '인식의 경쟁'이다. 이런 변화로 인해서 브랜드가 가지고 있는 관점과 의미를 어떤 위치로 올릴 것인가가 브랜드 전략의 요체가 되어 버렸다. 브랜드는 소비자의 마음에 있기에 우리는 위치(가치) 에너지가 운동(욕구) 에너지로 바뀌는 공식을 이해해야 한다.

우리나라에 있었던 패션 브랜드의 실제 사례를 살펴보도록 하겠다. 하나는 최저가 신규 패션 브랜드다. 다른 하나는 최고가 신규 패션 브랜드였다. 두 개의 브랜드는 여름 세일을 맞이하면서 난관에 부딪히게 되었다. 재고량으로 인해서 불가피하게 세일을 해야만 했다. 하지만 신규 브랜드의 세일은 초기 브랜드 구축에 있어서 치명적 내상을 입힌다. 그럼에도 불구하고 신규 저가 브랜드는 세일을 결정했다. 전략은 브랜드 손상을 입히지 않은 상태에서 예전처럼 판매하는 것이다. 먼저 세일 상품들을 모두 모아놓고 30% 세일 포스터를 붙였다. 그 밑에는 회원 전용이라는 팻말을 붙여 놓았다. 고객들은 어떻게 했을까? 당연히 이름과 전화번호만 주면 쉽게 회원이 될 수 있기에 회원의 특권으로 (자부심을 갖고) 30% 세일 상품을 샀다. 그렇다면 신규 고가 브랜드는 어떻게 했을까? 신규 고가 브랜드는 회원 전용 세일보다는 회원 전용 사은품을 선택했다. 먼저 사은품을 세일이 시작되기 전에 미리 TV에 집중적으로 노출하였다. 사람들은 TV에서 보았던 상품 (정확히 말하면 사은품)을 구매하기 위해서 매장으로 왔고, 그들은 사은품을 사기(?) 위해서 본 제품을 구매했다. 사은품을 한정편 기념품으로 판매한 것이다.

저가이지만 고가처럼 팔고, 사은품이지만 한정품처럼 판매하는 것은 브랜드의 포지셔닝을 떨어뜨려(세일해서) 낙차 에너지(순간 충동 구매)를 얻는 것이 아니다. 오히려 튕겨 올라가서 경쟁자보다 더 높은 위치 에너지를 얻는 것이다.

그렇다면 과연 변경되지 않는 전략과 조심스러운 전략이 위험한 전략일까? 그렇다고 말하기에는 초지일관 밀어 붙여서 성공한 전략과 너무나 조심스러워서 성공한 전략도 많기에 단정하기가 어렵다. 그러나 분명한 것은 최악의 전략은 실패를 계획한 전략이라는 것이다. 전략 자체를 너무 탁월한 전략이라고 믿을 때 위험해진다. 자신의 생각과 맞건나 그렇게 되기를 기대하는 전략 그리고 너무나 정교해서 비싼 비용을 지불하며 구축한 전략이 전형적인 예일 것이다. 이런 전략들을 대부분 바꾸려고 하지 않는다. 전략의 궁극적 목표는 승리하는 것이기 때문에 승리를 위한 전략적 후퇴가 없는 전략은 위험하다. 물론 어려움 때문에 매번 전략이 수정되는 것을 좋다는 것은 아니다.

INSIGHT

아인슈타인은 "문제는 그것을 생각해낸 의식으로는 해결할 수 없다"라고 단언했으며 추가적으로 "현 시대의 문제는 현 시대 사람이 풀지 못한다"라고 설파한 적이 있다. 이것은 문제를 포기하라는 말이 아니다. 전혀 다른 관점과 시점을 가지고 문제를 풀어야 한다는 것이다. 전략이 난관에 부딪혔을 때 필요한 전략은 '전략적 마인드'를 갖는 것이다. 얼마나 쉽고 빠르게 자신의 관점과 생각을 바꿀 수 있을까가 바로 전략적 마인드라고 할 수 있다. 처음 세웠던 전략이 예를 들어 A라고 한다면 상황과 경쟁의 변수에 따라서 바뀔 수 있다. a로 혹은 Aa 그것도 아니면 B, C, D로 변하거나 급기야 X, Y, Z로 변화될 수 있다.

전략은 상당히 미래에 벌어질 이야기, 그렇게 되길 원하는 이야기로 만들어진 것이기에 그 변화는 더욱 심하다. 그럼에도 불구하고 대부분의 전략가들은 전략판을 헐리우드 주인공식으로 풀어간다. 자신은 절대로 지지 않을 것처럼 짜기 때문에 자신의 대본대로 움직이지 않는 것은 배역으로 인정하지 않는다. 실패한 전략의 대부분이 부족한 가설로 세운 처음 전략을 바꾸지 않기 때문이다.

변해야 하지만 변하지 말아야 할 브랜드 전략

브랜드 전략은 무엇인가? '독점과 리딩'이다. 여기서 독점을 의미하는 monopoly라는 단어의 어원은 그리스어 monopolian에 있으며, 이는 mono 유일한 와 plein 파는 사람 이 결합된 것이다. 즉, 유일한 것을 파는 사람(혹은 유일하게 파는 사람)이란 뜻으로 시장에서 유일한 브랜드를 만들어야 가능한 이야기가 된다. 브랜드의 궁극적 목표는 다른 것의 대체품이 되지 않는 것이다. 또한 트렌드에 휘날리거나 다른 브랜드와 트렌드로 담합해서도 안 된다. 브랜드는 하나밖에 없는 것이 되어야 한다. 이 세상에 모터사이클은 많다. 그런데 대체할 수 없는 모터사이클이 있다면 무엇일까? 스포츠카는 많다. 다른 스포츠카로 대체할 수 없는 스포츠카는 무엇일까? 휴대폰은 많다. 대체할 수 없는 휴대폰은 무엇일까? 질문에 답으로 나온 브랜드가 독점력을 지닌 브랜드다.

일반적으로 전략은 '차별화와 경쟁적 우위'를 얻는 것 혹은 달성하는 것 그리고 유지하는 것이라고 말한다. 모양만 본다면 브랜드 전략과 똑같을 것이다. 그러나 여기에 빠진 것이 있다면 무엇을 차별화하고 어떤 경쟁적 우위를 가질 것인가이고, 여기에서 브랜드 전략의 실체가 드러난다. 가격, 품질, 기술 그리고 인력은 다른 경쟁자가 모두 가지고 갈 수 있다. 또한 비슷할 수도 있다. 애플의 아이폰을 뜯어 보자. 그 속의 부품을 한국 회사가 만들었다고 해서 한국의 아이폰이 될 수 있을까? 브랜드 전략은 '정신'에 해당하는 것이다. 누가 정신을 카피할 수 있을까? 제정신을 가진 사람이 남의 정신을 가지고 일한다면 그 사람은 어떤 사람인가? 미친 사람이지 않은가! 탁월한 전략 안에는 경쟁자가 흉내를 내면 반드시 혹독한 대가를 지불해야만 하는 범접할 수 없는 정신이 있다. 그래서 진정한 브랜드는 그 누구도 흉내내거나 복사하지 못할 자신만의 정신으로 전략을 만든다. '전략은 정신을 소유한 아이디어'다. 그래서 애플의 Think Different는 정신을 소유한 아이디어이며 전략이라고 할 수 있다.

> 전략이 난관에 부딪혔을 때 필요한 전략은 '전략적 마인드'를 갖는 것이다. 얼마나 쉽고 빠르게 자신의 관점과 생각을 바꿀 수 있을까가 관건이다.

나는 생각한다 고로 존재한다. 과연 그럴까? 사람들은 전략을 가지고 행동하기 보다는 행동을 하면서 전략을 세운다. 말하면서 생각하고, 행동하면서 생각하는 것이다. 본능이 지능을 이끌고 있다.

정신이 전략이 되면 그 어떤 경쟁 전략도 당해내지 못한다. 비록 치명적인 전략은 단기적으로 타격을 줄 수 있겠지만 브랜드십에서 말한 영생불멸의 브랜드는 사라졌다가도 정신을 중심으로 다시 부활하기도 한다.

브랜드 전략의 기준은 다른 업체와의 경쟁이라는 생존의 문제에서 나오는 것이 아니라 자신의 완성이라는 존재의 문제에서 나오기 때문에 남을 의식하지 않고 스스로 결정하는 행동이다. 주변 사람들은 그렇게 행동하는 것을 "미쳤다"고 생각했다가 "혁신이었구나"라고 판단하지만 정신으로 브랜드를 구축하는 사람에게는 그것이 옳고 해야 하기 때문에 하는 행동일 뿐이다. 따라서 브랜드 전략은 브랜드가 타협하지 않는 부분에서 구축되는 것이다. 궁극적으로 브랜드는 타협하지 않는 부분에서 정신을 가진 아이덴티티로 완성된다. 브랜드의 시작은 상표등록이 아니라 '왜 우리가 존재하는가?'라는 철학적인 질문에서다. 그 존재의 이유를 구축하는 과정이 바로 브랜드 구축(브랜딩)이다. 따라서 철학이 브랜드 전략이다. UB

STRATEGIZATION 1

철학의 전략화 CASE

좀 더 생생한 직업 체험 활동을 위해 실제 보잉 727기의 반을 잘라 건물 안으로 들여온 어린이 테마파크 키자니아, 올바른 택시 사업을 위해서 업계의 관행에 무조건 따르지 않고 택시 요금 인하 소송도 불사한 MK 택시, 유연한 조직 구성과 사고방식의 혁신을 이루기 위해 모든 책상과 의자, 사물함에 바퀴를 단 오티콘. 이들 브랜드의 공통점은 무엇일까? 바로 대부분의 기업이 쉽게 생각할 수 없었던 것을 생각해내고 그것을 곧 실행에 옮긴 브랜드라는 점이다. 대한민국 경계 너머 세계 여러 곳에서 태어난 이 브랜드들이 전해온 소식에는 새로운 방법으로 자신만의 철학을 전략화strategization하고자 하는 브랜드라면 눈여겨 봐야 할 메시지들이 담겨 있다. 그렇다면 지금부터 이 메시지들을 하나씩 살펴보도록 하자.

26 컨텐츠의 Story, 재현물의 Subtlety, 행동의 Standard가 만든 Strategy, 키자니아

42 '장사꾼'의 철학에서 배우는 '친절한' 전략 운행법, MK 택시

54 오티콘의 정신 모델 경영론

BRAND STRATEGY

KIDZANIA

컨텐츠의 Story, 재현물의 Subtlety, 행동의 Standard가 만든 Strategy, 키자니아

The interview with 키자니아 서울 대표 최성금, 건설본부장 강석구, 컨텐츠팀장 이경미

대한민국의 수도 서울 한복판에 신생국이 생겼다. 이탈리아 내 세계 최소국, 바티칸 시국^{City State}처럼 말이다. 3,000평 규모로 세워진 아이들만의 나라, 키자니아^{KidZania}.

이 나라를 방문하기 위해서는 우선 입국 수속부터 거쳐야 한다. 미리 예매해 둔 여행 티켓을 발권 받고 키자니아만의 고유 통화인 키조^{KidZo}를 여행자 수표로 받는다. 아이들이 키자니아를 방문하는 목적은 '자아 찾기'다. 어른이 되었을 때 갖고 싶은 직업을 미리 체험해 보며 내가 진정으로 원하는, 내게 적합한 직업이 무엇인지, 또 그에 필요한 직업관은 무엇인지 알아보는 것이다. 이 확인 작업은 국가 내부에 위치한 90여 개의 직업 체험 공간에서 이루어진다. 이 소국^{小國}에는 국세청, 경찰서, 소방서, 병원, 운전면허시험장, 극장은 물론 그간 부모님을 따라 방문하던 브랜드 매장들이 실제 규모의 3분의 2로 축소되어 있다.

개장 4개월 만에 누적 방문자 수 25만 명을 넘은 이 신개념 테마파크 키자니아는 하고 싶은 것, 되고 싶은 것이 너무나 많은 '요즘 아이들'의 마음만을 설레게 하는 것이 아니다. 교육열 높기로 소문난 대한민국의 엄마들, 그리고 키자니아 내에 자사 브랜드를 입점시켜 마케팅 효과를 톡톡히 누리려는 브랜드 담당자의 마음도 설레게 한다. WIN–WIN–WIN(아이–부모–기업)의 3자 수혜 구조를 실현시킨 키자니아. 이런 매력적인 비즈니스를 전개하는 그들은 대체 누구이며, 어떤 전략을 쓰고 있는 것일까?

독점 : 홀로 점하다

현재 키자니아는 분명 '독점'이다. 여기서 말하는 독점은 시카고 경영대학원의 교수 밀랜드 M. 레레^{Milind M. Lele}(p140, 인터뷰 참고)가 《독점의 기술》에서 미래 시장에서의 새로운 성배로 꼽은, 그 독점을 말한다. 즉 경제학적인 개념에서의 특정 자본이 생산과 시장을 지배하는 상태의 것이 아니라, 현재의 경쟁 구도 하에서 자신만의 차별화된 자산을 갖거나 독특한 환경에 자신을 위치시킴으로써 얻게 되는 독점 말이다. 레레가 말하는 독점은 크게 두 가지다. 하나는 '자산적 독점'으로서 천연자원, 이 세상에 (기술적 측면에서) 유일무이한 제품, 남들이 모방하기 어려운 혁신적 기술, 특허권, 상표권, 저작권 등이 이에 속한다. 예를 들면 금광이 묻힌 산을 소유한 사람은 그 산에 대해서는 '자산적 독점'권을 갖는다. 반면 '상황적 독점'은 특별한 시장, 특별한 수요, 특별한 시기, 특별한 입지가 맞아떨어지면서 어떤 상품이나 서비스를 공급해 줄 수 있는 유일한 상황에서의 독점을 말한다.

를 테면 수능시험이 있는 날 수험장으로 선정된 학교 앞에서 학용품을 혼자 팔게 된 상인은 상황적 독점을 가진 것이다.
　이런 측면에서 키자니아는 국내 유일의 대형 '직업 체험 테마파크'로 '자산적 독점'을, 아직 아무런 경쟁자 없이 도심 내에서 단독으로 이러한 비즈니스를 영위하기에 '상황적 독점'을 누리고 있다. 남들은 하나도 갖기 힘든데 키자니아는 어떻게 두 가지 독점 모두를 갖게 되었을까? 마냥 부러워하고만 있을 것이 아니라, 현재 그들이 이런 모습을 갖게 된 근본적인 이유부터 살펴보자.

'독점'을 있게 한 '독립'
　키자니아는 하나의 '국가'다. 물론 컨셉상의 국가이기는 하지만 그 컨셉을 뒷받침하는 탄탄한 스토리와 구현물, 그리고 행동지침들이 상상의 국가를 현실의 국가로 만들어 내고 있다.
　'어린이'를 뜻하는 독일어 '킨더'를 짧게 한 키드Kid에 '~의 나라'라는 의미의 라틴어 '아니아ania'를 '즐거운'을 의미하는 '자니아'의 'Z'로 연결한 것이 키자니아KidZania다. 이들은 국기, 국새, 고유 통화를 가졌으며 독립선언서 낭독한 '개국일(9월 10일)'도 있고, 국가 수뇌부 역할을 하는 '어린이분과위원회'가 국가 운영 전반에 걸친 의견을 개진하기도 한다.
　어린이들은 왜 독립선언까지 필요했을까? 앞으로 소개할 키자니아의 캐릭터 우르바노, 비타, 바체의 (가상의) 제1회, '보다 나은 세상을 위한 깨어 있는 어린이 의회'의 *회의록을 보며 알아보자.

제1회, '보다 나은 세상을 위한 깨어 있는 어린이회' 회의록

"놀면서 배우면 돼! 안 될 것도 없어!"

비타 : 어른들이 꾸려 나가는 세상의 모습이 실망스러워. 정부는 비효율적으로 운영되고 사회는 점차 불공평해지고 있는 것 같아. 소중한 자원은 낭비되기 일쑤고 반드시 지켜야 할 가치들도 계속 무너지고 있잖아.

우르바노 : 맞아. 이런 현상이 지속된다면 우리가 어른이 될 때쯤이면 세상은 더 이상 아름답거나 건강한 곳이 아닐 거야. 누군가 나서야 해!

비타 : 우리가 하자! 우리 어린이들이 힘을 합치면 못할 것도 없을 거야!

바체 : 우리가 어떻게? 우린 아무것도 모르잖아.

비타 : 배우면 되지! 어른에게 우리가 만들 세상에 필요한 지식들을 배우는 거야. 그러면 지금 우리가 살고 있는 곳보다 훨씬 더 살기 좋은 나라를 우리 손으로 만들 수 있을 것 같아.

바체 : 난 배우는 것에는 별로 흥미 없는데? 난 맘껏 뛰어 놀고만 싶다고!

비타 : 놀면서 배우면 돼! 안 될 것도 없지!

바체 : 그렇다면 생각이 좀 달라지지. 대신 재미있어야 해!

비타 : 알겠어! 그건 내게 맡겨. 우선 어른들을 설득해서 우리가 배우고 싶은 것들을 배울 수 있도록 공간을 마련해 달라고 하자. 현재로서는 어른들의 도움을 받아야 해. 나는 어떻게 하면 의사가 될 수 있는지, 빵집 주인이 될 수 있는지, 기자가 될 수 있는지 궁금해. 어른들에게 물어 보자.

우르바노 : 그런데 지금 어른들에게 그것을 배운다면 그들과 똑같아지는 것 아닐까?

비타 : 그러니까 우리만의 기준을 가져야 해. 무엇이 옳고 그른지에 대한 기준 말이야.

바체 : 그게 뭔데?

비타 : 우리가 스스로 성장할 수 있고, 알고 싶은 것을 알 수 있도록 해주는 도움만이 옳은 것이지. 그렇지 않은 것은 우리 스스로가 판단해서 걸러 들어야 할거야. 쉽지는 않겠지만 도전해 보고 싶어.

바체 : 그것 봐. 벌써 놀 수 있는 것은 빠져 있잖아!

비타 : 좋아! 우리가 맘껏 놀 수 있게 돕는 것도 우리를 위한 것이라는 것은 확실히 해두자구!

우르바노 : 그래! 그렇다면 나도 함께하고 싶어. 근데, 이걸 어떻게 모든 아이들에게, 또 세상에 알리지?

바체 : 우리 독립을 선언하자! 그리고 우리가 생각한 것을 정리해서 전 세계 아이들에게 보내는 거야. 우리와 비슷한 생각을 하는 아이들이 아주 많을걸?

아이들의 4대 권리와 키자니아의 핵심가치가 함축된 4개의 상징물

우리들의 4대 권리

1. **존재할 권리** : 우리는 전체적인 조화 속에서 언제든 방해나 제약 없이 자유롭게 행동하고, 말하고, 생각할 수 있다. 2. **알 권리** : 우리는 호기심과 실험 정신을 마음껏 펼치며 지식과 경험을 습득할 수 있다. 3. **배려할 권리** : 우리는 타인은 물론 자연의 번영과 환경의 보호에 의식적으로 참여할 권리가 있다. 4. **놀 권리** : 우리는 삶의 유희를 추구하고 적극적으로 삶을 즐길 수 있는 권리가 있다.

키자니아의 대표적 상징물은 다음과 같다.
1. 국기: '아이들의 권리'를 나타내는 주황색과, '미래 세계는 우리들의 손으로 만든다'는 신념을 나타내는 빨간색으로 이루어졌으며 그 중심에는 키자니아의 약자 K가 씌어있다.
2. 국새: 아이들의 4가지 권리(존재할 권리, 알 권리, 배려할 권리, 놀 권리)를 나타내는 증표와 나침반이 새겨져 있다. 나침반은 '자신의 방향성'을 스스로의 힘으로 결정하겠다는 의미다.
3. 통화: 키자니아 내에서만 사용 가능한 화폐로서 키자니아 독립 영웅이자 친구 같은 존재의 캐릭터 우르바노, 비타, 바체의 얼굴이 인쇄되어 있다.
4. 독립의 샘: 키자니아의 독립을 기념한 샘으로 도시 중앙광장 뒤켠에 있다. 이 샘을 등지고 "보다 나은 세상을 향해!"를 외치며 그들의 신념을 다진다.

그들의 4대 권리는 그들이 가진 '이념^{ideology}'의 실천과 목적에 부합한 삶', 결국 행복으로 이끄는 나침반 같은 역할을 해주고 있다. 이러한 4대 권리를 바탕으로 아이들은 행정부를 꾸리고 국가를 세웠다. 그리고 그 안전한 울타리 안에서 배우고, 놀고, 타인과의 관계를 통해 스스로 존재감을 찾기 시작했다. 현재 키자니아가 갖춘 모습은 모두 이러한 그들의 핵심가치이자 스스로의 권리를 '가시화'한 작업의 일부다.

What is the real?

어디까지가 현실의 이야기고 어디까지가 상상의 이야기이며, 어디까지가 이념에 관한 것이고 어디까지가 실제 구현된 것을 소개하는 것인지 난해한 독자들도 있을 것이다.

정리하자면 키자니아는 앞서 소개한 스토리를 바탕으로 기획된 어린이 직업 체험 테마파크다. 아이들의 시각에 맞춰 브랜드의 핵심가치를 '어린이들의 4대 권리'로 설명해 주고 그에 따른 컨셉을 잡아 컨텐츠로, 장내 구현물로 가시화하고 있다. 그리고 그 저변에는 '어린이에 의한, 어린이의, 어린이를 위한(by the Children, of the Children, for the Children) 공간을 만드는 것'이란 그들의 철학이 있다.

사실 키자니아의 첫 등장은 1999년, 멕시코의 수도 멕시코시티에서였다. 상류층을 대상으로 운영되는 산타페 쇼핑몰 내에 생긴 키자니아는 원래 부모들이 쇼핑을 즐기는 사이 아이들이 놀던 작은 공간에서 시작됐다. 하지만 여타 놀이 공간과는 달리 아이들이 몇몇 직업들을 경험해 볼 수 있는 (의사 놀이, 상점 놀이 등의) 롤플레이$^{role\ play}$ 프로그램을 제공했고 점차 그 교육적 효과가 입증되면서 규모가 커졌다. 2000년 공식 개장한 '키자니아 멕시코시티'는 55개의 체험 공간과 60개 이상의 기업 파트너십을 보유하고 있으며 연간 방문객이 82만 명에 이르고 1년 227일(연중 개장일) 내내 매진이다.

이들이 가진 독보적 컨셉과 비즈니스적 매력은 키자니아의 확장에 불을 붙였다. 2006년 멕시코 몬테레이(연간 45만 명 방문) 개장 후, 일본 도쿄(2006년 개장, 연간 80만 명 방문), 인도네시아 자카르타(2007년 개장, 연간 65만 명 방문), 일본 오사카, 포르투갈 리스본, 두바이에 문을 열고 드디어 한국의 서울에 2010년 3월 문을 열었다. 각국의 지점 하나하나를 키자니아의 행정도시로 보는 그들의 '도시 리스트'에는 한국에 이어 앞으로 스페인의 바르셀로나와 타이완, 중국, 칠레의 도시가 추가될 예정이다. 이렇듯 성공가도를 달리고 있는 키자니아의 '비즈니스'는 어떻게 구현되고 있을까?

키자니아, 그들은 누구인가?

한 기업이 영위하는 비즈니스는 결국 '누구에게, 어떤 가치(고객 니즈)를 어떠한 방식으로 충족시키고 있는가?'에 대한 답변으로 정리될 수 있다. 이에 대한 답변이 명쾌한 기업만이 고객과 '친밀한 관계를 지속적으로 유지'할 수 있으며 독특한 존재로 거듭나, 결과적으로 '브랜드'가 된다. 이러한 가치 제공의 과정 없이 처음부터 '브랜드'인 것은 없다.

그렇다면 키자니아의 비즈니스 모델은 어떻길래 점점 명확한 '브랜드'로 자리매김 하고 있는 것일까? 그들의 비즈니스를 이해하는 데 하버드대학의 아벨Derek F. Abell교수가 《Defining the Business》에서 소개한 '3차원적 사업 정의Three dimensional business definition' 모델(〈그림 1〉)이 도움이 될 것이다.

아벨의 사업 정의 모델은 '고객(Who)' '고객의 니즈(What)' 그리고 '그 니즈를 충족시킬 방법(How)'의 3가지 축으로 구성된다. 이 3가지 축에서 고객과 그 고객의 니즈를 해결해 줄 방법(How)이 바로 '재화(제품 및 서비스)'다. 복잡한 비즈니스의 개념을 3가지 단어로 정리했다는 것 외에 아벨의 모델이 의미를 갖는 또 다른 이유가 있다. 이 모델이 제시되기 전에 주로 사용되던(물론 현재도 여전히 많이 쓰인다) 앤소프Igor Ansoff 매트릭스가 '고객'을 배제한 상태에서 '시장'과 '제품'의 2차원적 플랫폼에 그친다는 한계를 뛰어 넘었기 때문이다.

그렇다면 아벨의 모델에서 '전략'은 무엇일까? 바로 How, 즉 니즈를 충족시키는 '솔루션'이며, 이것은 타깃으로 둔 고객과 그 고객의 니즈가 정확히 만날 때 (그래프에서 세 축에서 연장된 선의 접점이 정교할 때) 가장 효율적인 것이 된다.

아마도 아벨 교수가 이 모델의 기능을 '비즈니스의 정의'로 본 이유도 기업이 고객과 그들의 니즈, 그리고 그 니즈를 해결할 방법을 찾아낼 수 있을 때 기업도 그들 스스로가 어떤 정체성을 가졌는지 '정의'할 수 있기 때문일 것이다. 몽블랑과 빅Bic볼펜은 각각 어떤 고객의 어떤 니즈를 어떻게 해결해 내고 있는가? 이에 대한 답은 그들을 정의하는 데 충분한 근거가 될 것이다. 그렇다면 아벨의 3차원 정의 모델로 키자니아의 Who, What, How는 각각 무엇인지 살펴보자. 이를 '단편적으로' 구상해 보면 〈그림 3〉과 같다.

이중 'How(전략)'를 '실행'하기 위해 키자니아 서울(이하 '키자니아')은 46개의 파트너사, 58개의 체험 공간에서 73종의 직업체험 환경을 조성하고 그 접점에 놀이 요소를 두었다(2010년 7월 기준).

교육열이 높은 한국 엄마들의 욕구를 해결해 주기 위해 직업 체험 활동 자체를 아이들의 학습과 성장의 방법으로 제안하며, 실제 직업 체험 과정에서 경제 개념과 각 직업에 필요한 지식을 얻을 수 있는 컨텐츠를 마련했다. 아이들이 특정 직업에 목적의식을 갖고 실제 학업에 스스로 동기부여 할 수 있는 것은 부모가 얻는 또 다른 혜택이다. 기업들과는 파트너십을 채결해 기업 고객들이 홍보 효과를 누릴 수 있도록 직업 체험 공간 자체를 '개별 브랜드 체험 공간'으로 조성했다.

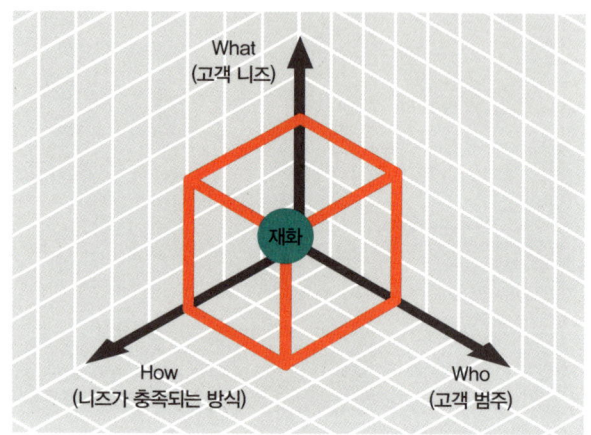

〈그림 1〉 아벨 교수의 '3차원적 사업 정의 모델'

앤소프 매트릭스

경영 전략Corporate Strategy이란 개념을 처음 만들어 낸 것으로 알려진 그의 전략 구상 모델은 '성장벡터 매트릭스'라는 이름으로도 잘 알려져 있다. 비록 오래된 모델이긴 하지만 여전히 사업 단위 전략 프로세스와 성장 가능성을 점쳐 볼 때 유효한 플랫폼이다.

제품 \ 시장	기존	새로운
기존	시장 침투 전략	제품 개발 전략
새로운	시장 개발 전략	다각화 전략

〈그림 2〉 앤소프 시장-제품 매트릭스

Who? (고객 범주)	어린이	부모	파트너십 브랜드
What? (고객 니즈)	재미있는 직업체험	자녀의 직업 체험 및 사회성 교육	고객 및 잠재고객에 대한 홍보 효과
How? (니즈 충족 방법)	놀이 요소가 가미된 다양한 직업체험 환경 조성	체험활동에 해당 직업에 대한 정보와 직업관을 녹여내고 아이들간의 상호 협업 요소 가미	어린이들에게 특정 브랜드를 경험케 함으로써 아이들 인식 속에 그 브랜드가 해당 카테고리에서의 선도자로 기억하게 함

〈그림 3〉 아벨의 모델에 근거한 키자니아의 Who, What, How

STRATEGIZATION 1

키자니아와 파트너십을 맺은 브랜드별 직업 체험 활동

파트너십을 통해 아이들은 실제 생활에서 접하던, 그것도 어른들을 통해서만 가능하던 실제 브랜드를 키자니아 내에서 스스로 경험함으로써 직업 체험 욕구와 성인 모방 욕구를 동시에 해결하고 있다. 또 직업 체험을 하면서 노동의 대가로 받을 수 있는 화폐인 '키조'를 직접 사용함으로써 경제 학습도 할 수 있다. 이는 부모들의 욕구 중 하나이기도 하다. 기업들은 이곳에서 마케팅 불변의 법칙 중 하나인 '인식의 법칙'을 제대로 활용하고 있다. 아직 브랜드를 많이 접하지 않은 아이들은 직업 체험 중심에 있는 '그 브랜드'를 실생활에서도 쉽게 인지하게 될 것이며 이는 긍정적인 이미지와 함께 구매로 쉽게 연결될 것이기 때문이다. 키자니아에서 활동 중인 브랜드 중에서도 오른쪽과 같은 브랜드는 자사의 아이덴티티를 활용해 좀 더 세련된 접근을 선보인다.

직업체험	관여 브랜드	체험 활동
빌딩 등반	Dole	과일 브랜드 돌Dole과 빌딩 등반은 쉽사리 연계점을 찾기 힘들다. 힌트는 그들의 캠페인 '바나나는 밥이다'와 관계 있다. 아이들은 빌딩 등반에 성공하면 '바나나'를 받는다. 아이들이 등반에 성공한 긍정적인 경험과 돌의 바나나를 하나의 인식의 고리로 엮는다.
네이버 대학	NAVER	어린이들에게 이상적인 성인으로 비쳐질 '대학생'을 경험하는 공간이다. 네이버 대학의 전공 과목은 '시각 디자인' '지식 정보학' '생활 건강학'으로 나뉘고 이 전공 과목을 '수료한 후' 일을 하면 더 많은 키조를 받기에 인기가 높다. '지식과 정보=네이버'라는 공식을 만들고 싶은 네이버 입장에서는 효과적인 접근이다.
진로상담센터	비상 VISANG	학원 교재, 자습서 시장에서 1위를 차지하고 있는 비상교육은 아이들에게 진로상담 서비스를 제공하고 있다. 놀이형식으로 진로 성향 검사를 받은 후 어떤 직업을 체험하면 좋을지를 설명해 준다.

그밖에 다음과 같은 브랜드들이 자사의 핵심 컨셉을 직업 체험 활동에 녹여 내고 있다.

하지만 이처럼 키자니아의 '눈에 보이는' 전략만으로는 그들이 누구인지 제대로 이해할 수 없다. 뿐만 아니라 파트너십을 통해 키자니아가 얻는 수익은 해당 브랜드에 의해 영향을 받을 수밖에 없다(파트너십 브랜드의 이미지가 나빠지는 경우 키자니아도 타격을 입는다). 키자니아의 수익을 안정적으로 지속시킬 수 있는 방법은 바로 아이들의 사랑, 부모들의 사랑을 받는 것이다. 그들은 사랑받기 위해 어떤 노력을 하고 있는가?

'By, for, of the Children'

'by, for, of the Children', 이것 한 가지다. 키자니아의 모든 고민은 '무엇이 아이들에 의한, 아이들을 위한, 아이들의 키자니아인가?'에 대한 답을 찾고 그것을 고객에게 효과적으로 이해시키고 전달하는 것이었다.

그런데 이런 질문을 스스로에게 끊임없이 묻던 그들은 몇 가지 문제에 봉착했다. 직업 체험 테마파크라는 특성상 컨텐츠는 '교육적임과 동시에 재미 요소'를 가져야 했고, 공간과 건축물 구성에서도 단순히 판타지적 요소로 점철된 여느 테마파크와는 달리 현실적 직업 공간에 대한 이해를 도울 수 있어야 했다. 즉 '리얼리티와 판타지적 요소'를 동시에 연출해 내야 하는 것이다. 또 비즈니스 구조로 수익을 내며 지속성을 가지는 동시에 아이들의 직업 체험에 있어 올바른 직업관과 건강한 시민으로 성장할 수 있도록 돕는 공공의 효익 측면도 가져야 했다. 달리 말해 '사적인 이익과 공적인 이익'을 동시에 실현해야 하는 것이다.

하지만 이러한 이질적 요소의 융합은 자연스럽게 키자니아만의 차별화되고 독특한 컨셉과 스토리, 구현물, 행동지침들을 만들어 냈고, 이는 곧 전략과 전술이 되었다. 즉 외부에서 보면 극도로 첨예한 전략과 전술로 점철된 그들의 비즈니스는 사실, 그들의 '목적 실현(미션과 비전)'을 위한 어쩔 수 없는 숙명적 선택에 가까웠다. 〈그림 4〉와 〈그림 5〉는 키자니아의 그 숙명적 선택(전술 혹은 전략)들을 정리한 것이다. 구체적인 내용은 앞으로 이어질 키자니아 컨텐츠팀의 이경미 팀장, 건설본부의 강석구 본부장, 마지막으로 최성금 대표와의 인터뷰에서 확인할 수 있다. 그들의 진지한 고민이 만들어 낸 전략은 '의도적'이었다기 보다 차라리 '도의적'이었다는 표현이 더 합당할 것이다.

> 이질적 요소의 융합은 자연스럽게 키자니아만의 차별화되고 독특한 컨셉과 스토리, 구현물, 행동지침들을 만들어 냈고, 이는 곧 전략과 전술이 되었다.

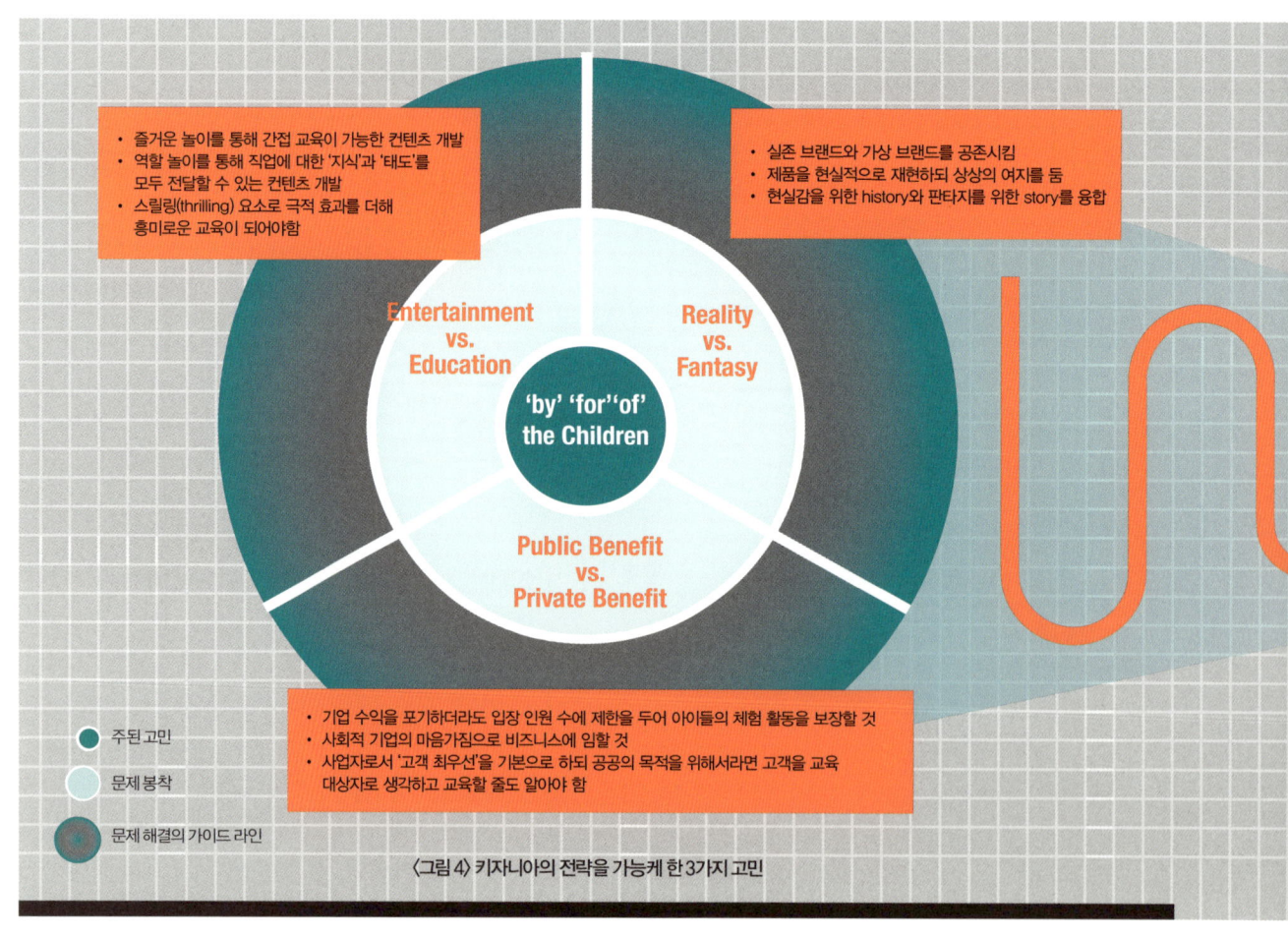

〈그림 4〉 키자니아의 전략을 가능케 한 3가지 고민

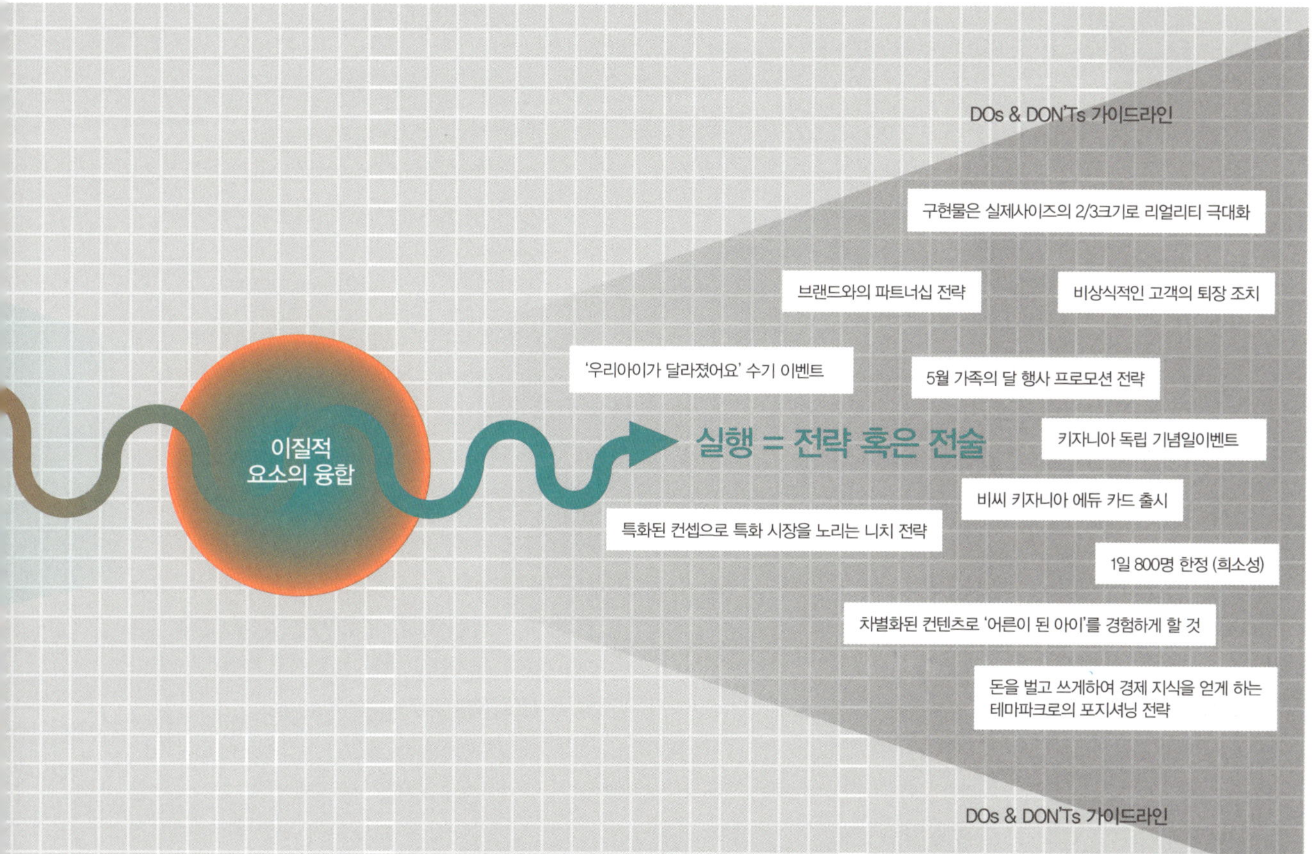

STRATEGIZATION 1

DOs & DON'Ts 가이드라인

- 구현물은 실제사이즈의 2/3크기로 리얼리티 극대화
- 브랜드와의 파트너십 전략
- 비상식적인 고객의 퇴장 조치
- '우리아이가 달라졌어요' 수기 이벤트
- 5월 가족의 달 행사 프로모션 전략
- 키자니아 독립 기념일이벤트
- 비씨 키자니아 에듀 카드 출시
- 특화된 컨셉으로 특화 시장을 노리는 니치 전략
- 1일 800명 한정 (희소성)
- 차별화된 컨텐츠로 '어른이 된 아이'를 경험하게 할 것
- 돈을 벌고 쓰게하여 경제 지식을 얻게 하는 테마파크로의 포지셔닝 전략

이질적 요소의 융합 → 실행 = 전략 혹은 전술

DOs & DON'Ts 가이드라인

〈그림 5〉 키자니아의 고민 해결을 위한 솔루션은 그대로 전략·전술이 됨

이경미 이화여자대학교 동양화과를 졸업하고 1997년부터 2000년까지 삼성에버랜드 이벤트팀에서 근무한 바 있다. 그 후 제일기획 프로모션크리에이티브팀, 디자인상상 기획팀을 거쳐 2008년부터 MBC PlayBe 컨텐츠팀장으로 근무 중이다.

컨텐츠의 Story가 Strategy가 되다

이경미 팀장에게 "키자니아에게 있어 전략이란 무엇인가"라고 물었을 때 그녀의 답은 명쾌했다. "우리의 전략은 결국 우리의 철학을 구현해 내는 방법에 관한 것이다." 키자니아라는 국가의 탄생 스토리와 거기에서 도출된 어린이의 4대 권리가 컨텐츠 개발의 소스이자 명확한 가이드라인을 주고 있다는 것이다. 다만 그들의 숙제는 어떻게 하면 그들의 철학을 더 효과적으로, 또 효율적으로 전달하는가에 있었다.

아이들의 4대 권리가 컨텐츠로 어떻게 표현되나? '알 권리'와 '놀 권리'는 놀면서 배우는 키자니아의 직업 체험 컨셉상 충분이 이해되지만 '존재할 권리'와 '배려할 권리'는 쉽게 상상되지 않는다.

이경미(이하 '이') 존재할 권리란 아이들이 '자유의지로 선택하고 행동하는 것을 느낄 수 있도록 컨텐츠를 제공하는 것이다. 이를 단편적으로 보여 주는 것이 '은행 체험(kdb)'이다. 아이들은 본인의 의지로 일하고 번 돈을 바로 써 버릴 것인지 저축할 것인지를 결정한다. 또 스스로 은행에서 계좌를 개설해 입금해 두고 키자니아 내 곳곳에 있는 ATM기기에서 출금해 원할 때 사용한다.

'배려할 권리'는 어떤가?
이 직업 체험을 할 때는 보통 6~8명의 아이들이 한 팀이 되어 움직인다. 순서를 지키거나 물건을 건네주고 무거운 것을 함께 들고 나르면서 상대에 대한 배려를 자연스럽게 배운다. 또 경찰이 되어 순찰을 돌고 힘든 사람을 돕는 것에서 배려와 리더십도 배울 수 있다.

키자니아가 '신기하고 즐거운 나라'로 끝나는 타 테마파크와 다른 점이 바로 이것이다. 놀이와 체험의 컨텐츠를 키자니아의 목적에 합당하게 구현한 것이 결과적으로 '전략'이 된 것이다. 지난 5월에 진행된 행사들만 봐도 그렇다. 보통의 테마파크는 가정의 달을 맞아 갖가지 모객 이벤트를 고민해야 했겠지만 키자니아의 경우 효율성이나 효과 측면에서 훨씬 용이하면서도 강력한 전략들을 풀어 낼 수 있었다. 예를 들면 5월 1일 근로자의 날에는 아이들이 일해서 (키조로) 받는 임금을 2배로 주고, 5월 3일부터 9일까지는 부모와 어린이들이 함께 직업 체험을 할 수 있는 '패밀리가 떴다'라는 이벤트도 진행했다. 부모와 어린이가 함께 직원이 되어 음료수 공장(칠성사이다)과 베이커리(파리바게트)에서 음료수와 빵을 만드는 컨텐츠를 기획했고, 택배, 포토스튜디오(SONY), 라디오스튜디오(MBC) 등 많은 체험 공간에서도 비슷한 컨셉의 컨텐츠가 주를 이뤘다. 이러한 활동을 통해 부모는 아이의 꿈을, 아이들은 부모의 노고를 이해할 수 있는 계기가 되어 효과적인 '가족의 달 프로모션'이 된 것이다. 또한 5월 10~16일의 '스승의 날' 주간에는 각 체험 시설에서 어린이들의 활동을 돕는 슈퍼바이저 중 최고로 친절하고 인상 깊은 슈퍼바이저를 추천하는 어린이들에게 선물을 주기도 했다. 직업 체험이라는 컨셉 하의 컨텐츠 자체가 새로운 마케팅 전략 혹은 전술로 이어지는 것이다.

교육과 놀이라는 이질적 요소를 섞어 내는 컨텐츠 개발이 쉽지 않았겠다. 컨텐츠 개발에서 가장 중점으로 두는 것은 무엇인가?
이 교육인지 놀이인지 구분할 수 없도록 하는 것이다. 그렇기 위해서는 우선 우리부터 그 직업에 대해 충분히 이해해야 한다. 해당 직업에 대한 연구와 현장 조사 및 실제 그 직업을 가진 사람들을 만나서 그 직업의 가장 핵심적인 요소들을 추려낸다. 하지만 그것을 '전문 지식' '사명감' 등의 단어로 푸는 것이 아니라 아이들이 그 직업 체험의 상황에 완전히 몰입할 수 있도록 컨텍스트context를 구성하는 데 힘쓴다. 예를 들면, 음식점의 경우 '다른 사람이 먹는 것이니 위생에 신경 써야 한다'거나 소방서 체험의 경우 '다른 사람의 생명을 다루는 일이니 사명감을 가져야 한다'는 식의 직접적인 교육이 아니라 슈퍼바이저에게 제공되는 스크립트에 그것을 녹여 낸다. 그들의 대사, 얼굴 표정, 목소리 톤 등을 통해 전달되도록 말이다. 그러한 분위기(컨텍스트)에서 아이들은 더 빨리 몰입하고 무엇이 중요한지를 알게 된다.

슈퍼바이저 교육이 관건이겠다. 어떤 교육을 시키나?
이 다양하다. 아이들이 체험하는, 20~30분 동안에 그 직업의 특성을 최대한 살릴 수 있도록 스크립트 숙지와 연기 연습이 필요하다. (체험활동 컨셉상) 긴급한 상황 연출을 위해서는 오히려 엄하게 지시하라는 지령이 슈퍼바이저 스크립트에 안내되어 있다. 항상 친절하고 고분고분한 슈퍼바이저의 모습만 필요한 것은 아니다. 이들 교육을 위해 초창기 슈퍼바이저들은 '대한항공 서비스 아카데미 교육'과 '서울교육대학교 어린이 교육'을 이수했고 요즘에는 '키자니아 서울 유니버시티'라 불리는 교육센터에서 진행한다. 입문 교육으로 3일 동안 키자니아의 역사와 컨셉, 어린이 고객에 대한 이해 등 이론 교육을 받은 후 체험활동 및 롤플레이 등을 통한 교육이 뒤따른다. 그런 후에는 현장참관, 고객응대 등의 OJT$^{On\ the\ Job\ Training}$를 최소 10일간 받게 된다.

많은 부분이 어린이를 위한 컨텐츠 개발에 초점이 맞춰진 듯하다. 그런데 어떻게 하면 어린이의 시각에 맞는 관점을 유지하고 그에 따른 컨텐츠를 개발할 수 있나?
이 '어린이 의회'라는 것이 있다. 우리는 그들을 돕는 '보조 행정부'라고 생각한다. 모든 것의 화자는 어린이여야 하기 때문에 아무리 어른들 입장에서 좋은 것이라 생각해서 제공해도 그들의 입장에서 아니면 아닌 것이다. 그렇다고 이것이 방종을 의미하지는 않는다. 어른의 입장에서 미처 생각지 못한 새로운 시각을 얻어 반영하는 것이다. 현재 13명의 어린이의회 의원과 7개의 체험 시설 카테고리당 분과위원(공공기관, 도시환경, 식품관리 등) 3명씩을 포함해 총 34명이 활동 중이다. 이들은 모두 컨텐츠팀에서 직접 선출하고 피드백을 받고 그것을 반영한 '행사'를 만든다. 컨텐츠와 행사 진행 모두에 관여하다 보니 가끔은 컨텐츠팀과 마케팅팀의 경계가 모호해지기도 한다.

어린이 의회 의원들은 활동에 필요한 교육을 받고 또다른 아이들의 체험활동을 돕는다.

"가끔은 컨텐츠팀과 마케팅팀의 경계가 모호해지기도 한다"는 이 팀장의 말에서 키자니아의 컨텐츠, 즉 Story(컨텐츠)가 Strategy(마케팅 전략 및 전술)가 됨을 다시 한 번 확인할 수 있다. 게다가 어린이 의회 활동과 그 위원들은 자연적으로 홍보대사가 되기도 할 것이다. 이경미 팀장이 이밖에 강조한 것 중 하나가 바로 스릴링^{thrilling}이다. '키자니아다움'을 '교육+재미+α'로 설명했는데 이 '+α' 부분이 스릴링이다. 컨텐츠가 교육적이어도 아이들이 지루해한다면 키자니아다운 것이 아니기 때문이란다. 그래서 '교육+재미+α'는 모든 것의 판단 기준이 된다. 이러한 고민의 흔적들은 고스란히 양질의 컨텐츠가 되고 키자니아의 공간 디자인 및 건축물과 시너지를 만들며 새로운 전략으로 탄생된다.

슈퍼바이저들은 다양한 특별 교육을 통해 어린이를 어떻게 대해야 하는가에 대한 지식과 지혜를 습득한다.

재현물의 Subtlety^{미묘함}가 Strategy가 되다

눈에 보이지 않던 컨텐츠를 보이게 하고 오감으로 느껴지도록 하는 것의 중심에는 공간과 건축물이 있다. 키자니아의 컨셉과 철학을 골격으로 지어진 내부 공간은 어떻게 준비되었는 지 키자니아 건설디자인본부의 강석구 본부장에게 묻자 그는 "리얼리티를 위한 디테일에 힘쓴다. 이것이 키자니아의 힘이며, 전략이라면 전략이다"라고 답했다. 즉 재현물이 갖는 Subtlety^{미묘함}가 Strategy가 된 것이다.

컨텐츠팀에서는 교육과 놀이라는 이질적 요소의 융합을 꿈꾸고, 공간에서는 판타지와 리얼리티의 융합을 꿈꾸는 것 같다. 테마파크에서 리얼리티를 강조하는 이유는 무엇인가?

강석구 (이하 '강') 아이들이 꿈꾸는 '이상적인 나라'가 컨셉이긴 하지만 동화 속 판타지 마을은 아니다. 아이들이 '어른이 되고 싶은 것'은 '판타지'일지 모르지만, 잠시간이라도 '어른이 되어서 경험하고 싶은 것'은 '리얼리티'기 때문이다. 그래서 키자니아를 경험하는 아이들의 활동이 현실과 괴리된 유토피아적 '감흥'이 아닌, 학습을 통한 '감동'이 될 수 있도록 노력하고 있다.

키자니아의 '리얼리티 강조'는 공간 건축물에 국한된 것이 아니라 여러 컨텐츠나 키자니아 내에서 지켜야 할 규칙들에도 적용된다. 더 좋은 세상을 만들려는 아이들이 실제 사회에 나가서도 여기서 배운 것을 활용해 좋은 사회를 만드는 사람이 될 수 있도록 돕기 위함이다.

대부분의 키자니아 구조물은 실제 사이즈의 3분의 2크기로 상당히 정교하게 연출된 것 같다. 하지만 디자인이나 구조가 실제의 것과 완전히 똑같지는 않던데, 특별한 이유가 있나?

강 이곳의 구현물을 단순한 '축소물'로 생각하면 오산이다. 예를 들자면 키자니아 내에서 운행되는 앰뷸런스, 보안회사 차량, 택배 차량 등은 골프카를 개조해 만들었다. 하지만 구조나 컬러, 디자인 측면에서는 실제의 것과 완벽히 같지는 않다. 왜냐하면 그 구조와 디자인은 어디까지나 어른들의 관점에서 만들어진 것이고 아이들이 원하는 모습은 아닐 수 있다. 상상력의 공간을 열어 두기 위해 컬러와 디자인, 그리고 구조는 어느 정도 변형해 상상력을 자극하는 것이다. 그것이 키자니아스러운 것이고 키자니아가 지향하는 판타지와 리얼리티의 융합이다.

모순적인 단어 같지만, '가공된 리얼리티'라는 표현이 적합하다는 생각이 든다. 그렇다면 실제 입점된 브랜드들에게도 같은 기준이 적용되나?

강 물론이다. 이 부분에서도 이질적 요소의 융합이 필요하다. 이곳에 입점한 브랜드들은 그들만의 아이덴티티가 명확한 브랜드다. 그래서 각 브랜드의 '브랜드다움'과 '키자니아다움'을 섞어 내야 한다. 물론 브랜드 입장에서는 간판의 크기가 클수록, 로고가 잘 보일수록 홍보 효과가 크다고 생각해서 욕심을 내는 경우도 있다. 하지만 로고는 그대로 리얼리티를 살리되 주변 구조물과 어울릴 수 있도록 조정해야 할 필요가 있다. 간판이 가려진다고 그 앞에 있어야 할 나무를 자를 수는 없다. 대신 브랜드 매장 인테리어는 각 브랜드의 리얼리티가 강조되는 공간이기 때문에 좁은 공간일지라도 그 브랜드만의 특징을 임팩트 있게 보여준다. 직접 체험하면서 직감적으로 그 브랜드를 느낄 수 있도록 하기 위함이다. 즉 그 브랜드의 컨셉을 명확히 드러내야 한다.

> 진짜 '보잉 727' 비행기를 반으로 잘라 가져다 놓으면서까지 리얼리티를 강조했으면서도 파크 내의 도로는 어디에도 똑같은 뷰가 없다.

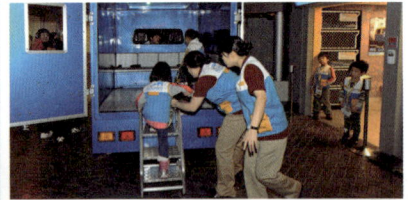

키자니아 내부 전경은 또 하나의 도시답게 다양한 상점과 도로 구성물 등으로 구성되어 있다.

STRATEGIZATION 1

기존 브랜드의 컨셉과 키자니아 컨셉을 동시에 구현하는 것이 숙제지만, 경찰서, 법원처럼 브랜드가 없는 관공서나, 실제 브랜드가 있더라도 일부 직업은 키자니아 자체 브랜드들로 구성하고 있다. 그 이유 역시 수익을 일부 포기하더라도 리얼리티와 판타지의 조화를 이루기 위함이다. 마술학교나 연기학교 브랜드가 그것인데, 그 공간 안에서만큼은 아이들이 캐릭터와 함께 맘껏 판타지적 상상을 할 수 있도록 창조 욕구를 자극하는 것이다. 내부 디자인은 물론 키자니아 내에서 해당 공간이 자리 잡은 위치 또한 현대적 건물이 즐비한 도심 외각이 아닌 고대 건축물 양식으로 지어진 중앙부다. 이국적인 분위기도 함께 연출해 키자니아의 스토리와 리얼리티를 혼합해 연출한다. 이상적이지만 리얼리티가 공존하는 도시를 위한 또 다른 장치로 '역사성'을 꼽을 수 있다.

키자니아의 전체 공간에 역사성을 심어 둔 것 같다. 중앙부는 고대 건축 양식, 주변부는 근대 건축 양식, 외곽은 지극히 현대적인 건축물들로 연출한 것을 보면 말이다.

강 현대 건축물만 즐비한 것은 리얼리티도, 이상적인 나라도 아니다. 국가는 끊임없이 변하며 그 변화의 흔적이 역사가 되어 공존해야 아름답고, 실제적인 것이다. 그래서 키자니아 내에는 조형적으로 변화된 고대, 근대, 현대 건축물들이 적정 스케일로 연출되어 있다. 하지만 이것 역시 '이것은 도리아 양식, 이것은 이오니아 양식'이라며 직접적으로 교육하는 것이 아니라 아이들이 체험 과정 중에 보고 만지는 것을 통해 느끼도록 기획했다. 어른들은 항상 아이들에게 '너는 이런 방향으로 가야 해, 이런 식으로 해야 해'라며 직접적인 교육을 하려 하는데, 아이들 모두 각자의 독자적 세계관이 있고 그 안에서 스스로 학습한다. 적어도 이 공간 안에서만큼은 그들도 어른이다. 어른들과 떨어져 생활해 보는 것이 컨셉인데 여기까지 와서 간섭하려는 부모들을 볼 때면 안타깝다.

사실 전략이란 관점으로 키자니아를 생각했을 때 상당히 상업적인 측면의 전략이 강할 줄 알았다. 그러나 그것이 다가 아닌 것 같다.

강 물론 수익적인 측면은 배제할 수 없다. 하지만 내부 구성물 구현에 있어서는 전략적이었다기보다 아이들의 마음에서 출발한 컨셉과 스토리가 견인차 역할을 했다. 오히려 우리에게 전략은 지금부터가 시작이다. 현재 가진 것을 유기체처럼 변화시키고, 부모들이 '이곳에 와서는 진정으로 아이들에게 자유를 주는 것이 옳은 일이란 것을 알게끔 전략을 세우고 싶다. 현재의 모습이 우리 생각이 100% 발현된 것이라고 생각하지 않는다. 50%에서 출발한 것이고 앞으로 좀 더 키자니아다움을 유지하며 아이들의, 아이들을 위한, 아이들에 의한 도시로 끊임없이 진화시킬 것이다.

공간을 연출할 때 '향기'나 '동선'까지 고려하냐는 질문에 "향을 의도적으로 만드는 것은 진짜 도시답지 못하다"며 "빵 가게 근처에서는 빵 굽는 향이, 초콜릿 공장 옆에서는 초콜릿 향이, 피자 집 근처에는 피자 굽는 향이 나는 것이 진짜지 않겠냐"라는 답을 했던 그. 이외에도 승무원 체험 시설에는 진짜 '보잉 727' 비행기를 반으로 잘라 가져다 놓으면서까지 리얼리티를 강조했으면서도 파크 내의 도로는 어디에도 똑같은 뷰view가 없고 실재의 도로와는 사뭇 다르게 연출했다. 이 역시 리얼리티와 판타지의 융합을 위함이라고 한다. 그도 그럴 것이 사실 우리가 사는 실재 공간은 이미 어른들의 시각에서 최적화된 것이지 아이들에게는 아닐 수 있지 않은가.

그런데 이들이 생각하고 행동하는 이질적인 요소의 융합력은 대체 어디서 나오는 것일까? 기준조차 애매하지는 않을까? 어떤 것은 리얼리티를 위해, 어떤 것은 판타지를 위해, 어떤 것은 교육을 위해, 어떤 것은 놀이를 위해 짜 놓은 계획이라 말하면 딱히 시비도 걸기 힘들기 때문이다. 이 애매함 속에서 브랜드에 적합한 기준을 제시하는 키자니아 서울의 리더, 최성금 대표를 찾았다.

강석구 서울대학교 미술대학 조소과를 졸업하고 홍익대학교 산업미술대학원에서 공간디자인을 전공했다. MBC미술센터 전시사업부 팀장, 앤츠컴 부사장을 거쳐 2008년부터 MBC PlayBe 건설디자인본부장으로 재직 중이다. 1993 대전엑스포 주제관 전시기획 시공, 2001 송도신도시 홍보관 설계 시공, 2004 대장금테마파크 기획 시공 등을 수행한 바 있다.

최성금 중앙대학교 영어영문과를 졸업하고 1984년 MBC에 입사. 총무국, 기획실, 사업국 거쳤다. 특히 1992년 대전 엑스포도우미 교육, MBC아카데미 설립을 비롯해 다양한 문화·예술·공연·전시 사업 분야 경험이 있다. 2004년 사업부장, 2007년 인력개발부장, 2008년 인력자원국 부국장을 거쳐 2008년 9월 MBC 역사상 최초의 여성임원으로 CEO 공모를 통해 MBC PlayBe 대표이사로 취임했다.

행동의 Standard가 Strategy가 되다

2007년 1월 키자니아의 서울 진출을 앞두고 경쟁 프레젠테이션에 참가한 MBC는 마침내 사업권을 따낸다. MBC PlayBe라는 신규 법인을 설립하고 2010년 2월 말 런칭한 그들의 비즈니스는 높은 교육열에도 불구하고 제대로 된 교육적 놀이 공간이 없는 국내 상황으로 미루어 볼 때 어느 정도의 성공이 점쳐질 법했다. 게다가 2000년부터 꾸준히 감소해 온 국내 출산율을 생각해 보면 (2009년, 평균 출산율 1.15명) 한 아이당 부모의 투자는 전폭적일 것이다. 매력적인 비즈니스 모델임에 틀림없어 보였다.

사업성 검토를 할 때 가장 매력적이라 판단한 것은 무엇이었나?

최성금 (이하 '최') 굉장히 새로운 비즈니스 모델이었다. 당시 이렇다 할 만한 에듀테인먼트파크가 없던 상황에서 브랜드력까지 갖춘 키자니아라면 충분히 가능성이 있어 보였다. 사실 기존의 테마파크와 비교하는 것 자체가 힘들다. 전혀 다른 컨셉이기 때문에 경쟁자라고 생각하지도 않는다.

비즈니스를 떠나서도 이러한 공간이 한국에 꼭 필요하다고 생각했다. 생각해 보라. 우리 어릴 적에는 "너 장래에 뭐 될래?"라고 물으면 대부분의 남자아이들은 보통 대통령, 군인이고 여자아이들은 선생님, 간호사였다. 하지만 막연한 동경이고 상상일 뿐이지 실제로, 아니 간접적으로라도 경험해 볼 기회가 전무했다. 하지만 키자니아에서는 어느 정도 가능할 것이라 믿었다. 리얼리티가 강조되는 이유도 그 때문이다. 키자니아는 성공 여부를 떠나 우리나라에 꼭 필요한 것이라 생각했다.

'수익성'을 떠난 '브랜드'는 생각할 수도 없는 것이 사실이지만 '목적성' 또한 영속을 꿈꾸는 '브랜드'에게는 필수적인 것 같다.

최 물론이다. 현재 키자니아가 선보인 직업 중에는 분명 인기 있는 직업도 있고 인기 없는 직업도 있다. 경제적 측면에서 수익성만 고려한다면 인기 있는 직업은 체험 공간을 3배로 늘리고 인기 없는 직업은 없애는 것이 맞다. 하지만 우리는 단순한 놀이공원이 아닌 교육적 측면을 고려한 하나의 국가다. 모든 직업이 균형 있게 돌아가야 나라가 산다. 경찰서도 있어야 하고 택배회사도 있어야 한다. 그래서 수익성이 떨어지더라도 반드시 필요한 직업은 오히려 더 적극적으로 소개하고 컨텐츠를 탄탄히 해서 아이들이 그 직업의 참맛을 알게끔 돕고 있다. 그래서 우리는 키자니아가 사회적 기업, 공익 기업이라고 생각하기도 한다. MBC가 방송으로 공익을 실현하고 있다면 MBC의 자회사인 우리는 직업 체험 테마파크로 공익을 실현하고 있다고 생각한다.

경영자로서 키자니아의 전략을 정리한다면 무엇이라 말할 수 있나.

최 어찌 보면 단순하다. 원칙을 지키는 것이다. 우리의 행동에 일관성을 만드는 기준이 있다면 그것이 가장 강력한 전략이 된다고 생각한다. 예를 들면 키자니아는 하루에 두 번 1부, 2부로 나누어 아이들을 맞는데 회당 동시 수용 인원은 (현재 오픈한 체험 시설을 기준으로) 400명이고 체험 활동을 하는 아이들과 대기하는 아이들의 적정 수치를 고려하면 2배수, 즉 800명이 우리의 정원이다. 800명을 넘으면 무조건 매진 사인을 걸고 단 한 명의 아이라도 추가 입장할 수 없는 것이 우리의 행동 기준이다.

또한 키자니아 내에서는 새치기나 대신 줄 서주기 등이 허용되지 않는다. 똑똑하고 열성적인 한국 엄마들은 가끔 아이에게 하나라도 더 경험하게 하기 위해 그런 부분들을 어기곤 한다. 자기 아이가 한 장소에서 직업 체험을 하는 동안 다른 곳에 가서 대신 줄을 서주는 것이다. 하지만 키자니아의 원칙은 '아이들이 줄을 서는 것'이다. 이것은 아이의 사회성과 참을성 교육과도 밀접한 관계가 있기 때문이다. 그런데 엄마들이 외려 그런 것들을 망치곤 한다. 이런 것에 주의를 주는 경우 대부분은 자신의 잘못을 시인하지만 어떤 부모는 소란을 피우는 경우도 있고, 심지어 아이들 앞에서 엄마들끼리 싸우기도 한다. 물론 우리 슈퍼바이저들은 고객에게 양해를 구하거나 최대한 친절히 설명해야 하지만 심한 경우 "이렇게 하시는 것은 키자니아 규칙에 어긋난다. 환불해 드릴 테니 죄송하지만 퇴장해 달라"고 요청하라고 교육한다.

'고객은 (무조건) 왕'이란 입장에서라면 상상하기 힘든 정책이겠지만 키자니아에서는 지난 몇 달간 실제 일어난 일이다. 이처럼 원칙에 위배된다면, 특히나 그것이 아이들을 위한 놀이나 교육을 방해하는 일이라면 엄격한 기준을 들이댄다. 하지만 이처럼 800명 정원이 모두 차면 매진 사인을 걸고, 소비자를 퇴장시키는 그들의 행위는 한편으로는 자연스럽게 '희소성으로 구매욕구를 자극'하거나 '교육에 진정성을 가진 기업으로의 포지셔닝'을 가능하게 하는 요소가 되기도 한다.

운영에서 가장 염두에 두는 것은 무엇인가?
최 아무래도 디테일이다. 키자니아가 강조하는 부분이기도 하지만 실제 고객들도 이점을 크게 사는 것을 온라인 커뮤니티에서 확인한다. "아이들을 어른 대우해 줘서 너무너무 좋다"고 한다. 키자니아에서는 아이들을 어른으로 대우하기 때문에, 예를 들어 초콜릿 공장에 가면 슈퍼바이저들이 "여기는 초콜릿 공장이고 저는 공장장 ▲▲입니다. 오늘 오신 '손님'들은…"하는 식으로 소개한다. 또 아이들이 계속 슈퍼바이저와 이야기를 나누기 때문에 그들이 사용하는 단어 하나, 토씨 하나까지 정확한 표준어를 사용할 수 있도록 노력한다. 컨텐츠 개발 측면에서도 여러 번 방문한 아이들이 지루하지 않도록 계속 리뉴얼한다. 이 컨텐츠 개발에 오히려 슈퍼바이저나 직원들이 더 열정적이다. 사실 체험 매뉴얼을 바꾸거나 재료를 바꾸는 것은 상당한 지출을 야기한다. 하지만 그것이 아이들의 즐거움과 교육을 위한 것이라면 기꺼이 감당하고자 한다.

입점된 브랜드들의 피드백이 궁금하다.
최 그들은 당연히 강력한 마케팅, 홍보 효과를 얻고 있고 만족도도 높다. 지금도 제휴 문의는 꽤 많다. 하지만 처음부터 그랬던 것은 아니다. 2009년 오픈 며칠 전 리먼브라더스 사건이 있었고, 실제 내가 영업사원처럼 뛰어다니던 2007년에는 당장 있지도 않은 건물에 큰돈을 투자하라고 하니 상당히 난감해하는 브랜드가 많았다. 아닌 게 아니라 당시는 극심한 불황이었고 롯데월드 수영장 부지에 이것을 짓고 있다고 말한들 누가 듣기나 하겠는가. 거의 봉이 김선달 수준이었다. 키자니아에 대한 투자비용은 광고와 홍보 비용으로 책정될 텐데 당시 대부분의 기업이 광고는 물론 마케팅 예산도 삭감하고 있던 터였다. 정말 어려웠다.

> "어찌 보면 단순하다. 원칙을 지키는 것이다. 우리의 행동에 일관성을 만드는 기준이 있다면 그것이 가장 강력한 전략이 된다고 생각한다."

키자니아 서울의 법인명인 플레이비 ^{PlayBe}의 의미는 Play(놀다)와 Become(되다)의 합성어다. '놀면서 자신이 원하는 존재가 된다'는 의미일 것이다. 그리고 그것을 돕기 위해 키자니아는 위에서 설명한 전략이 필요했던 것이다. 동시에 그러한 전략은 그들을 확실히 차별화 시켰다. 그래서 인터뷰 말미에 최 대표의 "키자니아의 꿈은 Only One, 비교 불가한 존재가 되는 것이 목표다"라는 말이 억지스럽지 않았다. 경쟁자로 '어제의, 오늘의 키자니아'를 꼽은 최 대표의 말처럼 거듭되는 진화를 꿈꾸는 그들의 전략은 어찌 보면 단순하다. 바로 자신의 비즈니스 정의를 바탕으로 정체성을 찾고 이를 눈에 보이는 실체로 구현하는 것이다. 결국 키자니아를 구성하는 모든 것, 즉 키자니아 자체가 재화이자, 또 전략이다.

영생 브랜드의 조건

위와 같은 전략으로 등장한 키자니아는 현재 명백한 독점자이자 시장 선도자다. 《마케팅 불변의 법칙》에서도 제1조건으로 꼽는, '시장 선도자'의 위치를 점했기에 그만큼 얻는 효익도 크다. 소비자의 기억에 가장 먼저 자리를 잡은 만큼 소비자의 '습관에 의한 소비'로 이익을 볼 확률도 높고 경쟁자가 진입하더라도 당분간은 '경험의 경제'로 자리를 유지할 수 있으며, 자원 동원 능력도 상대적으로 우월하다. 하지만 제리드 텔리스가 《마켓 리더의 조건》에서 밝혔듯이 시장 개척이 '영구적인 성공'의 열쇠는 아니며 과거를 보더라도 시장 선도자가 끝까지 선도자로 남아 있을 확률은 13%에 불과하다. 그렇다면 키자니아는 앞으로 어떻게 13%에 속하는 기업, 나아가 영생할 수 있는 브랜드가 될 수 있을 것인가?

방법은 의외로 간단할 수 있다. 처음에 소개한 아벨의 3차원 그래프를 유심히 살펴보면 힌트가 보인다(〈그림 7-1〉).

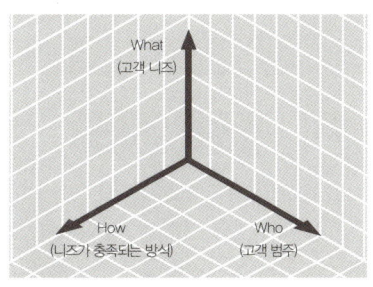

〈그림 7-1〉 이 세 축으로 이루어진 공간에서 무엇을 볼 것인가?

찾았는가? 사실 힌트가 보인다는 것은 눈에 보이지 않는 곳을 보았을 때 가능하다. 답은 보이지 않는 공간에 있다.

바로 현재 보이는 축을 확장시켜 지금까지 보던 공간을 제외한 모든 공간을 보는 것이다. 즉 고객 축의 반대편, 달리 말해 비고객(유니타스브랜드 Vol.2 p63참고) 소비자를 어떻게 고객으로 만들 것인가, 기존에 보이던 고객 니즈 외에, 새로 만들어 낼 수 있는 니즈를 고민해 보는 것이다.

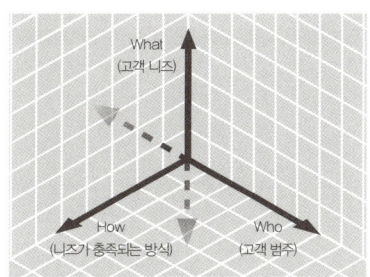

〈그림 7-2〉 바로 눈에 보이지 않는 숨겨진 공간을 볼 수 있어야 한다.

이러한 관점으로 키자니아의 Who, What, How를 다시 그려 보면 〈그림 8〉에서 처럼 그간 기존 고객에 얽매여 보이지 않던 고객들을 볼 수 있을 것이다. 또한 그에 맞춘 How(마지막 줄의 붉은색 부분)가 곧 전략 혹은 전술이다.

따라서 NO.1 개척자로 진입한 키자니아가 'Only One 브랜드'로 남아 지속적인 독점력을 갖기 위해서는 비고객을, 그들이 생각지 못한 니즈를 추가적으로 발견(때로는 발명)해 가며 그 세를 확장시킬 수 있어야 한다.

하지만 여기서 가장 중요한 것은 여전히 '무엇이 아이들에 의한, 아이들을 위한, 아이들의 키자니아인가?'를 잊어서는 안 된다는 점이다. 이처럼 '자신다움'을 고수하며 철학과 이념을 지속적으로 가시화시키는 전략이야말로 브랜드의 영속성을 약속할 것이다.

'자신다움'을 유지하기 위한 전략, 즉 브랜딩 전략의 '경쟁자'는 누구일까? 우리 스스로에게 물어보면 답은 쉽다. 나는 누구 때문에 내가 세운 계획, 꿈꾸던 이상, 추구하던 목표를 포기하게 되었는가? 바로 나다.

끊임없는 나와의 경쟁에서 승리하는 것만이, 그 승리를 위한 전략만이 세상에 단 하나뿐인 '나로서 차별화를 꾀하는 유일한 길이자 경쟁을 종식시켜 독점을 고수할 수 있는 방법이다.

이러한 방식으로 만들어진 독점이라면, 그리고 그 독점을 통해 전하려는 가치가 세상에 이로운 것이라면, 독점이더라도, 아름답다. UB

Who? (고객 범주)	어린이				부모				파트너십 브랜드			교육청	학교	새로운 고객A	새로운 고객B	새로운 고객C
What? (고객니즈)	재미있는 직업 체험	해당 분야 전문가 와의 만남	•	•	직업및 사회성교육	자녀의 직업 선택의 헬퍼	직업별 상세 교육	•	홍보 효과	어린이 프로 슈머						
How? (니즈 충족 방법)	놀이요소 가미된 다양한 직업체험 환경조성		•	•	체험활동을 통해 정보와 지식 지식 습득 & 사회성 고양		•	•	특정 브랜드가 아이들 인식 속 선도자로 기억 되게 함		•	•	•	•	•	•

〈그림 8〉 아벨 교수의 '3차원적 사업 정의 모델'을 확장시켜 앞으로 키자니아가 구사해야 할 고객니즈와 전략들(붉은 부분)

MK TAXI

Game Master의 Game Changing Strategy

'장사꾼'의 철학에서 배우는 '친절한' 전략 운행법, MK 택시

The interview with MK 그룹 부회장 유태식

'일본 MK 택시 넘어선다' '일본 MK 택시 못지 않은 택시' '일본 MK 택시 같은 브랜드 택시 도입' '한국판 MK 택시를 꿈꾼다'.
모 포털 사이트에서 'MK 택시'를 키워드로 하여 검색되는 뉴스 기사들의 제목이다. 이제 반세기를 넘긴 일본의 유명 택시회사 MK 그룹. 도대체 어떤 기업이기에 그간 다른 택시회사들뿐만 아니라 JAL과 같은 거대 항공 기업이나 병원, 일반 기업들까지도 'MK를 배우자'며 MK 그룹을 직접 찾아가 강연을 듣고 교육을 받는 것일까?
놀라운 것은 모두가 벤치마킹하기를 원하는 이 일본 기업의 총수가 다름 아닌 재일교포 유봉식 회장, 유태식 부회장 형제라는 점이다. 몹시 어렵던 시절에 모국도 아닌 일본으로 건너가 불리한 조건에서, 그것도 '쉽게 성공하기 어려운 사업'이라 불리는 택시 업계에서 한 달 순이익만 2억 7천만 엔을 내는 등 남다른 성공을 거둔 이들은 과연 어떤 전략을 가지고 있을까? 유태식 부회장은 인터뷰 동안 "친절이 전략이라면 전략"이라며 말을 아꼈다. 그러나 유 부회장의 이야기를 잘 들어 보면 그들의 전략은 남이 만들어 둔 기존의 게임 룰에 따르기보다는 새로운 룰을 만들어 시장을 흔드는, '새로운 Game'의 Master가 되는 전략이었음을 쉽게 눈치챌 수 있다.

장사꾼과 전략을 위한 직관적 통찰

"참으로 '장사꾼'이지 뭐겠소?"

브랜드 가치가 높은 브랜드를 찾아다니는 에디터로서 인터뷰이에게 "나는 타고난 '장사꾼'이다"라는 말을 듣고 싶은 사람은 몇이나 될까? 재일교포가 세웠지만 일본인들마저도 존경하는 택시 기업, 돈을 벌어 사 둔 빌딩 수익이 아니라(많은 택시 기업이 그렇게 돈을 번다고 한다) 택시 사업만으로 순수익을 내는 기업, '친절'을 무기로 일본 8개 도시를 점령한 택시. 이런 수식어구를 단 MK 그룹의 유태식 부회장을 만날 수 있었던 것은 일본에 살고 있는 그가 (강연과 교육을 위한 빡빡한 스케줄이었지만) 오랜만에 한국을 찾았기 때문이다. 그에게 우리가 '자신의 소개로 듣고 싶었던 대답은 어쩌면 '장사꾼'보다는 잘 포장된, 좀 더 '점잖은' 단어였는지도 모른다. 마치 우리가 '전략가는 이럴 것'이라고 생각되는 사람이 쓰는 단어와 말투로 말이다. 전략가의 스테레오타입은 '장사꾼'이라는 단어가 주는 느낌과는 사뭇 다르다. 그래서인지 유 부회장에게 "MK 택시라는 브랜드의 전략은 무엇인가"를 질문하는 것은 더 어려운 일이 되었다. '전략'이라는 단어의 무게 탓이다. 탁월한 전략가의 전략은 1mm의 오차도 없는 설계도에 의해 실행될 것 같은데, '장사꾼'은 이런 설계를 하지는 않을 것이라는 막연한 생각 때문이다.

그러나 과연 전략이란 것이 설계도가 존재하는 정교한 기획과 계획을 통해서만 실행된다고 설명할 수 있을까? 기업인이자 세계적으로 손꼽히는 경영전략가인 오마에 겐이치도 그렇지는 않다고 생각한 모양이다.

"사람들은 일본인들이 세계 시장에서 경쟁 기업보다 더 앞서갈 수 있는 어떤 특별한 마력을 가졌다고 생각한다. (중략) 그러나 주의 깊게 살펴보면 하나의 패러독스를 발견하게 된다. 일본 기업들은 큰 기획단도, 정교하고 탄탄하게 전략적인 기획을 하는 과정도 갖고 있지 않는 것이다. 그들은 전략 과정을 택하지도 않았고 전략서도 읽지 않았다. 그러나 그들은 전략적 요소들에 대해 직관적으로 파악하고 있다."

오마에 겐이치는 《기업 경영과 전략적 사고》의 서문에서 위와 같이 말했다. 지금은 일본 기업들이 경제 악화와 연이은 위기 관리 실패로 많은 문제를 안고 있지만, 과거 그들의 지속적인 성장과 혁신을 궁금해 하던 서양 기업의 CEO들은 오마에 겐이치를 만날 때마다 그 비밀을 캐묻곤 했다고 한다. 위는 그 질문에 대한 오마에 겐이치의 대답이다. 아이러니하게도 '탁월한 전략서'라 불리는 이 책의 서문에서 그는 전략에 대한 오해(많은 경영자들이 전략을 '기획'하지 않는다는 점)와 경영자의 직관에서 오는 통찰의 중요성(전략은 전략가들의 통찰에서 나오며 이것의 성공을 위해 분석을 '이용'하고 있다는 점)을 지적했다. 전략가들의 전략은 결과적으로 객관적이고 이론적인 시각으로 분석되고 있지만, 그 시작은 직관적 통찰에서 비롯되는 경우가 많다는 것이다. 물론 오마에 겐이치가 말한 것처럼 "전략가는 분석을 버리지는 않는다". 그러나 전략이 잘 짜여진 설계도에 의해서만 실행되는 것이 아니라는 것도 사실이다. 그러므로 전략의 이해는 설계도 이전에 전략가의 통찰에 대한 이해부터 시작하면 좋을 것이다.

이를 위해 유 부회장과 인터뷰 동안 그와 그의 형 유봉식 회장이 50년 전에 시작한 MK 택시 사업과 MK 택시라는 브랜드를 구축하기까지의 어려움, 그래서 나올 수 있었던 MK 택시의 전략들을 살펴보고, 그들의 통찰을 엿보는 시간을 가졌다.

전략은 꺾는 것이 아니라 바꾸는 것이다

한국전쟁 전후로 나라의 사정이 좋지 않아 돈을 벌기 위해 일본으로 건너간 형제는 갖은 고생 끝에 주유소 4개를 가진 사장님이 되었다. 그리고 "택시를 하면 돈이 된다"는 말을 듣고 일본 정부에 어렵게 10대의 택시 인가를 얻어 택시 사업을 시작하게 된다. 이 10대의 택시를 계속 운행하기 위해 24명의 택시기사도 채용했다. 형제의 생각으로는 충분한 인원이었다. 그런데 문제가 생겼다. 택시기사들이 자꾸 지각을 하거나 결근을 하는 것이었다. 이유도 특별하지 않았다. 한 명의 택시기사가 결근을 하면 그날 수입의 10분의 1이 줄었다. 기사들이 미리 연락만 해준다면 다른 사람으로 대체할 텐데, 그렇게 할 수가 없었다. 기사들은 '결근하면 내 수입이 없는, 나의 손해니 내가 결정할 문제다'라고 생각하고 미리 연락도 해주지 않았던 것이다. 답답한 마음에 형제는 택시 사업을 먼저 시작한 선배를 찾아가서 어떻게 하면 이 문

한국이 어렵던 시절 일본에 건너가 10대의 택시와 24명의 택시기사로 사업을 시작한 MK 택시는 택시 기사들의 주택 문제까지 해결하기 위해 앞장 섰다.

제를 해결할 수 있을지를 물었다. 그러자 그 선배는 "35명을 채용하고 늦게 오는 사람에게는 택시를 주지 말라"고 했다. "택시 회사 사장은 돈벌이를 생각해야지, 택시기사 입장까지 생각하면 망한다"면서 말이다. 만약 그렇게 한다면 조금이라도 늦게 출근하는 기사는 그날 일당을 벌 수가 없을 터였다. 그러나 형제는 그렇게 문제를 해결해서는 안 된다고 생각했다. 물론 어떻게든 이 문제를 해결하지 못하면 계속되는 적자로 택시 사업을 접어야 한다는 사실도 알고 있었다. 다른 해결 방법이 필요했다.

보통 기업에서는 생각할 수 없는 방법으로 문제를 해결했다고 들었다. 어떻게 '기사들의 집을 마련해 주는 것'이 해결책이 되었나?

🔵 해결책

MK 주택 단지가 생긴 이유

택시기사들의 주택 보유 유무가 기업에 큰 영향을 줄 것이라는 사실을 깨달은 형제는 기사들을 위해 작고 조촐한 다세대 주택을 하나 지었다. 처음부터 큰 집을 짓고 싶었지만 한국인에게 그렇게 큰돈을 빌려 줄 은행은 없었다. 어렵게 돈을 모아 지은 첫 연립주택. 비록 허름하긴 하지만 그곳에서 살게 된 몇몇 택시기사들의 생활이 안정되고, 결근이 줄어들자 MK 택시는 더 많은 주택이 필요함을 알았다. 때마침 어느 지역에 다세대 주택 46채의 건축 계획이 있다는 소식을 듣게 된 형제는 그 가격을 알아보기로 했다. 주택 한 채당 350만 엔(현재 시세로는 약 3500만 엔)이었다. 큰 액수지만 형제는 이 모든 집을 한 번에 구매하는 조건으로 10% 할인을 받아 구입한 뒤 회사가 각각 50만 엔씩 지원해 주자는 계획을 세웠다. 이 투자를 통해 결근 문제와 기사들이 피곤해서 생기는 교통사고가 줄어들 것이라 판단했기 때문이다. 그러나 회사가 지원해 주더라도 남은 주택 구매 비용 265만 엔을 가진 기사는 아무도 없었다. 그래서 형제는 교토은행과 어떻게 하면 기사들이 집을 살 수 있을지를 의논했다. 그 결과 은행이 먼저 이 집을 사고 택시기사와 회사가 이자와 원금을 합쳐 한 달에 2만 3,000엔씩 납부하면 18년 만에 모든 대금을 완납할 수 있는 제도를 마련했다(지금은 이 방법이 매우 흔하지만, 당시에는 융자를 얻어 주택을 사고 갚아 나가는 시스템이 없었다). 그래도 문제는 있었다. 당시 택시기사 월급이 7만 엔. 거기서 세금과 각종 경비를 제하고 생계를 꾸려 나가야 하는데, 한 달에 2만 3,000엔씩 주택 구입 비용을 납부하는 것은 아무래도 부담이 컸다. 그래서 형제는 이 주택 단지 안에 차고를 만들어 놓고 기사들이 회사에 들르지 않고 곧바로 일을 시작할 수 있게 했다. 매일 출퇴근하는 비용을 줄인 것이다. 기사들은 통근 시간을 줄여 한 시간을 더 일할 수 있었고 한 사람당 하루 매출액이 평균 1,000엔씩 올라갔다. 그 돈으로 집세를 해결했다. 어떤 이는 이 모든 일이 경영자의 책임이 아니라고 할 수도 있다. 그러나 형제는 책임 없는 것을 책임 있는 것으로 생각하여 문제의 해결 방법을 연구했기 때문에 지금의 MK 택시와 같은 회사를 만들 수 있었다. 유 부회장의 말처럼 "이것이 MK 택시의 가치관이자 전략"이었다.

유태식(이하 '유') 나는 그 선배의 말을 이해할 수 없었다. 제일 좋은 경영 방법이라고 가르쳐 준 것이 너무나 전근대적이었기 때문이다. 다른 회사들은 그 방법이 좋다고 했다. 그러나 우리는 그렇게는 돈벌이가 되지 않는다고 생각했다. 그런 생각으로는 악순환만 반복될 뿐 택시 사업의 장래를 기약할 수 없었기 때문이다. 문제가 계속되자 맘을 먹고 택시기사 24명의 집을 찾아갔다. 가보기 전에는 몰랐는데 가보니까 이해가 되더라. 기사들은 생계가 어려워 자신의 명의로 된 집도 가질 수 없었고, 좁은 방 한 칸에 어른부터 아이까지 모두 함께 생활하고 있었다. 힘들게 일한 기사들이 집에 가서 편히 쉴 수 있는 환경이 아니었다. 그러니 조금만 피곤하면 지각에 결근이 잦았던 것이다. 집 문제가 해결되지 않으면 기사들의 생활도, 회사의 사정도 나아질 리 없었다. 그래서 해결책을 마련한 것이다.

당시에는 쉬운 결정이 아니었을 듯하다. 더 쉬운 방법이 있었을 텐데 그런 어려운 결정을 한 이유는 무엇인가?
유 기사들의 주택 문제는 단순한 문제가 아니다. 이 문제는 곧 택시 기사들의 자존감과도 관련된다. 기사 일로 생활이 안정되지 않으니 이들은 자존감이 낮았고, 자신의 일을 너무 비하했다. 그런 상태에서 친절한 서비스는 나오려야 나올 수가 없었다. 주택 문제가 해결되면 이들의 자존감도 조금씩 높아질 터였다. 생각해 보라. 비행기 조종사나 택시기사나 다 인명을 수송하는 똑같은 일을 한다. 그런데 비행기 조종사만 사회적 대우와 존경을 받아야 하는 이유는 무엇인가? 나는 그것이 매우 불공평한 일이라 생각한다.

"당신의 사업이 가장 귀중한 사업이다. 당신은 위대한 사람들이다." 기사들에게 유 부회장이 가장 많이 하는 말이라고 한다. 이처럼 형제의 생각은 기사들을 제약과 법규로 '꺾는 것(이기는 것)'이 아니라 그들을 교육을 통해 '바꾸는 것(변화시키는 것)'이었다.

형제의 이런 생각이 꼼꼼한 기획서가 있는 전략에서 나온 것이 아님은 짐작할 수 있을 것이다. 그러나 이 생각은 그들이 평소에 가지고 있던 MK 택시라는 브랜드에 대한 철학이었으며, 이것이 곧 경영 전략이 되었다. 이런 전략은 단순히 택시기사들의 여건 개선과 교육에서만 드러나는 것이 아니다. 이후 소개될 시장 전략에서도 여실히 나타난다. 그들은 경쟁자를 꺾기 위한 전략을 세우고 실행하지 않았다. 오히려 아예 ⓐ게임의 룰을 바꿈으로써 상대를 꺾을 필요도 없게 시장을 바꾸어 놓았다. 한 번 꺾기 시작한 '전쟁'은 끊임없이 누군가는 지는 게임으로 이어지지만, 바꾸는 것은 전쟁에서 벗어나는 자유를 얻게 해준다. '바꿈'으로써 경쟁에서 자유로워지고 스스로 차별화되는 것, 이것이 MK 택시의 브랜드 전략인 것이다.

'기사'에서 '기사님'으로, '택시'에서 'MK 택시'로
Changing rules 1.
친절이 없다면 요금도 없다

'비행기 조종사와 다를 바 없이 사회적 지위가 높은 택시기사가 있는 MK 택시.' 이를 위해 주택 문제를 해결해 가며 형제가 해야 했던 것 중에 가장 중요한 일은 택시기사들의 '교육'이었다. 비행기 조종사와 택시기사의 차이점은 '교육 정도'와 '임금'이라는 판단 때문이었다. 더 높은 임금을 받을 수 있는 방법, 그러니까 더 나은 수익을 창출하는 방법은 택시기사들도 비행기 조종사 못지않은 교육을 받는 것이라고 생각했다.

게임의 룰을 바꿈

Game Changing Innovation

앞으로 소개될 MK 택시의 브랜드 전략들은 유니타스브랜드 Vol.9 '호황의 개기일식, 불황'에서 볼프람 뵈르데만과의 인터뷰 중 소개된 바 있는 게임 체인징 이노베이션Game Changing Innovation 전략을 떠올리게 한다. 《다섯가지 성장코드》의 공저자인 안드레아스 부흐홀츠, 네드 윌리, 볼프람 뵈르데만은 《The Impossible Advantage》라는 책에서 이 게임 체인징 이노베이션에 대해 정의하고 있는데 이것은 간단히, 어떤 기업이 이미 정해진 시장의 룰을 따르는 것이 아니라 새로운 시장의 규칙을 만들어 그것으로 이전 법칙을 따르는 경쟁을 무의미하게 만드는 것이다. 게임 체인징 이노베이션은 "당신은 한 번이라도 이 시장의 룰을 누가 만든 것이며, 왜 우리는 그것을 따라야 하는가에 대해서 고민해 본 적이 있는가?"라는 질문으로부터 시작된다. 어떤 브랜드가 기존 시장에 처음 발을 들일 때 업계의 관행처럼 당연시 되고 있는 어떤 룰에 대해 의구심을 갖는 것과 같다. 당신의 브랜드가 시장에 나타나기 전에 시장의 리더가 세웠거나, 그것이 오랜 시간을 거치면서 모두가 합의하여 당연한 것처럼 보이는 룰, 그것을 따름으로써 당신의 브랜드는 얼마나 성과를 거둘 수 있을까? 저자들은 책에서, 정해진 체스판 안에서 자신의 브랜드를 포지셔닝시킬 것이 아니라 그 체스판 밖에 서서 새로운 체스의 룰을 만드는 전략이 필요하다고 말한다.

게임 체인징 이노베이션에서 Game Master(룰을 바꾸는 기업)는 다음의 4가지 방법으로 시장의 룰을 바꿀 수 있다고 한다.

시장을 재편하다 Reshaping the market landscape	시장의 지형을 바꿔 주는 방법이다. 물리적인 시장의 영역을 바꾼다기보다는 개념적으로 새로운 시장을 만들어 잠재적으로 가장 위협적인 경쟁 상대로부터 해방될 수 있다. 레드불Red bull은 기존 소프트 드링크 시장의 대형 경쟁자들과 싸우는 대신 '에너지 드링크'라는 새로운 시장을 만들어 자신을 차별화시킴과 동시에 경쟁에서 자유로워졌다.
경쟁 상황을 재편하다 Restaging the competitive confrontation	현존하는 시장에서 자신과 경쟁자의 역할을 재조정하는 방법이다. 전 미식축구 스타 O.J. 심슨은 전부인과 그의 남자친구를 살해한 혐의로 기소되어 불리한 상황에 있었다. 이 사건은 분명 '화가 난 전남편 vs. 연약한 여성 피해자'의 구도였다. 그런데 그때 O.J. 심슨의 변호사들이 '인종차별주의적 형사 vs. 흑인 피의자'의 사건으로 변호를 시작했다. 사건의 담당 형사가 흑인인 O.J. 심슨을 nigger(검둥이)로 부르곤 했기 때문이다. 인종 문제가 더 불거지는 바람에 O.J. 심슨은 대부분이 흑인이던 배심원으로부터 무죄를 선고 받을 수 있었다. 모두가 작은 문제(치정살인)보다 더 큰 문제(인종차별과 박해)를 바라보게 함으로써 재판장에서 O.J. 심슨이 동정 받게 한 것이다. 이렇게 자신이 처한 상황을 다르게 보게 하는 방법은 시장에서도 사용될 수 있다.
제품의 오리지널 아이디어를 바꾸다 Taking the Game to the next level (Changing 'Original Idea')	시장이 포화상태를 넘어서 더 이상 성장하지 못하게 되었을 때 그 제품의 'Original Idea'를 바꿈으로써 새로운 시장으로 거듭나게 하는 방법이다. 대표적인 예가 시계 브랜드 스와치다. 이들은 '정확한 시간을 알려 주는 물건'에서 '패션 아이템'으로 시계의 Original Idea를 조정하여 시계의 필요성이 점점 떨어지는 상태에서 시장은 물론 브랜드를 다시 회생시켰다.
제품의 측정 기준을 바꾸다 Redefining the measures of performance	제품이나 서비스의 좋고 나쁨, 선호도를 측정하는 기준 자체를 바꾸는 방법이다. 대표적으로 드비어스De Beers가 싼 다이아몬드들이 시장에 나타나자 좋은 다이아몬드를 측정하는 기준을 4Cs로 재설정하여 시장을 선도한 사례가 있다(유니타스브랜드 Vol.9 p36 참고). 자신의 강점이 시장에서 좋게 평가 받을 만한 새로운 기준을 제시하여 업계에 각인시키면 자연히 경쟁우위를 점할 수 있다.

이 중 MK 택시가 선택한 방법은 Redefining the measures of performance, 즉 제품이나 서비스의 측정 기준을 바꾸어 유리한 고지를 점령하는 것이다. 구체적인 수치가 있는 룰을 만들어 낸 것은 아니지만 MK 택시는 이후 설명할 '4가지 인사제도' '지체부자유자 우선 승차 원칙' 등을 통해 택시 업계가 기본적으로 제공해야 할 서비스의 기준을 MK 택시의 기준으로 재설정함으로써 시장을 선도하게 되었다. 물론 볼프람 뵈르데만을 비롯한 저자들은 4가지 방법을 각각 다른 브랜드 케이스를 들어 설명하고 있으나, MK 택시는 의도하지는 않았겠지만 4가지 방법을 조금씩 섞어서 사용하고 있음을 알 수 있다.

이 4가지 방법은 모두 거대한 자본과 외부적 압력을 이용하기 보다는 이제까지와는 전혀 다른 간단한 룰을 만들어 시장에 관계된 모든 사람들의 인식을 전환시켰다. 단지 'Game Master의 강점'을 시장의 최고 기준으로 삼도록 만든 것이다. 이런 Game Master들은 기존 시장의 승자들이 관행으로 정착시킨 생각들에 반대했다는 공통점을 가지고 있다. MK 택시 역시 택시 업계가 관행으로 생각하여 바꾸려는 시도도 하지 않던 택시기사들의 문제와 택시 서비스, 관련 법들을 바꾸며 이 의견에 동의하는(동의할 수밖에 없는) 소비자들과 이해관계자들의 합의를 이끌어 냈다.

게임 체인징 이노베이션은 ① 어떤 브랜드든 성장의 기회를 창출할 수 있고, ② 브랜드로 하여금 경쟁의 주도권을 잡는 위치에 서게 하며, ③ 결국 경쟁자들과의 의미 없는 가격 경쟁이나 그들의 공격으로부터 자유로워지는 이점이 있다고 한다. 이후 소개될 MK 택시의 전략들을 살펴보면서 그들이 어떻게 게임 체인징 이노베이션을 일으킬 수 있었는지와 그 효과로 얻은 것들을 이 전략과 연관 지어 생각해 보자.

그렇다면 어떤 교육부터 시켜야 할까? 바로 택시를 이용할 때 승객의 기분을 가장 많이 좌우하는 요소, 오늘날 MK 택시를 이야기할 때 머릿속에 가장 먼저 떠오르는 단어가 된 '친절' 교육이다.

택시를 탔을 때 도로 상황에 화를 내거나, 승객의 목적지나 요금 지불 방식에 노골적인 거부 반응을 보이는 택시기사만큼 당황스럽고 승객의 기분을 상하게 만드는 사람도 없다. 한국산업관계연구원의 조사에 따르면 서울시의 택시 서비스 시민 만족도는 2005년 65.5점에 비해 2009년에는 68.1점으로 조금 높아지긴 했다. 그러나 100점 만점을 생각하면 아직 턱없이 부족한 점수라 할 수 있다. 고객의 가장 큰 불만 중 하나도 여전히 택시기사의 불친절이라고 한다. 서비스 산업이 성장함에 따라 매 해 친절이 더욱 강조되고 있는 상황에서도 이 정도인데, 과거는 어땠을까? 분명 더 좋은 상황은 아니었을 것이다. 이는 이웃 나라 일본도 마찬가지였다. 더군다나 과거에는 택시기사의 불친절이 너무나 당연시되어 누구도 (당연히 친절해야 할) 택시기사에게 친절을 기대하지 않았고, 누구도 나서서 이 관행을 바꿀 생각을 못 했다. 불친절한 택시기사를 만나면 '오늘은 운이 없는 날' 정도로 여기고 마는 지금의 우리와 별 다를 바가 없었던 것이다.

MK 택시의 오늘은 어떨까? MK 택시에서는 기사가 되고 첫 2주 동안은 운전도 하지 않고 친절과 관련된 교육만 받는다. 테스트를 거쳐 합격하지 못한 사람은 3~5주 동안 반복 교육을 받고, 이후 3개월 동안은 운전을 하면서 나머지 절반의 시간 동안 교육을 받아야 한다. 이 친절 교육의 주된 내용 중 하나가 '인사'와 관련된 교육이다. 서비스업에서 친절 정도를 알 수 있는 바로미터 중 하나가 바로 인사이기 때문이다. 과거 첫 교육을 시작할 때만 해도 기사들이 교육을 받는 이유를 이해하지 못했기 때문에 어려움이 컸다고 한다. 그러나 지금은 그것이 MK 택시가 성공하고, 시민들로부터 존경 받게 된 이유라는 것을 모두가 알고 있다.

MK 택시는 기사 모두가 승객이 탔을 때 *4가지 인사를 의무적으로 하도록 했다. 그리고 택시기사가 이 4가지 인사 중 어느 하나라도 하지 않았을 경우 승객이 요금을 내지 않아도 좋다고 선언해버렸다. 자칫하면 손해가 클 것이었지만 그럴 만한 가치가 있다고 생각했던 것이다. 물론 택시기사들의 반발이 컸다. 마지못해 하는 택시 일에, 인사까지 시킨다고 생각해 회사를 떠난 기사들도 많았다. 그러나 형제의 예상대로 이것이 문화로 정착되면서 손님들은 오히려 늘어나기 시작했다.

*MK 택시의 4가지 인사
저희들은 택시요금에 다음과 같은 서비스가 포함되어 있다고 생각합니다.
"MK입니다. 감사합니다."
"어디까지 모실까요? OO입니까?
네 알았습니다."
"오늘은 OOOO이 모시겠습니다."
"감사합니다.
잊어버린 물건은 없으십니까?"
이상의 인사를 실행하지 않았을 때는 요금을 받지 않습니다.

'MK 택시' 하면 아는 사람은 이제 '친절'이라는 단어를 함께 떠올린다. 브랜드로서 훌륭한 연상 이미지를 정착시킨 것이라 생각된다. 당신이 생각하는 'MK 택시다움'도 역시 친절인가?

유 그렇다. 달리 표현할 방법이 없다. 물론 인사만 잘하는 것이 친절의 전부는 아니다. 친절이라는 단어 안에는 '좋은 것을 싸게, 깨끗하게, 친절하게 판다'는 장사의 기본기가 모두 들어 있다. 이 친절을 '전략'으로 구사하기 위해서 경영자와 임원들의 고생은 어쩌면 필수적이다. 말만 하는 친절이 되지 않기 위해서 경영하는 사람은 이것을 영원히, 순간 순간 끊임없이 구상해야 한다. 친절하기 위해서 교육시키는 것도 전략이고, 관련된 문제를 해결하는 시스템을 구상하는 것도 전략이고, 직원들의 집을 지어 주는 것도 전략이다. 모든 것이 친절을 위한 전략이다. 우리에게 다른 것은 없다.

전략을 실행하기 위해 감수한 것이 많았으리라 짐작된다. 예를 들어 인사를 하지 않으면 택시 요금을 받지 않겠다고 선언한 것도 단기적인 손실이 컸을 것 같다.
유 수익은 회사의 인격이다. 계속되는 적자는 누구도 감당할 수 없을 것이다. 이것은 경영자의 몫이자 사명이다. 택시가 수익을 내려면 어떻게 해야 하는가? 손님이 기분 좋게 요금을 내고 나면 더 많은 손님이 이 사실을 알게 될 테고, 때문에 더 많은 손님이 생기는 것은 당연한 이치다. 단기적인 욕심을 부리는 것은 미래 시장만 좁히는 격이다. 더 많은 손님이 생기는 것이 시장을 넓히는 것이 아닌가. 어떤 사람이 인터뷰 도중에 나에게 "MK 택시에 들어가면 집도 사주고 월급도 많이 준다던데 그렇게 해서 경영이 되냐"고 묻더라. 이미 나처럼 해서는 아예 경영이 되지 않을 것이라고 생각하고 있는 것이다. 그런데 돈을 벌어서 일단 자기 주머니부터 채우려는 경영자는 내가 보기에는 진짜 욕심이 '없는' 사람이다. 기사들이 교육을 받고 친절해져서 더 많은 손님들을 태우고, 그래서 더 많은 돈을 벌면 회사도 이익이 많이 날 것 아닌가. 그것까지 미리 생각하는 나 같은 경영자가 정말 욕심이 '많은' 경영자다.

'욕심이 많은 경영자'의 장기적인 목표와 실행 때문일까. MK 택시의 승객이 된 교토의 시민들은 예상 외의 호응을 보여 주었다. MK 택시는 이제까지 승객과 기업 모두가 당연하다고 생각하던 택시 서비스의 기준을 'MK 택시기사들의 친절' 수준으로 높이고, 오히려 이것을 당연한 것으로 만들었다. 이전의 기준으로 다른 택시 기업들과 경쟁할 필요가 없게 만든 것이다. 게임 체인징 이노베이션 방법 중 하나인 서비스의 측정 기준을 바꿔 버리는 전략(Redefining the measures of performance)이라 볼 수 있다.

> "친절하기 위해서 교육시키는 것도, 관련된 문제를 해결하는 시스템을 구상하는 것도, 직원들의 집을 지어 주는 것도 전략이다. 모든 것이 친절을 위한 전략이다. 우리에게 다른 것은 없다."

Changing rules 2.
가격 인하 소송을 하라

일본의 택시 요금은 매우 비싼 편이다. 세계 주요 도시의 택시 기본요금을 엔으로 환산해 보면 뉴욕 270엔, 런던 490엔, 파리 340엔, 서울 220엔 정도인데 최근 일본의 택시 기본요금은 (지역 차가 크지만) 700엔에 육박한다. 물가는 계속 오르고, 따라서 택시 기본요금도 같이 인상된다. 택시 사업을 유지하는 비용이 상승하기 때문에 어쩌면 당연한 결과다. 우리처럼 일본의 택시 업계도 당연히 그렇게 생각했다.

1985년부터 가격 인하 소송을 몇 번 했다고 들었다. '인상'이 아닐까 했는데 '인하'더라. 이를 두고 소송까지 한 이유는 무엇인가?
유 물론 우리도 장사꾼이니 기본요금을 인상해서 이윤을 높이면 좋다. 그러나 경기가 나빠지고 요금이 인상되면 택시를 이용하는 손님이 줄어드는 것은 당연하다. 이것은 장기적으로 봤을 때 시장을 축소하는 일밖에 되지 않는데, 다른 사람들은 그것이 상관없다고 했다. 택시라는 것이 생긴 이후 요금을 계속 인상하는 습관만 생긴 덕에 '택시 요금은 당연히 인상하는 것'이라고 말했다. 그런데 평균 직장인 월급이 3%밖에 인상되지 않았는데 14%나 요금이 인상된 택시를 어떻게 타겠는가. 진짜 장사꾼이라면 미래를 보고 결정해야 한다. 우리가 10년 전 소송에서도 이것을 주장했고 결국 우리가 이겨서 요금 인상 없이 당시 500엔을 기본요금으로 받았다. 후에 또 570엔으로 올리라며, 그렇지 않으면 재인가를 해주지 않겠다고 하기에 후쿠오카 현을 상대로 소송을 걸었다.

항상 시장의 기본 규칙에 의심을 품고, 그것이 맞지 않다면 바꾸려고 하는 것 같다. 경쟁자들이 MK 택시를 좋아할 것 같지 않다.
유 물론 좋아하지 않았다. 한때는 다른 택시기사들이 MK 택시의 영업을 적극적으로 방해하기도 했다. 우리 회사 앞에 와서 시위를 하고, MK 택시가 보이면 택시 앞뒤를 자기 회사 차들로 막아 손님이 탔어도 움직이지 못하게 하기도 했다. 그런데 재미있는 것은 그런 상황이 되었을 때 우리를 구해 준 사람이 바로 시민들이었다는 점이다. 경쟁자들이 차를 막으면 택시에서 내려 자기가 싸워 주기도 하고, 다른 택시들이 줄지어 있어도 MK 택시를 기다렸다 타주기도 했다. MK 택시는 8개 도시의 시민들이 살려 준 것이다. 그렇기에 이들을 위한 MK 택시의 이런 시도에는 한계가 없을 것이다.

MK 택시의 요금 할인 소송 관련 기사가 난 신문과 기자 회견 장면

MK 택시는 철학에 따라 소송도 불사하며 기존의 룰을 바꿨다. 그리고 의도하지는 않았지만 이 변화 때문에 일어난 경쟁자들의 반발이 오히려 시민을 MK 택시 편에 서게 만들었다. 똑같은 택시 업계 안에서 경쟁자 대 경쟁자의 게임이던 것을 MK 택시 대 다른 택시들의 게임으로 바꾸어 놓은 것이다(Restaging the competitive confrontation). 최대한 많은 승객을 자신의 편으로 만드는 것, 그래서 '나'와 '다른 브랜드'로 시장을 재편하는 것은 모든 브랜드들의 목표일 것이다. MK 택시는 의도하지는 않았지만 이렇게 모든 브랜드들의 목표를 이뤘다.

Changing rules 3.
비효율도 효율이 된다

"죄송합니다, 부회장님. 다음 택시를 이용하십시오."

유 부회장의 자서전 《돈이 아니라 생명입니다》라는 책에도 소개되었고, 그의 강연에 항상 등장하는 이 이야기는 바로 부회장이 MK 택시의 한 기사로부터 눈앞에서 '승차 거부'를 당한 내용이다. 어느 경영자가 자신의 직원에게 제대로 대접 받지 못한 것을 '자랑'처럼 이야기할까? 그런데 유 부회장이 이것을 자랑으로 늘어놓을 수밖에 없는 이유가 있다. 그가 택시기사로부터 승차를 거부당한 것은 바로 자신보다 50m 앞에 서 있던 한 지체부자유자로 인한 것이었기 때문이다.

MK 택시의 '친절'이 시민들 사이에서 유명해지자 한 지체부자유자들의 단체에서 도움을 요청해 왔다고 한다. 자신들이야말로 택시가 절실히 필요한 사람들인데 택시기사들이 승차를 거부한다는 것이었다. 그래서 MK 택시는 고민 끝에 택시에 '지체부자유자 우선 승차' 스티커를 붙이고 운행하기 시작했다. 아무리 먼저 택시를 잡은 승객이 있더라도 주변에 지체부자유자가 있으면 이들을 먼저 승차시키도록 정한 것이다. 거기다 이들에게는 일반 요금에서 10%를 할인해 주었다. 이들이 업계에서 최초로 시작한 지체부자유자 우선승차 제도는 지금 MK 택시뿐만 아니라 일본 전역의 교통기관 사업자가 지키는 룰이 되었다. 이들을 시작점으로 지하철과 대중교통에는 지체부자유자 우대석이 마련되었고 대중교통에 규정 할인율이 생긴 것이다.

시민을 돕는다거나 사회적 책임을 다하겠다는 생각만으로는 쉽게 실행할 수 없는 일인 것 같다. 지체부자유자들은 승·하차에도 많은 시간이 걸리는 등 아무래도 일반인보다 어려운 점이 많아 기사들이 쉽게 참여하지 않았을 텐데 어려운 점은 없었나?

유 처음에는 택시 문에 스티커를 붙여 준 다음날 아침이면 기사들이 스티커를 떼어 내서 없더라. 그래서 또 붙여 주면 다음날 또 없고, 그렇게 기사들과 붙이고 떼어 내고를 반복했다. 왜 그러는지 이유를 물었더니 처음에는 갖은 이유를 대다, 나중에는 "솔직히 귀찮고 스티커가 붙어 있으면 다른 택시기사들이 '병신 택시'라고 부른다"고 하더라.

어떻게 그들을 설득했나?

유 나는 달리 '설득'하지 않았다. 단지 계속 스티커를 붙여 주었을 뿐이다. 그런데 어느 날부터인가 기사들이 한두 명씩 스티커를 떼

택시 업계의 관행(기존의 룰)	MK 택시가 바꾼 게임의 룰
손님에게 하는 인사나 친절한 서비스는 꼭 교육해야 할 만한 중요한 요소가 아니며, 불필요한 투자를 야기한다.	택시도 서비스에 친절함이 있지 않으면 MK 택시만큼 성공하기 어렵다. 친절함이 수익을 담보할 수 있다.
매년 물가 상승률에 따라 그 이상으로 요금을 올려 기업의 이윤을 높인다.	물가 상승률에 맞춰 요금을 올리지 않아도 수익을 낼 수 있다. 그래서 요금을 오히려 내리려고 소송을 거는 회사도 있다.
지체부자유자가 택시에 승차하는 것은 귀찮은 일이며 수익에도 별로 도움이 되지 않는다.	지체부자유자를 먼저 승차시키는 것은 당연한 일이다. 사회적 약자를 배려함과 동시에 오히려 몸이 불편해 택시가 꼭 필요한 사람들의 승차를 더 유도할 수 있다. 수익에도 도움이 되고 존경 받는 택시기사가 될 수 있다.

지 않기 시작했다. 이유를 물어 보았더니 승객들이 그들에게 "존경스럽다"고 말하더라는 것이다. 그 스티커가 승객들에게 좋은 반응을 이끌어 냈고, 기사들 스스로도 지체부자유자를 도와주며 보람을 느꼈을 것이라 생각한다. 이제 기사들을 '~상'이라는 존칭을 쓰며 높여 주는 승객들도 있다.

할인도 해주는 데다, 더 많은 시간을 들여 지체부자유자들을 택시에 먼저 태우는 것은 단기적으로는 손해였지만, 점점 더 많은 지체부자유자들이 MK 택시를 이용하면서 더 큰 수익으로 이어졌다. 이제는 지체부자유자 우선승차제도가 일본 교통업계의 룰이 되었지만, 처음 이 원칙을 만들었을 때 MK 택시는 시장에 없던 (그러나 당연해 보이는) 규칙을 새로 세워서 브랜드의 자랑스러운 역사이자 강점을 만들었다.

늘 탄탄대로를 두고 '좁은 길'을 택하는 것처럼 보이는 유 부회장은 그러나, 이런 이야기를 하면서도 끊임없이 자신은 수익을 생각하는 경영인이며, 이것이 MK 택시에 어려움이 될 것이라는 생각은 단 한 번도 해본 적이 없다고 말한다.

단기적인 손실도 마다하지 않고 친절이라는 가치를 지키려 하는

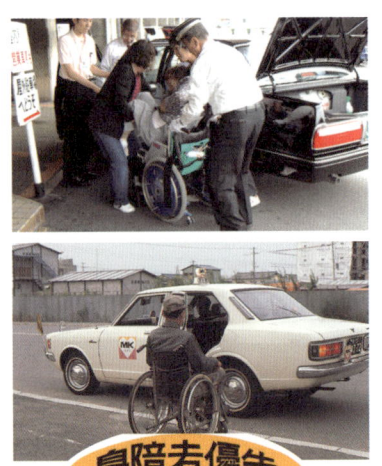

지체부자유자 우선 승차를 실행하고 있는 MK 택시. 이들의 노력이 일본 교통 업계의 관행을 바꾸는 데 큰 영향을 미쳤다.

것 같다. 만약 친절하지 않고도 쉽게 돈을 벌 수 있다면, 그렇게 할 텐가?

유 친절하지 않아도 돈을 벌 방법이 있다면 나도 편하고 좋겠다. 하지만 단언컨대 그런 사업은 없다. 그것은 사업이 아니다. 어떤 회사가 손님을 행복하게 하지 않고 돈을 번단 말인가. 우리가 친절한 택시가 되고자 노력하는 것은 남을 위한 것이 아니라 모두 MK 택시를 위한 것이다.

MK 택시보다 더 친절하고 좋은 서비스를 제공하는 경쟁사가 등장한다면 어떻게 할 생각인가?

유 그렇다면 할 수 없이 우리도 배워야 한다고 생각한다. 그 회사가 리더가 될 만하다면 그래야 되는 것이다. 지금으로선 기업들이 MK 택시를 배우려고 한 해 5,000명도 넘게 우리 회사를 찾는다. 심지어 이제는 '택시기사들이 같은 대우를 받아야 한다'고 내가 예로 들던 비행기 조종사가 있는 JAL과 같은 항공사에서도 우리를 배우자고 한다. 한국에도 'MK 정신'이라는 모임이 있다. 안동병원 같은 기업도 교육을 받았고 세븐콜택시(p52 인터뷰 참고)와 같은 기업의 경영자들도 만나 정신을 공유했다. 그러나 언제나 시장의 리더일 것이라는 보장은 없다. 그래서 우리도 정신을 바짝 차리고 작은 잘못도 그냥 넘기지 말아야 한다.

미래 전략 목표, 기모노 승차

"40명의 택시기사를 뽑는 데 8,000명이 왔어요. 경쟁률이 몇이에요? 200대 1, 그렇죠. 이 학생, 수학 잘하는구먼."

4년제 대학을 나온 청년들도 택시기사가 되기 위해 200대 1의 경쟁률을 뚫어야 한다는 이야기가 나오자 강연장 안의 대학생들이 술렁이기 시작했다. 한국에 들어와 유 부회장은 몇 개의 대학에서 강연을 했는데, 그때마다 대학생들은 MK 택시의 놀라운 성공 스토리에 감탄할 뿐만 아니라 스스로 얼마나 '업'에 대한 큰 편견을 가지고 있었는지를 느낀다고 입을 모았다.

MK 택시는 정부가 택시에 가지는 편견도 바꿨다.
(위) 식목일 행사에서 내빈 수송
(아래) 국가 내빈 수송에 사용되는 MK 택시

유 나는 솔직히 어려운 전략을 세우는 능력 같은 것은 없다. 다만 택시기사들을 교육해서 친절하게 만드는 것이 우리가 살 길이고, 기사들이 대우받고 수입을 늘릴 방법이라는 생각만 했다. '이런 것이 전략이다'라고 말할 만큼 높은 단계까지 생각할 여유도 없었다.

어려운 시기에 타국에서 그야말로 '생존'을 위해서 시작한 사업. "전략이라는 단어를 생각할 여유조차 없었다"고 말하는 유 부회장의 말에서 우리는 전략의 탄생을 본다. 전략은 그야말로 살아남기 위한 전장戰場에서 탄생했다. 마찬가지로 처음의 MK 택시 역시 살아남기 위해 친절을 무기로 삼았다. 그때는 게임 체인징 이노베이션을 비롯하여 MK 택시를 사례로 해석할 수 있을 만한, '이름'을 단 전략도 거의 전무하던 때였다. 그럼에도 불구하고 MK 택시를 전략의 관점으로 다시금 살펴보아야 하는 이유는 '그들이 생존을 위해 싸워야 했던 '적'이 과연 경쟁자들인가?'라는 질문에 대한 해답을 얻기 위해서다. MK 택시는 시장의 룰을 바꾸는 방법을 택했지만, 그것은 '무기로 다른 택시를 이기기 위한 것'이 아니라 어떻게 하면 더 많은 사람들이 택시를 이용하게 하고, 택시기사들도 비행기 조종사와 같은 귀한 일을 하는 사람으로 대접 받을 수 있을까 하는 고민에 대한 해답이었을 뿐이다. 그들이 이겨야 할 대상은 경쟁자가 아니라 '관행'이었고, '사람들이 택시를 이용하기 싫도록 만드는 문제'였다. 전혀 다른 대상을 '적'으로 생각한 MK 택시는 전장에서 한 발 벗어나 더 높은 곳에서 게임판을 바라보고 있었다.

이제 교토의 몇몇 곳에는 아예 MK 택시만 서는 정류장이 따로 있다. MK 택시를 타고 싶어 하는 손님을 기다리지 않게 하기 위한 방법이다. 시민들이 다른 빈 택시를 눈앞에 두고도 MK 택시를 기다리는 장면도 발견할 수 있다. MK 택시는 1991년 일본 식목일 행사에 천황 부부를 비롯, 국회의원, 장관 등 행사 내빈 수송에 200여 대가 동원된 이후로 구 소련 고르바초프 전 대통령을 비롯한 국가 내빈 수송을 맡기도 했다. 정부 차량을 이용하지 않고 택시로 내빈을 수송하는 것은 MK 택시 이전에는 절대 생각할 수 없었다. MK 택시는 '귀중한 인명을 수송하는 일'을 한다는 철학 하나로 '일반 택시'에서 'MK 택시'로 변모할 수 있었다.

"전략가의 역할은 기업을 지금 그대로가 아니라 앞으로 어떤 기업이 될 수 있는가를 미리 보는 것이다." 미국의 대형 버스회사 그레이하운드Greyhound의 회장이던 존 티츠John Teets는 진정한 전략가의 역할을 위와 같이 말했다. 그의 말처럼 위대한 전략가는 그들이 어떤 브랜드로 성장할지 뚜렷한 목표를 가지고 있어야 한다. MK 택시가 어떤 브랜드가 되기를 원하는가? 이것이 유 부회장에게 던진 마지막 질문이었다.

유 MK 택시를 탈 때는 승객들이 우리와 격을 맞추기 위해 기모노를 입고 타줄 정도로 존경 받는 기업이 되고 싶다.

다른 이유에서가 아니라 단지 '택시를 타기 위해서' 기모노를 입는 승객을 상상해 본 적이 있는가? 그런 택시가 존재한다면, 그들은 더 이상 개인 승용차가 늘어나서 비싼 가격으로 택시를 이용할 필요가 없는 상태에서도 살아남을 걱정을 하지 않아도 될 것이다. 택시를 타기 위해서 기모노를 입을 정도라면, 이 승객들의 목적은 '이동'이 아니라 '승차' 그 자체가 될 것이기 때문이다. MK 택시가 이런 목표를 달성한다면 MK 택시의 브랜드 게임은 이미 다음 레벨로 옮겨 간 것이다(Taking the Game to the next level). '인명 수송'이라는 택시의 Original Idea는 어떻게 변모할까? 이 목표를 이루기 위해 MK 택시가 앞으로 어떤 전략을 구상하고 실행할 것인지 새삼 궁금해진다. UB

유태식 현재 MK 그룹의 부회장으로 MK 산업주식회사와 석유주식회사의 대표이사이다. 일본 경도시 입명관대학 법학부를 졸업하였으며 Nagai Oil Corp. 대표이사, MK 주식회사 전무, MK 주식회사 대표를 역임했다.

BRAND STRATEGY

그들의 '시스템'이 아닌
'철학'을 벤치마킹하라
한국 택시 브랜드 변화의
시작점, 세븐콜택시

The interview with
세븐콜택시 대표이사 권희정

MK 택시를 취재하면서 가장 궁금했던 것은 '왜 한국에는 이런 택시가 없을까?'였다. 택시를 이용하는 승객의 한 사람으로서 '한국의 MK 택시', 아니 그 이상의 택시가 있으면 좋겠다는 생각을 하는 사람이 많을 것이다.

최근 한국의 택시들도 하나 둘 '브랜드' 선언을 하며 서서히 변화의 움직임을 보이고 있다. 그 중 인천의 세븐콜택시는 언론에서 MK 택시를 벤치마킹한 사례로 자주 다루어지고 있다. 인천에서는 문에 세븐콜택시 마크를 붙인 검정색 대형 세단 택시가 심심치 않게 목격 되는데, 이들은 벌써 2,000여 명의 각기 다른 법인/개인 택시기사가 가입한 콜택시 기업으로 성장했다. 세븐콜택시의 모든 기사들은 정장 차림에 넥타이를 매는 것을 원칙으로 하며, 승객의 콜에 대한 빠른 배차는 물론이고 청결하고 친절한 서비스를 제공하기 위해 정기적인 교육 과정과 시스템도 마련했다. 누구나 한번쯤은 택시 기사로부터 택시 회사의 어려움에 대해 들어보았을 텐데, 그에 비하면 꽤 과감한 투자도 이루어지고 있다. 세븐콜택시가 이렇게 변화의 수순을 밟게 된 것은 창립자인 이해영 회장이 MK 택시의 사례를 알게 되고, 유 부회장의 강연을 들었던 것이 큰 계기가 되었다. 그렇다면 '세븐콜택시는 MK 택시의 시스템을 성공적으로 벤치마킹한 사례가 아닐까?' 거기에 초점을 맞추고 이들을 만났지만 결론적으로 이들이 시스템을 벤치마킹했다기보다는 MK 택시의 '옳은' 철학에 공감했다는 말이 더 적합한 표현 같았다.

세븐콜택시가 'MK 택시를 벤치마킹하고 있는 기업'이라거나, '한국의 MK 택시'라는 내용의 기사들이 많았다. 처음 MK 택시는 어떻게 알게 된 것인가?

원래 세븐콜택시는 이해영 회장님이 세웠고 내가 회사를 맡은 지는 얼마 안 되었다. 과거, 회장님은 택시 회사 2~3개를 운영하면서 꽤 많은 수익을 얻고 있었지만 자신을 택시 회사의 사장이라고 소개할 때마다 사람들이 택시 사업 자체를 하대하는 것이 싫고 부끄러웠다고 한다. 자신에게도 이런 반응들을 보이는데 기사들에겐 사람들이 어떻게 대할지를 생각하니 마음이 좋지 않아, 회사를 팔까도 여러 번 고민하셨단다. 그러던 중 MK 택시와 유 부회장님을 한 신문 기사를 통해 알게 되어 직접 찾아 다니면서 그 분 강의를 여러 번 듣고 생각을 많이 바꾸셨다. 기사들을 교육시켜 자부심을 키워주면 세븐콜택시도 MK 택시처럼 존경 받는 택시 회사가 될 수 있겠다는 생각을 하신 것이다.

기사들의 교육을 비롯해, 확실한 변화를 위해서는 많은 투자가 필요했을 것 같다.

그렇다. 다른 택시 회사에 가보면 알겠지만 택시 회사들은 건물부터 매우 열악한 경우가 많다. 택시 운행으로 돈을 벌기 때문에 좋은 건물이나 환경, 거기서 행해지는 교육보다는 어쨌든 한 시간이라도 더 나가서 손님을 많이 받으면 된다고 생각하는 것이다. 그러나 이 회장님은 기사님들의 자부심과 친절 교육을 위해 많은 돈을 지속적으로 투자하고 있고, 앞으로도 계속 그럴 생각이다.

그리고 예전에는 택시가 100% 길에서 만난 손님을 태웠다면 요즘은 전체 매출의 약 30%가 콜로 택시를 부르는 손님들이고, 이 비율은 점점 늘어날 것이다. 이제 택시도 일종의 IT산업이라고 할 수 있다. 그래서 콜센터에도 지속적으로 투자하고 있다.

MK 택시도 기사님들의 생각을 바꾸는 일이 상당히 어려웠다더라. 어려움은 없나?

왜 없겠나. 현실적으로 시간적 여유가 없는 기사님들을 교육시킨다는 게 쉬운 일이 아니다. 거기다 콜택시 회사라 저마다 소속 회사가 다른 기사님들 2,000분을 모두 교육 받게 하고 설득하는 것도 어려운 일이다. 먹고 살기도 바쁜데 교육을 받는 게 얼마나 귀찮은 일이겠나. 게다가 아직까지도 보수적인 면이 많은 한국에서 택시 회사의 여자 대표로서 이런 일을 하자니 처음에는 고생스럽기도 했다. 초기에는 술에 취해서 사무실에 찾아와 삿대질을 하며 욕하는 기사님도 있었으니 말이다. 하지만 그럴수록 더 열심히 일하는 모습을 보이는 것이 최선이라고 생각한다.

반발이 있었어도 교육은 꾸준히 하고 있다고 들었다. 교육은 어떻게 진행하고 있나?

세븐콜택시 기사라면 필수적으로 교육을 받아야 한다. 기사님들뿐만 아니라 관리자들도 마찬가지다. 본사에서 일주일에 한 번 교육이 진행되고, 기사님들은 한 달에 한 번은 반드시 정기 교육을 받아야 한다. 교육은 내가 직접 진행하는데 외부에서 좋은 강사를 섭외할 수도 있지만 세븐콜에 대해서 잘 아는 사람이 가르쳐야 했기 때문이다. 교육 때는 기사님들 모두 정장과 모자를 쓰고 참석하

고, 회장님도 강의하실 때 똑같이 복장을 갖추고 30~40분 정도의 강의를 하신다.

교육은 어떤 내용들로 구성되나?
우선 신입 기사님들에게는 세븐콜이 어떤 기업인지 알려주는 짧은 강의가 진행된다. 후에 인사나 친절 교육이 진행되는데 이때는 기사님들이 직접 참여할수 있게 전체를 A팀, B팀으로 나눠 경쟁을 하게 한다. "세븐콜택시 OOO입니다"라고 큰 소리로 인사를 해보면서 어색한 느낌도 없애고 몸에 익도록 하는 것이다. 안전하게 운행하는 것, 차 안에 담배 냄새가 나지 않게 하는 것, 기본적인 청결과 복장 같은 부분은 기본 교육에 포함된다. 그리고 기사님들의 가장 큰 문제점중 하나가 언어 폭력이기 때문에 이를 위한 교육에 비중을 둔다. 나이가 좀 있는 기사님들은 그게 얼마나 나쁜 것인지 인식을 잘 못하실 때도 있다. 그래서 내가 직접 재연을 하며 보여주기도 하고 기사님들이 손님의 입장이 되어 어떤 기분이 드는지 말해 보게 한다. 또 승객들로부터 얻은 설문조사 결과를 토대로 우리가 손님들에게 제공해야 할 것들을 알려주며 왜 우리가 달라져야 되는지를 강조하고 있다.

이런 교육 후에 기사님들의 태도나 생각의 변화를 어떻게 느끼고 있나?
지금까지 내가 14차 강의를 했는데 같은 교육에 10번 넘게 온 기사님도 계신다. 교육을 받으면서 활기찬 기운도 얻고 자부심도 가지게 되었다면서 말이다. 일할 때의 태도나 친절로 인한 성과 면에서도 좋은 결과가 점점 늘고 있다. 우선 이제는 기사님들이 세븐콜택시가 추진하는 몇 가지 일을 적극적으로 도와주신다. 세븐콜택시에는 안심콜(새벽까지 일하고 퇴근하는 여성, 늦은 귀가를 하는 학생이 이용)이나 효도콜(자녀가 일정 금액을 예치하고 필요할 때 노부모님을 모시는 서비스), 웰컴콜(기업의 외국인 바이어들을 공항에서 회사까지 안내) 등의 특정한 목적을 가진 서비스가 있는데 이에 적극적으로 참여하신다. 또한 작년에 수능시험을 치르는 수험생을 아침에 무료로 수송하는 봉사 활동을 기획했는데 100대 모집에 300대 이상이 참여 의지를 보여서 결국 300대가 함께 봉사를 했다. 이런 결과가 너무 감동적이어서 나 역시 이런 택시 기사님들이 한 분이라도 더 많아졌으면 하는 마음에 기사님들과 더 친하게 지내려고 노력하고 있다. 기사식당에서 함께 식사도 하고, 등산도 가고, 틈틈이 만나 이야기도 듣는다. 물론 기사님들이 잘못하는 점이 있으면 서슴없이 지적도 한다. 이런 과정들을 통해서 기사님들도, 나도 에너지를 얻는 것 같다.

앞으로 교육을 통한 변화가 지속된다면 '한국의 MK 택시'가 될 날도 멀지 않은 것 같다.
사실 MK 택시는 운송업을 하지 않더라도 경영을 하는 사람들은 한번은 살펴보아야 할 브랜드라고 생각한다. 그러나 우리는 전략적으로 MK 택시의 시스템 같은 것을 가져오겠다고 마음 먹은 적은 없다. 우리가 변화하게 된 계기가 되긴 했지만 처음부터 'MK 택시의 이런 것을 베껴야지'라고 생각한 게 아니라 MK 택시가 가진 철학, 즉 '기사들의 더 나은 생활을 보장해주고 존경 받는 택시기사가 되게 하는 것, 시민들에게 더 친절한 서비스를 제공하는 것'이 너무나 '옳은' 것이라고 생각했기에 동조했을 뿐이다. 그 생각에 따라 실천했던 것이 나중에 알고 보니 MK 택시도 하고 있던 일이었던 경우도 많았다. 진정한 의미의 벤치마킹이란 어쩌면 이런 것이 아닌가 싶다.

제록스가 복사기 출하 시스템에 통신판매업체 L.L.Bean의 물류시스템을 적용해 성공한 뒤로, '벤치마킹'은 후발업체가 선도자를 배우고 더 나아가 이들을 뛰어넘을 수 있게 해주는 경영 기법의 하나로 평가되어 왔다. 벤치마킹은 제록스 사의 벤치마킹 전담 매니저였던 로버트 캠프 박사가 1989년 처음 《성공벤치마킹 Bench Marking》을 통해 이 개념을 정립했을 때부터 이미 목표를 설정하고 자료 수집 후 격차를 분석, 적용 후 성과 측정까지의 구체적이고 과학적인 단계를 가진 방법론이었다. 그러나 세븐콜택시 사례를 보며 우리가 배운 것은 시장을 리드하는 브랜드의 전략과 시스템을 분석하고 배우는 것도 중요하지만 모든 것을 바꾸기에 앞서 시장의 리더들이 왜 그런 혁신을 할 수밖에 없었는지 그 밑바탕을 살펴보는 것이 더 중요하다는 것이다. 세븐콜택시의 변화는 MK 택시가 이뤄낸 성과의 밑바탕, 즉 그들의 '옳은 철학'에 진심으로 공감하는 것에서부터 시작됐다. 처음엔 몰랐지만 나중에 알고 보니 MK 택시와 비슷하거나 같았던 부분이 많았던 것도 그들의 철학을 먼저 배우고 동조하여 비슷한 철학을 가졌기 때문이다.

어떤 브랜드든 '남들이 변하기 때문에' 어쩔 수 없이 변화해야 한다면, 그것은 얼마나 슬픈 일일까? 그러나 누구도 부인하지 못할 '옳은 것'을 발견하고, 이를 위해 변화한다면 그것만큼 뿌듯하고 자랑스러운 일도 없을 것이다. 벤치마킹이 '남의 것을 베끼는 일'이 아니라 '옳은 방향성을 가진 철학에 동조하는 일', 그래서 결과적으로 더 좋은 것을 만들 수 있는 일이 될 수 있는 이유도 바로 이 때문이다. UB

권희정 현재 ㈜세븐콜택시의 대표이사다. 연세대학교 음악대학 기악과를 졸업하고, 원광대학교 동서보완의학대학원 자연치료요법 석사 취득 후 현재 인천대학교 대학원 행정학과 박사 과정 중이다. 검암평생교육원장, (사)한국여성유권자 인천연맹부회장/서구회장, 호원대학교 미용예술학부 겸임교수를 역임했다.

OTICON

그들의 보청기만큼 그들이 일하는 방식으로 유명한
오티콘의 정신 모델 경영론

The interview with 오티콘 전 CEO 라스 콜린드(Lars Kolind), 오티콘 코리아 대표 박진균

Oticon through the years

Oticon was founded in 1904 when Hans Demant began importing hearing aids to Denmark.

Demant's wife suffered from hearing loss and he was determined and others with hearing loss. Hans died in 1910 and his son (Wil

In the 1920s, William acquired exclusive distribution for Acoustic

In the 1940s, World War II made it difficult to locate and acquire

Therefore, William began producing his own hearing instruments

In 1946, the "Oticon TA" was the first Danish hearing aid produc

A기업을 상징하는 몇 가지. '80여 년 전통의 기업, 관료주의적 기업 문화, 최근 거대 기업의 진출로 인한 치열한 경쟁 상황.'
B기업을 상징하는 몇 가지. '세계 최고인 혁신 기업, 바퀴 달린 책상과 바퀴 달린 개인 사물함, 집무실 없는 CEO와 직급 없는 조직도, 출퇴근 시간과 종이 문서(서류), 벽(파티션)이 없는 사무실.'
A기업과 B기업의 후보군을 상상해 보자. A기업의 후보군은 몇 떠오를지 모르지만, B기업은 구체적인 모습을 상상하기도 쉽지 않다. B기업에서 당신이 일을 한다면, '김 과장' 혹은 '김 부장'이 아니라 모든 사람들에게 '김OO 씨'로 불릴 것이며, 사무실에 당신의 고정석은 없다. 새로운 프로젝트 팀이 오늘 꾸려지면 당신은 책상과 사물함, 그리고 의자를 '밀고' 사무실의 한 공간에 프로젝트 참여자들과 모여서 일을 시작하면 된다.
그런데 이 A기업과 B기업이 같은 기업이라면 어떤가? A는 오티콘이라는 덴마크의 보청기 회사의 1988년 이전의 모습이었다면, B는 1988년 이후의 모습이다. 이들은 어떻게 조직의 DNA 자체를 이렇게 바꿀 수 있었을까?

반복되는 브랜드의 역사

한국전쟁 당시 인천상륙작전을 성공시키고, 1, 2차 세계대전에서도 많은 승리를 이끈 맥아더 장군의 서재는 역사서로 빼곡했다고 한다. 콜럼비아 대학은 역사에 깊은 관심을 가진 그에게 세계사학 교수직을 제안하기도 했다. 그와 관련된 유명한 일화 중 하나는 모두가 하나같이 히틀러가 승리할 것이라고 예상한 독일의 러시아 공격을 두고 그만이 실패할 것이라고 예언한 일이다.

"과거 나폴레옹은 러시아를 공격하는 실수를 저질렀다. 나폴레옹과 마찬가지로 히틀러도 무참한 패배를 안게 될 것이다. 러시아는 절대로 항복하지 않는다. 그들은 무한정의 병력을 보유하고 있고, 필요할 경우 시베리아로 1마일씩 후퇴할 수도 있다. 또한 2개월 후면 비가 내리기 시작하고 다시 한 달이 지나면 러시아의 겨울이 닥칠 것이다. 러시아인을 제외하고는 독일인뿐만 아니라 세계의 어느 나라 국민들도 러시아의 매서운 겨울을 버틸 수 없다." 이것이 맥아더가 말한 독일이 패하게 될 이유였고, 예상은 적중했다. 덧붙여 그는 "역사는 매우 중요하며 역사 속에 모든 해답이 있지만 히틀러는 역사를 공부하지 않았거나 역사를 믿지 않는 실수를 범했다"고 말했다. 그는 역사 속에서 성공의 패턴을 분석하고 자기 것으로 만드는 전략가였던 것이다.

우리가 브랜드 케이스를 연구하는 이유 역시 이것이다. 브랜드의 역사는 반복되는 부분이 있기 때문이다. 바이런이 '미래에 대한 최선의 예언자는 과거'라고 했듯이 과거 브랜드들의 성공담과 실패담은 맥아더와 같은 지략을 펼 수 있는 기초 자료가 될 것이다. 단, 맥아더가 히틀러의 패배를 확신한 것은 러시아인들의 기질과 지리적 특성을 파악한 뒤였다. 따라서 단지 결과의 패턴만 살필 것이 아니라 수면 아래에 있어서 드러나지 않은 내부의 정치적인 요인에서부터 시장 및 경쟁 환경 등의 대내외적 환경 요인까지도 동시에 고려해야 한다.

모든 브랜드가 겪는 피할 수 없는 패턴 중 하나는 언젠가는 시장 도입기–성장기–성숙기를 거쳐, 쇠퇴기를 겪는다는 사실이다. 그 이유는 기업 자체의 매너리즘일 수도 있고, 시장 환경의 변화일 수도 있고, 강력한 경쟁자의 출현 때문일 수도 있다. 이러한 첫 번째 사이클을 겪은 후 사라지는 기업이 대다수인가 하면, 두 번째 사이클 second cycle을 다시 걷는 브랜드도 있다. 120년 역사의 필립스는 1990년대 말에 닥친 경영 위기에서 지나치게 다각화된 사업을 모두 정리하고, 몇 가지 사업에만 집중하는 선택을 함으로써 제2의 성장을 하고 있다. 또한 지금은 미국 젊은이들 사이에서 핫hot한 패션 브랜드로 통하는 아베크롬비앤피치는 아웃도어 스포츠 전문점으로 출발했다. 1970년대 사냥으로 인해 동물들이 멸종 위기에 처하면서 사업 위기를 겪은 아베크롬비앤피치는 1977년 파산신청을 하기에 이르렀으나 의류에 집중하여 사업을 재편하면서 다시 세컨드 사이클을 걷게 되었다. 애플 역시 스티브 잡스가 떠난 후 위기를 겪자 다시 스티브 잡스를 영입, 혁신을 거듭함으로써 제2의 전성기를 누리고 있다.

이렇게 많은 기업들이 사업을 접느냐 마느냐 하는 위기를 맞지만, 그 극복 방법은 각기 다르다. 품질 혁신을 통한 가격 경쟁력으로 재기할 수도 있고, 시장에서 독특한 인식을 만드는 포지셔닝 전략으로 이겨낼 수도 있으며, 비고객을 고객으로 만들거나 아직 아무도 점령하지 않은 틈새시장을 공략하는 시장 창조 전략으로 회생할 수있다. 또한 브랜드 가치를 높여서 시장에서 승리하고 싶다면 이미 잘 구축된 브랜드를 인수 합병할 수도 있고, 하나의 브랜드를 공들여 구축한 후 레버리지 효과를 활용하여 서브 브랜드를 런칭할 수도 있다.

여기 소개하는 오티콘은 세컨드 사이클 전략을 기업 내부에서 찾았다. 시장에 재포지셔닝을 하거나, 경쟁자를 물리치기 위한 신제품 개발에 역량을 쏟기보다는 스스로 변화하기, 즉 자기 혁신을 전략으로 삼은 것이다. 조직원 한 명 한 명이 근본적으로 바뀌는 것, 모든 구성원이 DNA를 바꾸는 것은 기업 문화를 바꾸는 작업이 되었다. 당시의 오티콘은 80년 동안 퇴적된 전통적인 기업 문화를 가지고 있었으며, 수천 명의 직원이 같은 생각으로 일하고 있었다. 이들은 어떻게 그들의 근본부터 바꿀 수 있었을까?

> 라스 콜린드가 오티콘을 귀머거리로 판단한 이유는 조직을 지배하는 '나쁜 정신 모델' 때문이었다.

귀머거리가 된 보청기 회사

"지멘스와 필립스라는 거인의 시장 지배 속에서 영원히 잠들고 마는 것은 아닐까?"

오티콘의 세컨드 사이클을 지휘한 신임 CEO 라스 콜린드가 오티콘에 와서 첫 업무를 본 후, 한숨 섞어 내뱉은 한마디가 이것이었다. 1987년 5,200만 달러 매출에 700만 달러의 적자를 기록한 오티콘이 택한 위기 극복 방안은 새로운 리더를 임명하는 것이었다. 그러나 이 리더는 자기 혼자서 무언가를 할 수 없음을 느끼고, 오티콘에 속한 모든 사람을 바꾸기로 했다. 그리고 그 변화가 '완전히' 다른 것이 아니라면 달라질 것이 없음을 느낀다. 현금 유동성이 극도로 악화된 상황에서도 그가 판단하기에 직원들의 사기는 높았기 때문이다. 오티콘 사람들은 이 침체기는 늘 그래 왔듯이 곧 지나갈 것이라고 말하며, 신임 CEO를 위한 파티 준비에만 바빴다. 라스 콜린드는 고객들의 청력을 관리하는 오티콘이 '귀머거리'가 되었다고 판단했고, 스스로 '미친 사람'이 되기로 결심한다. 라스 콜린드가 오티콘을 귀머거리로 판단한 이유는 조직을 지배하는 '나쁜 정신 모델' 때문이었다.

정신 모델mental model이란 조직의 사고방식과 일하는 방식에 관한 것이다. 주변에서 발생하는 현상들을 이해하는 인식 체계인 이것은 사람들의 생각과 행동방식을 지배한다. 조직은 성공과 실패를 기억하는 경향이 있는데, 특히 성공을 경험한 조직은 성공의 정신 모델을 답습하는 경향이 있다. 당시의 오티콘은 세계 최고의 기업이라는 생각이 팽배하여 거만한 정신 모델과 함께 고객을 선택권이 없는 환자로 보는 경향이 있었다. 오티콘은 세계 어느 나라보다 복지 관련 산업이 발달한 북유럽의 덴마크 기업이었기에 주로 보청기를 만들어서 국가 기관에 납품하기도 했고, 선도업체로서 세계 진출도 용이했기에 비교적 쉽게 성장해 온 것이다. 이러한 과거의 정신 모델은 오티콘의 앞길을 가로막는 훼방꾼이었다.

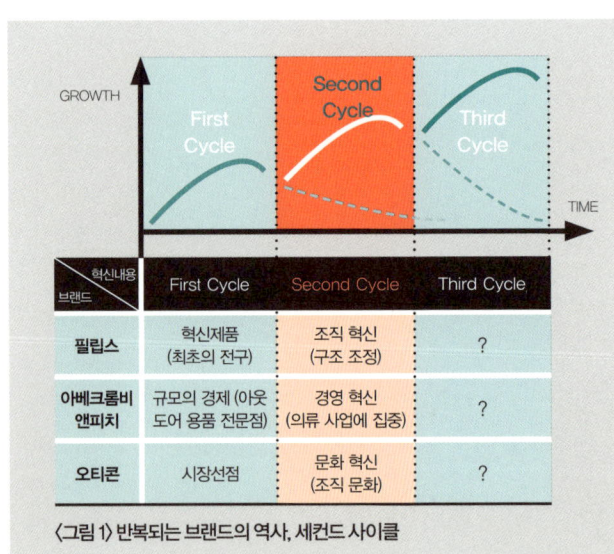

〈그림 1〉 반복되는 브랜드의 역사, 세컨드 사이클

혁신내용 브랜드	First Cycle	Second Cycle	Third Cycle
필립스	혁신제품 (최초의 전구)	조직 혁신 (구조 조정)	?
아베크롬비 앤피치	규모의 경제 (아웃 도어 용품 전문점)	경영 혁신 (의류 사업에 집중)	?
오티콘	시장선점	문화 혁신 (조직 문화)	?

조직의 기억, 정신 모델을 관리하라

아인슈타인도 말했듯, 결과를 바꾸기 위해서는 과정을 바꾸어야 한다. 라스 콜린드는 이 나쁜 정신 모델을 바꾸기 위해 급격한 변화를 시도한다. 변화 관리 전문가들은 조직에 새로운 문화를 이식하기 위해서는 가시적인 행동을 신속하게 취하라고 말한다. 이때 리더는 실질적인 행동과 상징적인 행동을 병행해야 한다. 짐 콜린스는 《위대한 기업을 위한 경영 전략》에서 리더가 취하는 상징적 행동의 장점에 대하여 이렇게 말한다.

"세세한 부분을 제대로 처리하려면 편집증 환자처럼 매달려야 한다. 그러나 재차 강조하거니와 모든 세부사항에 대해서가 아니라 특정한 부분에 대해 상징적인 행동을 취함으로써 그룹 전체의 가치를 구축해야 한다. 상징적인 행동은 직접 본보기를 보여 줌으로써 영원히 잊지 못할 인상을 남긴다. 엄격하게 관리하지 않아도 직원 스스로 핵심 경영 철학에 따라 행동하게 되는 것이다."

디즈니가 회사에 대한 자부심과 주인의식을 고취시키기 위해 서로를 배우Cast Member라고 부르고, 업무 수행을 '일하다'가 아니라 '공연하다'로 부르게 한 것이나, IBM의 토머스 왓슨 주니어가 아버지에게 회사를 물려받은 후 '터놓고 이야기하기 제도Open Door Policy'를 고집한 것도 이에 해당한다. 토머스 왓슨 주니어는 회사를 물려받은 후, 아버지가 직원들이 자신의 방에 직접 찾아와 불만을 토로하게 한 것의 중요성을 알고 기업 규모가 상당히 커진 이후에 유능한 관리자를 비서로 뽑아 '최고 경영자에게 직접 불만을 토로할 수 있다'는 소문을 퍼뜨리게 해 누구도 개인 면담이 가능하다는 것을 상징적 행동으로 알게 했다.

라스 콜린드 역시 이 변화를 '영원히 잊지 못할 인상'으로 남기기 위해 급진적인 상징적 행동을 취한다. 우선 사옥을 코펜하겐 외곽 지대의 빈 공장으로 옮긴다. 이는 현금흐름을 원활하게 하려는 목적도 있지만, 직원들에게 우리는 완전한 변화를 시작한다는 잠재의식적 제안이기도 했다. 또한 완전한 혁신 기업으로 거듭나기 위해 '종이 없는 사무실'을 지향하겠다고 공표하고 건물 4층에 종이 분쇄기를 설치해 사무실의 모든 종이들이 분쇄되어 지하로 떨어지는 퍼포먼스를 연출했다. 모두 기존의 정신 모델을 바꾸기 위한 행동이었다.

하지만 80년 된 조직이 체질 자체를 바꾸는 것이 상상이 되는가. 지금 당신이 일하고 있는 조직의 역사가 10년만 되었더라도 이미 체질화된 문화가 있을 것이고, 그것을 바꾸려고 한다면 해결 불가능해 보이는 문제들이 먼저 떠오를 것이다. 그러나 오티콘이 80년 된 조직의 정신 모델(DNA, 기업 문화)을 바꿀 수 있었던 이유는 하나의 생존 전략이기도 했기 때문이다. 그들이 바뀌지 않으면 그간 누려 오던 시장 선도자의 이점을 모두 빼앗기고 시장에서 퇴출될 수도 있는 위기 상황이었던 것이다.

> 80년 된 조직이 체질 자체를 바꾸는 것이 상상이 되는가. 그러나 오티콘이 80년 된 조직의 정신 모델(DNA, 기업 문화)을 바꿀 수 있었던 이유는 하나의 생존 전략이기도 했기 때문이다.

⊕ 오티콘의 브랜드 라이프사이클

- **탄생**: 1904년 덴마크의 사업가 한스 디만트가 아내의 청력을 되살리기 위해 설립.
- **성장**: 그의 아들 윌리엄 디만트가 이어받아 기업 규모를 키워 수십 년 동안 생산량의 90%를 세계로 수출하며 세계 보청기 시장을 선도함.
- **위기**: 1980년대 중반 지멘스가 보청기 시장에 뛰어들면서 심각한 위기에 빠짐. 당시 지멘스는 오티콘의 연간 매출보다 더 많은 자금을 보청기 관련 기술의 연구 개발에 투자한 반면, 오티콘은 기존의 방식을 계속 고수하면서 시장 점유율이 절반으로 떨어졌고 파산 직전에 내몰림.
- **회생**: 위기에 CEO 자리에 앉게 된 라스 콜린드가 조직 혁신을 통해 오티콘을 회생시킨 결과 2006년 덴마크에서 가장 혁신적인 기업으로 선정되었고, 시장 점유율과 기술적 우위에서도 다시 지멘스와 1, 2위를 다투게 됨.

코기타테 인코그니타 프로젝트

리더의 상징적 행동으로 변화에 대한 의지를 확인한 오티콘의 직원들은 점차 변화하지 않으면 모두가 죽는다는 현실을 인식하기 시작한다. 이 공감대가 확산될수록 관리자들의 저항이나 반발도 서서히 사라졌다. 만약 라스 콜린드가 상황이 좀 나은 1980년대에 부임했다면 그의 이 프로젝트는 기존의 관료주의적 문화를 넘지 못하고 실패했을지도 모른다. 그만큼 오래된 조직 문화를 바꾸는 전략은 거의 불가능에 가까울 정도로 어려운 일이지만, 기업이 처한 상황이 급박했기 때문에 이 변화 프로젝트는 과감할 수 있었고, 결과

MEMORANDUM

코기타테 인코그니타 프로젝트의 내용

혁신 부분	혁신 내용	새로운 정신 모델
업의 재정의	- '오티콘은 보청기 회사가 아니라 청각 관리 기업' - 보청기는 '청각장애자를 위한 스피커'가 아니라 '창조적 인생을 위한 수단'	- 제조업이 아니라 서비스업으로 재정의 - 제품과 고객에 대한 재정의
물리적 근무 환경	- 사옥 이전 : 투보르 음료수 공장을 10년간 임대 - 사무실 내 환경 : 벽과 칸막이 제거, 서류의 95% 제거, 프로젝트에 따라 자리를 이동할 때 함께 옮길 수 있는 500~1,000개의 화분 설치	- 변화의 시작을 알림 - 새로운 환경으로 인한 낯섦 효과. 머물지 않고 언제든 이동함으로써 변화할 수 있는 조직
조직/인력 구성	- 스파게티 조직 : 계층적 조직 구조의 폐지, 모든 직책 폐지, 모든 업무를 프로젝트로 대체 - 모든 직원은 프로젝트 리더, 전문가, 멘토 중 한 역할의 수행자가 됨	- 상하관계보다 중요한 것은 창의력을 최대화시키는 조직 - 연공서열이 아닌 자신의 능력에 가장 적합한 업무를 하는 조직
제품 개발 프로세스	- 제품 설계가 이루어지면 이후에 디자인되고, 생산되며 그 후에 마케팅이 이루어지는 식의 기능별로 운영되던 제품 개방 방식에서, 설계생산·판매 등을 하나로 아우르는 팀을 짜 신제품을 개발하고 프로젝트가 끝나면 해산하는 방식을 개발 과정으로 변화시킴	- 집단 지능을 활용하는 조직 - 혼자 하는 일이 아닌 함께하는 일 - 사옥 내의 누구와도 언젠가 한 팀이 될 수 있음
보상 체계	- 종업원 지주제 - 새로운 급여 체계 완성 : 멘토에 의한 성과제	- 직원이 아닌 주인 - 연차가 아닌 실력 중심

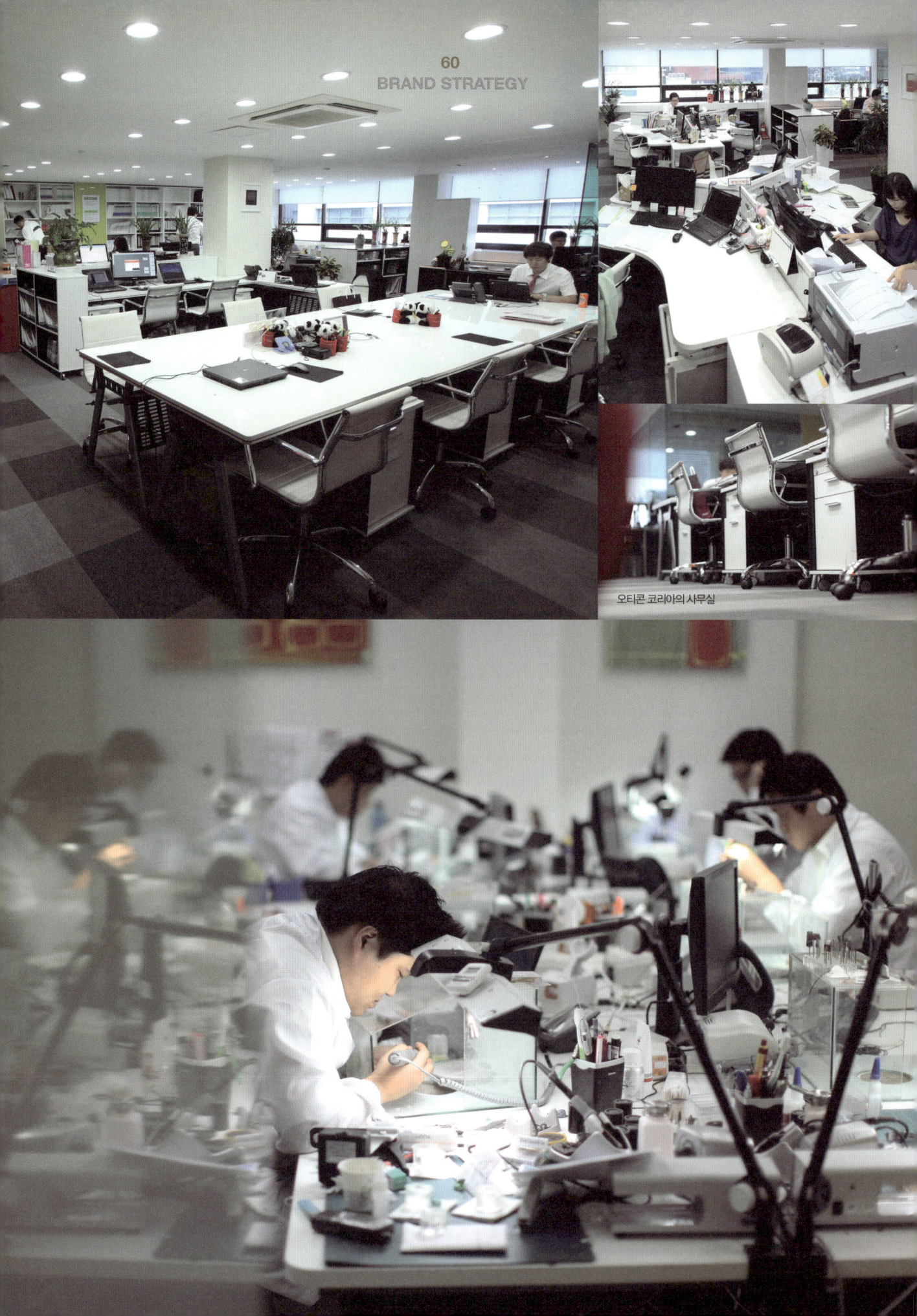

오티콘 코리아의 사무실

도 그만큼 놀라울 수 있었다.

그렇다면 이제 본격적으로 오티콘이 자신의 오래된 DNA를 바꾸기 위해 실행한 구체적 실천들을 살펴보자. 오티콘이 정신 모델을 바꾸기 위해 진행한 프로젝트는 '코기타테 인코그니타Cogitate Incognita' 즉, 라틴어로 '생각할 수 없는 것을 생각하라'로 정리된다. 아래 표에 정리된 것처럼 오티콘은 내부적으로 바꿀 수 있는 거의 모든 것을 바꿨고, 모든 것은 나쁜 정신 모델을 새로운 정신 모델로 바꾸는 데 목표를 두었다.

이 급격한 변화는 생각지도 못한 엄청난 성과(1991년부터 그가 떠난 1998년까지, 연간 매출이 9,350만 달러에서 3억 1,600만 달러로 증가. 매년 평균 19% 증가)를 가져왔다. 하지만 잊지 말아야 할 것은 (이제는 표 하나로 정리될 수 있는) 이러한 변화는 엄청난 갈등 상황을 겪은 후에야 완성되었다는 사실이다. 라스 콜린드는 리더들은 이런 변혁의 시기에 노동조합의 반대와 일부 직원들의 아첨을 예상해야 하고, 중간 관리자들의 저항에 대비해야 한다고 말한다. 혼란을 뚫고 나갈 용기가 필요하다는 것을 알아야 한다는 것이다.

오티콘의 변화를 처음부터 끝까지 살펴볼 수 없기도 했고, 문서화된 자료와 당시 경영자의 말을 토대로 정리하긴 했어도, 당시 경영자뿐 아니라 직원들의 갈등이 만만치 않았음은 예상할 수 있다. 미래 경영자로 꼽히는 그가 진두지휘한 오티콘의 변화의 시기에 실제로 10% 인력이 회사를 그만두어야 했으며, 파산에서 벗어나기까지 취임 후 일정 기간 동안 그의 사인 없이는 어떤 지출이나 금전적 약속, 송장에 대한 대금도 지불할 수 없었을 만큼 리더로서 그는 다소 독재적인 모습도 있었다.

브랜드 전략은 희생이다

오티콘의 경우 모두 바꾸었지만 한 가지 안 바꾼 것이 있다면, 인본주의(People First)라는 브랜드 철학이다. 그들의 존재 목적이자, (비록 중간에 잠시 그 목적 의식이 흐려지기는 했지만)

> 오티콘의 경우 모두 바꾸었지만 한 가지 안 바꾼 것이 있다면, 인본주의라는 브랜드 철학이다.

'오티콘은 보청기 회사가 아니라 청각 관리 기업으로 업을 재정의한 이 브랜드의 회사 소개 자료에는 제품 소개보다 이들의 보청기로 누릴 수 있는 새 삶에 대한 이야기가 더 많다.

80년 동안 고수해 온 이 철학은 오티콘의 정신 모델을 수정하는 데 펜스 역할을 했다. 모든 것을 바꾸더라도 그것은 어디까지나 인간 중심의 변화였다. 그들이 말하는 인본주의의 중심은 고객이다. 따라서 고객이 원하는 최고의 삶을 살 수 있도록 돕는 것, 그들이 더 자연스럽게 대화하고 더 자신있게 사회 활동에 참여할 수 있도록 하는 것이 '인본주의' 철학이다. 오티콘 코리아의 박진균 대표는 "만약 인터브랜드와 같은 기관에서 '철학으로 움직이는 브랜드 100'을 선정한다면 오티콘은 상위 5위 안에 들 것이다"라고 말할 만큼 브랜드 철학에 대한 자부심은 높다.

오티콘이 말하는 '인본주의'란 무엇인가? 이것은 어떤 브랜드라도 말할 수 있는 철학 아닌가.

박진균(이하 '박') 의미를 먼저 이야기하자면 이렇다. 난청인들은 더 이상 잘 듣기 위해 보청기를 사용하지 않는다. 그들이 필요로 하는 것은 청각이 아니라 더 나은 삶이다. 많은 브랜드가 인본주의적인 가치를 철학으로 내걸고 있지만, 오티콘이 말하는 인본주의는 시작이 다르다. 기업을 영위하면서 좋은 이미지를 갖기 위하여 인본주의라는 용어를 부가된 가치로 사용하는 것이 아니라, 기업 설립 목적 자체가 인본주의를 실현하는 데 있다는 것이다. 실제로 오티콘은 창립자가 "사랑한다"고 말해도 아내가 듣지 못하자 보청기 사업을 해야겠다고 생각해서 설립되었다.

오티콘이 철학으로 움직이는 회사라는 것에 대한 근거는 무엇인가?

박 지금까지의 오티콘 계열사나 경영자들의 마인드를 보면 알 수 있다. 기술 연구소가 그렇다. 보통 기업은 연구소가 필요해서 연구소를 만들면 회사 내나 회사 바로 옆에 위치시켜 놓고 관리할 것이다. 그러나 오티콘은 더 나은 보청기, 고객들의 귀가 아니라 생활을 개선하는 보청기를 만들어야 하기 때문에, 연구소를 코펜하겐 본사에서 굉장히 멀리 떨어뜨려 놓았다. 결재권과 같은 독립적인 권한을 주기 위함이다. 심리청각학을 연구한 것도 우리가 최초다. 고객이 더 나은 삶을 살기 위해서는 귀가 아닌

뇌를 연구해야 한다고 보았기 때문이다.
또한 철학을 지키기 위해서 수익을 포기하는 기업은 많지 않을 것이다. 오티콘이 인본주의를 실현하기 위해서 가장 중요시 여기는 것은 제품의 질이다. 따라서 원가를 줄이기 위해 개발도상국이나 제3세계에 공장을 짓지 않는다. 원가를 줄여서 고객에게 가격 만족도는 줄 수 있을지 몰라도, 그럴 경우 제품 자체에 대한 컨트롤이 어렵기 때문에 진정한 삶의 만족은 주기 어렵다고 본다.

제품에 있어서도 소위 돈이 되는 시장보다 우리가 중요하다고 생각하는 시장에 투자한다. 청각장애에도 후천적인 노인성 난청이 있고, 선천적인 장애성 난청이 있다. 비율로 보면 당연히 노인성 난청이 많다. 노인성 난청 시장이 더 크다는 것이다. 그러나 오티콘의 경우 난청 아동을 위한 투자를 더 많이 한다. 1980년대까지만 해도 먼저 시작한 만큼 난청 아이들을 위한 보청기로는 세계 최고의 보청기였다.

"오티콘의 경우 난청 아동을 위한 투자를 더 많이 한다. 1980년대까지만 해도 먼저 시작한 만큼 난청 아이들을 위한 보청기로는 세계 최고의 보청기였다."

기업은 매출을 높여서 성장하고 싶은 것이 본성인데, 수익을 포기한다는 것이 완전히 이해되지는 않는다.
박 맞다. 하지만 이것이 우리의 본성이다. 왜냐하면 철학을 매출보다 우위에 두었을 때 우리가 성장한다는 것을 여러 번의 경험으로 알게 되었기 때문이다. 우리의 목표는 당장의 성장이 아니다. 200년, 300년 인본주의를 추구하는 청력 관리 브랜드가 되는 것이다. 우리의 철학이 우리를 지켜 줄 것이라는 확신이 있다.

오티콘의 전략은 철학이라고 표현할 수도 있는 것인가?
박 똑같다. 우리에게 인본주의는 철학이자 전략이다. 동전의 앞뒷면과 같다. 다만 철학이라는 것이 형이상학적인 것이라 표현하기 힘들 뿐이다. 시장 전략이나 영업 방법이나 모두 철학을 표현하는 것이다. 오티콘이 한국지사를 연 이유도 유통만을 하는 디스트리뷰터^{distributor} 체제에서는 오티콘다운 영업을 할 수 없기 때문이다. 디스트리뷰터들은 그들의 성과를 보여 줄 수 있는 유일한 것이 매출이다. 따라서 영업이익을 올리기 위한 영업을 하게 된다. 본사가 디스트리뷰터들에게 그렇게 하지 말라고 할 권리는 없다. 하지만 우리는 우리의 철학을 담은 제품을 우리답게 전달하려고 한다. 술이나 골프 접대는 오티콘답지 않다. 차라리 오페라 티켓을 선물하거나 고객사와 함께 피크닉을 간다.

당신들의 전략은 경쟁사가 모방하기 힘든 전략이라고 생각하나?
박 사실 많은 기업들, 특히 기술력과 자본력을 가진 기업들이 보청기 시장의 가능성을 보고 들어온다. 그렇지만 우리는 크게 걱정하지 않는다. 그 회사를 무시해서가 아니라 경험상 보청기를 만들겠다는 생각으로 회사를 설립했다가 무너지는 회사를 수없이 많이 봤기 때문이다. 희생이 없는 투자는 이 업계에서는 존재하기 어렵다. 오티콘은 연간 1,000억 원이 넘는 비용을 연구에 투자한다. 그리고 새로운 제품 개발을 위해서 엄청난 투자를 하더라도, 그것이 시장에서 실패하는 것을 두려워하지 않고 다시 투자한다. 그래서 비즈니스를 목적으로 이 시장에 들어오는 기업들은 희생할 생각이 없기 때문에 존재하기도 어려울 것이고, 우리는 그들이 두렵지

독립적인 권한을 주기 위해 본사와 멀리 떨어뜨려 놓은 Eriksholm 연구소

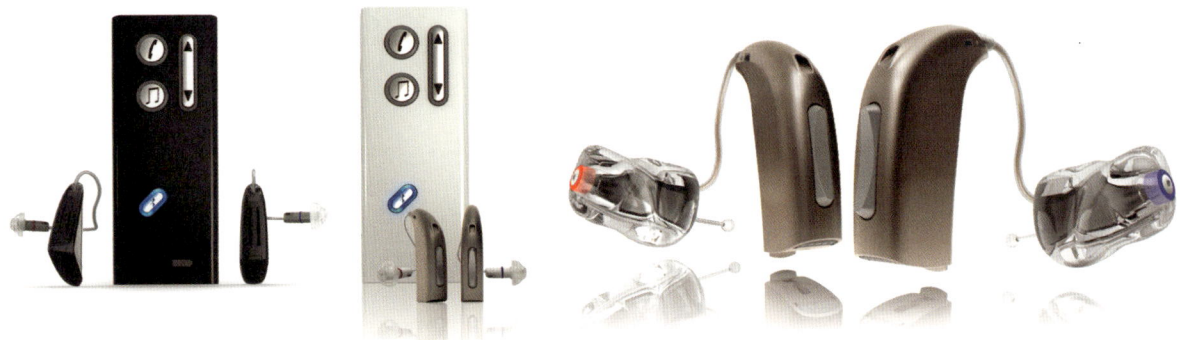

않은 것이다. 우리의 전략 뒤에 숨은 단어는 '희생'이다.

박 대표는 이 '희생'이 재무적인 측면뿐만 아니라 조직 구성원들의 희생도 포함한다고 말한다. 오티콘의 직원들은 주말에 농아인들과 축구 시합에 참여하거나 그들과 저녁을 먹고 볼링을 치기 위해 개인 시간을 희생하기도 한다. 하지만 박 대표는 이것이 오티콘 사람들의 삶 속에서 자연스러워지면 희생이라고 생각하지 않더라고 말한다. 이런 삶을 희생으로 받아들이지 않고 자연스럽게 자신의 삶이라고 여기기까지, 즉 오티콘의 브랜드 철학을 완전히 이해하는 데는 신입사원이라면 2~3년 걸린다고 한다.

철학 빼고 다 바꿔라

박 대표는 오티콘이 철학으로 무장할 수 있는 또 하나의 이유를 말해 준다. 그것은 '인본주의를 지키겠다'는 정신적인 차원의 문제를 넘어서 기업 형태와 관련된 구조적 문제였다. 오티콘이 100년 동안 '인본주의'라는 철학을 유지하는 데는 여전히 개인 소유의 비상장 기업이라는 구조적 이유도 한몫한다. 오티콘의 대주주는 '오티콘 재단'이라는 사회봉사법인이다. 창립자의 아들이자 제2대 CEO인 윌리엄 디만트는 그의 아버지가 원한 대로 회사의 성장을 위해 자기 지분의 57%를 재단에 넘기고, 배당금으로 사회 공헌을 하도록 했다. 이렇게 오티콘의 '정신 모델 바꾸기'는 절대로 바꾸지 않는 철학과 그것을 지지하는 구조적 시스템이 있었기에 체계 없어 보이는 조직 문화 속에서도 오티콘다움을 유지하는 것이며, 그것은 오히려 '관리된 카오스'라고 불리고 있다.

이들이 철학을 근간으로 움직이는 회사라는 것은 브랜드 확장의 방향을 봐도 그렇다. 오티콘은 윌리엄디만트라는 그룹에 속한 브랜드다. 그런데 이 그룹에 속한 회사들을 보면, 특히 라스 콜린드가 취임한 이후에 인수한 기업들을 살펴보면, 청각진단장비 회사인 인터어쿠스틱스Interacoustics, 청각 보조장치 회사인 Phonicear 등 모두가 난청인들의 문제 해결을 위한 회사들임을 알 수 있다. 이들이 기업의 규모 키우기가 아니라 철학 키우기를 하고 있음을 엿볼 수 있는 대목이다.

돌아보면 코기타테 인코그니타 프로젝트는 단순한 체질 개선 프로젝트가 아니라, 결국 인본주의를 향하고 있었다. 따라서 난청인들의 삶을 혁신적으로 개선할 혁신적인 제품을 만들기 위해서는 그것을 만드는 우리 역시 완전히 창의적이어야 한다고 생각했기 때문에 인간의 창의성을 가장 높일 수 있는 혁신적인 조직으로 재구성한 것이다. 그 결과 오티콘은 스타키, 지멘스, 와이덱스, 포낙, 리사운드와 같은 쟁쟁한 경쟁사들이 가지고 있지 않은 정신 모델을 갖게 되었다. 이러한 정신 모델을 갖지 못했다면 단순한 소리sound가 아닌 인간의 목소리voice만을 인식하여 난청인들에게 들려주는 보이스 파인더voice finder 기술을 세계 최초로 발명할 수 없었을 것이다.

오티콘은 1980년대 말, 생존의 위기에 대한 탈출구를 인수합병이나 대대적인 구조조정에서 찾지 않고 기업 DNA(정신 모델)를 바꾸는 데서 찾았다. 그 결과 오티콘은 성과 면에서도 탁월한 성장을 이루고, 시장에서 프론티어라는 입지를 굳혔으며, 엄청나게 성장할 실버 산업을 염두에 두고 들어오는 거대 기업들과의 싸움에서도 독보적인 위치를 차지하고 있다. 또한 이례적인 혁신 조직의 완성은 세계 경영대학원의 케이스 스터디의 대상이 되고 있다. 이들의 변화를 '조직 혁신 전략'이나 '리바이탈라이제이션revitalization 전략'이라는 멋진 말로 포장하기에는 당시의 치열함과 고통을 모두 설명할 수 없을 것이다. 그렇다면 이 혁신 전략의 핵심은 무엇이었을까? 이 질문에 대한 답을 라스 콜린드에게 직접 들어 보았다. UB

박진균 한국 항공대학교 전자공학과를 졸업하고 국제교환학생 리터니 회장, 우리난청센터 기획조정실장을 역임했다. 현재 강남대학교 청각재활연구소 부소장, 오티콘 코리아㈜ 대표, 인터어쿠스틱스 코리아 대표로 재직 중이다.

오티콘의 구원투수, 라스 콜린드
"결국 사람이 전부였다"

The interview with 라스 콜린드(Lars Kolind)

코기타테 인코그니타 프로젝트를 완수하고 오티콘에 온 지 10년 후 새로운 리더에게 자리를 내주고 떠난 라스 콜린드는 이제 와서 정리하건대, 오티콘의 세컨드 사이클 전략의 중심은 결국 '사람' 때문이었다고 전했다. 수학자이자 경영학자이며, 덴마크에서 세 번째로 큰 컨설팅 회사를 설립했고, 리더로서의 모든 것은 보이스카우트 경험에서 배웠다고 말하는 특이한 이력의 리더. 그가 들려준 변화를 원하는 경영자들을 위한 조언에서 브랜드를 바라보는 그의 기본적인 시각을 읽을 수 있을 것이다.

당신은 입이 아프게 말했을지 모르지만, 우리는 당신과 이야기하게 된 이상 오티콘 이야기를 빼 놓을 수 없다. 당신이 오티콘에 처음 갔을 때 만든 '생각할 수 없는 것을 생각하라(Cogitate Incognita)'는 슬로건은 이미 존재하던 인본주의(People First)라는 기업 철학과 함께 오티콘의 정신 모델이 된 것 같다. 왜 이런 정신 기준을 만들었으며, 그 효과는 무엇이었다고 보는가?
오티콘이 다시 태어나기 전에, 모든 보청기 제조업자들은 제품에만 집중하고 있었다. 그런데 오티콘은 제품 자체보다 사람에 집중하도록 이 산업을 바꿨다. 다른 사업자들에게 고객은 '하나의 귀'였다. 그래서 잘 들리게 하는 것에 집중했다. 그러나 오티콘에게 고객은 '인간'이었기 때문에 그들의 삶을 고민했다. 이렇게 변화하던 초기에는 경쟁자들은 우리더러 바보라고 했다. 그러나 2년 쯤 지난 후에는 모든 경쟁사들이 우리를 모방하기 시작했다. 더 정확하게 말하자면 그들은 비슷한 슬로건을 내걸거나 우리의 광고를 따라 함으로써 우리를 카피하려고 애썼다. 그러나 그들이 따라 하지 못한 게 있었다. 결코 그들의 사고방식은 바꾸지 못한 것이다. 그들은 제조업자로 남았다. 그들은 '생각할 수 없는 것'은 생각해 내지 못했기 때문이다.

오티콘이 시장에서 경쟁자들에게 위협적인 이유는 무엇이라고 생각하나?
내가 오티콘의 현재 시장 전략을 말하기는 어렵다. 그러나 내가 오티콘에 있을 때는 다양한 요소들이 결합되어 경쟁력을 만들고 있었다. A) 제품의 기능보다는 가치에 집중했다. B) 우리가 해온 모든 것은 응집되어 있었다. C) 기술뿐만 아니라 사업적인 모든 요소에서 더 빠르고 고차원적인 수준의 혁신을 했다. D) 내부적으로 산업 전반에 대한 고도의 지식을 공유했고 E) 공유된 주인의식을 통한 직원들의 몰입도가 있었다. 정리해서 생각해 보면, 오티콘의 핵심 역량은 '경청-협력-공유-실행'이라고 할 수 있다. 즉 사람들이 일하는 방식과 그 사람들이 협력하는 방법에 있다. 거대 경쟁자에 비해 오티콘의 기술력이 월등하게 뛰어나지는 않다. 그러나 우리는 남들보다 더 창의적이고 고객 중심적인 제품을 만들 수 있는 문화를 가지고 있다. 주요 경쟁사들은 이런 기업 문화를 만드는 일에 항상 어려워했다. 결국은 사람이 전부였던 것이다.

당신은 오티콘에 많은 것을 남겼는데 오티콘에서 당신이 배운 것은 무엇인가?
나는 오티콘에서 너무나 많은 것을 배웠고, 상당 부분을 《세컨드 사이클》을 통해서 정리했다. 그 중 꼭 말하고 싶은 것은 오늘날 기업의 관리자들이 '기본 업무'라고 생각하는 것들의 상당수는 꽤 어리석은 행동이라는 것을 깨달았다는 점이다. (직원을 통제하고, 감시하는 등의) 그것들은 아마 20~50년 전에야 적절하고 의미 있는 행동일 것이다. 그러나 오늘날의 시장은 새로운 사고방식을 요구한다. 나는 오티콘을 통해서 비즈니스를 하기 위한 완전히 새로운 사고방식을 갖게 되었다. 그리고 그 사고방식을 더 많은 사람들과 공유하기 위해 헌신해 오고 있다.

당신의 저서 《세컨드 사이클》을 보았다. 당신 말대로 기업들은 성장기 이후에 침체기와 쇠퇴기를 겪으면서 시장에서 사라지는가 하면 다시 성장하는 세컨드 사이클을 걷기도 한다. 유럽과 달리 한국 기업의 역사는 짧다. 100년 된 기업은 손에 꼽히며 대기업도 50년을 넘은 기업이 많지 않다. 이들도 세컨드 사이클을 준비해야 할텐데 이들에게 조언을 한다면 무엇인가?
젊고 민첩한 기업들이라 하더라도 보통 10년에서 20년이면 관료화되고 현실에 안주하게 된다. 내 생각에 분명 한국의 상당수 기업들도 짧은 역사에도 불구하고 조직의 관료주의 때문에 괴로워하고 있을 것이다. 그들은 단지 제품을 파는 것이 아니라 고객들에게 유익한 차별화를 만드는 비즈니스를 하는 데로 초점을 옮겨야 할 필요가 있다. 누군가가 지난 100

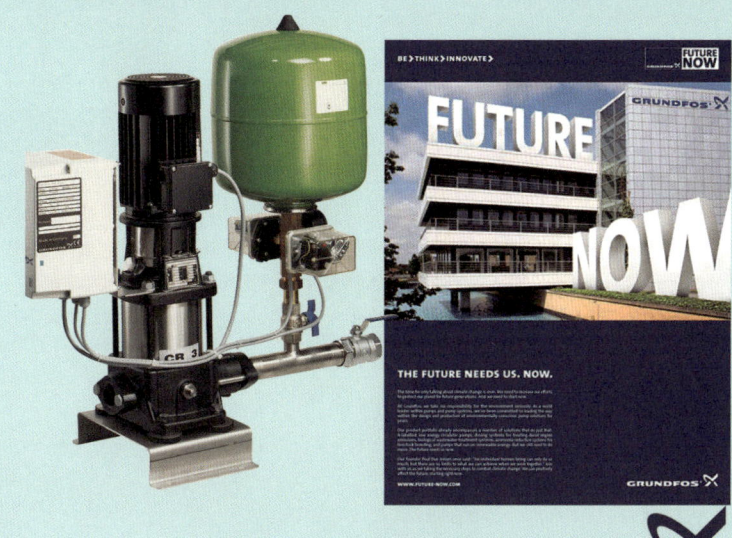

년 동안 한국의 경영에 대해 1,000페이지 분량의 책을 쓴다면, 당신은 그 책에 기록될 만큼 가치 있는 일을 했는가? 동료들과 똑같은 경영대학원을 다녔고, 똑같은 회의에 참석했으며, 똑같은 책을 읽고 있나? 그렇다면 당신이 전혀 다른 것을 창조해 내지 못하는 것은 당연하다. 이제는 사업의 모든 측면에 의미가 스며들어야 한다. 당신의 기업이나 조직이 사라진다면, 사회가 얼마나 아쉬워할까를 생각해 보라.

당신의 이력 중에 '수학자이자 경영자'라는 것이 눈길을 끈다. 당신이 수학자였기 때문에 기업의 혁신을 이루는 데 유리한 점이 있었나?
수학자로서 나는 어떤 종류의 복잡한 체계도 분석할 수 있도록 훈련되어 있다. 그러나 그것이 내가 가지고 있는 자질 중 가장 중요한 부분은 아니다. 더 중요한 자질, 즉 사람들을 리드하는 능력은 사실 보이스카우트 활동을 통해 단련되었다. 다른 사람과 함께 일하고 그들과 책임감을 나눠 갖는 훈련 말이다. 나에게 리더란 매니저와 매우 다른 것으로 여겨진다. 매니저는 분석하고, 계획하고, 통제한다. 그러나 리더는 멋진 팀을 창조해 낸다. 리더는 그들을 위해 다른 사람이 일하게 하지 않는다. 대신 그들이 그 팀을 위해서 일한다.

우리가 말하는 브랜드 전략은 브랜드의 철학을 전략화해서, 그 철학을 기준으로 브랜드가 하지 말아야 할 것을 하지 않는 것. 단기적 매출의 관점이 아니라 장기적으로 브랜드의 가치를 높이는 의사결정을 하는 것이다. 어떻게 생각하나?
나는 어떤 기업이 '목적' 없이 경영을 한다는 것이 잘 상상이 되지 않는다. 아니, 그럴 수 없다. 다시 말해 사회에 긍정적인 공헌을 만들어 내지 않는 사업은 있을 수 없다고 생각한다. 돈을 버는 것은 결코 비즈니스의 목적이 될 수 없다. '목적'이란 고객과 사회에 어떤 가치 있는 것을 하는 것이다. 먼저 당신은 정말 중요하고 실제로 유용한 것을 해야 한다. 그러면 매출이 따라올 것이고 결국 당신은 돈을 벌게 된다. 수익이란 올바른 일을 하고 그 것을 잘했을 때 얻어지는 것이지 결코 그 자체가 목적이 아니다.

당신은 무엇을 기준으로 '좋은 브랜드'와 '좋지 않은 브랜드'를 판단하나?
나는 좋은 브랜드는 뚜렷하고 강한 본질적 메시지를 전달한다고 생각한다. 펌프 사업을 예로 들면, 그런포스^{Grundfos}는 세계적으로 가장 강력한 브랜드다. 그들은 펌프를 팔지 않는다. 인류에 지구의 생명인 깨끗한 물을 제공한다. 그들은 효율성과 신뢰성, 그리고 지속가능성에 대한 독특한 메시지를 던진다. 그 산업에 속한 모든 사람들은 그런포스가 그들의 문제를 해결하기 위한 '최고의 가능한 장기적인 해결책'이라는 것을 안다. 얼마든지 더 싼 제품들이 많지만 장기적으로는 그런포스가 항상 승리한다.

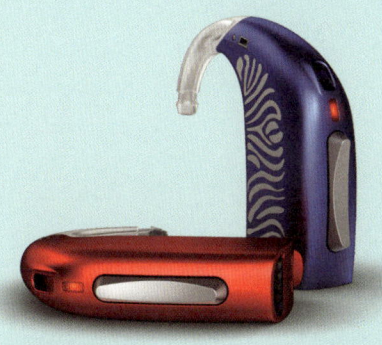

우리는 브랜드를 연구하는 사람들이다. 비즈니스에 대한 명확한 기준을 가지고 있는 당신의 '브랜드 전략'에 대한 정의가 궁금해진다.
나에게 브랜드 전략이란 비즈니스의 본질을 발견하는 능력이다. 즉 비즈니스가 고객과 사회를 위해서 어떤 종류의 가치를 더하고 있는지에 관한 것이다. 브랜드의 본질은 그 브랜드가 가장 위태롭고 어려운 상황에서 어떻게 비즈니스를 했느냐에 대한 이야기를 통해서 가장 잘 표현된다고 생각한다. UB

라스 콜린드 수학자이면서 경영자인 그는 Q Thought Leader Network의 회장과 세계 스카우트연맹의 부이사장으로 활동하고 있으며, 우루후스(AARHUS) 경영대학원의 외래교수이기도 하다. 덴마크 국립조사연구소 소장과 세계적인 과학기기 회사인 라디오미터사의 COO를 역임했으며, 1996년 덴마크 '올해의 인물'에 선정되었다.

브랜드 B자 배우기 5.

빅 브랜드가 된 〈빅이슈〉의 빅 이슈

존 버드 John Bird 는 1941년 영국 런던의 노팅힐에서 가난한 아일랜드계 부모님 밑에서 태어났다. 그는 5살에 노숙 생활을 시작했으며, 20대까지 그를 키운 건 고아원, 감옥, 그리고 길거리였다. 존 버드. 들어 본 것도 같고, 아닌 것도 같은 이 이름의 주인공은 〈빅이슈〉라는 잡지의 창립자다. 그런데 〈빅이슈〉는 또 무엇이란 말인가?

IDEA ESSAY

지금까지 5,000여 명의 노숙인의 자립을 돕고, 전 세계 30개국에서 판매되고 있는 〈빅이슈〉의 한국판 표지들

〈빅이슈〉는 1991년 존 버드가 바디샵의 창립자인 애니타 로딕의 남편, 고든 로딕과 함께 런칭한 잡지다. 이 잡지의 기사는 프로 저널리스트들에 의해서 쓰여지지만 판매 방식은 기존 잡지와 다르다. 거리, 지하철 등의 판매대나 서점을 통해서가 아니라 길거리에서 노숙인들이 직접 판매하여 그 판매 수입의 일부를 가져간다. 그 이유는 이 잡지가 '노숙인들의 자립'을 돕기 위해 만들어졌기 때문이다.

〈빅이슈〉는 이들의 판매 방식과 존재 목적 자체로 빅 이슈가 되었을 뿐만 아니라 사업적으로도 큰 성공을 이뤘다. 영국에서는 주간지로 발행되고 있으며 한 달에 65만권 정도가 팔려 지금까지 5,000여 명의 노숙인이 자립에 성공했고, 현재 전 세계 30개국에서 판매되고 있다. 그리고 얼마 전 〈빅이슈 코리아〉도 런칭했다.

그런데 브랜드의 B자와도 멀어 보이는 존 버드는 어떻게 이런 빅 브랜드를 만들 수 있었을까? 먼저 존 버드가 〈빅이슈〉를 만든 '다름'을 살펴보자. 노숙인들이 제대로 판매 할 수 있도록 행동강령을 만들어서 이것이 제대로 실행될 수 있는 환경을 만들고, 유명인사들에게 표지 모델이나 디자인, 글 등의 재능 기부를 받았으며, 전 세계로 뻗어 나가며 각 나라에 적합한 구조로 적응하는 등 구체적인 노력들이 적지 않다. 그러나 〈빅이슈〉의 근본적인 차별점을 보기 위해서는 런칭에서부터 지금까지의 모습을 아주 멀리서 바라보아야 한다.

바로 존 버드는 자기의 일생을 괴롭혀온 삶의 커다란 이슈big issue를 해결하기 위해서 잡지를 런칭했다는 것이다. 그는 자신과 같은 삶의 이슈를 가진 이들이 점점 늘어나고 있으며, 이것이 영국의 심각한 사회적 문제가 되고 있음을 알았다. 그 문제의식이 잡지의 형태의 비즈니스가 되고 빅머니를 가져다 주는 빅 브랜드가 되었다. 우리는 보통 브랜드를 런칭하겠다, 혹은 사업을 시작하겠다고 하면 '어떤 아이템'을 팔 것인지 먼저 고민한다. 카페를 할지, 레스토랑을 할지, 혁신적인 제품을 개발해서 특허를 낼지, 한국에 아직 들어오지 않은 좋은 제품을 수입해서 유통을 할지 말이다. 그러나 존 버드는 '무엇'을 팔지가 아니라 '왜' 사업을 해야 할지를 먼저 생각했다. 잡지 판매가 아닌 '노숙인들이 자립할 수 있도록, 빵을 줄 것이 아니라 빵을 만드는 법을 알려주자'라는 이슈를 먼저 찾아냈다.

> 브랜드를 런칭할 계획이 있나? 그렇다면 당신 주변의 빅 이슈를 먼저 찾아보라. 가장 쉬운 방법은 '물건'보다 '사람'을 보는 것이다.

존 버드만 그랬을까? 요즘 압구정, 명동, 홍대 할 것 없이 거리에서 가장 많이 보이는 신발 브랜드 중 하나인 탐스슈즈를 런칭한 블레이크 마이코스키도 같은 말을 했다. "모든 사람들에게 신발이 있어서 신발이 필요 없어지면, 탐스슈즈의 사업이 끝나는 것이 아니다. 그때 그들에게 필요한 것을 주면 된다. 문맹을 해결할 수 있도록 교과서와 같은 책을 만들어 줄 수도 있다. 세상을 돕는 방법은 신발을 주는 것 외에도 많다." 블레이크에게도 '신발' 자체가 중요한 것이 아니라 그것으로 '세상을 돕는다'는 이유가 중요했다.

브랜드를 런칭할 계획이 있나? 그렇다면 당신 주변의 빅 이슈를 먼저 찾아보라. 가장 쉬운 방법은 '물건'보다 '사람'을 보는 것이다. '어떤 물건을 더 많은 사람들이 살까'가 아니라, '저 사람들의 빅 이슈는 무엇이고 나는 그것을 어떻게 해결해 줄 수 있을까'를 고민하는 것이다. 그것이 당신 브랜드의 철학이 되고, 그것을 구현해내는 방법들을 전략이라고 말할 수 있을 것이다. UB

철학의 전략화 CASE 2

"싸워서 이기는 것은 최상의 용병(用兵)이 아니다. 싸우지 않고 적을 굴복시키는 것이 최상이다." 어느 때보다 어지러웠던 춘추전국시대에 아직도 훌륭하다 일컬어지는 병서를 남긴 손자는 싸우지 않고 적을 이기는 것이 최상의 용병술임을 알고 있었던 훌륭한 전략가이자 철학가였다. 그를 '철학가'라 부를 수 있는 것도 제로섬 게임이 아닌 상생^{WIN-WIN}하고자 하는 그의 철학이 손자병법 전체에 묻어나기 때문이다. 진글라이더, 아이레보, 제너럴닥터와 스쿨푸드는 모두 브랜드 선언을 하여 춘추전국시대 같은 오늘날 한국의 시장에서 저마다 싸우지 않고 승리하는 비법을 찾아냈다. 이를 살펴본 뒤 '철학의 결정판 전략, 전략의 완결판 철학'을 읽으며 당신만의 브랜드 철학을 전략화^{strategization}해 보자.

70 진글라이더의 전설이 되는 스토리 전략

82 웰다잉 전략의 문을 열다, 아이레보

94 제너럴닥터의 퍼즐 맞추기 전략

106 자신의 '본능'을 조직의 '지능'으로, 자신의 '철학'을 조직의 '전략'으로, 스쿨푸드

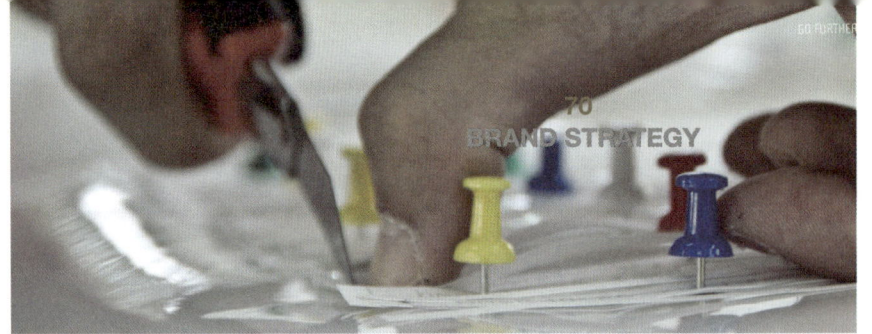

GIN GLIDERS

불량률 0%, 완벽도 100%로 진화한 브랜드

진글라이더의
전설이 되는 스토리 전략

The interview with 진글라이더 대표 송진석

'당대의 이야기꾼!'이라는 수식어는 주로 소설가나 영화감독에게 주는 찬사다. 그러나 이 시대에 이 수식어를 특히 욕심내야 할 사람이 있다면, 바로 브랜드 매니저들이다. 스토리텔링은 이제 브랜딩의 잉여이론처럼 느껴지기도 하지만 사실 이것을 제대로 활용하고 있는 브랜드는 많지 않다. 진글라이더는 패러글라이딩 업계의 신화적, 전설적 브랜드로 유명하다. 이들이 만든 전설적인 스토리를 들추어 봄으로써, 당신 브랜드의 브랜드 매니저, 즉 이야기꾼들이 알아 두어야 할 몇 가지를 짚어 본다. 진글라이더의 스토리텔링 전략은 '결과적'이지만, '전략적'으로 스토리텔링을 활용하려는 브랜드들에게 충언을 해줄 만한 원료들을 가지고 있기 때문이다.

전설이 될 만한 이야기의 시작, 당신 브랜드의 부고 기사를 써 보라

하루하루 지날수록 우리는 차츰차츰 사망 기사에 더 많은 시간을 할애하기 시작했다. 그는 내게 어떤 기사들은 두세 번 읽게 했고 사망자가 별로 없는 날에는 페이지 하단에 조그만 활자로 인쇄된 유료 게재 부고(訃告)들을 읽어 달라고 했다. (중략)
"내 사망 기사. 우리는 이제 같이 그걸 작성하기 시작해야 돼."
"누가 자기 자신의 사망 기사를 쓴다는 말은 들어 본 적이 없습니다. 그건 다른 사람들이 쓰게 되어 있는 거잖습니까. 어르신이 돌아가신 뒤에요."
"생전의 경력이 남아 있다면 그렇겠지. 하지만 아무것도 없다면 어떻게 되지?"

탁월한 이야기꾼 중 한 사람으로 꼽히는 현대 미국 문학의 대표 작가이자 영화감독인 폴 오스터의 《달의 궁전》 중 일부다. 서사가 사라졌다고 개탄하는 현대 문학계지만 폴 오스터의 소설들은 10장 뒤의 스토리가 예측불허일 만큼 실화 같은 거짓들을 늘어놓는다. 폴 오스터는 이야기를 잘 지어 낼 뿐만 아니라 스토리에 대한 분명한 철학도 가지고 있는데, 그는 "스토리는 모든 운명의 증언"이라는 생각을 밝힌 바 있다. 또한 "스토리를 만들고 전달하는 것이야말로 우리가 세상을 이해하고 우리의 삶에 의미를 만들어 낼 수 있는 유일한 방법"이라고 했다. 스토리에 대한 폴 오스터의 생각을 브랜드에 적용해보면 어떨까? 브랜드 스토리도 운명에 대한 증언이자 브랜드의 존재 의미를 만드는 유일한 방법이라고 말이다. 또한 위 소설의 주인공처럼 당신(이 브랜드 매니저라면)의 역할이 브랜드의 부고 기사를 준비하는 사람이라고까지 생각해 보자. 이야기를 '운명'과 '삶의 의미'에 비유한 그가 위 소설에서 주인공을 '부고(訃告, 사람의 죽음을 알리는 글) 기사를 쓰는 아르바이트생'으로 설정한 것도 우연은 아닐 것이다.

실제로 부고 테스트는 브랜드가 제 길을 걷고 있는지 확인하기 위하여 추천되는 방법 중 하나다. 방법은 이렇다. 다음의 질문을 기준으로 자기 브랜드가 죽었다고 가정하고 이 소식을 알리는 하나의 글(스토리)을 쓰는 것이다.

- 고객이 우리 브랜드의 부고 기사를 작성한다면 어떤 내용일까?
- 경쟁사가 우리 브랜드의 부고 기사를 작성한다면 어떤 내용일까?
- 우리 브랜드가 사라진다면 세상은 어떻게 바뀔 것인가?
- 내일 우리 브랜드가 문을 닫으면 누가, 왜 우리를 그리워할까?
- 그래서, 그 이야기는 구전될 만하다고 생각하는가?

이제 당신 브랜드의 부고 기사를 다음 다섯 줄에 써 보자.

_____
_____
_____
_____
_____

BRAND STRATEGY

다섯 줄이 모자란 브랜드도 있을 테고, 다섯 줄을 채우기 어려운 브랜드도 있을 것이다. 앞으로 소개할 브랜드 *진글라이더는 다섯 줄이 모자란 브랜드다. 이미 너무나 많은 스토리를 가지고 있고, 이 브랜드가 사라진다면 한국의 패러글라이더 산업은 존폐 위기를 맞을지도 모르며 전 세계 패러글라이딩 마니아와 패러글라이더 산업의 경쟁사들이 애도를 표할 것이기 때문이다. 지금의 성장세로는 그럴 리 없겠지만, 진글라이더가 죽는다고 생각하고 가상의 부고 기사를 써 본다면 이렇다.

전설적인 패러글라이더이자 패러글라이더 디자이너 송진석이 이끌던 진글라이더가 역사 속에 남게 되었다. 곧 박물관에서나 볼 수 있을 진글라이더의 기체를 하나라도 더 확보하기 위한 소비자들이 전 세계에서 찾아와 용인 본사는 인산인해를 이루었다. 몸에 진글라이더 로고를 문신한 한 프랑스인 마니아는 자신의 블로그를 통해 "유럽 중심의 패러글라이더 시장에 혜성처럼 등장해 이 시장을 석권하고 13년간 업계를 리딩해 온 대한민국의 진글라이더, 그리고 전 세계 패러글라이더들에게 수많은 우승을 안겨 준 그들이 만든 완벽한 기체인 부메랑에게 애도를 표하며, 4급 장애 판정을 받은 불편한 몸에도 불구하고 더 완벽한 기체를 만들기 위해 33년간 함께 하늘을 날았던 송진석의 열정을 잊지 않겠다"고 밝혔다.

***진글라이더**

진글라이더는 1998년 불모지와 같은 한국의 패러글라이더 시장을 열며 동시에 세계로 진출한 국내 브랜드다. 2009년 기준 매출 130억 원으로 세계 시장 점유율 30%를 차지하고 있으며, 전체 매출의 90%가 수출되고 있다. 동시에 이들의 팩토리팀(브랜드 내부 패러글라이딩 팀)은 1999년부터 2002년까지 세계 패러글라이딩 선수권대회 4연패를 달성하는 등 수많은 대회에서 우승을 차지하며 한국을 패러글라이더 강국으로 만드는 데 앞장섰다.

현재 33명의 다국적 직원과 함께 용인에 사옥을 두고 전 세계 50개국 87개의 딜러 망을 운영 중이다. 이들이 만든 기체(機體, 패러글라이더의 몸체)인 진글라이더의 주 제품인 '부메랑' '볼레로' '예티' 등은 가장 안전한 패러글라이더로 통하며 마니아들에게 사랑받고 있다.

그런데, 진글라이더는 어떻게 전설이 되었나?

패러글라이더는 처음에 산악인들이 더 빨리 안전하게 하산하기 위해 개발된 제품이었다. 첫 등장은 1984년이었으며, 유명해진 것도 1988년 프랑스의 산악인 장 마르크 브와뱅이 히말라야의 최고봉 에베레스트에서 하산 때 사용하면서부터다. 따라서 시장의 역사도 길지 않으며, 시장의 중심도 비탈진 산악지대가 많은 유럽이다. 유럽에서 레저 스포츠로 한창 각광을 받으며 시장이 성장할 당시 한국은 패러글라이더의 OEM 생산을 맡곤 했다.

이런 상황에서 유럽 사람들에게 진글라이더는 그야말로 듣지도 보지도 못한 브랜드였지만, 등장한 첫해에 세계 월드컵 대회에서 진글라이더에서 만든 부메랑이라는 이름의 기체로 출전한 일본인 선수가 우승을 하자, 전 세계의 이목이 집중된다. 다음해 세계 선수권 대회에서 130명 중 무려 40명이 진글라이더의 부메랑으로 경기에 참여했으며, 어떤 해에는 1~20위까지 중 90%가 진글라이더를 사용하기도 했다. 이런 급격한 변화의 이유를 단지 1998년의 동양(동양인과 동양 기체)의 최초 우승에서 찾을 수 있을까? 그렇지 않다. 그 답은 여전히 진글라이더를 이야기할 때 빠지지 않는 '전설적인 인물 송진석'과 '불량률 0%'에 있다.

전 세계의 언론을 통해 소개된 진글라이더의 전설적인 브랜드 스토리

하늘에서 사는 사람, 송진석

송진석이라는 사람이 있었다. 그는 어려서부터 연날리기를 좋아했다. 누구보다 높이 날리다 보니 연이 끊어져 하늘로 사라져 버리기 부지기수였다. 조선공학과 학생으로 대학에 입학한 그는 우연히 행글라이더 비행 기사를 보게 되고 행글라이더를 타야겠다고 생각하지만 하늘은 그가 이카루스라도 되는 양 그를 쉽게 허락하지 않았다. 동아리에서 행글라이더를 타다가 그만 큰 사고를 당해 얼굴 뼈가 으스러진 것이다.

이를 보고 대성통곡하며 다시는 행글라이더 근처에도 가지 말라는 어머니와 달리, 아버지는 당시로서는 거금인 15만 원을 선뜻 건네며 "좋지 않은 기체를 탔던 모양이다. 제대로 만들어서 안전하게 타라"고 하셨다. 이런 아버지의 말씀이 없었다면 지금의 진글라이더는 없었을지도 모른다. 이후 중공업 회사에 다니면서도 하늘을 계속 날던 그는 어느 날 회사를 그만두고 무작정 독일로 떠난다. 패러글라이더 강국에서 패러글라이더를 제대로 알고 싶었기 때문이다. 패러글라이더를 만드는 공장에서 아르바이트를 하며 그들의 기술을 배우고 유럽의 각종 패러글라이딩 대회에 참가한다. 그때부터 그는 진GIN이라 불리는 유명인사였다.

이후 그는 한국으로 돌아와 한 패러글라이더 생산업체에서 디자이너로 활동한다. 그때도 GIN이라는 이름은 신뢰할 수 있는 디자이너로 통했다. 그러다 IMF 외환위기 때 회사가 도산하자 당장 길거리에 나앉게 된 그를 찾아온 사람이 있었으니, 바로 일본 국가대표팀 감독이다. GIN을 믿고 맡길 테니 좋은 기체를 만들어 달라는 말에 그는 마지막이라는 생각으로 혼신의 힘을 다해 만들었고, 그 팀은 우승을 거둔다. 이후 송진석이 회사를 만들면 투자하겠다는 사람들이 삼삼오오 모여 1998년 진글라이더라는 법인이 세워진다. 20년 동안 하늘에 매달려 있던 시간이 결실을 맺은 것이다. 그 누구보다 많은 비행을 해 본 사람, 그 누구보다 많은 기류에서의 경험을 가지고 있는 이 사람이 이끄는 진글라이더는 지금도 고공행진 중이다.

그렇다면 이 회사, 매출은 어떨까? 매출이 인격이라면 이 브랜드는 매우 성실한 브랜드라고 할 수 있다. 한 브랜드가 이렇게 꾸준히 성장하는 것도 쉽지 않을 것이다. 그러나 이런 성장은 위와 같은 런칭 이전에 20년 동안 쌓인 스토리의

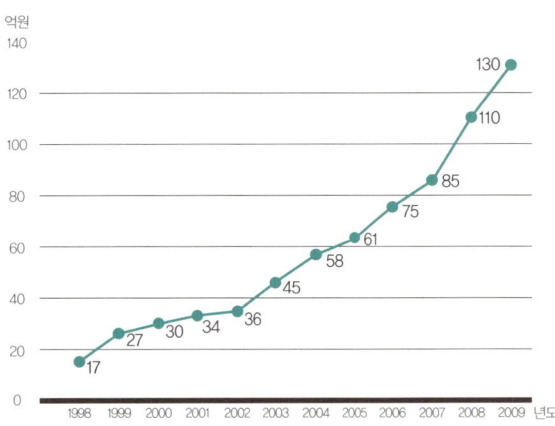

〈그림 1〉 창립 이후 진글라이더의 매출 추이

힘이 컸다. 20세기의 지성, 발터 벤야민^{Walter Benjamin}도 말했듯 "이야기는 (정보와 달리) 자신을 소모하지 않는다. 이야기는 내부에 자신을 모아 간직하고 있으며, 오랜 시간이 지난 뒤에 펼쳐지는 능력을 가지고 있다". 그의 말대로 런칭 이전의 이야기들은 송진석의 내부 어딘가에 모아져 있다가 오랜 시간이 지난 뒤에 진글라이더라는 브랜드가 되어 그 잠재 에너지를 펼쳐 놓은 것이다. 이렇게 '진글라이더=송진석'이라는 등호 관계가 설정된 상태에서 런칭을 했기 때문에 진글라이더는 '휴먼브랜드의 레버리지 효과'를 얻을 수 있었다.

그럼에도 불구하고 진글라이더는 거대한 산을 하나 넘어야 했다. 바로 'Made in Korea'에 대한 편견이었다.

송진석이라 말] 유럽에서 배낭여행을 하고 현장에서 일을 하며 지낼 때 느낀 것이 있다. 유럽 사람들은 한국이라는 나라가 어디에 있는지도 몰라서 나를 이름도 성도 없는 조그만 나라의 한 선수라고 생각했다. 그 충격에 자격지심이었는지 서러움 아닌 서러움도 겪으며 그들보다 더 잘해야겠다고 생각했다. 내가 만든 물건을 가지고 세계를 제패해 보고 싶다는 생각도 했다. 내가 좋아하고 잘하는 것이기 때문에 승부를 걸 만하다고 생각했고, 도저히 질 수 없었다. 다행히 초창기에는 만들면 팔렸다. 영업이나 마케팅 인력이 없었는데도 어떻게들 알고 GIN에 새 모델이 나왔다고 하면 타 보지도 않고 돈부터 싸들고 왔다. 그렇지만 본격적으로 딜러 망을 확대할 때는 시장에서 냉대를 받았다. 이유는 Made in Korea라는 이유 하나였다.

품질을 인정받았음에도 불구하고 Made in Korea라는 이유만으로 가격을 낮추라는 요구를 하는 딜러사들과 타협하지 않으며, OEM 생산을 거절한 그의 생각에는 "도저히 질 수 없었다"라는 오기가 있었을 것이다. 결국 시장도 Made in Korea보다 Made by GIN을 보고 진글라이더를 인정했다.

진글라이더의 경쟁자는 '바람'

진글라이더라는 브랜드를 찾게 된 것은 지인을 통해 들은 하나의 이야기가 흥미를 끌었기 때문이다. 진글라이더를 다룬 다큐멘터리를 본 지인은 진글라이더를 이런 이야기로 소개했다. "그것 알아? 진글라이더라는 특이한 패러글라이더 회사가 있는데, 이 브랜드가 불량률 0%를 이루기 위해 어떻게 할 것 같아? 직원들이 직접 뛰어내리는 거야. 자기가 만들어서 자기가 테스트하니까 불량률이 0%래."

이 이야기를 듣고 진글라이더에 취재 요청을 했지만 대외

홍보팀도, 마케팅팀도 따로 없는 이 브랜드의 리더를 섭외하기는 도무지 쉽지 않았다. 1년의 반은 대회 참가나 출장으로 해외에 나가 있으며, 국내에 있다 하더라도 출근 후에 날씨만 좋으면 근처 산에 올라 테스트 비행을 하기 때문에 통화조차 어려웠다. 그래서 거의 6개월 만에 섭외에 성공한 후 진글라이더를 찾았을 때, 위 이야기의 진실을 알 수 있었다. 해석이 들어가면서 조금 더 극화되었지만, 사실이었다. 그리고 이 목숨을 건 '테스트'가 진글라이더의 진짜 성공 이유이자, 송진석이라는 인물의 전설을 넘어 브랜드 자체의 전설을 만들고 있었다.

불량률 0%에 도전하기 위해, 만든 사람이 직접 뛰어내리게 한다고 들었다. 사실인가?
송 그렇다고도 할 수 있다. 직접 만든 사람이 테스트를 하니까 말이다. 그러나 0%를 기록하기 위해 만든 사람을 일부러 뛰어내리게 하는 것은 아니다. 이것은 우리 개발팀의 기준을 이야기하는 것이다. 상품을 완성시키는 과정에서 테스트 기간이 다른 회사에 비해서 길다. 다른 회사들은 '하늘을 날면 우선 팔고, 문제점은 시장의 반응을 보고 보완하자'는 생각을 하기 쉬운데, 우리는 지구 끝까지라도 가서 테스트를 한 후에 문제가 없을 때 시장에 내놓는다. 북방의 거센 바람이 불어닥치는 몽골 초원이든 남태평양의 더운 바람을 안은 하와이의 바다든 눈바람이 몰아치는 프랑스 알프스 산맥이든 상관없다. 거의 모든 기류에서 실험을 해야 한다.

하나의 기체가 완성되기까지 몇 번의 테스트를 하는가?
송 굉장히 많이 하는데 제품이 완성된 후 보통 1년에서 1년 반을 테스트만 한다. 거의 매일이 실험이라고 보면 된다. 볼레로를 개발할 때는 6,000시간 정도 테스트 비행을 한 것 같다. 내가 생각해도 조금 미련하다. 하지만 직접 타 봐야 고객의 마음을 알 수 있다. 그래서 우리 직원의 80% 정도는 패러글라이딩을 즐긴다.

왜 그렇게 미련하게 하는 것인가? 완벽의 끝은 없지 않나. 그것을 향해 나아가다 보면 포기해야 하는 것도 많을 텐데 그러면서까지 완벽성을 추구하는 이유는 무엇인가?
송 GIN이 브랜드로 세상에 알려지기 전에 했던 생각이 '정말 잘해야 한다'는 것이었다. 열심히 하는 것과 잘하는 것은 차이가 많다. 패러글라이더는 기호 상품이다. 게다가 생명과 직결된 상품이다. 그래서 내가 만족할 수 있는 제품을 만들어야 한다고 생각했다. 나는 지금도 내가 비행을 해서 마음에 들지 않으면 공장이 멈추는 한이 있더라도 물건을 시장에 내놓지 않는다. 그렇다 보니 직원들 불

불량률 0%에 도전하는 진글라이더는 거의 모든 기류에서 테스트를 하기 위해 지구 끝까지라도 찾아간다.

만도 많다. 마케팅적으로는 맞지 않는 생각이다. 그러나 난 여전히 그건 못 하겠다. 이렇게 테스트를 하는 건, 완벽하기 위해서라기보다는 내 양심과 거래를 하지 않겠다는 것이다. 그리고 처음부터 'GIN은 완벽을 추구한다'는 이미지로 전 세계 시장에 알려졌기 때문에 그것이 우리를 묶어 두기도 한다. 힘들지만 사람들을 속이는 일만큼은 절대로 하지 말아야 한다고 생각한다.

이들의 '불량률 0%'의 신화는 진글라이더 사람들의 완벽성을 상징하는 말이었다. 테스트를 위해서 NASA에 실험을 의뢰하기도 하고(비록 거절 메시지를 받았지만), 통풍실험을 위해 공군사관학교와 함께 실험을 하는가 하면, 완만한 산악 지형에 활공장을 갖춘 즉, 테스트하기에 좋은 환경을 가진 용인에 사옥을 지었다.

진글라이더는 송진석이라는 휴먼브랜드의 레버리지 효과 외에도 제품의 1차적 목적(품질)을 만족시켰기 때문에, 세계 시장에서 선수들에게 선호되고, 또 이것이 대회에서 우승을 가져오게 되면서 자연스러운 마케팅 효과를 얻었다. 그리고 이들의 테스트 과정 자체는 스토리가 되어 전 세계로 퍼져 나간다. 그러나 진글라이더를 최고의 브랜드로 이끈 '테스트'는 송 대표가 진글라이더를 '포기'하고 싶은 이유이기도 했다. 패러글라이더를 하는 사람들 사이에서 송 대표는 '네버기브업(never give up, 포기하지 않는 자)'이라고 불릴 정도로 집념의 사나이지만 테스트 파일럿이던 동료가 테스트를 하다 죽음에 이르렀을 때는 이것을 계속해야 하나 하는 고민에 빠지기도 했다. 하지만 포기하면 모든 것이 수포로 돌아간다는 생각이 그를 붙잡았다고 한다.

이렇게 (결과적으로) 전설이 된 브랜드, 진글라이더의 이야기에서 이들의 전설적 스토리가 전략화된 세 가지 요인을 찾을 수 있었다.

전설적 스토리 전략 1.
'이야기의 전략화'에 충언하고, '감성의 상업화'에 경고한다

진글라이더의 13년, 송진석의 33년간 스토리에는 칠전팔기와 같은 단어를 떠올리게 할 만큼 우여곡절이 많다. 그런데 여기에서 스토리를 활용하는 브랜드 전략의 요소들을 발견할 수 있다.

스토리텔링이 브랜드 전략으로 상당한 주목을 받고 있지만 그것을 어떻게 활용할지에 대한 방법론은 많지 않다. 그중 덴마크의 스토리텔링 전문가들이 쓴 《스토리텔링의 기술(멘토르, 2008)》은 구체적인 방법을 제안하고 있는데, 스토리는 다음 네 가지 핵심 요소를 가지고 있어야 한단다. 그것은 등장인물, 갈등, 메시지, 플롯이다.

이를 진글라이더에 대입해 보면 진글라이더의 거의 모든 이야기에는 이 네 가지가 포함되어 있다는 것을 알 수 있다. 대표적으로 송 대표의 개인사는 한 명의 영웅 이야기(한 영웅이 목표 달성을 이루는 과정에서 적대 세력을 만나지만 그럼에도 불구하고 조력자의 도움으로 성취한다)를 보는 것 같으며, 진글라이더의 테스트 이야기는 '진글라이더 사람들(등장인물)이 자신들의 완벽을 추구하는 철학을 위하여(메시지) 갖은 고생도 마다 않고, 같은 품질에도 한국 제품이기 때문에 가격을 내려달라는 요구를 받는 등 설움(갈등)도 겪어야 했지만 그럼에도 불구하고 포기하지 않고 브랜드를 지킨 결과 지금 오존^{Ozone}이나 어드밴스^{Advance}와 같은 세계 최고의 브랜드와 어깨를 나란히 하고 있다'는 스토리(플롯)로 완성된다.

이것은 송 대표의 사건 사고나 독일 생활 시절, 부메랑이나 볼레로의 개발 당시와 같은 작은 에피소드들에도 해당된다. 기본적으로 브랜드가 지향하는 바(메시지)가 뚜렷하

며, 패러글라이딩 약소국이라는 단점을 가지고 있고(갈등), 그럼에도 불구하고 그것을 해결하려는 의지가 강한 진글라이더 사람들(등장인물)이 있기 때문에 어떤 상황에서도 하나의 플롯이 완성된다. 진글라이더의 스토리는 일부러 개발한 것도 아닐뿐더러 의도적으로 알린 적도 없다. 이미 스토리의 기본 요소가 탄탄히 갖춰진 상태에서 '한국 중소 기업 브랜드가 세계에서 명품으로 통하고 있다'는 사실이 알려지면서 방송사의 요청에 의해 몇 차례 다큐멘터리가 만들어졌고, 이를 통해 자연스레 진글라이더의 스토리가 퍼져 나가게 되었다.

하지만 스토리를 개발할 때 염두에 두어야 할 중요한 요소인 '갈등의 해소'라는 부분이 없었다면, 진글라이더가 몇 차 다큐멘터리로 이렇게까지 알려지기는 어려웠을 것이다. 브랜드 스토리에서 가장 중요한 요소가 갈등의 해소이기 때문이다. 인간은 본능적으로 삶에서 조화와 균형을 추구하기에 조화로움이 깨지면 이를 회복하기 위해 최선을 다한다. 따라서 스토리는 갈등이 모두 해소되는 과정에서 일련의 변화를 통해 생명력을 갖게 되고, 그 스토리를 듣는 이나 보는 이를 흡입시킨다. "한국 브랜드의 설움을 겪고 세계에서 명품으로 통하게 됐다" "동료의 죽음을 겪으며 그 두려움을 다시 하늘에서 해소했다"와 같은 갈등 해소의 스토리는 어떤 이야기보다 강한 인상을 남기고, 강한 구전 효과를 만들어 낸다. 하지만 브랜드 스토리를 개발하려는 브랜드 매니저들이 주의할 점은 의도적인 스토리텔링은 오히려 브랜드에 악영향을 미친다는 것이다. 《드림 소사이어티》에서 일찍이 스토리의 중요성을 강조한 롤프 옌센이 당부한 것도 "스토리를 지어 내지 말고 채굴(발견)하라"였다. 즉 가지고 있는 브랜드 스토리가 풍성하지 않다고 만들어 낼 것이 아니라, 모든 브랜드는 분명 멋진 스토리를 가지고 있으니 그것을 발견해 내는 능력이 필요하다는 것이다. 만약 아무리 고민해도 위 네 가지 요소를 만족시키는, 즉 발굴할 만한 브랜드 스토리가 없어서 만들 수밖에 없었다고 말하는 브랜드 매니저가 있다면 이렇게 말하고 싶다.

"당신 브랜드는 단 한 번이라도 브랜드를 지키기 위해 직원들이 열정을 다한 적이 없는가? 누군가가 희생하거나, 브랜드의 방향과 맞지 않은 일과 타협하지 않은 적은 없는가? 전혀 기억이 나지 않는다면, 브랜드 스토리를 발굴하기 전에 브랜드를 먼저 만들라."

> 가지고 있는 브랜드 스토리가 풍성하지 않다고 만들어 낼 것이 아니라, 모든 브랜드는 분명 멋진 스토리를 가지고 있으니 그것을 발견해 내는 능력이 필요하다는 것이다.

〈그림 2〉 스토리의 4가지 핵심 요소

문화를 만드는 브랜드가 되기 위해 진글라이더가 개발한 스포츠, 스키와 패러글라이딩을 동시에 즐길 수 있는 스카이 플라잉

전설적 스토리 전략 2.
결국 브랜드의 전설을 알리는 사람은 당신이 아니라 소비자다

좋은 브랜드 스토리를 발굴해서 잘 다듬었다고 하자. 그렇다면 이제 그것을 어떻게 알릴 것인가? 《전설이 되는 브랜드 만들기》의 저자 로렌스 빈센트의 조언은 평범한 브랜드와 전설적인 브랜드의 차이는 브랜드의 설화(스토리)를 얼마나 '활성화시키느냐'에 있다고 한다. 진글라이더의 스토리가 결과적으로 활성화된 모습을 통해 역으로 활성화 방법을 추론해 보자.

로렌스 빈센트는 브랜드의 스토리는 〈그림 3〉에서처럼 신화 체계를 통해 힘을 일으킨다. 즉 활성화된다고 말한다. 어떠한 이야기의 매개체는 특정 세계관과 신념을 상징하는데 이것은 하나의 '이야기(설화)'로 구체화된다. 그리고 이 순환은 대부분 문화에서 비롯된다. 브랜드 역시 브랜드의 스토리는 브랜드의 세계관과 신념을 보여 주며 이것을 제품이라는 매개체로 보여 주는 경우가 대부분이다. 또한 이것이 문화에서 비롯될 때 활성화되어 강력한 스토리로 전파된다.

송 대표가 인터뷰 중 '비행' 다음으로 가장 많이 한 말 역시 '문화'였다. 그는, 진글라이더는 궁극적으로 제품을 파는 것이 아니라, 할리데이비슨이나 애플과 같이 문화를 만드는 브랜드가 되고 싶다고 말했다.

"문화를 알지 못하고서는 사업을 할 수 없다"는 말을 했다. 어떤 의미인지 설명해 주겠나?

송 그것은 우리가 가고자 하는 방향이다. 문화라는 말이 굉장히 광범위하지만 우리는 하늘을 나는 사람들의 문화, 항공 스포츠 문화를 만드는 브랜드가 되고 싶다. 그래서 패러글라이딩 이외에도 하늘을 나는 문화가 될 수 있는 것들을 만들고 있다. 스카이플라잉이라고 해서 스키를 타며 패러글라이딩을 타고 내려오는 것도 최초로 개발했다. 아직 스키장의 여건이나 허가 등의 문제로 대중화되지는 못했지만 즐거운 것은 패러글라이더로 할 수 있는 것이 무한하다는 것이다. 스티브 잡스는 아이폰을 만들어서 문화를 만드는 것에 성공했지만, 난 아직 성공하지는 못했다. 그러나 계속 시도할 것이다. 사람들은 누구나 하늘을 날고 싶어 하고, 우리는 그 매개체를 만들 수 있으니 사람들이 날 수 있는 것들을 디자인해서 문화를 만드는 것이 우리의 목적이다.

그것을 증명할 만한 사례가 더 있나? 누구라도 진글라이더는 정말 문화를 만들기 위해 노력하는 브랜드라는 것을 알 만한 사례 말이다.

송 이것이 적절한 대답일지는 모르겠지만 요즘 내가 발견한 기이한 현상 중 하나는 진글라이더를 타는 사람들은 몸에 GIN의 로고를

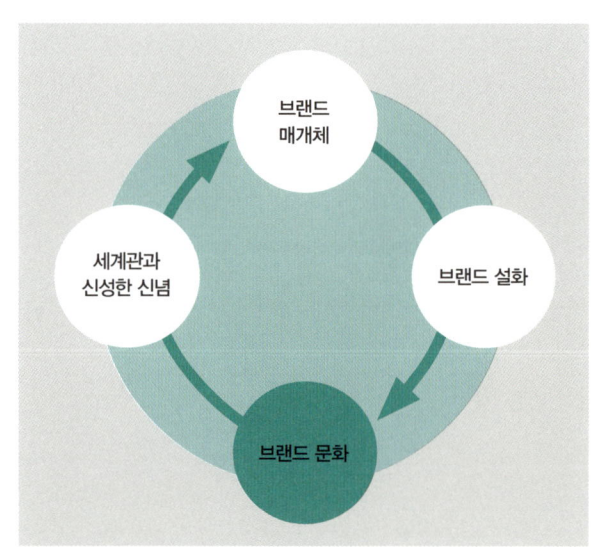

〈그림 3〉 브랜드의 스토리를 활성화시키는 체계

전 세계의 진글라이더를 타고 세계 대회에서 우승을 거머쥔 세계 각국의 패러글라이더들

문신한다는 것이다. 패러글라이딩을 하다 보면 극한의 상황에 다다르기도 한다. 그럴 때 GIN의 기체가 그들을 보호해 준다. 우리는 그것을 '하늘이 용서해준다'고 표현하는데, 좋은 기체는 이상 기류에서도 가만히 앉아 있으면 기체가 그 기류를 빠져나가게 설계되어 있다. 이것을 경험해 본 사람들은 몸에 문신을 하고, 나를 만나면 굉장히 좋아한다.

진글라이더는 새로운 문화를 직접 만들고(스카이 플라잉), 문화 의례 중 하나인 '나는' 것과 관련된 각종 대회를 후원하며, 그 대회에 참가하여 자신의 존재를 알린다. 또한 패러글라이더를 운송 수단화하는 스카이카를 개발하는 등 완전히 새로운 시도를 하는가 하면, 패러글라이딩의 대중화를 도모하기도 한다. 여름에 해양 스포츠가 있고 겨울에 스키와 스노우보드가 있다면 봄·가을에는 패러글라이딩이 항공 레저 문화로 자리 잡기 위해 전문가 수준의 교육을 받지 않더라도 몇 시간의 교육을 받고 안전하게 비행을 즐길 수 있는 기반을 마련하는 것이다.

그 결과 진글라이더의 고객들은 팬을 자처하며 몸에 문신

전 세계의 진글라이더 마니아들이 보내온 역동적인 패러글라이딩 동영상

을 하고 진을 적극적으로 알린다. 브랜드가 자신의 신념을 보여 주는 매개체(제품)를 만들어 주고 그것을 즐길 수 있는 문화를 제공해 주자, 이것에 동참하는 소비자들이 그 브랜드와 브랜드의 이야기를 활성화시키고 있는 것이다. 필자가 지인에게 들은 '그' 이야기도 소비자가 활성화해준 이야기 중 하나다. 때로 소비자는 원래 이야기에 자신이 받은 인상적인 감동을 섞어 이야기를 재창조해 주기도 한다. 이렇게 불어나는 이야기는 어느새 전설이 된다.

진글라이더 홈페이지의 게시판을 보면 소비자들에 의해서 이야기가 구체적으로 어떻게 활성화되고 있는지 확인할 수 있다. 어떤 이는 진글라이더를 위해 작곡한 음악을 올려놓았으며, 한 소비자는 자신이 진글라이더의 패러글라이딩과 스피드플라잉을 즐기는 영상을 보내 왔다. 공중에서 어렵게 촬영한 영상에 음악까지 편집해서 하나의 작품으로 만들어 보내는 것은 안전을 걱정하지 않고 온전히 비행을 즐길 수 있게 해준 이 브랜드에 대한 감사의 의미일 것이다. 심지어 진글라이더에서 일하고 싶다며 무작정 찾아오는 프랑스, 스위스, 일본의 소비자들은 브랜드의 전설을 알리는 데 그치지 않고, 그 전설에 동참하고 싶어 한다.

전설적 스토리 전략 3.
당신 브랜드는 물질인가, 의미인가

마지막으로 공개할(?) 진글라이더의 전설은 이렇다. 진글라이더는 프랑스에서는 패러글라이더계의 벤츠로 불린다. 또한 명품 브랜드라고 불리고 부르는 데 서슴없다. 또 마치 인텔이 산업재였음에도 불구하고 'Intel inside'라는 스티커를 붙임으로써 인텔이 만들었음을 입증해 브랜딩에 성공한 것처럼, 그리고 고어텍스의 소재로 옷을 만들고 고어텍스 표식을 가진 브랜드가 고어텍스의 후광 효과를 얻는 것처럼 진

80
BRAND STRATEGY

글라이더는 경쟁사들의 요청(?)에 의해서 경쟁사의 제품을 생산해 주고, 경쟁사는 제품에 Made by GIN을 표기함으로써 프리미엄 가격으로 판매하고 있다.

송 처음에 유럽의 회사들이 우리에게 물건을 만들어 달라고 왔을 때는 이해가 되지 않았다. 경쟁사인 우리에게 도면까지 다 보내서 만들어 달라니 말이다. 그래서 처음에는 우리의 기술이 세계 최고이기 때문이라고 생각했다. 그런데 우리가 특허권을 가지고 있는 기술의 경우 우리에게 특허료만 주면 되는데 굳이 우리에게 만들어 달라는 것 아닌가. 우리에게 특허료를 주는 대신 우리의 로고를 붙여서 팔아 달라고 해서 기꺼이 그러겠다고 했다. 알고 보니 GIN에서 만들었다는 것만으로도 그들은 엄청난 덕을 보고 있었다.

진글라이더가 현재 전 세계 패러글라이딩 업계에서 차지하고 있는 위상을 확인할 수 있는 부분이다. 그렇다면 진글라이더는 '어떻게' 이 위치에 서게 되었을까? 이들의 '전략'은 무엇이었을까? 브랜드 전략을 '브랜딩을 위하여 계획하고 실행하는 것'이라는 관점에서 본다면, 진글라이더의 브랜드 전략은 '완벽함에 대한 추구'라고도 말할 수 있다. 적절한 전략 용어를 찾아 보자면, 간단히 제품 차별화 전략이라고도 할 수 있다. 이들이 목표를 두고 노력한 것은 이것이기 때문이다. 그러나 여기까지 읽은 독자라면 이들이 전설적인 브랜드가 된 것이 단순히 제품 차별화 때문이라고 생각하지 않을 것이다. 문화평론가 제임스 트위첼의 다음 한마디는 진글라이더의 브랜드 전략을 이해하고, 스토리텔링 전략의 보이지 않는 파워를 보이게 하는 데 도움을 준다.

"사람들이 진정으로 갈망하는 것은 물질 자체가 아니다. 의미가 담긴 물질이다."

진글라이더가 소비자를 넘어 경쟁사들에게도 사랑받고 있는 것은, 이들이 만드는 물질에는 의미가 담겨 있기 때문이다. 진글라이더의 상품들에는 그들이 삶을 살아가는 태도, 즉 철학이 담겨 있다. 완벽하기 위해 6,000시간의 테스트를 지구 끝까지 가서라도 하는 집념, 동료를 잃은 슬픔도 또 다른 테스트로 달래는 애절함이 담긴 브랜드를 만드는 사람들. 소비자는 진글라이더의 전설적인 이야기를 듣고 그 인상을 머릿속에 각인시킨다. 그리고 다음번 패러글라이더를 구매할 때, 다른 물질(패러글라이더)보다 의미가 담긴 진글라이더에 마음이 가게 된다.

> 진글라이더가 소비자를 넘어 경쟁사들에게도 사랑받고 있는 것은, 이들이 만드는 물질에는 의미가 담겨있기 때문이다.

전설적인 브랜드의 스토리를 구상할 때 빠뜨리지 말아야 할 것이 바로 당신 브랜드의 물질에는 의미가 담겨 있는지를 점검하는 것이다. 그랬을 때 (스토리는 의미를 녹여 내기에 가장 적절한 도구이므로) '좋은 스토리'가 완성되고, 그 스토리는 브랜드에 상당한 보이지 않는 가치를 부여한다.

이야기는 누구에게나 영향력을 발휘할 수 있다. 흥미로운 (네 가지 이야기의 핵심 요소를 갖춘) 이야기라면 친구가 친구에게, 딸이 엄마에게, 할머니가 손녀에게 전해 줄 것이다. 무차별 확산이 가능하다는 것이다. 따라서 브랜드 전략실에서 경쟁사를 따돌리고, 쳐부수기 위한 경쟁 전략 보고서를 밤새워 만들 것이 아니라, 자사의 전설이 될 만한 스토리를 발견하고 다듬어서 알리는 것이 더 효과적일 수 있다. 좋은 브랜드 스토리 하나는 최고의 광고대행사와 홍보대행사를 두고 대행비를 지급하며 서로 커뮤니케이션하는 시간과 비용을 아끼게 한다.

또한 좋은 브랜드 스토리는 내부 브랜딩에도 효과적인 도구다. 브랜드북을 만들어서 직원들이 읽게 하는 것보다 브랜드를 상징하는 하나의 이야기가 있다면 그것으로 직원들은 브랜드의 정체성을 이해하고, 나아가야 할 방향, 하지 말아야 할 행동들을 자연스럽게 알게 된다. 사명선언서의 문구를 외우는 것보다, 우리 브랜드의 전설적인 이야기를 하나 기억하는 것이 빠르며 인상적이기 때문이다.

진글라이더의 완벽성에 대한 집념이라는 전략화된 철학은 진글라이더의 제품들에 의미를 불어넣었고, 그것은 스토리가 되어 소비자들에 의해 재구성, 활성화, 확산되었다. 진글라이더는 이 철학적 전략을 지키기 위해 많은 것을 포기했지만 결국 소비자는 아름다운 비행을 할 수 있게 해준다는 진글라이더의 완벽성과 함께 진글라이더가 가진 전설에 대한 경의를 사고 있는 것이다. 이처럼 브랜드의 전설이 될 만한 스토리를 발견해서 개발하고자 한다면 분명 그 안에 당신 브랜드의 가장 중요한 가치, 즉 철학이 녹아져 있는지 확인해야 한다. 그래야만 그 스토리는 활성화되고 고객들은 당신 브랜드를 집을 때 '물건'뿐만 아니라 '의미'를 함께 집어 올릴 것이다. UB

송진석 홍익대학교 조선공학과를 졸업하고 현대중공업에서 선박 설계 업무를 하다가 1983년 독일로 떠나 글라이더 설계 기술을 익혔다. 1992년 귀국해 국내 업체의 글라이더를 디자인하며 세계적인 명성을 얻은 후, 1998년 그의 이름 가운데 자를 따서 진글라이더를 런칭했다.

IREVO

Open the 관계 차별화
Close the 제품 차별화

웰다잉 well-dying 전략의 문을 열다, 아이레보

The interview with 아이레보 창립자 하재홍, 아이레보 차이나 대표 김민규

널리 알려져 있지만 결코 쉽게 읽혀지지는 않는 고전《잃어버린 시간을 찾아서》의 작가 마르셀 프루스트는 친구가 많기로 유명했다. 그의 주변에는 항상 친구들이 있었는데, 그가 죽었을 때는 많은 친구들이 애도하며 그를 위한 책을 쓰기도 했다. 프루스트가 친구가 많은 이유 두 가지에 주목할 필요가 있다. 하나는 그는 '우정을 다룰 줄 아는 법'을 알고 있었으며, 다른 하나는 '매 순간 죽음을 생각하는 사람'이었다는 것이다. 프루스트는 몸이 너무 허약해서 일생 동안 '내일 아침에 죽을지도 모른다'는 생각으로 오늘을 살았다. 그래서 그를 찾는 친구들에게도 매 순간 최선을 다했다. 그가 깨달은 우정을 다루는 법은 특별하지 않다. 누구라도 말할 수 있는 '배려'다. 먼저 배려해서 우정을 얻는 것, 그것이 프루스트가 우정을 다루는 법이었다.

브랜드에게도 친구가 많다는 것, 즉 내 편이 많다는 것은 값으로 매길 수 없는 자산이다. 여기 소개하려고 하는 디지털 도어록 브랜드 아이레보는 친구가 많은 브랜드다. 비단 고객뿐 아니라 직원, 납품업체, 대리점, 투자자도 친구로 두고 있다. 경쟁사는 '전략적'이라고 말할지 모르는 이 브랜드의 '우정을 다루는 법'은 프루스트의 '전략'과 다르지 않다.

*본 기사의 더 깊은 이해를 위해서 p122 라젠드라 시소디어 교수의 인터뷰를 먼저 읽기를 권한다.

추락하는 것은 날개가 있다

"'열쇠의 혁명'으로 불리며 선풍적인 인기를 끌고 있는 디지털 도어록 상당수가 전기 충격을 가하면 쉽게 열리는 것으로 확인됐습니다. 디지털 도어록을 맹신하면 안 될 것 같습니다. 올해의 히트 상품으로 선정될 정도로 큰 인기를 얻고 있는 디지털 도어록. 열쇠가 필요 없는 편리함은 물론, 열쇠 분실에 따른 위험이 없고 이중 잠금장치까지 갖춰져 보안이 완벽하다고 광고하고 있습니다. 하지만 결과는 달랐습니다."

기억할 것이다. 황우석 교수의 논문 위조 사건과 함께 2005년 겨울을 뜨겁게 달군 '디지털 도어록 전기충격기 사건' 말이다. 2005년 12월 15일 한 방송사는 '디지털 도어록 맹신 금물!'이라는 헤드라인과 함께 300만 명의 디지털 도어록 사용자들의 불안감을 고조시키는 위와 같은 내용을 방송했다. 동시에 디지털 도어록 업계의 브랜드들도 긴장할 수밖에 없었다. 3만 볼트 이상의 전기 충격을 주면 문이 열리는 것이 사실이라, 디지털 도어록 시장 자체가 소리 없이 증발될 수도 있는 사건이었기 때문이다.

하지만 디지털 도어록 산업은 사라지지 않았고, 오히려 한국의 브랜드들이 열쇠의 본고장인 유럽을 비롯한 전 세계 50개국에 디지털 도어록을 수출하고 있다. 이 시장을 리드하고 있는 한 국내 브랜드가 있으니, 바로 *아이레보라는 이름의 중소기업이다. 아이레보가 중소기업으로서 이만큼 성장하는 동안 "외부에서는 '전략적 선택'이었다고 말하지만, 내부적으로는 '철학을 지키기 위해서'인 사례가 있다면 무엇인가"라고 아이레보의 하재홍 창업자(이하 '하 대표')에게 질문했을 때 돌아온 대답은 위의 '전기 충격기 파문'이었다. 하 대표는 당시를 이렇게 회상했다.

하재홍(이하 '하') 어떤 전자제품이든지 2만 볼트 이상의 전류면 제품이 망가진다. 디지털기기에 지하철에 흐르는 전기보다 더 강한 전류를 흐르게 하면 망가지는 것이 당연하다. 그런데 이것을 알게 된 한 사람이 디지털 도어록 업체를 찾아다니며 협박 같은 것을 했다. 문이 열리는 전기 충격기를 2,000개 만들었고 그것을 10만 원 정도에 팔 것이니 막고 싶다면 자신에게 20억 원을 달라는 것이다. 그러나 우리에게는 절대 부당한 거래에 타협하지 않는다는 원칙이 있었다. 왜냐하면 우린 보안회사이기 때문이다. 창과 방패의 싸움에서 시스템을 개발하지 않고 이런 개인과 타협해 버리면 그것이 2회, 3회 이어지지 말라는 보장이 없다.

돈을 주지 않자 그 사람은 방송사에 제보했고, 아이레보는 각 매체의 취재 요청 때마다 상황을 설명하고 기자를 돌려보내는 일을 반복했다. 그러던 중 한 방송사에서 뉴스로 보도하면서 커다란 이슈가 되었다. 하 대표는 억울했다. 한 명의 협박범에 의해 산업 자체의 존폐가 결정될지도 몰랐기 때문이다. 하지만 업무가 마비될 정도로 통제 불능의 상황에 빠져 있을 때, 한 사람의 말이 귀에 들어왔다고 한다. "사장님 입장은 충분히 이해하는데, 고객 입장에서 생각해 보세요."

하 대표는 평정심을 찾고, 대책을 마련하기 시작했다. 가장 억울한 사람은 어떻게 보면 고객이었기 때문이다. 열쇠 하나면 될 것을 수십만 원을 주고 디지털 도어록으로 바꿨는데, 우리집이 범죄에 무방비로 노출되다니 말이다. 하 대표는 관련 업체를 모두 모아 기자회견을 열었다. "맞다. 열린다. 그런데 모두 무상으로 업그레이드해 드리겠다"고 인정하며 대응했다. 무상업그레이드는 아이레보에 40억 원의 단기 손실을 안겼지만, 이것은 13년 아이레보의 행보 중 가장 잘 한 투자였다고 한다.

이 사건으로 인한 깨달음은 40억 원과 맞바꿀 수 없었기 때문이다. 그때 아이레보가 깨달은 것은 그들이 스스로 아이레보의 철학이라 외쳐 오던 '도덕 중심' '고객 중심' '창의 중심'의 진정한 의미였다. 갑작스런 추락 중에 날개가 되어 준 것이 철학이었다. 하지만 이 사건이 아니었더라도 당시는 시장이 도입기를 지나, 성장기에서 성숙기에 접어들면서 아이레보의 고공행진도 주춤하는 시기였다. '만들면 팔리던' 블루오션에서 '칼바람이 부는' 레드오션으로 시장이 이동 중이었기 때문이다. 그럼 이들은 전기 충격기 사건 이후, 레드오션이라는 추락의 위기를 어떤 전략으로 맞서고 있을까? 최근 3년의 매출 추이는 긍정적이지 않지만, 경쟁자들이 구사하지 않는 그들만의 전략에서 또 다른 날개의 가능성을 발견할 수 있었다. 눈이 잘 보이지 않는 날개의 가능성을 지닌 그 전략의 발견은 그들의 '이름'과 관련한 질문에서 시작되었다.

> 아이레보가 깨달은 것은 그들이 스스로 아이레보의 철학이라 외쳐 오던 '도덕 중심' '고객 중심' '창의 중심'의 진정한 의미였다.

*아이레보
1997년 아이레보가 '파아란태크'라는 이름으로 경기도 안양의 한 옥탑 방에서 창업했을 당시의 직원은 하재홍 대표이사와 경리직원 1명, 영업사원 1명이 전부였다. 그러던 이 회사가 10년 만에 임직원 118명, 매출 460억 규모의 회사로 성장했으며, 2009년 한국 디지털 도어록 시장의 45%, 해외 시장의 20%(추정)의 점유율을 보이고 있다.

MEMORANDUM

블루오션으로 시작해 레드오션으로 끝나는, 성공 기업의 딜레마

제1기,
창조적 모방 전략으로 개척한 블루오션

블루오션 전략은 단순히 니치 시장을 찾는 개념이 아니다. 이는 경쟁이 없는 비경쟁 시장이며, 모든 전략은 '차별화' '저가격' '집중' 중 하나라는 마이클 포터의 '경쟁론' 관점으로는 생각해 내기 불가능한 전략이다. 차별화와 저비용을 동시에 만족시키기 때문이다. 즉 블루오션을 창출하고자 하는 기업으로서 가치와 비용의 트레이드오프(trade off, 상충관계)를 거부하고 산업혁명 이래로 기업들이 끊임없이 거듭해 온 경쟁의 원리에서 벗어나, 발상의 전환을 통해 경쟁 없이 승리하는 법에 관한 것이다.

아이레보는 가정용 디지털 도어록 시장의 블루오션을 열면서 시장에 진출했다. 아이레보 이전에도 디지털 도어록 업체는 존재했다. 그러니까 아이레보가 세계 최초의 디지털 도어록 브랜드는 아니라는 말이다. 산업용 디지털 도어록 시장은 성숙기에 접어들어 있었고, 가정용 도어록의 경우도 일본의 알파라는 선도 기업이 있었다. 국내에서도 1997년 동광알파라는 기업이 이미 가정용 도어록 제품을 시장에 내놓은 상태였다. 그러나 아이레보는 피터 드러커가 말하는 창조적 모방 전략으로 블루오션을 개척한다.

피터 드러커는 새 시장을 개척하는 혁신 전략으로 고객 창조 전략, 총력 선점 전략, 약점 공략 전략, 생태학적 틈새 전략을 드는데, 창조적 모방 전략은 이중 약점 공략 전략에 해당한다. 즉 누군가 만들어 놓은 '완성에 가까운 것'을 '완성'하는 전략이다. 최초의 신제품 혹은 서비스는 완벽하지 않은 경우가 많다. 특히 하이테크 분야의 혁신가들은 시장에 초점을 맞추기보다 제품에 초점을 맞추느라 고객이 원하는 부분을 간과하곤 한다. 이때 창조적 모방자들은 제품이나 서비스를 고객의 입장에서 관찰해서 완성시키고 시장에 제자리를 잡아 준다.

타이레놀은 사실 아세타미노펜이라는 통증 치료제를 창조적 모방한 것이다. 아세타미노펜은 좋은 통증 치료제였지만 의사 처방이 있어야 하고 다양한 성분이 들어가기 때문에 일반인을 위한 진통제로는 완전하지 않았다. 이것을 존슨앤존슨이 다른 성분을 빼고 일반인들도 의사 처방 없이 쉽게 살 수 있는 안전한 진통제로 완성시킨 것이다. 타이레놀은 고객이 원하는 것이 무엇인지 관찰하고 선도자의 제품을 모방하되 창조적으로 모방하여 시장을 석권했다.

아이레보 역시 마찬가지다. 아직 활성화되지 않은 디지털 도어록 시장의 가능성을 보고, 기존 브랜드가 가지고 있던 약점(아직 완성되지 않은 기술력에 100만 원대라는 고가)을 보완했다. 자동 잠금, 원 터치 반도체 칩 키, 슬라이딩 커버 등의 기술을 개발해서 더 나은 품질의 제품을 30만 원대라는 더 낮은 가격에 제공했다. 따라서 초기에는 경쟁이 무의미한 블루오션에 있었다. 수많은 경쟁사들이 시장의 가능성을 보고 들어오고, 기술 격차가 줄어들기 전까지는 말이다. 그러다 2000년대 중반을 기점으로 레드오션에 진입하게 된다.

〈그림1〉 2001년부터 2009년까지 아이레보의 매출액 증감 추이

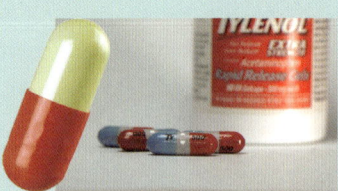

창조적 모방 전략으로 시장을 제패한 미국 존슨앤존슨사의 타이레놀

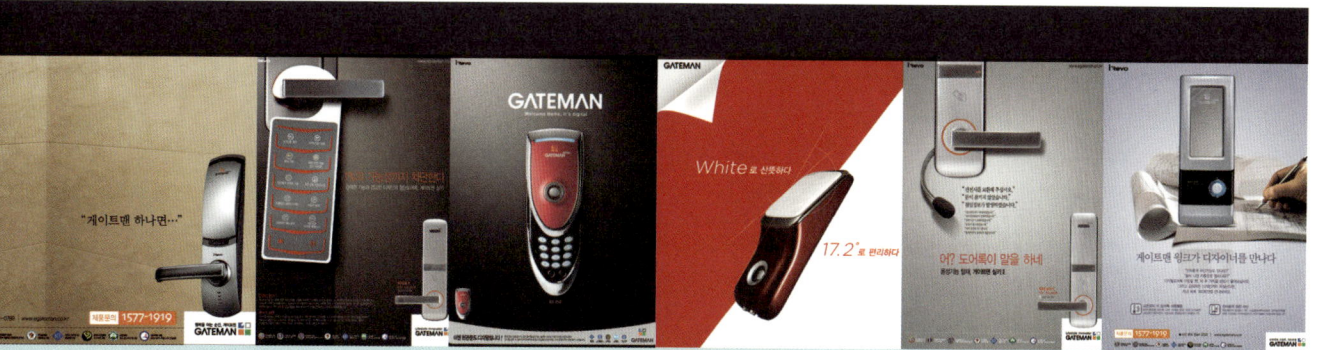

제2기,
레드오션에 빠진 성장 기업의 딜레마

〈그림 1〉에서 확인할 수 있듯이 아이레보는 2005년 이후로 성장이 정체되어 있다. 본격적인 레드오션에 진입했으며, 전기 충격기 사건으로 인해 일시적인 시장 축소까지 있었기 때문이다. 현재는 시장이 어느 정도 정화되어 10여 개 브랜드가 남아 있지만, 2005년 당시만 해도 1,000억 원 정도 시장 규모에 50여 개의 군소 업체가 난립했다. 또 기술력과 자금력을 갖춘 대기업들이 진출하면서 그들의 파이를 키워 가고 있었다. 따라서 아이레보는 제1기 때와 달리 단지 좋은 제품을 먼저 개발한다고 해서 경쟁력을 가질 수 없게 되었다. 제1기에는 오히려 고려할 만한 경쟁자가 없었기 때문에 아이레보는 온전히 자기다움을 고민하며 자기다운 브랜드 전략에 집중할 수 있었다. 게이트맨이라는 제품 브랜드를 성장시키기 위하여 해당 건설사의 브랜드 이름이 제품에 새겨지는 OEM 생산을 거절하는가 하면, 유통망에서도 기존의 총판에 의지하기보다 아이레보만의 대리점 시스템을 구축하고, 홈쇼핑이나 인터넷 몰을 통해서 판매하는 등 (당시에는) 새로운 방법으로 소비자에게 브랜드를 직접 알리기 위한 전략을 구사했다. B2B 시장에 머물러 있던 산업을 B2C 시장으로 끌고 내려오면서 브랜드력을 키운 것이다. 하지만 많은 기업(브랜드)이 새로운 시장을 개척하지만, 그 시장이 레드오션으로 변하는 시기에 시장 환경에 적응하지 못하는 경우가 적지 않다. 블루오션에서 충분히 브랜드 가치를 높여서 레드오션에서도 그 브랜드력만으로도 경쟁력을 갖거나 경쟁에 대한 내성을 스스로 길러 놓지 않으면, 블루오션에서 경쟁 없이 승리한 브랜드는 곧 생존 위협을 느끼곤 한다.

블루오션의 성공 사례로 꼽히던 블루클럽은 모두 어디로 갔을까? 미샤가 믿을 수 없는 가격 대비 품질의 화장품으로 시장에 나타났을 때의 영향력이 지금도 유지되고 있다고 할 수 있을까? 주부 CEO가 만든 스팀 청소기로 대한민국 주부들의 마음과 지갑을 움직이던 한경희 생활과학은 현재 어떤 고민을 하고 있을까? 이렇게 블루오션에서 시장과 함께 성장하던 브랜드들은 시장이 포화 상태에 이르면 또 다른 브랜드 전략을 구사해야만 한다.

이런 레드오션에서 '생존 전략'을 고민하는 기업들에게 '브랜드 전략'을 고민하라고 하는 것은 사치스럽게 들릴지도 모른다. 사실 기업에게 성장은 당연한 이슈다. 그래서 파괴적 혁신 전략으로 유명한 딜로이트 컨설팅의 마이클 레이너 박사는 클레이튼 크리스텐슨과 함께 저술한 《성장과 혁신》에서 성공 기업의 딜레마를 이렇게 이야기한다.

"성공적인 기업의 경영자라면 누구나 성장에 대한 패러독스에 빠지게 마련이다. 그들은 언제나 계속 성공할 수 있을 뿐 아니라 반드시 그래야 한다고 굳게 믿으면서 자신의 기업이 오랜 세월 누려온 성장을 지속시킬 방법을 찾느라 여념이 없다. 그러나 안타깝게도 현실은 그러한 확률이 매우 낮다는 것을 보여 준다. 예컨대, 10년 이상 성장을 지속한 기업은 10분의 1에 불과하고, 매출 하락을 경험한 기업이 다시 성장할 수 있는 경우는 대략 20분의 1에도 못 미친다. 이런 수치를 보고도 지속적인 성장에 대한 믿음을 버리지 않는다면, 그러한 경영자들은 현실을 회피하는 데 익숙한 유형의 사람이 아닐까?"

성장을 이룩한 기업들은 계속 성장하길 원하지만 10년, 20년을 넘어서 지속적인 성장을 이루는 것은 매우 확률이 낮다는 것. 이 딜레마를 해결하기 위해서 클레이튼 크리스텐슨은 '파괴적 혁신'이 필요하다고 말한다. 그러나 브랜드 전략은 '성장 전략'이 아니라 '영속 전략'이라고 관점을 바꿔 보자. 브랜드 경영의 제1 목표는 지속적인 '(매출)성장'이 아니다. 10년, 20년, 30년, 100년 동안 지속으로 규모를 키우고 매출액을 높이며 브랜드 가치도 지속적으로 높아지는 브랜드가 있다면 그것은 엄청난 행운이다. 그렇지만 성장에 대한 강박은 오히려 그동안 쌓아 놓은 브랜드 가치를 무너뜨리곤 한다. 이를 알아서일까. 존경 받는 브랜드, 브랜드들의 롤 모델, 최근 브랜드 관련 서적에서 가장 많이 인용되고 있는 아웃도어 브랜드인 파타고니아의 뉴욕 매장에는 이런 문구가 씌어 있다고 한다. '우리는 빨리 성장하지 않겠다.'

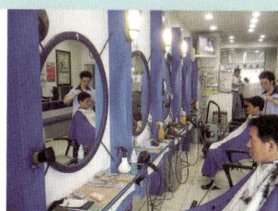

혁명이란, 상식을 규칙으로 만드는 것

아이레보라는 기업명이 I revolutionize the world의 약자라고 들었다. 혁명가들은 보통 기존의 질서에 도전해서 기존 질서와는 다른 불규칙을 만들려고 시도하는데, 아이레보가 만든 혁명, 그러니까 아이레보가 14년 동안 만든 불규칙이 있다면 무엇이라고 생각하나?

하 우리가 불규칙을 만든 것은 없다. 오히려 우리가 생각하는 혁명이란 대중이 원하는 규칙을 만드는 것이라고 생각한다. 대중이 원하는 것은 상식적인 것이다. 따라서 우리 일은 기존의 질서를 파괴해서 불규칙을 만드는 것이 아니라 철저하게 질서를 규칙화하는 것이다.

돌아보면 프랑스 혁명도 민주화 운동도 '자유'라는 상식을 위한 투쟁이었다. 그래서 아이레보의 혁명가들은 인간 삶의 상식들을 비즈니스의 질서로 만들고 있다. 그 비즈니스의 질서는 SRM 모델로 설명된다.

SRM(Stakeholder Relationship Management) 모델은 밀턴 프리드먼의 '주주가치 극대화'의 관점을 거부한 철학자이자 경영학자인 에드워드 프리먼의 '이해당사자 이론 stakeholder theory'에서 출발한다. 그는 주주stockholder가 아닌 이해당사자stakeholder가 기업 경영에 가장 중요한 존재임을 강조한다. 즉 기업은 홀로 존재하는 것이 아니라 이해당사자와 상호의존적으로 존재하기 때문에 '모든 이해당사자들이 대우 받을 때, 주주들 역시 가장 대우 받을 수 있다'고 주장한다.

따라서 SRM 모델에서는 그동안 경영에서 공식처럼 말해온 '주주가치 극대화'는 더 이상 최우선이 아니다. 소위 하청업체라 불리는 원자재 납품사나 유통사 역시 주주나 고객과 동등한 이해당사자이고, 경쟁사나 지역 사회, 국가까지도 '고객'으로 바라보아야 한다고 말한다. 그래서 이해당사자의 가치 옹호자들은 한 조직의 성공이 모든 이해당사자의 만족으로 측정되어야 한다고 믿는다.

아이레보는 바로 이 SRM 모델을 따르고 있다. 〈그림 2〉는 에드워드 프리먼의 이론을 발전시켜 SRM 모델을 비즈니스 모델화해야 한다고 주장하는 라젠드라 시소디어 교수의 SPICE 이해당사자 모델(p127 참고)에 아이레보를 적용시킨 것이다. 시소디어 교수는 이해당사자 관계관리는 다음 두 가지 방식으로 관리되어야 한다고 한다. 하나, 각 이해당사자 집단 간에 쌍방향적인 가치 교환이 존재해야 한다. 둘, 양 집단의 이익이 잘 정렬되어야 한다. 이것이 위대한 경영의 핵심이며 그가 주장하는 사랑받는 기업의 의무이기도 하다.

아이레보와 관련된 이해당사자는 크게 다섯 그룹으로 나누어 살펴볼 수 있다. 고객, 직원, 사회, 파트너, 투자자가 그것인데, 각각의 관점에서 아이레보가 SRM 모델을 통하여 어떻게 상식을 규칙으로 만들고 있으며, 서로 어떤 가치를 주고받고 있는지, 그럼으로써 이 SRM 모델을 어떻게 전략으로 실행하고 있는지를 대표적인 사례를 통해 먼저 살펴보자.

첫 번째 이해당사자, 고객의 만족
: 24시간 콜센터

아이레보는 3가지 철학 중 하나가 '고객 중심'일 정도로 고객이 얻는 가치를 최우선으로 한다. '고객의 항의는 무조건 옳다' '고객의 시간은 소중하다' '그들의 소중한 시간을 도둑질하지 말라'는 아이레보 세부 강령에도 포함되어 있다. 이 철학에 대한 실행을 대표적으로 확인할 수 있는 것이 24시간 콜센터 운영이다. 지금은 경쟁사도 대부분 하고 있지만 사업 초기 콜센터가 따로 없을 때 주말, 명절도 따로 없이 고객을 위해서 콜센터를 운영한다는 것은 쉽지 않았다. 2003년

〈그림 2〉 아이레보의 SPICE 이해당사자 모델

직원이라는 이해당사자와의 좋은 관계를 만들기 위한 아이레보의 활동들 1. 아이레보 문화를 상징하던 멋토의 한 장면 2. 사옥의 벽에 가득한 직원들의 낙서 3. 신입사원 연수에 친근한 모습으로 선 하재홍 대표 4. 직원의 가족과 함께하는 페밀리데이 5. 사내 체육대회

아이레보에 R&D 센터장으로 입사해 현재는 아이레보 차이나의 김민규 대표는 이러한 작은 회사에서 고객을 위한 세심한 배려를 하는 것에 놀랐다고 한다.

김민규 (이하 '김') 처음 아이레보에 왔을 때는 직원도 몇 안 되었는데 365일 24시간 콜센터 서비스를 하고 있었다. 주말이나 명절에 담당 직원들이 쉬어야 할 때는 간부들이, 특히 사장님과 임원들이 그 자리를 채웠다. 우리는 쉬면서 직원에게는 휴일에도 그 자리에 앉아 있으라고 하면 안 된다고 생각했다. 윗사람이 가장 희생해야 하기도 하고, 그런 날이 직접 고객의 소리를 들을 수 있는 기회이기도 했다.

두 번째 이해당사자, 직원의 만족
: 중소기업 규모에 대기업의 복지 환경

하 대표는 아이레보의 경쟁력은 결국 '사람'이라고 말한다. 그는 한 대기업의 연구소에서 엔지니어로 오랫동안 일하다 경영자가 된 이후 경영자로서 스스로의 자질에 대해 깊이 좌절한 적이 있다고 한다. 당시에 읽은 《카네기 인간관계론》은 그가 이후 경영자로서 직원들의 만족도를 중요하게 생각하는 데 커다란 영향을 미쳤다. 하 대표는 아이레보가 중소기업 규모에도 불구하고 대기업 정도의 복지 혜택을 제공하고 있으며, 업계 최고 수준의 보상 체계를 가지고 있는 것 역시 결국은 사람이라는 상식을 지키는 것이라고 말한다. 하지만 물질적인 보상만으로 직원들이 행복해하지 않는다는 것을 안 그는 즐거운 기업 문화를 만드는 데 주력했다.

김 내가 입사할 당시 직원이 60명 정도있었는데, 당시에 멘토링 문화가 있었다. 내가 한 달 동안 누군가의 멘토가 되어 멘티를 몰래 도와주는 것이었다. 당시 나의 멘토는 아이레보 문화에 익숙하지 않은 나를 위해 이메일로 기업 문화를 적어서 보내 주며 이 문화에 빨리 적응하도록 도와주었다. 또 우리는 주5일제가 시행되기 전부터 주5일제를 실행했다. '멋진 토요일'이라고 해서 '멋토' 문화가 있었는데, 하루하루 먹고 살기도 힘든 벤처 회사가 토요일은 동료들과 멋지게 즐겁게 보내라고 야유회를 하고, 스키를 타고, 뮤지컬을 볼 수 있게 지원해 준 것이다. 이런 회사에서 일한다는 자부심이 있다.

> 사업의 성공은 좋지만 그 사업의 성공으로 누군가가 일터를 잃는 것은 사회 전체적으로 보면 이득이라고 할 수 없다.

세 번째 이해당사자, 투자자의 만족
: 아사아블로이와 전략적 합병

아이레보는 2007년 유럽의 열쇠업체 아사아블로이^{ASSA ABLOY}와 합병을 한다. WIN-WIN을 위한 전략적 차원에서였다. 대한민국은 디지털 도어록 분야에서 세계적으로도 가장 앞선 기술력을 가지고 있고, 시장 보급률도 가장 높다. 그래서 아이레보는 시장 확대 차원에서 해외 진출의 문을 두드렸지만 아직 시장이 성숙되지도 않았거니와 한국 기업이라는 장벽에 부딪혀 어려움을 겪어 왔다. 한편 아사아블로이는 유럽 시장에서 40% 이상, 북미 시장에서 30% 이상의 시장 점유율을 가진 반면, 아시아 시장에서는 10% 정도의 점유율을 보이고 있었다. 아사아블로이는 아이레보와 협력하면 아시아 시장 진입에 유리한 교두보를 확보할 것으로 여겨 전격적으로 합병을 했다.

인수합병이라고 해서 적대적 인수합병이 아니라 WIN-WIN이 최우선의 목적이며, 경영권이 독립되어 있고, 서로의 시장을 보호해 주는 등의 안전 장치도 마련해 두었다. 이에 대하여 마케팅 팀의 김신형 과장은 "아사아블로이가 열쇠업에 대한 철학(Unlock Your Life)과 소신을 가지고 있지 않았다면 협력사로 선택하지 않았을 것"이라고 전한다.

네 번째 이해당사자, 사회의 만족
: 열쇠인들과의 WIN-WIN 전략

아이레보의 성장으로 인해 아이레보와 직접적으로 관련은 없지만 피해를 보는 사람들이 있는데, 바로 열쇠 수리상들이었다. 사업의 성공은 좋지만 그 사업의 성공으로 누군가가 일터를 잃는 것은 사회 전체적으로 보면 이득이라고 할 수 없다. 그래서 아이레보는 이러한 열쇠 수리상과의 아이러니한 관계를 적극적으로 풀기 위해 노력한다. '대리점 체계'라는 새로운 유통 구조를 만들어 열쇠 수리상들이 그 대리점을 운영하게 한 것이다. 또한 하 대표는 기업을 상장한 이후 받은 개인적인 배당금으로 열쇠인들을 위한 장학재단을 세웠다. 학업을 하기를 원하는데 경제적 여건이 여의치 않은 열쇠인들을 지원해 주는 것이다. 이것은 단지 '돕는다'는 차원이 아니라 상생에 대한 의지의 표현이다.

김 대리점 사장님들은 우리에 대한 충성도가 높다. 우리도 그분들 덕분에 이만큼 성장했지만, 그분들 역시 우리에게 고마워하는 점이 이것이다. 예전에는 자식들에게 아버지가 노점에서 열쇠 깎는

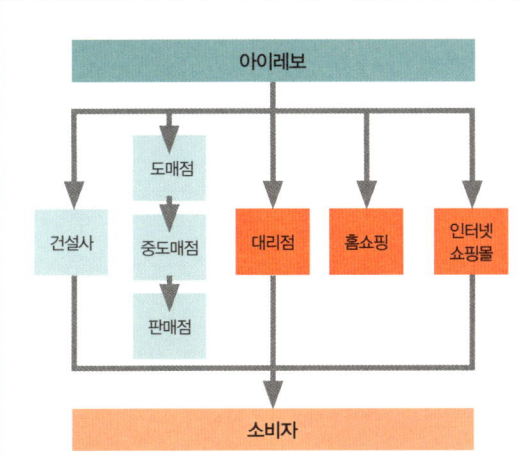

〈그림 3〉 아이레보가 만든 새로운 유통체계

아이레보가 만든 혁신 중 하나는, 바로 유통 구조에 있다. 기존의 유통체계는 〈그림 3〉의 왼쪽(파란색)에 해당하며 오른쪽의 빨간색 부분이 아이레보가 만든 유통체계다. 이전의 디지털 도어록은 주로 건설사를 통한 B2B 유통이나 전국 규모의 도매점(총판)에 납품을 하면 도매점에서 중도매점으로, 다시 판매점으로 유통을 하는 수직 구조였다. 그렇다 보니 총판이나 건설사 영업에 무게를 둘 수밖에 없었고, 유통 권력을 쥐고 있는 그들의 불합리한 요구에 타협해야 하는 경우도 있었다. 또한 고객의 목소리를 직접 듣기도 어려웠을 뿐만 아니라 그럴 필요도 없었다.

아이레보는 대형 유통업체들에 휘둘리면서 고객의 목소리를 듣지 않으면 브랜드를 성장시키는 데 한계가 있다는 것을 알았다. 그래서 당시로서는 최초인 홈쇼핑이나 인터넷 쇼핑몰과 같은 새로운 유통 라인을 시도했다. 특히 프랜차이즈 형식의 '게이트맨'이라는 이름의 대리점을 모집하여 기존의 열쇠업자들을 껴안았다. 이는 여전히 경쟁사들이 모방하지 못하는 부분으로 분명한 차이를 만드는 아이레보만의 경쟁력이었다.

이러한 대리점 체제의 효과는 여러 시너지를 내고 있는데, 이들을 교육시키기 위한 게이트맨 대학 설립은 대리점주들을 열쇠 자체에 대한 전문가뿐만 아니라 서비스 전문가로도 만들고 있으며, 이들의 성장은 건설사나 총판에 의지하던 매출 구조의 불균형도 해소해 주었다. 실제로 아이레보 매출의 50% 이상은 대리점을 통해서 이루어지고 있다. 결국 대리점주들이 성장해야 아이레보가 성장하는 갑대갑의 관계가 형성되었으며, 이들 대리점들은 아이레보의 자발적 홍보센터 및 서비스센터의 역할도 하고 있다. 만약 전략이 자원의 재분배 차원이라면, 그 자원을 재분배함으로써 가장 많은 성과를 가져 오는 것이 좋은 전략이라고 할 수 있을 것이다. 이때 아이레보가 대리점을 구축하고 그들을 교육하는 비용을 광고비로 쓰거나 건설사의 접대비로 썼다면 지금의 관계를 이룰 수 없었을 것이다. 장기적인 측면에서 대리점 체제는 좋은 전략이었다고 할 수 있는 이유다. 그럼에도 불구하고 브랜드를 철저히 관리하려는 본사의 의지가 자영업의 개념이 강한 대리점주들에게는 일방적 통제로 받아들여지기도 해서 이러한 현실적인 괴리감을 줄이는 것이 현재 아이레보가 가지고 있는 과제다.

사람이라고 떳떳하게 이야기하지 못했는데 지금은 버젓한 매장에서 전문가로 일하고 있으니 당당하다는 것이다. 하 대표님을 비롯해서 우리 모두 그런 부분에서 뿌듯함을 느낀다.

다섯 번째 이해당사자, 파트너의 만족
: 갑–을 패러다임에서
 갑–갑 패러다임으로

아이레보가 SRM 모델을 따르고 있다는 것을 가장 잘 확인할 수 있는 부분이 소위 '갑'에 해당하는 제조사(아이레보)가 '을'에 해당하는 협력사들(납품업체)과 어떤 관계를 만들어 나가느냐이다. 특히 자체 납품업체들에 대한 '당월 현금 결제 원칙'은 '익월 어음 결제'도 잘 지켜 주지 않는 '갑'들의 거래 방식과 확연한 차이를 보여 준다. 갑대갑 관계로 파트너들을 바라보며, 그것의 실행 의지는 《아이레보 문화》라는 이름의 소책자(아이레보의 비전북에 해당)에서 찾은 *에피소드에서 발견할 수 있었다. 이는 하 대표가 '을'로서 '갑'들의 이해 못할 행동으로 인한 설움을 경험해 봤기에 세운 것이며, 그것은 인간으로서 상식적인 차원의 질서다.

Open the 관계 차별화
Close the 제품 차별화

아이레보의 이해당사자 지도는 누군가가 누군가를 먹잇감으로 대함으로써 평형 상태를 유지하는 자연 생태계의 먹이사슬과 다르다. 쌍방향적 가치 교환이 오가는 관계의 지도가 만들어진 것이다. 아이레보가 10년 동안 구축한 이해당사들과의 관계는 미래의 아이레보에게 경쟁력을 가져다줄 것이다. 예측할 수 없는 자연 재해로 제품의 원자재 공급이 원활하지 않을 때, 여러 기업에 원자재를 납품하던 협력사는 누구에게 우선권을 줄까? 전기 충격기와 같은 본의 아닌 사고가 터졌을 때, 기존의 열쇠 산업 종사자들은 누구 편을 들

까? 디지털 도어록 보급률이 100%에 가까워지고, 경쟁사들 간에 기술 격차가 거의 줄어들어 제품 차별화가 더 이상 의미 없을 때, 고객들은, 그리고 이해당사자들은 무엇을 기준으로 제품을 선택하게 될까? 몇 가지 상황만 상상해 봐도 SRM이 만들고 있는 관계 차별화는 아이레보의 보이지 않는 자산임을 알 수 있다.

관계 차별화를 기업 경쟁력으로 삼고 있는 브랜드 사례를 몇 가지 더 찾아보자. 뉴발란스NEW BALANCE는 (모두가 생산라인을 중국으로 이동시킬 때) 자국인 미국 경제를 위하여 신발의 30%를 미국에서 생산하는 것을 정책으로 삼고 있으며, 앞으로 5년 동안 그 비율을 늘리는 데 열중할 것이라고 한다. 이들은 유명인을 광고에 등장시키지 않는데, 그로 인해 총 매출에서 마케팅 비용이 차지하는 비율은 나이키나 리복, 아디다스에 비해 현저히 적다. 그런데 이 브랜드의 CEO는 뉴발란스가 이렇게 할 수 있는 것, 즉 광고에 상대적으로 적은 돈을 들이고도 그들과 나란히 설 수 있는 이유는 바로 소매점 덕분이라고 말한다. 소매점과의 유대관계를 중요하게 여기다 보니 소매점주들 역시 뉴발란스의 편이 되어 주는 것이다. 이와 비슷한 사례로 식료품 유통 브랜드인 홀푸드는 모든 매장에 '상호의존 선언문'(p126 참고)을 두고 공식적으로 이해당사자를 가족과 같은 관계라고 선언하고 있다.

하지만 오해하지 말아야 할 부분이 있다. SRM 모델 자체가 목적이 되어서는 '관계 차별화'를 이룰 수 없다는 것이다. 지금 아이레보가 얻고 있는 직원들의, 협력사들의, 대리점들의 신뢰는 그들을 '관리'했기 때문이 아니라 그들의 철학대로 행동했기 때문이다.

SRM 모델을 연구하다 보면 '전략적 이해당사자 관리Strategic Stakeholder Management' '이해당사자 분석stakeholder analysis' '이해당사자 지도 그리기' 등 SRM 모

> 지금 아이레보가 얻고 있는 직원들의, 협력사들의, 대리점들의 신뢰는 그들을 '관리'했기 때문이 아니라 그들의 철학대로 행동했기 때문이다.

*에피소드
: 2004년 6월, '협력업체 결제 조건 변경'에 대한 하 대표의 답신 이메일 내용 중

재무팀에서 요청하신 금액단위 100만 원 초과분 설비투자(금형, 공기구 등)에 대해서 외부 협력업체 지급 기일을 1개월 연장하는 안에 대해, 저는 반대입니다. 아니 '반대'의 차원을 넘어 제가 사장으로 있는 한 절대로 그래서는 안 됩니다.
제가 반대하는 데는 다음과 같은 이유 때문입니다. '현금흐름의 악화'에 '협력업체 고객'은 하등의 원인 제공자가 아니며, 그 원인에 대해 기여(?)한 것도 없었고, 그러므로 이를 감당해야 할 하등의 이유가 없기 때문입니다. 이는 철저히 '甲'으로서의 발상입니다.
(중략) 우리를 둘러싼 협력업체도 당연한 '우리의 고객'입니다. 그들도 우리와 동일한 임직원으로 구성되어 있습니다. 그들에게도 '현금흐름'은 우리와 동일하게 중요한 것이며, 아마도 저는 그들의 입장이 우리보다 상황이 비교할 수 없을 정도로 열악할 것이 틀림없다고 생각합니다. 입장 바꿔 놓고 생각하면 '말도 안 되는, 턱도 없는 소리'입니다.
(중략) 甲이 힘들다고 무심결에 던진 돌멩이에 乙은 더러 맞아 죽기도 합니다. (중략) 비용의 세이브로 얻는 유형의 益보다 신뢰의 상실로 부가되는 무형의 損이 훨씬 크기 때문입니다.
(중략) 우리의 모든 노력이 고객에게 정당한 대우를 받기를 원하는 것처럼 우리도 협력업체에게 그들의 정당한 노력을 인정하여야 하고 '일방적인 갑의 선언'으로 약속을 바꾸어서는 안 됩니다. 당당한 乙, 겸손한 甲이 '회사의 살아가는 모습'이어야 합니다.

SRM 모델을 브랜드 전략으로 실행하고 있는 홀푸드마켓과 뉴발란스

델을 성장을 위한 수단으로서 접근하는 연구도 상당수 발견된다. 이해당사자 지도를 그려서 모니터링해야 할 그룹, 집중해야 할 그룹, 신경을 덜 써도 될 그룹으로 분류해서 그 목표 수준에 맞게 그들을 관리하는 도구로서 말이다.

실제로 SRM 모델에 대해서 'SRM은 도덕적 코드가 아니라 비즈니스 모델'이라는 주장과 함께 'SRM은 주주의 가치를 창출하기 위한 단순한 도구가 아닌 규범'이라는 상반된 주장도 보인다. 그렇지만 잊어서는 안 될 본질은 SRM은 기업과 이해당사자의 '공생을 위한 전략'이라는 것이다.

따라서 SRM 모델이 단순한 경영 관리의 도구로 전락하지 않기 위해서는 브랜드의 존재 목적 자체에 공생에 관한 의지가 담겨 있을 때 효력이 최상으로 발휘될 수 있다. 라젠드라 시소디어 교수가 말하는 '사랑받는 기업'들이 대부분 SRM 모델을 따르고 있는 것도 SRM 모델과 그가 말하는 '고차원적인 존재 목적(철학)' 간에 적절한 접점이 있기 때문이다. 물론 브랜드 철학에 공생의 의미를 담고 있지 않은 브랜드라 하더라도 의도적으로 SRM 모델을 취할 수 있다. 그러나 분명 '타협의 유혹'을 느낄 때, 의사결정의 기준이 되는 브랜드 철학에 공생에 대한 의지가 없다면 SRM 모델은 쉽게 무너질 수 있다. 관계란 특히 신뢰와 관련되어 있고 이것이

*아이레보 브랜드 헌장

아이레보라는 브랜드가 바로 여기에 존재하는 이유는 이들이 말하는 비전과 미션, 그리고 철학을 보면 알 수 있다. 이중 임직원 차원의 미션, 도덕 중심이라는 철학은 특히 SRM 모델과 직접적으로 연관되어 있음을 확인할 수 있다.

VISION
아이레보는 혁신적인 제품과 서비스를 통해 전 세계인들이 보다 편리하고 안전한 생활을 할 수 있도록 최선의 노력을 다함으로써 고객의 삶을 윤택하게 하고 사회에 대한 명예로운 기여를 하기 위해 존재한다

MISSION
회사 차원 : 전 세계 고객에게 안전하고 편리한 생활을 제공한다.
임직원 차원 : 명예로운 봉사를 통해 존경받는 존재가 된다.

PHILOSOPHY
도덕 중심 : 우리는 떳떳하다. 회사 문을 닫아도 결코 더러운 거래를 하지 않는다.
고객 중심 : 우리는 항상 고객의 입장에서 생각하고 행동한다.
고객과 우리는 구별되지 않는다.
창의 중심 : 우리는 달라야 한다. 그것도 철저하게 달라야 한다.

직원이나 투자사, 협력사뿐만 아니라 지역사회와의 관계 차별화도 이루고 있는 아이레보 직원들의 활동들

무너지는 일은 한순간이기 때문이다.

아이레보가 SRM 모델로 경영의 시너지를 낼 수 있는 이유 역시 존재 목적에 이해당사자와의 공생에 대한 의지가 담겨 있기 때문이다. 또한 아이레보는 자신들의 존재 목적을 명문화해 놓은 *아이레보 브랜드 헌장에 자부심을 느끼며, 이것에 말과 행동을 일치시키기 위한 적지 않은 노력을 기울이고 있다고 말한다.

하 예전 회사 벽에 써 붙인 '창조, 도전, 희생'이라는 글귀는 그야말로 장식물이었다. 누구도 그 의미를 가르쳐 주지 않았고, 누구도 궁금해 하지 않았기 때문이다. 하지만 개인의 꿈은 혼자 꿔도 되지만 조직의 꿈은 각자가 꾸면 모두 다른 언어로 표출된다. 그래서 하나의 언어로 꿈을 꿀 필요가 있다. 아이레보가 많은 것들을 만들었지만, 나는 우리가 발명한 것 중에 최고의 발명품은 바로 아이레보 헌장이라고 생각한다. 2001년에 흑자로 전환되면서 우리의 꿈을 모두가 이해할 수 있게 명문화할 필요성을 느꼈다. 창립 3년 되던 해에 임원들이 《미션》《영혼이 있는 승부》《좋은 기업을 넘어 위대한 기업으로》라는 세 권의 책을 가지고 2박 3일 동안 도대체 우리의 DNA는 무엇인지를 이야기했다. 그 워크샵을 3차까지 하고서야 뼈대가 만들어졌고, 문서로 정리하기까지 1년이 더 걸렸다.

BRAND STRATEGY

김 아이레보가 어떤 회사냐고 물었나? 아이레보는 힘든 회사다. 생각과 말과 행동을 일치시켜야 하기 때문이다. 대기업에 있다가 벤처 회사에 다녔고, 창업도 해보았지만 아이레보처럼 철학이 곧 행동양식이 되는 회사는 못 봤다. 우리는 조그만 기업이지만 철학을 까탈스럽게 지켜 나간다. 이 비전을 만들 때 몇 날 며칠을 우리의 비전에 대해서만 이야기했다. 이제 막 태어난, 직원도 몇 명 안 되는 회사가 IBM, GE와 같은 엄청난 기업들은 도대체 어떤 비전을 가지고 있는지 이야기 하며 우리 것을 만들었다.

아이레보 브랜드 헌장은 아이레보다움을 만들었고, 그중 3가지 철학은 행동양식의 역할을 하여 말과 행동을 일치시키는 기준점이 되었다. 예를 들어 '도덕 중심'은 협력업체의 결제 방식뿐만 아니라 영업 방식에서도 잘 드러난다. 특히 접대비에 관한 한 엄격한데, 쉽게 큰 매출을 올릴 수 있는 건설사 영업이라 하더라도 일정 비용 이상의 접대비나 골프 접대는 용납하지 않는다. 상식에서 벗어나는 영업을 하는, 아이레보답지 않은 영업 방식은 '옷을 벗어야 하는' 사유가 된다.

'창의 중심'을 실현하기 위해 아이레보의 개발실에서는 '카피'나 '변형'을 전혀 인정하지 않는다. 전 모델이 베스트셀러였어도 비슷한 업그레이드 모델을 만드는 것이 아니라, 완전히 새로운 것을 만드는 것. 이것이 아이레보 개발실의 습관이라고 한다. 벤치마킹은 자동차의 표면 재질에서, 핸드폰의 코팅법 등에서 가져오는 이종 업계의 생각을 습득하는 식이다. '고객 중심'은 고객과 더 가까워지기 위해 구축한 대리점 체계나 24시간 콜센터 운영 등에서 볼 수 있다.

SRM 모델의 본질, 양모陽謀 전략

브랜드 전략이란, 다른 브랜드와 구분되고 다른 브랜드가 당장 모방할 수 없는 것이라고 보았을 때, 아이레보의 브랜드 전략은 SRM 모델로 만드는 관계 차별화다. 또한 이 전략의 근본에는 브랜드의 철학이 있다. 철학을 기반으로 행동양식이 만들어지고, 그 결과가 SRM이라는 (시장 지배력을 만들어 주는) 전략으로 나타났으며, 이 전략은 다시 철학을 강화시켰다. 철학이 전략이 되고, 전략은 다시 철학을 수호하는 선순환이 만들어진 것이다. 하지만 아이레보가 현재 다섯 그룹과의 상생을 노력한다고 해서 SRM 모델이 완성되었다거나 성공적이라고 말하기는 어렵다. 이들이 현재 시장에서 우위를 보이는 이유는 제품 차별화 측면이 아직 강하고, 이들이 지금까지 만든 관계 차별화의 결과는 오히려 3년 후, 5년 후, 10년 후의 성과로 나타날 것이기 때문이다.

SRM 모델의 본질은 기존의 비즈니스가 가지고 있는 문제점(자사의 이익만을 취하다 보면 비윤리적인 방법을 활용해서라도 비즈니스를 하게 되고 이는 사회 전체적으로 마이너스가 되는)을 안은 채 비즈니스를 한다면 언젠가는 엔론과 같이 그 기업은 사회에서 용인되지 않을 것이다. 즉 변화하는 사회 문화적 환경에서 비즈니스가 롱런하기 위한 역할과 태도가 필요하다는 것이다. 또 관계 차별화 전략을 시도하려는 브랜드가 기억할 것은 SRM 모델이 곧 기업의 사회적 책임은 아니라는 점이다. 그보다 전략적 차원에서 이야기한다면 '그들이 좋아야 우리도 좋다'는 WIN-WIN 전략을 떠올려야 할 것이다. 이것이 장기적으로 기업의 수익이 될 것이며, 전략적 아군을 만들어 브랜드의 영향력을 넓힐 수 있다. 브랜드는 사회 사업보다는 비즈니스에 가까운 것이기 때문이다. 그렇다고 SRM 모델을 따르는 브랜드의 순수성을 의심하는 것은 아니다. 이에 대해서는 양모陽謀와 음모陰謀로 이야기하고 싶다.

브랜드 전략은 승리의 방법이 아니라 상생의 지혜에 관한 것이어야 한다. 좋지 않은 목적으로 몰래 흉악한 일을 꾸미는 음모가 아닌, 그 반대가 되어야 한다는 것이다. 어떻게 잘 빼앗을 것인가가 아니라 어떻게 함께 잘 살아갈 것인가를 고민하는 것이 양모다. 전략의 고전이라고 불리는 삼국지와 손자병법의 나라 중국, 이 선조들의 지혜를 정리한 책 《모략》에는 이런 말이 있다. "고도의 지혜에 보통의 용기를 겸비한 것이 출중한 용기에 평범한 지혜를 갖춘 것보다 큰 힘을 발휘한다." 이것이 양모다. 물론 음모에 관한 내용도 있다. "두 얼굴에 세 자루 칼이라는 뜻의 양면삼도兩面三刀, 겉으로는 떠받드는 척하면서 몰래 어긴다는 뜻의 양봉음위陽奉陰違, 입으로는 그렇다고 하면서 속으로는 아니라고 한다는 뜻의 구시심비口是心非 따위는 너무나도 분명한 음모지 양모는 아니다. 정직한 사람이라면 부끄럽게 여기는 것이다." 그럼에도 불구하고 음모를 알아야 하는 이유는 필요에 따라 자신을 방어하기 위함이지만 더 중요한 것은 우리 사회에 유익한 양모를 아는 것이라고 했다. 이런 의미에서 SRM 모델은 상생의 지혜이자 양모로서의 브랜드 전략이라고 할 수 있다.

브랜드 전략, 브랜드의 비문을 새기다

그런데 아이레보는 왜 이러한 전략을 펼치고 있으며, 그 근원은 어디였을까? 하 대표와의 추가 인터뷰에서 브랜드 전략이 무엇인지에 대한 인사이트를 얻을 수 있었다. 브랜드의 철학은 창립자의 개인 철학에서 출발하는 경우가 많다. 그래서 하 대표의 개인 철학을 묻기로 했다.

당신의 개인적인 철학은 무엇인가? 그것이 아이레보에 미친 영향은 무엇이라고 생각하나?
하 무엇이라고 딱 잘라 말하기는 어렵다. 그러나 철학은 내가 어떻게 죽느냐에 관한 것이라고 생각한다. 이 세상에 태어난 것은 내 의지가 아니었지만, 죽을 때의 모습은 어느 정도 내 의지대로 할 수 있기 때문이다. 그리고 언젠가 죽을 것이라면 지구에 조금이나마 좋은 영향을 끼치고 특별하게 죽고 싶다고 생각했다. 그래서 아이레보 역시 '이 지구에 쓰레기 하나 더 만들 것 같으면 하지 않는다'는 정신으로 제품을 만들고, 의사결정을 한다.

잘 죽기 위해 잘 살고 싶다는 하 대표의 말은 성 아우구스티누스St. Augustine의 '어떻게 죽을지 알면 어떻게 살아야 할지 알게 된다'는 말을 떠올리게 한다. 이를 웰다잉well-dying 전략이라고 하면 어떨까. 브랜드 전략의 목표가 웰다잉이라면

> 브랜드의 철학이란 멋진 말들의 조합이 아니라, 죽는 방법에 관한 것이다. 브랜드에도 비문이 있다면 거기에 쓸 말이 브랜드의 철학이다.

살아 있는 동안 웰빙well-being할 것이다. 웰다잉이 무엇인지 알고 싶다면 웰다잉의 반대가 무엇인지 생각해 보라. 혼자 외롭게, 게다가 타인에게 해까지 입히며 죽어 가는 것은 잘 죽는 것이라고 할 수 없다. 그렇다면 반대로 자신의 죽음을 아쉬워하고 애도하는 사람들에 둘러싸여 죽는 것, 이것이 웰다잉이자 하 대표가 바라는 '의미 있는 죽음'일 것이다. 다시 서두의 프루스트 이야기로 돌아가 보자. 그의 《잃어버린 시간을 찾아서》는 당시 문학계에서 아인슈타인의 상대성 이론에 비교될 만큼 좋은 평가를 받았다. 이 책은 무려 20년 동안 쓰여졌으며 수천 페이지 분량의 16권으로 구성되어 그 안에는 500여 명의 등장인물이 등장한다. 하지만 프루스트가 건강했다면, 그래서 지금 오늘에 대한 애착이 없었다면, 이런 대작이 나올 수 있었을까. 단순한 추측이 아니라 많은 문학평론가와 소설가, 그리고 그의 친구들이 이 소설을 "죽음과의 치열한 투쟁의 결실"이라고 표현한다. 저명한 작가 폴 모랑은 "그가 51세에 인생을 마감하는 순간까지 이 한 작품의 집필에만 매달린 것은 하루에 3번 가량 죽음의 위기에서 벗어나곤 했기 때문"이라고 말한 바 있다. 그의 위대함은 항상 죽음을 생각하는 것에서 출발한 것이다. 그가 우정을 다루는 법을 알고 있던 것도 인간관계에 능해서라기보다는 죽음의 순간이 의미 있기를 원했기 때문일 것이다.

브랜드의 철학이란 멋진 말들의 조합이 아니라, 죽는 방법에 관한 것이다. 브랜드에도 비문이 있다면 거기에 쓸 말이 브랜드의 철학이다. 어떤 모습으로 죽고, 어떤 모습으로 기억될 것인지를 브랜드 철학에 담고 그것을 행동으로 지킨다면, 그 철학이 전략이 되어 브랜드를 지켜 줄 것이다. 그래서 브랜드 철학의 결과가 브랜드 전략이 되어야 한다. UB

> 병자는 정상적인 사람보다 자기 영혼에 한결 더 접근하는 법이다.
> 프루스트

하재홍 서강대학교 전자공학과를 졸업하고 서울대학교 벤처 CEO과정을 수료했다. 대우전자 중앙연구소 마이컴 팀장, 서광시스템 대표를 지내고 1997년 아이레보를 창립하여 2010년 8월까지 아이레보 대표이사로 재직했다.

김민규 고려대학교 전자공학과를 졸업하고 한국과학기술원에서 영상통신 공학박사학위를 취득했다. 대우전자연구소, 세연테크를 거쳐 2002년에 아이레보에 입사하여 R&D센터 연구소장, 국내총괄임원을 지내고 현재 아이레보 차이나 사장, 아이레보 CTO(Chief Technical Officer)로 재직 중이다.

STRATEGIZATION 2

GENERAL DOCTOR

지금까지 존재하지는 않았지만, 원래 병원은 이렇지 않았을까 생각되는

제너럴닥터의 퍼즐 맞추기 전략

The interview with 제너럴닥터 원장 김승범, 정혜진

정체를 알 수 없다. '이곳'에는 고양이가 산다. 언론에서는 이곳을 이색 카페라고 부른다. 그런데 이곳의 본업은 '1차 진료기관'이다. 종종 이 공간에서는 포토그래퍼들의 사진전이나 탐스슈즈와 같은 브랜드가 참여하는 전시가 진행된다. 음악가들의 공연도 열린다. 이곳에서 진료 받기 위해 지방에서 기차를 타고 오는 사람도 있고, 책을 읽고 커피를 마시기 위해 편안한 마음으로 들르는 사람도 있다. 이 이야기만 듣는다면, 당신은 이곳을 '무엇'이라고 부르겠는가? 홍익대학교 앞, 쉽게 찾기 어려운 어느 공간. 그리고 여기서 일하는 사람들. 우리는 이 브랜드를 '제너럴닥터'라고 부른다. 제너럴닥터를 만났을 때 우리는 제너럴닥터라는 '직소 퍼즐'의 한 조각을 발견한 셈이었다. 퍼즐에 이들을 굳이 비유하는 것은 이들의 정체를 알 수 없어서는 아니다. 고백하자면 이들이 구사하는 전략이 우리의 호기심을 자극했지만 그것을 전략 전문가들이 세워 놓은 전략 교범에 꼭 맞게 해석하기 어려웠기 때문이다. 그런데 재미있는 것은 인터뷰가 진행된 후 이들의 전략이 퍼즐을 완성하는 전략과 매우 닮았음을 발견한 것이다. 제너럴닥터는 무엇보다 진정성이 느껴지는 '철학이 있는 브랜드'였고, 그 철학을 한 장의 그림으로 완성하기 위해 퍼즐을 맞춰 가고 있었다. 우리가 제너럴닥터에서 살펴봐야 할 것은 직소 퍼즐 처럼 쉽지 않은 이들의 '브랜드 전략'뿐만 아니라 다양한 곳에서 찾아낸 퍼즐 조각을 맞춰가며 결국 이들이 완성하고자 하는 '그림'이다. 왜냐하면 제너럴닥터의 머릿속에 그려진 선명한 그림(철학) 없이는 이 퍼즐이 완성될 수도 없고, 완성할 이유조차 없기 때문이다.

세상에서 가장 어려운 퍼즐

당신이 만약 500피스^{piece}, 1,000피스로 나눠진 직소 퍼즐을 맞춰 본 경험이 있다면 이것을 완성하는 데 꽤 많은 시간이 들고, 까다로운 작업을 해야 한다는 사실을 알 것이다. 물론 그 때문에 완성했을 때의 성취감도 더욱 크다는 것도 알 테다. 직소^{jigsaw}는 본래 실톱이라는 뜻으로, 퍼즐이 영국에서 교육을 위해 목판에 그려진 지도를 실톱으로 잘라 맞춰 보기 시작한 데서 유래했기 때문에 직소 퍼즐로 이름 붙여졌다. 직소 퍼즐은 1930년대 경제 대공황 때는 매주 1,000만 개나 팔려 나갈 정도로 인기가 많았고, 아직까지도 많은 사랑을 받는 게임이다. 하지만 그렇다고 해서 절대 쉽게 해치울 수 있는 게임은 아니다. 완성하기까지 오랜 시간 집중해야 하고, 혹여 조각의 일부가 사라지거나 잘못 맞춰지면 절대 완성할 수 없거니와 자칫하면 원래 의도와는 다른 애매모호한 그림으로 남

을 수 있기 때문이다.

유명한 직소 퍼즐 중에는 '세상에서 가장 어려운 퍼즐The World's Most Difficult Jigsaw'이라는 수식을 단 '임파시퍼즐Impossipuzzle'이 있다. 조각 수가 많아서 어려운 것이 아니라 조각을 맞출 때 그 조각이 어느 위치에 있어야 할지 판단하는 가이드 역할을 하는 퍼즐 앞면의 그림 때문에 어렵다. 〈그림 1〉처럼 그림이 너무 똑같은 패턴으로 반복되어 가이드 역할을 제대로 하지 않기 때문이다. 가이드 없이 오로지 조각의 형태만으로 퍼즐을 완성하는 것은 얼마나 어려운 일일까? 그래서 혹자는 이 퍼즐을 일컬어 '400피스지만 4,000피스처럼 느껴지는 퍼즐'이라고도 말한다.

브랜드 전략을 짜기 위해 골몰할 때도, 직소 퍼즐을 맞출 때와 비슷한 상황이 연출된다. 퍼즐을 맞추는 사람(경영자, 혹은 전략가)은 조각(브랜드가 가진 자원) 하나 하나를 이리저리 배치해 퍼즐을 완성해 보려 노력하지만, 단번에 딱 들어맞는 조각을 찾기란 여간 어렵지 않다. 더군다나 임파시퍼즐처럼 얼핏 봐선 '자원을 이렇게 배치해도 맞고, 저렇게 배치해도 맞는 것처럼' 보일 때가 많기 때문에 전략을 세우고도 브랜드에 딱 맞는 전략인지 확신하기가 어렵다. 더 어려운 것은 브랜드 전략은 직소 퍼즐처럼 정해진 개수의 조각이 있는 것도 아니고, 때에 따라 전혀 다른 그림에서 나온 조각이나 맞지 않는 조각들도 섞여 있을 수 있다는 점이다. 이 때문에 여러 조각에서 자신이 완성하려는 그림에 맞는 조각을 골라내야 하며, 어떤 때는 딱 맞는 조각이 없어 직접 조각을 만들거나(만들 수 있다면 그나마 다행이다) 결국 완성을 포기해야 하는 경우도 생긴다. 만약 실제 직소 퍼즐이 브랜드 전략 퍼즐처럼 황당한 조각들로 구성되었다면 호기심은 생길지 몰라도 완성할 엄두가 나지는 않을 것이다.

> 제너럴닥터가 단지 '돈을 버는 행위'만을 브랜드의 목적으로 두었다면 절대 선택하지 않았을 전략을 구사하고 있음은 누가 봐도 알 수 있다.

제너럴닥터는 언뜻 보기에는 브랜드 구축을 위한 전략을 세울 때 고려해야 할 조각들이 (심지어 전혀 상관없어 보이는 것까지) 뒤엉켜 있는 듯하다. 제너럴닥터는 사실 유니타스브랜드 Vol.10의 특집 주제였던 '디자인 경영'에서 다루기에 적합한 브랜드였다. 뒤에서 소개하겠지만 명확한 이유가

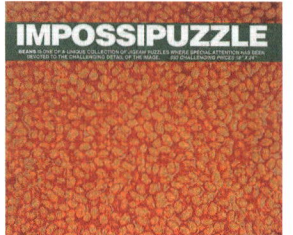

〈그림 1〉 임파시퍼즐의 예

있는 제너럴닥터의 여러 디자인 요소나 '인형 속에 숨겨진 청진기' 등을 통해 브랜드가 디자인 경영을 할 때 고려해 볼 법한 여러 요소들을 잘 보여 주기 때문이다. 그러나 제너럴닥터의 특수한 비즈니스 모델과 그 밑바탕에 깔린 철학에 대한 소개는 전략이란 주제에 더 적합하다는 판단 때문에 좀 더 기다리기로 했다. 대다수 언론이 이들을 '이색 카페'처럼 소개하고 있지만 우리는 인터뷰를 통해 우리를 놀라게 만든 여러 가지 사실들(그것도 꼭 의료 서비스에 국한되지 않은 요소들)이 모두 그들의 철학에서 비롯된 것임을 발견할 수 있었다.

제너럴닥터가 구사하는 전략은 어쩌면 세상에서 가장 어려운 전략일 수도 있다. 가장 큰 예로 진료비는 여느 동네 의원들과 다를 바가 없는데 '1시간 대기 3분 진료'가 아니라 최소 30분 이상의 진료를 하면서 하루에 20명 이하의 환자만을 예약 받고 있다는 사실만 봐도 그렇다. 물론 제너럴닥터는 다른 병원들과는 다른 비즈니스 모델을 가지고 있지만 이들이 단지 '돈을 버는 행위'만을 브랜드의 목적으로 두었다면 절대 선택하지 않았을 전략을 구사하고 있음은 누가 봐도 알 수 있다. 쉽게 할 수 있는 일도 그들만의 특정한 목적에 따르다 보니 어렵게 하는 경우가 생기는 것이다.

하지만 그렇기에 더욱 제너럴닥터의 전략은 왜 '브랜드'가 그들의 철학과 목적을 전략화하여 어렵지만 고집 있게 지켜 나가야 하는지를 진실하게 보여줄 수 있다. 유사 이래 최고의 베스트셀러라 불리는 성경도 우리에게 '좁은 길로 가라고' 하지 않았던가. 브랜드 관점에서 보자면 넓은 길로 가는 것은 매우 쉬우나 같은 길로 가는 사람이 많다는 의미이며, 동시에 전혀 차별화되지 못한다는 의미이기도 하다. 반대로 좁은 길은 어렵지만 그래서 차별화되고, 경쟁자가 적다는 의미가 된다. 이것이 차별화를 원하는 브랜드들이 제너럴닥터에서 배워야 할 이유 중 하나다.

그럼 지금부터 직소 퍼즐 같은 이들의 전략과, 전략 아래 숨은 철학을 하나씩 맞춰가 보도록 하자.

strategy, starting by the edge

"성공한 장군들은 상황에 맞게 계획을 세우지, 계획에 맞게 상황을 만들지 않는다." 조지 패튼 장군

퍼즐을 일부러 어렵게 맞추고 싶은 마음이 없다면, 직소 퍼즐을 앞에 두고 사람들은 누구나 (자각하지 못하더라도) 퍼즐을 어떻게 효율적으로 잘 맞출 것인지를 고민할 것이다. 퍼즐을 완성할 때도 나름의 '전략'이 존재한다는 말이다. 당신이 만약 퍼즐을 맞추려는 사람이라면, 처음에 어떻게 맞춰가기 시작할 것인가? 위키피디아에서 '직소 퍼즐'을 검색해 보면 재미있는 내용을 찾을 수 있다. 바로 직소 퍼즐을 잘 맞출 수 있는 전략에 대한 해설이다. 이 해설에서 퍼즐을 쉽게 맞추기 위해 가장 흔히, 먼저 사용된다고 말하는 방법이 바로 퍼즐 전체에서 외각 부분, 즉 모서리에 있는 퍼즐 조각부터

제너럴닥터는 1차 진료기관으로서의 진료뿐만 아니라 포토그래퍼들의 사진전이나 다양한 주제의 워크숍, 기획 전시 등이 진행되기도 한다.

걸러내어 틀을 먼저 맞추고 난 뒤, 외곽에서부터 안으로 맞춰 들어가는 것이다. 알다시피 모서리에 있는 퍼즐 조각은 한 쪽 모서리가 직선이라 골라내기 쉽다. 그렇게 골라낸 퍼즐을 이어 일단 외곽의 '틀'이 완성되면 안으로 퍼즐을 맞춰 들어가기는 한결 쉬워진다.

브랜드 전략을 짠다고 할 때 가장 먼저 전략가들이 하는 일도 이 퍼즐의 외곽 부분, 즉 기업이 처한 환경과 시장 상황을 살펴보아 자신의 위치를 정하고 전략의 틀을 잡는 일일 것이다(물론 직소 퍼즐처럼 이렇게 네모반듯한 틀이 짜여지는 경우는 거의 없을 것이다). 제너럴닥터라는 브랜드 역시 시작은 자신이 속한 의료계의 현실을 파악하는 것부터 시작했다.

제너럴닥터를 병원이 아니라 카페로 알고 찾는 사람이 더 많을 듯하다. 많은 기사들이 제너럴닥터를 '이색 카페'로 다루기도 하더라. 이런 새로운 병원을 만들게 된 이유는 무엇인가?

김승범(이하 '김') 현재 일반적인 진료기관과는 모습이 다르다 보니, 인터뷰를 할 때마다 "병원이 맞나?"부터 "돈을 벌려는 생각은 있나?"까지 다양한 질문을 받는다. 우리는 "돈에는 관심이 없다"며 도덕적인 명분을 내세워 사업을 하겠다는 생각은 해본 적이 없다. 제너럴닥터가 지금과 같은 모습을 하게 된 것은 의료 현실에 대한 우리의 생각 때문이다. 우리나라에서 의료는 특히 공공재처럼 여겨져 '병원에 무슨 브랜드냐'는 말까지 나올 만한 분야로 취급되어 왔다. 그러나 현실에서 사람들은 아플 때 친구가 추천해 주는 병원에 갈 것인지, 아니면 내가 알던 병원에 갈 것인지 고민하는 등 매번 의료 서비스를 '소비재'처럼 선택하고 있다. 알다시피 의료 서비스는 고객이 기분 좋게, '만족한다'는 표현이 쉽게 나오기 어려운 분야다. 거기다 의사는 더 많은 의료 지식을 가지고 있다는 이유로 의료 체계의 중심에 서 있기 때문에 지금까지 병원은 특별한 혁신 없이도 사람들이 건강에 대해 가지는 공포를 이용해 얼마든지 돈을 벌 수 있었다. 현대 사회를 medicalized society라고도 하지 않나. 의사는 아주 평범한 일상, 그래서 건강을 생각하지 않아도 되는 순간에도 '건강'을 생각하게 만들어 이것을 볼모로 어떤 것도 편안하게 받아들일 수 없도록 하는 힘을 가진 자가 되었다.

현재 의료 산업이 가지는 한계를 느끼고 '어떻게 보완할 것인가'를 고민한 결과가 제너럴닥터인 셈인가?

김 현재 의료 산업의 문제는 누구나 이 속에 들어오면 돈을 쓰더라도 불쾌하고 만족도 없으며 기분이 나쁘다는 것이다. 세상에 그런 산업이 어디 있나. 돈을 쓰는 사람은 만족해야 하고 쓸수록 기분 좋아야 하는데 왜 의료 산업은 그것을 전제로 하지 못할까 하는 생각이 가장 컸다. 그래서 기본적으로 사람들이 만족할 수 있는 의료 서비스가 있다면 실험해 보고 싶었다. 내가 아무것도 하지 않고서는 지금 의료 산업의 어떤 문제도 지적할 수 없다고 생각했다. 병원이 단편적으로 몸의 병만 보고 고치는 곳이 아니라 환자의 인생을 놓고 그 사람의 삶에 어떤 문제가 있고, 그것을 어떻게 해결할 수 있을지 고민할 수 있는, 그런 병원이 되고 싶었던 것이다. 그랬을 때 결과적으로 제너럴닥터도 소비자에게 선택 받을 수 있을 것이고, 우리만의 경쟁력도 생긴다고 생각한다. 제너럴닥터에는 '가장 인간적인 관점을 견지한다'는 전제가 깔려 있다.

가장 인간적인 의료를 위해 '더 많은 월급과 편리한 인생'을 포기한 두 의사는 자신이 직접 겪은 문제점을 해결하기 위해서 지금의 제너럴닥터를 만들었고 그 전략의 틀을 잡은 셈이다. 김승범 원장이 제너럴닥터를 연 뒤에 만난 정혜진 원장은 사실 (그들의 표현에 의하면) 안정적인 의사의 '수순'을 다 밟은 상태였다. 의과대학을 수석으로 입학했고 대학병원에서 여자로서는 드물기에 전문성을 더 인정받을 수 있는 비뇨기과 전문의로 이미 3년을 지냈다. 현실에 만족할 수도 있었겠지만 정 원장은 김 원장을 만난 뒤 평생 의사로 살 자신의 '업'을 돌아보게 되었고, 대학병원 생활을 하면서 느낀 모순을 제너럴닥터에서 해결하겠다는 생각이 들었다고 한다.

> "사람들이 만족할 수 있는 의료 서비스를 실험해 보고 싶었다. 내가 아무것도 하지 않고서는 의료 산업의 어떤 문제도 지적할 수 없다고 생각했다."

정혜진(이하 '정') 어렸을 때 '의사'라고 하면 마음속에 떠올리는 그림이 있었을 것이다. 그런데 실제로 의사가 되고 환자들과 만나보니 모든 것이 그 그림과 잘 맞지 않았다. 진료실 세팅이나 진료 방식, 환자의 자세, 의사의 자세, 약의 처방 등 모든 것에 괴리감을 느꼈고 굉장히 불편하기도 했다. 제너럴닥터로 오고 나서 이전의 불편한 요소를 없애고 최대한 편안하게 의료의 원형에 가까운 것들만 끄집어 내서 제공하는 방식을 사용하다 보니 나도 만족스럽고, 현재의 제너럴닥터의 모습과도 가까워진 것 같다.

김 현실에서 느끼는 괴리감이나 부조화, 안타까움을 '어쩔 수 없다'며 받아들일 수만은 없었다. 의사로서 평생을 살 텐데 가장 나답게, 내가 옳다고 생각하는 대로 살아야겠다는 생각이 들었다. 그래서 기존 시스템을 버리고 백지에 가까운 상태에서 하나씩 만들어 가는 상황이고, 아직 채워야 할 부분이 너무 많다.

퍼즐 채워 가기

앞서 말한 바와 같이 브랜드 전략을 세울 때는 직소 퍼즐의 모서리 틀을 짜맞추는 것처럼 빈틈없이 완벽한 사각형으로 만들어지지는 않을 것이다. 특히 기존 산업의 문제점을 답습하지 않고 새로운 방법으로 브랜드를 이끌어 나가기 위한 전략이라면 더욱 그렇다. 그러나 이런 문제를 알고 있는 상태에서 그것을 해결하고자 이곳 저곳 비어 있고 끊어진 틀을 놓고 하나씩 퍼즐을 맞춰 가는 방법은 가끔 브랜드에 전혀 새로운 가능성을 열어 주기도 한다. 제너럴닥터의 경우처럼 말이다.

왜 병원에 카페가 있을까, 아니 카페에 왜 병원이 있을까?

사실 제너럴닥터를 만나기 전 우리가 가장 궁금해 한 것은 '이렇게 진료를 하고도 돈을 벌 수 있을까?'였다. 병원이 '1시

카페로서의 제너럴닥터에서 일하는 정혜진 원장과 김승범 원장

⊕ '만족한다'는 표현이 쉽게 나오기 어려운 분야, 의료 산업

"한국의 의료보험은 미국이 배울 것이 많다." 얼마 전 의료보험개정안과 관련해 홍역을 치른 오바마 미국 대통령의 말이다. 우리나라는 미국을 비롯한 다른 국가들에 비해 건강보험제도가 꽤 성공적으로 안착된 나라로 꼽힌다. 그러나 미국과 같이 의료보험제도가 열악한 국가의 경우 의료 서비스는 큰 대가를 지불해야 하는 대표적인 소비재 중 하나다. 소비재란 무엇인가? 이것을 선택하는 고객이 우선시되어야 하며, 이들의 선택을 받기 위해 생산자가 끊임없이 혁신을 위해 노력하는 것이 당연하다. 그러나 《미래 기업의 조건》에서 클레이튼 크리스텐슨 교수가 지적했듯 의료 산업이 소비재 중 하나가 되었음에도 불구하고 ①소비자들이 언제 의료 서비스를 이용해야 할지 모르고(누구도 의료를 이용하지 않겠다 자신할 수 없다), ②의사가 의료 지식에 대해 소비자보다 더 많이 알고 있다는 이유로 역사적으로 계속 생산자(의사) 중심의 시스템이 구축되어 왔다. 그러나 크리스텐슨 교수는 "과거에 비해 인터넷이 발달하여 의학 정보가 넘쳐나고 환자들의 자가진단도 용이해짐에 따라 지식의 불균형이 해소되면서 점점 의료 산업도 혁신이 필요한 분야가 될 것"이라고 말한다. 더 이상 생산자 위주의 산업 구조가 지속되지 못할 것이라는 예측인 것이다. 더군다나 병원 수가 늘어 가고 시장이 포화 상태로 치달을수록 의료 산업도 다른 산업이 겪은 딜레마를 무시할 수 없게 될 것이다. 환자는 '소비자'로서 얻을 수 있는 최대한의 만족을 원할 것이다. 그러나 의료 산업의 특성상 소비자는 (몸이 아파서 이용하는) 병원을 시작 단계부터 기분 좋은 소비로 받아들일 수 없다. 게다가 사람의 몸은 기계의 부품을 교체하거나 수리하는 것처럼 100% 완치가 어렵기 때문에 충분한 만족을 주기 어렵고, 현재로서는 기본적인 의료 외에 기대 이상의 만족을 유발하는 *흥분 속성을 찾기 어려운 산업이다. 따라서 앞으로는 기본적으로 병원의 서비스를 이용하는 소비자가 돈을 지불하면서도 진료를 받는 동안 슬픔, 화, 불만과 같은 부정적인 감정을 경험하는 것을 최대한 상쇄시킬 수 있게 해주는 의료 혁신이 필요하다. 김 원장도 의료 현실을 살펴보며 이와 같은 생각을 했다.

*흥분 속성
고객에게 전달될 경우 만족감이 높아지지만 없더라도 불만을 야기하는 않는 품질 속성이다. 고객 만족에 영향을 주는 6가지 요인(기본적속성, 흥분속성, 성능속성, 무관심한 속성, 의심스런 속성, 반대 속성) 중 고객에게 놀라움을 주고 기쁨을 창출할 수 있는 요인이며, 기본적속성을 넘어서는 부분이기에 기업의 차별화에도 큰 영향을 미친다. 카노Kano의 '고객만족모델(1984)'에서 제안되었다.

*의료 산업과 병원 브랜딩에 대한 이해를 위해 유니타스브랜드 Vol.14 p166 '선인을 만드는 Habitualization, 대전 선병원' 기사를 참고하면 좋다.

간 대기 3분 진료'라는 말이 나오는 것은 그만큼 많은 환자를 봐야 높은 수익을 낼 수 있기 때문이다. 그러나 제너럴닥터의 의사들은 한 명의 환자를 알기 위해서는 최소 30분의 진료 시간이 필요하다고 생각하며, 그 시간 동안 환자와 오랜 대화를 나눈다. 제너럴닥터의 의사는 총 3명. 하루 8시간의 진료 시간 동안 3명의 의사가 만나는 환자는 하루에 20명을 넘지 않는다. 그렇다고 특별히 진료비가 비싼 것도 아니다. 보통 동네 의원들처럼 3,000원 미만의 진료비를 받는다. 그렇기 때문에 진료를 통해서는 충분한 수익을 낼 수 없다. 무엇보다 중요한 이 진료 방침을 지켜 내기 위해서는 새로운 비즈니스 모델이 필요했다.

아마 그간 제일 많은 질문을 받은 부분이 비즈니스 모델이 아닐까 한다. 진료만으로는 제너럴닥터를 유지하기 어려울 것이고 그래서 '카페'에서 나오는 수익이 꼭 필요할 것 같다. 그런데 카페는 병원과 인접한 분야가 아니라서 쉽게 생각하기 힘든 방법일 텐데 어떻게 이런 비즈니스 모델을 생각하게 되었나?
김 우리는 충분한 진료를 위해 시작 단계부터 '병원은 환자를 많이 볼수록 더 많은 돈을 버는 곳'이라는 도식을 깨야만 했다. 이것을 깨기 위해서는 사람들이 제너럴닥터에 와서 무엇을, 왜 소비해야 할 것인가에 대한 포인트를 바꿔 주어야 했다.

정 의사로서 의료 행위는 스스로에게 '생업' 이상의 것이어야 한다. 만약 우리가 돈을 벌기 위해서 의료 행위를 한다면 얼마나 힘들고 불행할까? 그래서 우리에게 생업은 카페인 셈이다. 의료는 돈을 벌기 위한 것이 아니다.

김 동시에 제너럴닥터에서는 의사나 환자나 여유를 가지고 즐겁게 만났으면 좋겠다고 생각했다. 그래서 누가 오더라도 편안한 공간인 카페를 만들고 사람들이 진료를 받으러 오지 않더라도 평소에 커피를 마시고, 팥빙수를 먹으러 오는 곳이 되도록 했다. 한 번도 따로 카페라고 홍보한 적도 없고, 그렇다고 그냥 '병원 내의 카페'라고 생각되도록 카페 이미지를 축소하지도 않았다. 사람들이 제너럴닥터를 경험하고 나서 '이럴 수도 있구나'라고 느끼고 편안해 한다면 그것으로 충분했다.

제너럴닥터는 건물의 2, 3층을 사용하는데 직접 방문해 보면 진료에 사용되는 면적은 3층 끝 아주 일부분이라는 사실을 알게 된다. 내부만 대충 훑어본다면 누구도 병원이라는 생각을 하지 못할 것이다. 그래서 지금만큼 제너럴닥터가 알려지기 전에는 처음 진료를 예약하고 이곳을 방문했다가 병원이 아니라고 생각해서 돌아가는 손님들도 많았다고 한다. 반면에 카페인 줄 알고 제너럴닥터를 찾았다가 '병원'임을 알고 무척 흥미로워하는 손님들도 많았다.

좀 더 브랜드 관점으로 본다면 갑자기 이런 의문이 들기도 할 것이다. '제너럴닥터가 정말 '병원'이라면 확실히 진료기관으로 포지셔닝해야 하지 않을까?' 그러나 환자의 이야기를 들어주고, 그들에게 편안함을 주는 '가장 인간적인' 의료를 하고 싶다는 이들의 생각을 듣고 나면 왜 이런 공간이 구성되었는지 이해할 수 있다. 의료로 부족한 수입원을 카페에서 찾은 것은 제너럴닥터가 독특한 브랜드 아이덴티티를 구축함과 동시에 그들의 철학을 지킬 수 있는 방법이라는 점에서 현명한 결정이었다. 〈그림 2〉에서처럼 카페는 업의 특성상 기존 의료 산업의 문제점을 해결하기 위해 필요한 많은 부분을 메워 줄 수 있기 때문이다. 제너럴닥터라는 브랜드가 계속 존재할 수 있도록 돕는, '의료기관으로서의 제너럴닥터' 옆의 퍼펙트 피스$^{perfect\ piece}$가 바로

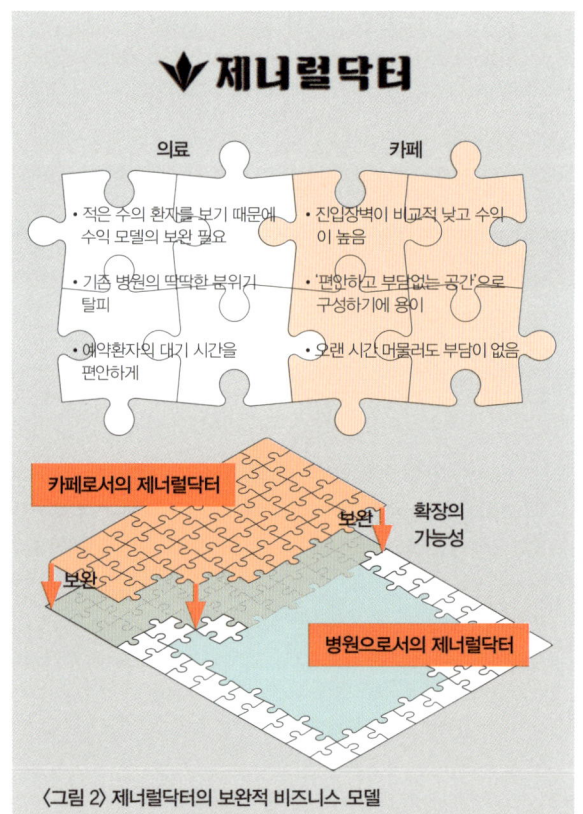

〈그림 2〉 제너럴닥터의 보완적 비즈니스 모델

'카페로서의 제너럴닥터'인 셈이다. 또한 제너럴닥터는 두 가지 기능(병원과 카페)이 어느 한쪽에 종속되지 않기 때문에 카페가 병원의 수익을 돕는 동시에 카페 사업으로서도 확장할 가능성을 동시에 얻게 되었다. 브랜드의 차별화도 꾀하면

만약 당신이 일반 병원에서 일하는 사람이라고 생각해 보자. 제너럴닥터의 두 의사와 동일한 문제를 발견했다면, 당신은 어디에서 어떤 해결 방법을 찾았을까? 남달리 긴 진료 시간을 가져야 한다고 생각했을 때 일반적인 병원의 밸류 체인 내에서 주어진 자원만 가지고는 그 문제의 해결책을 찾기가 어렵고, 수익은 당연히 줄어들 것이다. 제너럴닥터는 기존 밸류 체인의 외부에서 그 해결책을 찾음으로써 비즈니스 모델의 혁신을 이룰 수 있었다. 동시에 (현재 그럴 생각이 없다 하더라도) 장차 의료뿐만 아니라 카페로서의 성장 가능성도 열어 둘 수 있게 되었다. 제너럴닥터가 자유로운 분위기의 홍대 앞에 자리 잡은 것도 (우연이긴 했지만) 제너럴닥터가 카페이자 새로운 병원의 모습으로 포지셔닝되는 데 도움을 주었다. 물론 이 모든 것이 사업의 다각화를 위한 것이 아니라 명확한 문제의 해결을 위한 것이었기 때문에 흔히 비즈니스 모델을 구성할 때 기업의 핵심 사업과의 인접도를 고려하는 사고에서도 좀 더 자유로울 수 있었다. 마치 몸 속의 혈액이 부족할 때 어떻게 몸의 내부 장기에서 더 많은 피를 만들지를 살피는 것이 아니라 외부에서 (항원 항체 반응이 없는 혈액형의) 새로운 피를 수혈 받는 것처럼 말이다.

동네 의원의 원형이 갖추어야 할 것들

제너럴닥터는 이렇게 전략의 틀을 잡고 빈 자리에 맞는 perfect piece를 찾아 하나씩 브랜드를 완성해 나가는 중이다. 카페라는 비즈니스 모델이 제너럴닥터의 주요 이슈들 중 가장 큰 부분을 해결했다면 그 후부터는 병원으로서 이들이 나아가고자 하는 방향에 맞게 진료를 할 수 있어야 했다. 먼저 제너럴닥터 홈페이지의 소개글을 살펴보자.

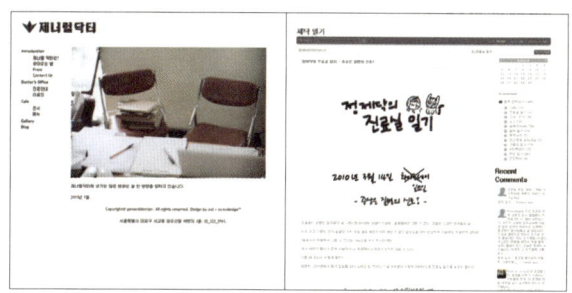

제너럴닥터의 홈페이지(www.generaldoctor.co.kr)와 블로그(gedoc.tistory.com). 블로그에서는 만화를 통해 쉽게 의료 상식을 전달하고 있다.

제너럴닥터는 지금까지 존재하지 않았지만, 사실 원래 이런 것이 아니었을까 하는 모습의 동네 의원입니다.

정말 많이 아파졌을 때만 파편적으로 찾아가 명확한 이유도 모른 채 주사 한 대를 맞고 처방전을 들고 나오기보다는, 아프지 않을 때도 즐거운 마음으로 찾아가 차를 마시거나, 책을 보기도 하고 친구를 만나기도 하는 곳입니다.
동시에 어떤 문제가 있든 가장 나를 잘 알고 있는 의사가 있기에 믿고 찾아가서 나에게 지금 필요한 것이 무엇인지 알고 도움을 얻을 수 있는 동네 의원입니다.
일상과 의료의 구분을 세우지 않은 이곳에서는 환자와 의사의 이분법이 존재하지 않으며, 고객이라는 말도 존재하지 않습니다. 제너럴닥터에 오는 모든 이들은 환자나 고객으로 한정 지어지지 않는, 그저 한 인간으로 받아들여질 것입니다.
제너럴닥터는 최소한의 진료를 통해 최대한의 의료를 달성하는 것을 추구하며, 삶의 연속선상에서의 의료, 일상 속에서의 의료 모델을 만들어 가고 있습니다.

'동네 의원의 원형'. 제너럴닥터의 이름이 '제너럴닥터'가 된 이유이기도 하다. 같은 동네에 살면서 오가며 인사를 나누고, 궁금한 것이 생겼을 때 언제든지 찾아가 물어 볼 수 있는 '일반적인general 의사'와 병원이 아마도 이렇지 않았을까 생각되는 형태, 이것이 제너럴닥터가 추구하는 바다.

제너럴닥터의 의사들은 진료하지 않을 때는 직접 카페로 나가 커피를 내리기도 하고 음식도 만들었다. 카페의 한 공간에 앉아 손님처럼 개인 업무를 보기도 하고, 이런 이들에게 정기적으로 진료를 받는 환자들이 잠시 들러 궁금한 몇 가지를 묻고 가기도 한다. 그런데 과연 카페라는 편안한 공간만 있다고 이 모든 것이 가능했을까? 그보다는 오히려 다음의 몇 가지 사실에서 환자들이 이 의사들의 진정성을 느꼈기 때문에 이 모든 것이 가능했을 것이다.

아날로그 진료 노트와 처방전
특별한 진료 노트와 처방전에 대한 이야기를 들었다. 다른 병원과는 다르다고 하던데.
정 처음 진료를 할 때 진료 노트를 손으로 쓰기로 했다. 한 사람의 기록을 한 권의 노트에 써서 모으는 것이다. 이 사람이 6개월 전, 1년 전에는 어떤 이야기를 했고, 어떤 이유로 이곳을 찾아 왔다는 내용을 의사가 알고 있어야 한다고 생각했기 때문이다. 물론 모든 병원이 의무 기록의 형태로 이것을 남기기는 하지만 그 사람의 사소한 일상이나 감정 같은 디테일한 기록까지는 하지 못한다. 그런데 우리는 적어도 의사들이 초진 이후에 두 번째 방문부터는 그것을 알아서 지속적으로 커뮤니케이션할 수 있어야 한다고 생각했다. 그렇게 환자의 기록을 남기기 시작했는데 1,500권이 넘어가니까 조금 힘들긴 하더라(웃음). 제너럴닥터에서 이것은 약간 상징적인 의미였는데 사실 노트에 손글씨로 기록한다는 것 자체가 그리 중요하지는 않다.

그간 환자들을 위해 일일이 손으로 써온 진료 노트가 빼곡히 들어찬 캐비닛.

그래도 손으로 친절하게 써 주는 진료 노트와 처방전 때문에 감동을 받았다는 사람들의 이야기를 많이 들었다. 힘들긴 하겠지만 이것 역시 제너럴닥터가 좋은 평가를 받는 이유이지 않겠나?
김 물론 그럴 것이다. 그러나 처음부터 환자의 감성을 자극하겠다는 생각은 전혀 없었다. 남들이 볼 때는 비효율일지 몰라도 우리의 판단 기준으로는 지극히 합리적인 결정이었다. 처방전의 경우도 그렇다. 원래 병원에서 처방전은 약국용과 환자보관용으로 2장이 지급되어야 한다. 보통은 전산 시스템에서 똑같은 처방전에 이름만 약국용, 환자보관용 이렇게 나뉘어서 지급되는데 우리는 환자보관용 처방전에 짧게나마 환자가 이해하기 쉽게 손으로 써 주는 것이다. '평소에나 약을 먹을 때 어떻게 하는 게 좋다'는 내용으로 말이다. 결국 우리가 더 많은 의료 지식을 가졌다고 해서 그것을 일방적으로 우리의 언어를 사용해 통보하는 것이 아니라 인간 대 인간으로서 쉽게 의사소통을 하는 것이다. 이것이 환자를 '환자로서 대하는 것이 아니라 '인간'으로서 대하는 방법이며 우리 방식의 효율이다.

제너럴닥터는 누가 봐도 객관적인 비용이나 시간의 효율보다 나아가고자 하는 방향에 맞는 효율을 선택하고 있었다. "브랜드가 추구해야 할 '소비자 중심'이 소비자가 미처 생각하지 못한 '상표 이상의 감동'을 기준으로 브랜드를 설계하는 것"(유니타스브랜드 Vol.13 p44 참고)이라면 제너럴닥터는 철저히 소비자 중심의 전략을 효율적으로 실행한 셈이다.

인형 속에 숨은 청진기

또 하나의 사례는 '인형 속에 숨은 청진기'다. 이것은 김 원장이 공중보건의로 일할 때 얻은 아이디어를 토대로 만들어졌다. 아이들을 진료할 때 어려운 점 중 하나는 아이들이 병원의 낯선 공기에 긴장한 상태에서 차가운 청진기를 몸에 가져다 대는 순간 울음을 터뜨린다는 것이다. 감기에 걸린 아이들을 진료하려면 아이들의 입을 열어 막대로 혀를 누르고 목 상태를 확인한 뒤, 청진기로 체내에서 발생하는 심음心音과 호흡음을 들어야 하는데 그게 어려웠던 것이다. 아이들이 울기 시작하면 제대로 청진을 할 수 없는데다, 어렵게 청진을 끝내더라도 부모님과 아이의 상태에 대해 이야기를 나눌 수가 없었다. 김 원장은 그래서 아이들이 좋아하는 인형을 이용하기로 했다. 인형 속에 청진기를 넣어서 아이들이 인형을 꼭 안고 있는 동안 조용히 청진을 하고, 아이가 편안해 하는 동안 부모님과 대화하는 시간을 번 것이다. 더불어 아이들의 목을 확인할 때 쓰는 막대에는 사탕을 달았다. 단맛을 느끼자 아이들은 혀를 움직이지 않았고, 진료가 끝나면 사탕이 붙은 막대를 선물로 받았다.

이 '인형 속에 숨은 청진기' 이야기는 TEDxSeoul 등에서 아이디어와 혁신이 필요한 많은 사람들에게 감동을 주었고, 디자인 경영 및 서비스 디자인 분야에서도 높은 관심을 얻었다. 이토록 많은 사람들이 제너럴닥터의 이야기에 주목한 것은 '어떻게 이런 해결책을 찾았을까?'를 넘어서 '어떻게 이것을 문제라고 생각했을까?'가 놀라웠기 때문이기도 했다. 이들이 만약 철저하게 '의사의 관점에서 '아이들은 진료하기 정말 어렵다' 정도로만 생각했다면 이런 혁신은 이루어 내지 못했을 것이다. 그러나 제너럴닥터는 '아이'의 관점으로 퍼즐의 빈 자리(문제점)를 찾아내고 꼭 맞는 퍼즐(해결책)을 만들어 채울 수 있었던 것이다.

그들이 손으로 쓰는 진료 노트와 처방전이나 인형 속에 숨

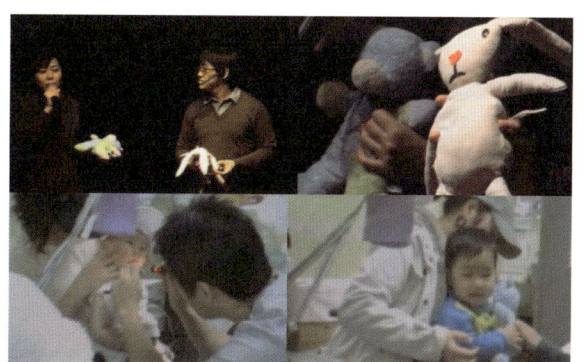

TEDxSeoul에서 제너럴닥터의 청진기와 그 외 서비스 디자인에 대해 발표했다.
사진 출처 : TEDxSeoul 홈페이지(www.tedxseoul.com)

은 청진기는 처음부터 '브랜드 전략'을 생각하며 설계된 것은 아니라 하더라도 철저히 '전략적 사고'에 의해 도출된 결과라고 할 수 있다. 성공학과 리더십의 대가로 불리는 존 맥스웰은 전략적 사고를 일반적인 정의와는 달리 "지금의 나와 앞으로 되고자 하는 나를 이어 주는 다리"라고 말한 바 있다. '나(브랜드)다움'에서 벗어나지 않는다는 원칙 아래 '앞으로 되고자 하는' 내가 되기 위한 전략적 사고는 모든 브랜드가 '자신다움'을 찾고 진정한 브랜드로 거듭나기 위해서 꼭 필요한 것이다. 제너럴닥터는 이런 전략적 사고를 통해 요소들을 찾고 퍼즐을 채우는 방식으로 그들에게 꼭 맞는 전략적 선택을 해 나가고 있다.

strategy, guided by philosophy

글의 서두에 세상에서 가장 어려운 퍼즐이라는 임파시퍼즐을 소개한 이 퍼즐이 어려운 것은 앞면의 그림만으로는 도저히 퍼즐 조각의 위치를 찾을 수 없기 때문이다. 그러나 만약 퍼즐의 가이드 역할을 하는 이 그림이 너무나 명확하다면 퍼즐은 얼마나 쉬울까? 퍼즐 한 조각의 앞면 그림만 봐도 그림의 어디쯤에 위치하면 되겠다는 생각이 든다면 말이다.

브랜드 전략도 이와 흡사할 것이다. 아무리 많은 조각과 경우의 수가 있다 하더라도 가이드가 되는 그림이 명확하다면 퍼즐을 맞춰 가는 것이 그리 어려운 일일까? 브랜드 관점에서 볼 때 가이드가 되는 이 '그림'이 바로 브랜드의 철학이라 할 수 있다. 제너럴닥터가 퍼즐을 맞추는 과정(전략 수립과 실행)에서 필요한 의사결정을 무엇보다 쉽게 만들어 주는 것이

바로 그들의 철학이었기 때문이다. 이들에게는 철학이라는 명확한 그림이 있었다.

제너럴닥터가 하는 일들을 살펴보면 기존의 틀에서 벗어나 매번 새로운 것을 시도하는 것이 어려울 것 같다는 생각이 든다.
정 그런 이야기를 많이 듣는데 의외로 우리는 결정을 내리기가 매우 쉽다. 계획된 전략이 없어도 뚜렷한 '목표'가 있기 때문이다. 목표를 놓고 보면 그것을 위해서 지금 주어진 것을 취할 것이냐 말 것이냐를 매우 쉽게 결정할 수 있다. 그래서 지금도 그렇고 앞으로도 변하지 않을 유일한 것은 그 목표뿐이라고 생각한다. 이를 위해서는 언제든 전략은 변할 수 있다.

'전략은 없어도 목표가 있다'는 말인가? 그 목표는 무엇인가?
김 우리는 계속 존재하는 것 자체가 목표다. 사업을 유지해야 한다는 의미가 아니라 우리 같은 병원의 형태, 우리가 시도한 새로운 움직임이 시간이 흘러서 정말 평범한 동네 의원의 형태가 되어 곳곳에 생겨났으면 좋겠다는 의미다. 꼭 '제너럴닥터'가 아니라 다른 병원이라도 말이다. 제너럴닥터가 제너럴general해지는 것이 우리의 목표다. 우리 같은 병원이 이슈가 되지 않고 아무렇지도 않게 존재했으면 좋겠다.

정 의사라도 여러 종류의 의사가 있다고 생각한다. 물론 대학병원의 의사들처럼 정교하고 높은 기술을 가진 전문가도 있어야 한다. 우리는 그런 시스템까지 무너뜨려야 한다는 생각은 추호도 없다. 그것과 다른 일을 하고 있을 뿐 그것을 비판함으로써 이익을 취하는 것은 아니라는 말이다. 다만 우리처럼 가까이서 이야기를 들어주고 환자들의 삶과 밀접한 커뮤니케이션을 하는 의사도 우리 의료 시스템에 필요하다는 것이다. 처음 일을 시작할 때는 사람들이 정말 우리 같은 의사를 원할까 싶기도 했는데, 막상 진료를 시작하고 보니 자신이 하고 싶은 이야기를 준비해서 오는 환자가 있기도 했다. 우리 같은 의사가 정말 필요했던 것이고, 앞으로도 필요할 것이라 믿는다.

제너럴닥터는 명확한 목표가 있는 브랜드다. '가장 인간적인 진료'를 계속해 결국 자신들과 같은 '제너럴'한 의사가 많이 생겨나는 것이다. 그렇기에 이들은 가고자 하는 길을 따라 전진하는 일이기만 하다면 전략은 언제든 바뀔 수 있다고 말한다. 퍼즐 앞면의 그림과 같은 '철학'의 가이드가 명확하기 때문에 남들이 보기에 어려운 결정도 쉽게 할 수 있었다. 이제 이들은 브랜드로서 3년을 보냈다. 그들은 "잘 버텼다"고 말하지만 제너럴닥터를 아는 사람들은 이들이 진정성을 지키며 "잘 성장했다"고 말한다.

general doctor와 general innovation

"신新경제에서 혁신의 분석 단위는 제품이나 기술이 아니라 비즈니스 컨셉business concept이다."

일반적으로 내가 어떻게 경쟁자들을 물리치고, 비즈니스에 '혁신'을 가져올 것인가를 생각할 때, 사람들은 제품이나 기술의 혁신을 먼저 떠올린다. 그렇지만 그렇게 혁신 기업이 된 곳은 극소수에 불과하다. 새로운 제품이나 기술을 만들 수 없는 기업은 혁신의 기회조차 없단 말인가? 세계적인 경영 전략가로 손꼽히는 게리 하멜은 《꿀벌과 게릴라Leading the Revolution》에서 위와 같이 진정한 혁신은 비즈니스 컨셉의 혁신을 이루는 것에서부터 시작된다고 말한다. 그러면서 화장품 유통 사업에서 탄탄한 브랜드로 성장한 세포라Sephora를 예로 들었다. 세포라 이전의 화장품 유통은 한 매장에서 하나의 브랜드 제품만 판매하는 형태였으나 세포라는 (게리 하멜의 표현대로) "기존 비즈니스 모델을 내다버렸다." 세포라는 대중 브랜드부터 최고급 브랜드까지 다양한 화장품 브랜드를 한 곳에서 알파벳 등으로 정리된 디스플레이를 통해서 만나 볼 수 있고 모든 제품을 직접 발라 볼 수 있게 했다. 그들은 이처럼 비즈니스 컨셉 혁신을 통해 화

STRATEGIZATION 2

〈그림 3〉 세포라와 제너럴닥터의 비즈니스 컨셉 혁신

장품 제조 업체가 유통 통제권을 상실하게 만들었다. 오늘날 올리브영, GS왓슨스 등의 유통 브랜드가 벤치마킹한 혁신이 바로 세포라로부터 시작된 것이다.

제너럴닥터 역시 이 관점으로 해석했을 때 비즈니스 컨셉부터 혁신을 이룬 것이라 볼 수 있다. 게리 하멜은 기존의 비즈니스 모델과 다른 급진적인 비즈니스 모델을 실험해 보지 않는 브랜드는 이미 죽은 목숨이나 다름없다고까지 표현했는데, 제너럴닥터의 새로운 비즈니스 모델은 혁신을 원하는 브랜드에 새로운 시각을 제시한다.

또한 게리 하멜은 비즈니스 컨셉 혁신이 효과적일 때는 경쟁자들을 난처한 상황에 빠뜨릴 수 있다고 말한다. 세포라가 성장했을 때 경쟁자들은 자신의 비즈니스 모델을 포기할 수도, 그렇다고 세포라의 비즈니스 혁신을 무시할 수도 없는 난처한 상황에 빠졌다. 모든 것을 포기하고 세포라의 혁신을 따라 세포라의 뒤를 이어 2등이 될 수도 없고, 그렇다고 세포라의 혁신을 무시할 수도 없게 된 것이다.

제너럴닥터의 경우도 마찬가지다. 이들의 혁신을 따라 모든 병원들이 제너럴닥터의 비즈니스 모델을 따라갈 수도 없겠지만, 제너럴닥터가 더 성장할 경우 이들의 혁신을 무시할 수도 없을 것이다. 제너럴닥터와 같은 병원의 필요성은 소비자 대부분이 느끼고 있는 상태이기 때문에 기존 시스템 내에 있는 병원들은 어떻게 제너럴닥터라는 브랜드가 가진 장점을 자신의 병원에 적용할 수 있을지를 고민해 나름의 혁신 방법을 개발해야 할 것이다. 제너럴닥터와 같은 비즈니스 컨셉 혁신을 이룬 브랜드가 갖는 의의는 세포라가 그랬듯 지속적으로 소비자가 무엇을 원하는지를 경쟁자들이 서로 고민하게 만들어서 동종 업계(뿐만 아니라 다른 업계까지도)에 건전한 전략적 다양성을 유발하는 데 있다.

당연하게도 절대, 제너럴닥터의 전략을 '그대로' 자신의 브랜드에 적용하고자 하면 안 된다. 많은 전략가들이 지적하는 실패하는 기업의 문제점 중 하나가 다른 브랜드의 전략을 그대로 모방하는 것이라는 점을 기억하라. 지금 시작하는 병원이라도 이들의 전략을 그대로 따르는 데만 집중하면 2등이 될 수밖에 없다. 그러기보다는 이들의 '전략'이 아닌 '전략적 사고'를 배워야 한다. 이때의 전략적 사고란 '경쟁자를 어떻게 이길 것인가'를 고민하는 사고방식을 말하지 않는다. '나는 어떤 목적을 가진 브랜드인가?' 그리고 '나는 어떤 방법으로 목표하는 내가 될 것이며 더 나다워질 것인가?'를 고민하는 것이 제너럴닥터의 숨은 전략적 사고다. 의료 산업에 종사하지 않는 다른 브랜드들도 제너럴닥터에서 배울 점을 찾을 수 있는 것은 다 이 때문이다.

하얀 가운이 주는 권위가 아니라 커피를 내리고 편안한 분위기에서 오래 환자들과 대화하는 것에서 '업의 의미'와 '브랜드의 존재 목적'을 찾아가는 것. 그래서 여기 제너럴닥터 속의 제너럴 닥터들은 남달리 행복해 보인다. 이것은 어쩌면 목적도 없이 막연하게 이기기 위해 세운 '전략'이 아니라 전략 너머의 것을 생각하고 좇으려는 이들의 general innovation(지금까지 존재하지 않았지만, 사실 원래 이런 것이 혁신이 아니었을까 생각되는 혁신), 바로 그 때문이 아닐까. UB

김승범 연세대학교 의과대학을 졸업하고 2007년 제너럴닥터를 개원했다. 제너럴닥터의 혁신적인 서비스디자인을 인정받아 하나금융그룹 상품 디자인, 유비케어 헬스케어 서비스 기획, 비타민엠디 서비스 기획 등의 자문을 정혜진 원장과 함께 맡기도 했다. 홍익대학교 IDAS와 기계시스템디자인공학과에 출강하고 있다.

정혜진 단국대학교 의과대학을 수석 입학, 졸업하고 단국대학교 병원 인턴을 수석으로 마쳤다. 단국대학교에서 비뇨기과 전공의 수련을 하던 중 2008년 제너럴닥터의 공동 원장이 되었다. 김승범 원장과 《제너럴닥터-어느 이상한 동네 병원 이야기》를 공저했다.

SCHOOL FOOD

자신의 '본능'을 조직의 '지능'으로 자신의 '철학'을 조직의 '전략'으로, 스쿨푸드

The interview with 스쿨푸드 대표 이상윤

스쿨푸드에서 제공되는 '마리(Mari, 위 사진과 같은 김밥류를 그들은 마리라 부른다)'의 사진이다. 물론 위에 열거된 수치가 절대인 것은 아니다. 하지만 분명한 것은 그들이 마리를 말 때는 위의 요소를 반드시 염두에 둔다는 점이다. 마리뿐만이 아니다. '국물 떡볶이'를 만들 때, '오뎅탕'을 끓일 때, '학교 냉면'을 준비할 때도 저마다의 규칙이 있다. 그리고 그 규칙은 자연스럽게 다른 외식 브랜드와의 '차별화'를 만들어냈다.

이 이야기는 그 차별화를 만들어 낸 '전술'과 그 전술을 있게 한 그들의 '전략', 그리고 전략 너머에 있는 '숨겨진 핵심'에 관한 이야기이다. 그 핵심이 무엇인지 한 단계씩 짚어 나가 보자.

We are different!

스쿨푸드는 분명 분식이다. '분식(밀가루 등 가루[粉]로 만든 음식)'이란 단어가 주는 느낌은 그야말로 '식사 대용의 간단한 음식' 정도다. 그렇다 보니 국어사전에도 이 단어의 활용이 "점심은 간단히 '분식'으로 하자" "쌀이 부족하던 1960년대에는 정부에서 '분식'을 장려하기도 했다" 등으로 소개되는 것일 테다. 하지만 물리적 특성만으로는 설명이 부족한 것이 브랜드 아니던가. 그렇게 치자면 루이비통 백은 가방이요, 아이폰은 부수 기능이 많은 전화기고, 나이키는 운동화다. 브랜드는 종종 그 단어가 갖는 의미의 한계를 뛰어넘어, 단어를 새롭게 정의한다. 그리고 그 정의는 고객에 의해 씌어질 때 의미가 있다.

"먹는 음식을 살펴보니 다들 분식점 음식인데 분위기는 까페 같더군요~" - 블로거 오OO

"스쿨푸드는 컨셉을 참 잘 잡은 것 같다. 고급스러운 분식 그리고 특히 마리는 다양한 맛에다가 한 입에 쏙 들어가는 크기라 나한테 모둠마리를 갖다 줘도 다 먹을 수 있을 것 같다. 어떻게 생각하면 떡볶이 치고 비싸다고 생각할 수도 있으나 한끼 밥값으로 비싼 것도 아니고 배도 부르므로 난 만족함 ㅋㅋㅋ" - 블로거 미OO

"이런 분위기에서 먹는 깔끔한 분식이 인기를 끌게끔 한 거 아닌가 싶다. 장소와 서비스까지 생각하면 가격도 괜찮은 거 같다. 김밥을 마리라고 이름 지은 것도 참신하고 아이디어가 멋지다. 역시 인기가 있는 것은 이유가 있다." - 블로거 해OOO

온라인 공간에서 확인되는 수많은 블로거들의 스쿨푸드에 대한 회고록 중 일부다. 분명 그들은 스쿨푸드에서 일반 분식과는 사뭇 다른 '그 무엇'을 느꼈고 그러한 감흥은 스쿨푸드의 물리적 특성을 설명하는 분식이란 단어 앞에 몇몇 수식어를 붙이게 했다. 그것이 '프리미엄' '명품' '럭셔리' 등이다.

이상윤(이하 '이') 언제부턴가 사람들이 우리를 그렇게 불렀다. 그것은 '인정'을 의미한다. '비싼 분식'이 아니라 '프리미엄 분식'이라 부르는 것은 결국 고객들이 그만 한 값어치가 있는, 퀄리티 있는 제품이라 인정했다는 것이다. 그들로 하여금 우리는 우리가 누구인지 알게 되었다. 결국 난 '프리미엄'이란 표현에 더 자극 받아 방향성을 잡았고 그것을 고수한 것이 전략이라면 전략이었다. 실제 고객이 느끼는 부분을 더 부각시켰고 결과적으로 차별점을 갖게 됐다. 매장 앞에서 줄을 서서 기다리는 사람들이 이렇게 이야기하는 것을 종종 듣는다. "여기 싸고 맛있어."

고객에 의해 내려진 정의에 따라 스쿨푸드는 스스로를 분식이 아닌 '요리'로 정의하며 시장에서 자신의 자리를 잡아나갔다. 즉 '6,000원짜리 분식'은 비싸게 느껴지지만 '6,000원짜리 요리'는 얼마든지 용인할 수 있다는 것을 알아차린 셈이다. 스쿨푸드의 '그 무엇'은 무엇일까?

스쿨푸드의 그 무엇

스쿨푸드는 일반 플라스틱 그릇이 아닌 도기에 음식을 담아내고, 인테리어도 레스토랑 같은 분위기로 연출했다. 메뉴 역시 이름과 모양새, 그리고 맛에서 차별점이 느껴진다. 그들의 대표적인 메뉴는 앞서 소개한 '마리'류(약 15종)와, 그들의 핵심 아이템 장아찌가 들어간 김치말이 국수와 냉면, 기존의 떡볶이 떡 길이의 반밖에 안 되는 떡들이 자작한 국물에 잠겨 나오는 '국물 떡볶이', 일반 오뎅을 넣고 5시간 이상 끓인 국물에 고급 오뎅을 넣고 다시 끓여 낸 오뎅탕 등이다. 그밖에도 매까떡(매운 까르보나라 떡볶이), 오징어 먹물 마리, 꿀떡 맛탕 등이 그들의 대표 메뉴.

혹자는 스쿨푸드의 '그 무엇'을 '차별화'를 위한 고도의 '전략'이라고 부를 것이다. 사실 우리가 스쿨푸드를 취재하기로 결정한 것도 그들이 만들어 낸 결과물이 기존의 분식류와는 너무나도 다른 모양새, 가격, 컨셉을 갖춰서, 그 숨은 전략이 궁금했기 때문이다.

하지만 그 '전략'에 관한 질문들을 이상윤 대표에게 물었을 때 그가 들려준 이야기는 시장 분석을 통한 첨예한 전략 수립 과정과 실행에 관한 '무용담'이 아닌, 개인의 삶을 다큐멘터리로 엮은 '체험담'에 가까웠다. 당연히 전략이란 단어는 찾아보기 힘들었고 대부분의 답변은 '왜냐하면' 혹은 '그냥'으로 시작해 '~때문이다'의 종결어미로 끝나기 일쑤였다.

메뉴, 재료, 분위기… 일반 분식집과의 차별화를 꾀한 것 같다. 틈새 전략인가?

이상윤(이하 '이') 지금에서야 그렇게 해석되지만, 처음엔 먹고살기 위해 시작했다.

> "결국 우리 음식은 '분식치고는' 비싼 편이지만 요리 값, 즉 '한끼 식사 비용'으로 치자면 비싼 것이 아닌 것이 됐다."

마리를 말 때는 마는 힘도 신경 쓴다던데 어떤 의미인가?

이 일반적인 김밥은 밥이 너무 뭉쳐 있고 꽉꽉 말려서 입에 넣으면 밥이 아니라 떡 덩어리처럼 느껴졌다. 밥 덩어리 따로, 속 재료 따로 흩어져 버린다. 그게 싫었다. 입안에서 밥알이 풀리면서 재료와 골고루 섞여야 맛이 나고, 그러려면 말 때부터 밥알 사이에 공간이 생길 수 있도록 살살 말아야 한다. 그래서 힘을 조금 빼고 마리를 마는 것이다.

분식치고는 가격이 높은 편이라는 의견도 많다. 전략이었나?

이 원하는 맛을 내기 위해서는 원하는 재료를 사야 했는데, 그 재료가 비쌌기 때문에 소비자 가격도 비싸진 것뿐이다. 당시 국물 떡볶이가 5,000원이었는데 꼭 태양초 골드 고추장만이 그 맛이 났다. 하지만 그 고추장은 일반 식당에서 쓰는 고추장보다 비쌌고, 제품 가격도 그에 따라 비싸졌다. 달리 말하면, 원가에 맞게 가격을 책정했을 뿐이다. 70% 이상의 사람들이 맛있다면서도 비싸다는 평을 했지만 우리로서는 어쩔 도리가 없었다. 그러나 결국 맛이 가격에 대한 불만을 상쇄시켰다. 먹어 봤는데 맛있으면 가격에 대한 불만도 누그러진다. 결국 우리 음식은 '분식치고는' 비싼 편이지만 요리 값, 즉 '한끼 식사 비용'으로 치자면 비싼 것이 아닌 것이 됐다.

고객이 느낀 프리미엄은 단순히 음식 종류와 맛에만 있었던 것은 아닐 것 같다. 여느 분식집과는 사뭇 다른 인테리어가 색다르더라. 논현동 본점도 2005년 인테리어 그대로라고 들었다. 5년 전에 분식집이 그러한 인테리어를 갖는다는 것이 쉬운 일은 아니었을 것이다.
이 압구정에서 어떤 예쁜 카페를 봤다. 그 카페의 테라스는 나에게 신선한 충격이었다. 그래서 내가 언젠가 매장을 열면 꼭 그렇게 하고 싶었다. 그런데 막상 하려고 하니 주변에서는 분식집에 너무 많은 인테리어 비용을 들이는 것 아니냐며 반대가 심했다. 하지만 내가 그려 놓은 그림을 위해서라면 필요한 투자였고, 진행했다.

그의 말만 듣자면, 참 쉬워 보인다. 자신이 먹고 싶은 것을 원하는 모양으로 개발했더니 사랑받는 메뉴가 되었다니 말이다. 그렇다면 우리도 당장 내가 좋아하는 무언가를 만들어 시장에 내놓으면 금세 성공적인 결과를 얻을 수 있을까? 운이 좋으면 그럴 수도 있겠다. 하지만 간과해서는 안 되는 것이 ❷당시의 시장 상황과 그가 가진 환경적 측면이다.

물론 이 대표가 그러한 시장의 흐름을 계획적으로 분석하고 브랜드에 적용한 것은 아닐 것이다. 하지만 트렌드의 흐름에 민감한 압구정동과 논현동 부근에서 오랫동안 삶의 터전을 일구어 온 그들 형제(이 대표는 형과 함께 스쿨푸드의 처음을 열었다)는 자연스러운 변화의 흐름에 몸을 맡겼다. 그렇다면 그들에게는 아무런 전략이 없었을까? 하고 싶은 대로 했을 뿐인데 우연히 성공한, 단순한 운에 불과했나?

(곁에서 보기에) 그들의 행보는 운처럼 보이지만 이 대표의 말들을 깊숙이 들여다보면 그들의 전략을 찾아낼 수 있다. 그 비밀은 '왜냐하면 ~때문이다'에 있다. 이 문장 구조를 간단한 영어 단어 하나로 정리해 보자면 'lead' 정도가 될 것이다. 이를 테면 'A lead B', 즉 'A가 B를 야기했다' 정도로 말이다.

*미래에 대한 상대적 낙관지수
(= 소비자 기대지수 − 소비자 평가지수)
6개월 후에 대한 소비자의 기대심리를 나타내는 '소비자 기대지수'에서 현재에 대한 소비자들의 평가를 나타내는 '소비자 평가지수'를 뺀 값이 소비자의 '미래에 대한 상대적 낙관지수'다. 2003년 4월부터 상대적 낙관지수가 급격히 높아진 이유에 대해 LG경제연구소는 '당시 미국과 이라크 전쟁이 시작되면서 유가가 급등하고 테러 가능성도 높아지면서 소비자 평가지수는 급격히 낮아졌지만, 곧 전쟁이 끝나고 불확실성이 사라지면 세계적으로 경기가 다시 살아날 것이라 믿은 소비자가 높은 기대지수를 책정했기 때문'이라고 해석했다.

❷ 당시의 시장 상황

스쿨푸드가 런칭한 2003년에는 세계 전체에 '프리미엄'의 트렌드가 일고 있었다. BMW와 벤츠는 'Classic Casual'이라는 새로운 럭셔리 모델을 선보였고 노키아는 'Virtue'라는 천만 원대 휴대폰을 선보였으며 'Affordable Premium'이라는 컨셉 하에 수많은 럭셔리 제품이 쏟아져 나왔다. 루이비통, 루이까또즈의 매스티지화도 이 시기에 나타난 중요한 흐름이다. 그도 그럴 것이, 2000년대 초반부터 중국은 낮은 인건비와 원자재 값으로 경쟁력을 갖추며 '세계의 공장'으로서 각국의 제조 공정을 흡수하기 시작했다. 'Made in China'를 표기한 스티커는 수많은 제품 뒷면에 숨겨져 있었고, 대부분의 상품들이 싸지고, 또 흔해졌다. 언제나 그렇듯 하나의 주된 흐름은 역방향의 욕구를 불러일으켰다. 사람들은 격을 달리할 수 있는 제품들이 필요했고 기업 입장에서도 중국과의 가격 경쟁에서 벗어날 방도가 필요했다. 그래서 'Made in China 스티커' 대신 눈에 보이지 않는 '가치 스티커'가 붙은 각종 프리미엄 제품들을 만들게 된 것이다. 2002년 한일월드컵의 열기가 겨우 사그라지기 시작한 2003년의 한국도 예외는 아니었다. 당시 한국에서 럭셔리라이프를 대변한 스타벅스의 매출 추이 역시 2003년과 2004년 사이 높은 성장세를 보였고 통계청의 자료를 보면 당시 소비자들의 *미래에 대한 상대적 낙관지수 역시 상당히 높았다.

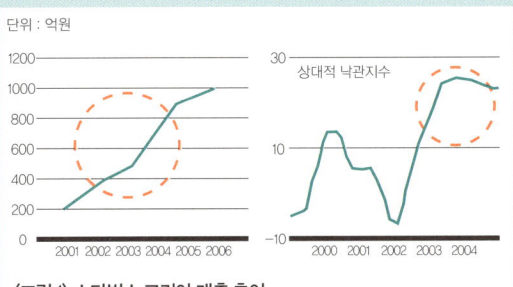

〈그림 1〉 스타벅스 코리아 매출 추이
〈그림 2〉 2003년에 급증한 소비자들의 상대적 낙관주의

그리고 외식시장 전체의 약 7~10%를 차지하는 5조 원 규모의 분식시장도 예외는 아니었다. 아마도 분식 개념에 있던 '김밥'류를 '롤'이란 이름으로 승격시키며 화려하게 등장한 '스시캘리포니아롤'을 기억할 것이다. 이들도 2001년 처음 이대 앞에 문을 연 후, 2003년에 큰 확장세를 보였다. 비슷한 시기에 프리미엄 죽으로 포지셔닝한 '본죽' 역시 2002년에 런칭 후 2003~2004년에 급격한 성장을 이루었다. 이처럼 전반적인 '프리미엄'에 대한 소비자의 의식적, 무의식적 요구는 가격에 대한 민감도까지 낮춰가며 고급화 시장을 넓히는 데 중요한 역할을 했다.

lead의 앞과 뒤

이 대표의 말에는 수많은 lead가 숨어 있었다. 이 단어 앞뒤에 있는 것들을 따라가 보면 무엇이 지금의 스쿨푸드를 있게 했는지 알 수 있을 것이다. 우선 눈에 보이는 것에서부터 시작해보자. 현재 우리가 스쿨푸드에서 보고 느낄 수 있는 것(메뉴, 인테리어, 분위기 등)은 대부분 '전술^{tactic}'에 가깝고 (이것을 바로 전략으로 이해했다면 오산이다) '전략^{strategy}'은 이보다 한 발 더 들어가야 이해할 수 있다. 즉 현재의 전술(T)을 있게 한 전략(S)는 무엇인가?

S lead T

앞서 소개한 그들의 여러 전술을 바탕으로 추론해 보자면 그들의 전략은 여러 가지로 해석될 수 있다. 독특한 메뉴와 인테리어를 바탕으로 20~30대 여성을 메인 타깃으로 한 점에서 '틈새시장 전략', 장아찌라는 아이템을 핵심으로 두고 다양한 메뉴를 개발했다는 측면에서 (협의의) '핵심 확장 전략', 기존의 분식집에서는 찾아볼 수 없던 요소를 가감해 경쟁을 불필요하게 했다는 측면에서 '블루오션 전략', 또 기본적인 '차별화 전략' 등으로 말이다.

하나의 작품에 대한 해석은 다양할 수 있고, 그 다양한 해석은 나름의 논리를 가질 때 틀린 이야기가 아닌 것이 된다. 마찬가지로 한 브랜드를 두고도 수많은 전략 툴이 적용돼 해석된다. 그간 GM, 토요타, P&G, 사우스웨스트 항공, IBM, 코카콜라 등을 예로 든 전략의 수가 몇이나 되는지는 헤아리기도

A LEAD B
STRATEGIC INTENT
STRATEGY
TACTIC

힘들다. 하지만 그중 틀렸다고 말할 만한 분석이 얼마나 있었나. 그래서 그 전략의 이름이야 무엇이 되었든, 그 전략(S)이 있게 한 앞단의 것을 알아보기로 했다. 그것이 바로 전략을 있게 한 이유, 즉 'Strategic Intent'다. 이 단어와 전략의 관계를 lead로 표현하자면 'I(intent) lead S'다.

I lead S

Strategic Intent. 우리에게는 '전략적 의도'라는 말로 더 잘 알려진 용어다. '전략'이란 단어, 또 '의도'라는 단어, 그리고 이를 합친 'Strategic Intent'라는 단어는 어딘지 모르게 묘한 거부감(?)을 준다. 마치 교묘한 책략과 계략, 모략, 혹은 권모술수와 같은 느낌 말이다. 하지만 1989년 〈하버드비즈니스리뷰〉에 발표한 「Strategic Intent」라는 논문을 통해 이 단어를 처음 소개한 세계적인 경영 철학자 게리 하멜과 프라할라드의 설명을 들어 보면 생각이 조금 달라진다('전략적 의도'라는 표현이 주는 선입견을 피하기 위해 잠시 영어 표현을 쓰기로 한다).

Strategic Intent

그들이 말하는 Strategic Intent란 사실 어떤 '정신과 태도'에 관한 것이다. 전략에 대해 연구하던 그들에게 영감을 준 이는 약 3,000년 전에 이름을 떨친 중국의 장수, '손자'다. 손자병법에서 이러한 표현을 발견하고는 그 의미를 곱씹다가 이 단어를 만들었다고 한다. "누구든 내가 전쟁을 치르는 곳에서 나의 '전술'들을 볼 수 있을 것이다. 하지만 누구나 그 전쟁을 승리로 이끈 '전략'들을 볼 수 있는 것은 아닐 것이다."

즉 현재 시장에서 보이는 경쟁자들의 전술들만 연구하고 고민하는 것은 궁극적으로 내가 세워야 할 전략 구축에 근본적인 도움을 주지는 못한다는 의미다. 전술 너머에 있는 전략, 그리고 전략 너머에는 무엇이 있는지를 알아야 한다.

경쟁자의 이번 시즌 상품이 무엇인지, 할인율은 몇 퍼센트인지, 어떤 이벤트를 진행하는지를 알아내는 것에 혈안이 된 오늘날의 몇몇(?) 마케터나 브랜더에게 쓴소리를 하는 듯한 그들의 대안이 Strategic Intent다(물론 경쟁자 분석이 필요하지 않다는 것은 절대 아니다. 다만 순서의 문제다).

그가 (1989년 논문 발표 당시를 기준으로) 20년 이상 시장을 리딩하는 기업들을 보았을 때 그들의 공통적인 성공 요인은 '자사의 규모나 능력을 훨씬 초과하는 목표에 대해 뜨거운 포부를 가졌다는 점'이었다. 그 포부를 두 교수는 '강박관념obsession에 가까운 집념'으로 해석했다(이는 경쟁자를 분석하는 것에서 기인하는 것이 아니다). 그들이 이러한 부분에 흥미를 가진 이유는 당시 급격한 성장을 보이며 미국 시장을 위협한 일본 기업들 때문이었다. 비현실적으로 보이던 목표를 집념과 야망으로 일구어 낸 일본 기업들의 승리 이유를 Strategic Intent에서 찾은 것이다. 상황이 이러하니 가끔 Strategic Intent를 전략적 '의도'가 아닌 전략적 '의지'로 해석하는 것도 무리는 아니다. 곰곰이 생각해 보면, 단어가 주는 어감상 '의도'보다는 '의지'가 더 맞아 보이기까지 한다. 게리 하멜과 프라할라드의 이러한 접근은 당시 학계의 주목을 받기 충분했고 큰 영향력을 끼쳤다. 지난 20년간 더 깊이 연구되면서 'Strategic Intent'는 '기업의 목적' 혹은 '이루어야 할 꿈'으로 정의되며 중요한 성공 에너지로 인정받았다. 하나의 도전 정신으로도 여겨지는 Strategic Intent를 구성하는 속성은 다음 3가지로 정리된다.

Strategic Intent의 속성

1) 방향감각(Sense of Direction) : 시장에 대한 장기적 관점으로 자사가 미래에 되고자 하는 경쟁적 위치를 고려하며 스스로의 목적을 통합적이고 개성이 드러나도록 표현한 방향성을 찾을 수 있는 감각
2) 발견감각(Sense of Discovery) : 미래에 대한 독특한 관점으로 새로운 경쟁력이 있는 (시장) 영역을 탐색할 수 있는 감각
3) 운명감(Sense of Destiny) : 직원들이 기업의 목적을 회사의 것을 넘어서 자신의 근원적 가치로 생각할 수 있도록 하는 감각

위와 같은 3가지 속성으로 Strategic Intent를 구성하는 것이 '기업의 목적 실현'을 위한 첫 단계다. 이것이 준비되면 게리 하멜과 프라할라드가 제시한 '전략적 의도 프로세스'를 통해 일련의 흐름을 만드는 것이 다음 과제다. 그 프로세스는 '도전 항목'을 정하는 것이며 이를 위한 방법론으로는 구체적인 비전 설정과 시장 경쟁자를 고려한 목표 설정이다. 마지막으로는 전략적 의도가, 그리고 설정한 비전과 목표가 개인의 것이 아닌 조직 전체의 것이 될 수 있도록 '목적의 공유'가 이루어져야 하며 그것의 방법론으로 권한 위임과 동기부여를 꼽고 있다.

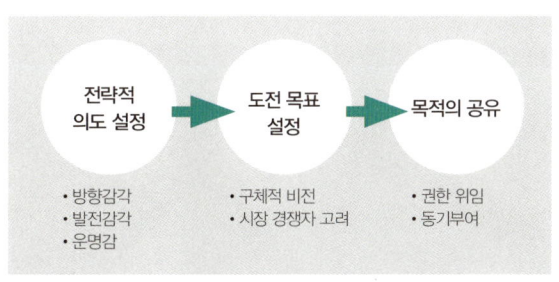

〈그림 1〉 게리 하멜과 프라할라드 교수의 '전략적 의도 프로세스'

BRAND STRATEGY

스쿨푸드의 전략적 의도 설정

스쿨푸드의 홈페이지나 메뉴판에서 가장 먼저 확인되는 것은 '당신의 입 속에 꿈을 담아드립니다'라는 그들의 메인 캐치프레이즈다. 그들의 전략적 의도가 함축된 문장이다. 이러한 '목적'을 실현하기 위해 지난 7년간 스쿨푸드가 보여 온 행보에서는 그들이 어떠한 방향감각과 발견감각으로 일해 왔는지를 알 수 있다.

우선 그들이 찾은 '1) 방향감각'은 크게 4가지로 다음과 같다. 음식을 통해 (내·외부) 고객에게 ①맛(Flavor) ②즐거움(Entertainment) ③계몽(Enlightment) ④꿈(Dream)을 '제공하겠다(FEED)'는 것이다. 이러한 방향에 맞는 (그들 입장에서 보자면 당연한 수순이지만 외부에서 보면 전략 및 전술인) 실행 계획을 꾸준히 '2) 발견(혹은 발명)'해 왔다.

방향 1.
Flavor 전달

당연히 음식의 기본은 '맛'이고, 이를 위한 노력은 다른 브랜드도 마찬가지다. 하지만 그 '정도 more or less'의 차이는 분명 있을 것이다.

이 우리 맛이 제대로 지켜지고 있는지 확인하기 위해 사람들이 남기고 간 음식을 자주 먹어 본다. 다양한 음식을 먹어 보고 싶어서 많이 주문하는 바람에 양이 많아 남기고 간 경우도 있지만 그렇지 않은 경우처럼 보일 때는 남긴 음식을 직접 먹어 본다.
쓰레기 봉투에 들어간 음식을 먹어 본 적이 있나? 한번은 확인하려던 음식을 직원들이 치우는 바람에 쓰레기 봉투에 들어간 적이 있다. 깊숙이 들어간 것도 아니어서 다시 꺼내 맛을 봤다. 직원들과 허물없이 지내는 편이지만 맛에 대해서만큼은 어떤 것도 타협하지 않는다.

'맛있는 맛'을 넘어서 '독특한 맛' '예상 외의 맛'을 발견해 내는 것에 모두가 성공하지는 못할 것이다. 아직도 스쿨푸드 음식이 너무 맛있어서, 또 아직 발견해 내지 못했지만 더 놀라운 맛이 있을 것 같아서 요즘에도 하루에 두 끼 이상을 스쿨푸드 매장을 돌며 먹는 이 대표다. 그런 그이기에 "'학교냉면'의 소스를 개발할 때는 정말이지 두 달 동안 냉면만 먹었다. 그리고 내 주변 사람들은 모두 실험 대상이었다"는 말이 의심스럽지 않다.

STRATEGIZATION 2

방향 3.
Enlightment 활동

그가 생각하는 계몽 활동이란 크게 2가지다. 하나는 직원들, 그중에서도 배달직원에 대한 것이다. 사실 그들의 첫 매장으로 선정된 논현동 가로수길은 가정형편이 어려웠던 이 대표가 형과 함께 어려서부터 신문 배달 등을 통해 삶의 터전으로 삼던 곳이다. 그러한 환경에서 자란다는 것이, 또 배달 일을 한다는 것이 어떤 의미인지 뼈저리게 느낀 그는 스쿨 푸드에서 배달하는 직원들이 남 같지 않은 모양이다.

이 어찌 보면 건방진 배려라 할 수도 있겠지만 배달직원들에게 좀 더 많은 이야기를 해주고 싶다. 솔직히 배달하는 직원들이 학식이 뛰어나거나 부유하지는 못하다. 그러나 그런 아이들이라고 성실하지 않거나 사고가 건강하지 못한 것은 아니다. 물론 방황하던 아이들, 오토바이에 빠져 있는 아이들도 있지만 괜찮은 아이들이 더 많다고 생각한다. 그들에게 비전을 제시하고 그 비전을 통해 성공할 수 있도록 돕고 싶다. 요즘에는 그 아이들이랑 축구를 많이 하는데 그러면서 좀 더 친해질 수 있고 사장님이 아닌 인생 선배, 형으로서 조언해 줄 수 있을 것이라 믿는다.

두 번째 계몽은 문화 소외계층이다. 추후 '사랑의 밥차' 컨셉으로 서울 각지나 지방을 돌며 문화 공연(음악, 춤, 개그 등)을 하고 음식도 나눠 먹고자 한다. 이것은 올해 혹은 내년께에 실행에 옮기는 것을 목표로 하고 있다.

방향 2.
Entertainment 전달

'장아찌 김밥과 학교냉면' '노다지 김밥' '스쿨버스'. 이것이 그들이 스쿨푸드 논현 본점을 오픈하기 전에 가졌던 그들의 '상호'다. 그러나 편안함과 친근함, 친구 같은 느낌, 그래서 언제든지 편안하게 찾아와 친구들과 맘껏 이야기 나누고 맛있는 음식을 먹으며 즐거움을 찾을 수 있는 곳이었으면 하는 이유에서 스쿨푸드라는 '브랜드명'을 지었단다. 그리고 이들은 이런 소소한 즐거움을 넘어 더 큰 즐거움을 전달하기 위해 새로운 영역을 발견해 내고 있다.

이 결국 우리도 '문화 사업'이라고 생각한다. 문화를 통해 즐거움을 전달하고 싶다. 기획 단계에 있는 이야기라 조심스럽지만, 앞으로는 우리 매장이 종합적인 문화 공간이 되었으면 한다. 현재 우리가 직접 프로듀싱한 음악 6곡이 있는데 이것을 소개하고 싶다. 또 미니스트리 오브 사운드 Ministry of Sound 본사와 협의 중인 안건들이 있다. 제휴를 통해 음악이 넘치는 공간으로 만들 계획이다. 다른 한 가지는 개그맨 컬투의 소속사와 이야기 중이다. 개그맨 신인 발굴의 장을 우리 공간에서 해보면 어떨까 하는 생각 때문이다. 우리 고객은 상당히 젊다. 그들을 대상으로 스탠드 코미디 코너를 만들어서 시연하는 것은 그들에게도, 우리에게도, 또 우리 고객에도 즐거움이자 기회가 될 수 있을 것이라 본다.

최근 오픈한 명동, 청량리점을 포함하면 현재까지 10개의 직영점을 운영 중이다.

방향 4.
Dream 전달

그가 말하는 dream, 꿈은 다양하게 해석된다. 첫째는 고객이 '음식을 맛보며 느끼는 행복 자체'를 '꿈'이라 표현한다. 그래서 입 속에 음식이 아닌 꿈을 담아 준다는 캐치프레이즈가 나왔다. 둘째는 직원 개개인의 꿈의 실현을 돕는다는 의미다.

이 얼마 전 입사한 직원이 이런 이야기를 하더라. 대기업 다니던 직원이었는데, 자기가 딱 꿈꾸던 비즈니스 모델을 스쿨푸드가 갖고 있어 보였고, 여기서 자기 꿈도 실현하고 싶어서 왔다는 것이다. 또 우리 배달직원 중 한 명의 꿈은 오토바이 센터를 갖는 거란다. 그래서 "내가 센터는 차려 줄 테니, 내가 투자한 것은 갚아라"고 말했다. 이런 말들이 그 친구에게 꿈을 실현하기 위한 동기부여가 되었으면 한다. 내 꿈은 그들이 꿈을 이루는 것을 제대로 돕는 것인지도 모르겠다.

그가 말하는 꿈의 세 번째 의미는 한식의 세계화다. 이미 일본과 미국에 진출한 스쿨푸드의 뜨거운 반응을 보았다. 일본 현지에서도 매장 앞에서 줄을 서서 기다리는 모습이 방송에 소개될 정도로 인기를 모았다(현재는 더 큰 확장을 위해 이전 준비 중이다). 미국 LA에서는 아직 제대로 오픈하지 않아 인적이 뜸한 상가에 스쿨푸드가 입점함으로써 상가 전체의 모객을 돕고 있다니, 앞으로 해외에서의 움직임이 자못 기대된다.

운명감

앞서 소개한 4개의 방향과 그 방향을 실현하기 위한 발견 혹은 발명에서 스쿨푸드의 '방향감각Sense of Direction'과 '발견감각Sense of Discovery'을 확인했다면 Strategic Intent의 마지막 속성인 '운명감Sense of Destiny'을 알아볼 차례다. 그들의 운명감은 스쿨푸드의 조직 구성원을 엿보면 짐작이 간다. 요식업계에서 프랜차이즈 비즈니스를 하고 있는 그들이지만 정작 조직 구성원 중에는 관련 업계 출신이 거의 없다. 음악을 전공한 사람, 예술 및 문화 공연 쪽에서 일하던 사람, 패션 브랜드에서 마케팅을 하던 사람, 스쿨푸드의 초창기 때부터 배달을 전문적으로 해온 사람 등 다양한 배경을 가진 사람들로 이루어졌다. 즉 가던 길로 가던 사람들이 모인 것이 아니라 공통된 목적 아래 뜻을 이루려 모인 사람들이다. 사실 이 대표 역시 엔터테인먼트사를 운영하기도 했다. 직접 춤을 추기도 했고 여러 가수들의 안무를 짜주기도

미국 LA에 진출한 스쿨푸드. 현지에서도 프리미엄 분식 포지셔닝에 성공적이다.

했으며 작사와 작곡 작업도 여럿 진행했다. 어쩌면 그의 이러한 과거가 자연스럽게 현재의 스쿨푸드에 묻어나는 것인지도 모른다.

이 엔터테인먼트 비즈니스와 현재 내가 하고 있는 일이 크게 다르다고 생각하지 않는다. 내가 즐겁고 행복한 일을 하며 결과적으로는 '창작 활동'을 하고 있는 것이라 본다. 도구만 바뀐 것 아니겠나. 안무가 A 동작과 B 동작, 그리고 음악의 궁합을 맞추는 작업이었다면 지금은 A 재료와 B 재료, 그리고 매장 환경과의 궁합을 맞추는 작업이라 생각한다.

음악도, 안무도, 그리고 스쿨푸드까지 내가 걸어온 삶을 보면 뭔가 융합해서 새로운 창작물을 만들어 내는 것이 내 평생의 업業인 것 같다. 원하는 것이 있다면 일본처럼 아무리 작은 가게라도 장인정신을 가지고 일하고, 또 그 자식들이 이어받아 운영하는 모습을 스쿨푸드를 통해 보이고 싶다는 점이다. 가능할지는 돼 봐야 알지만, 그렇게 되도록 노력할 것이다.

스쿨푸드의 '도전 목표 설정'

이로써 하멜과 프라할라드가 제시한 'Strategic Intent'의 구성 요소를 준비해 가는 스쿨푸드를 살펴 보았다. 그 다음은 구체적인 도전 목표 설정이다. 어떠한 목표를 향해 달리고 있느냐고 묻자 이 대표는 의외의 숫자 3개를 말했다.

이 85, 90, 100. 이것이 나의 목표다. 특히 85는 넘지 않으려 한다.

이 수치는 그가 생각하는 국내 매장 수(85), 국내 배달점포 수(90), 해외 매장 수(100)를 의미한다. 프랜차이즈의 꿈은 가맹점포 수를 최대한 늘려 라이선스 피^{fee}를 받는 것 아니던가. 그런데 이 대표는 이미 성장의 가이드라인을 그어 둔 것이다. 이유는 고객이 친히 붙여 준 '프리미엄'이라는 단어에 걸맞게 행동하기 위함이라고 한다. 너무 많은 점포가 생기면 그것은 희소성을 가질 수 없기에 프리미엄이 아니라는 것이다. 85라는 숫자는 그가 대한민국 지도에 스쿨푸드가 있어야 할 법한 지점을 꼽아 가며 세어 본 결과란다. 브랜드의 전략 역시 '승리'를 위한 싸움이다. 다만 그 승리가 뜻하는 것이 일반적인 산술적 수치나 전제 조건 없는 무한한 성장은 아니다. 브랜드 운영에서의 승리란 일관성을 보이며 고객과의 약속을 지켜 나가는 것일 게다. 그리고 그것을 실행해 나가는 방향성 설정이 전략이며, 구체적 실행이 전술이다.

스쿨푸드의 '목적의 공유'

"음식에는 세계를 하나로 묶을 수 있는 힘이 있다. 그 중심에 스쿨푸드가 있었으면 한다"고 말하는 이 대표의 꿈은 20~30년 전, 서양에 비쳐진 일본 기업들의 시도처럼 불가능하거나 비현실적인 것으로 보일 수 있다. 하지만 일본 기업들이 Strategic Intent로 성취해 냈듯이 현재까지 자신의 정체성을 잘 지켜 온 스쿨푸드 역시 충분한 가능성을 지녔다.

하지만 이것을 이 대표 혼자서 이루기는 쉽지 않을 것이다. 현재까지는 자연스럽게 (여느 브랜드의 런칭 초기의 모습처럼) 이 대표 형제의 아이덴티티가 그대로 브랜드의 아이덴티티로 전이되었겠지만, 런칭 8년 차를 바라보고 있는 지금부터는 좀 더 명확하고 구체적인 미션과 비전의 공유과정을 통해 스쿨푸드가 지향하는 것이 이 대표 개인의 미션을 넘어선 조직의 미션이 될 수 있도록 더욱 노력해야 할 때다 (유니타스브랜드 Vol.14 p20 참고). 그래야만 조직에 '문화'가 형성될 것이며 결국 브랜드십(유니타스브랜드 Vol.16 p18 참

과거 해왔던 일은 서로 다르지만 공통된 꿈을 꾸기에 함께할 수 있는 그들이다.

고)에 의한 브랜드 경영이 가능해진다. 또한 이를 위해 하멜과 프라할라드 교수는 권한 위임과 동기부여를 방법론으로 꼽고 있다. 현재 스쿨푸드의 조직 내에서도 자연스럽게 그러한 모습이 엿보인다.

이 지금 일하고 있는 대부분의 실장들은 각기 출신은 다르지만 스쿨푸드라는 공통분모 안에 모여 있고 자신의 책임 분야에서 빛을 발하고 있다. 특히 고영식 실장 같은 경우는 군대 졸업하자마자 아르바이트로 스쿨푸드 가로수길점에서 일하던 친구다. 그렇게 시작해서 매니저를 거쳐 현재까지 왔다. 또 김현식 실장 같은 경우는 배달로 시작했지만 함께하다 보니 배달뿐만 아니라 좀 더 자기 능력을 쏟을 수 있는 분야가 있을 것 같아 슈퍼바이저급의 총괄 책임자 직급을 맡겼다. 함께 일한 지 6년이 된 이 친구는 배달도 해봤고, 주방에서도 일해 봤고 현재 슈퍼바이저이기도 해서 이제는 나보다 훨씬 더 전문가다.

이처럼 이 대표의 권한 위임의 자세, 그리고 배달에서부터 시작해 총괄 책임자로까지 진급한 김 실장의 경우는 자연스럽게 현재 현장에서 일하는 직원들의 롤 모델이 될 것이다. 직원들에게 워너비wanna be가 생긴다는 것은 분명 자연스러운 동기부여 방법 중 하나일 것이다.

lead 앞의 마지막 단어, P

우리가 lead라는 단어를 사이에 두고 이어온 꼬리물기는 현재까지 이렇다.

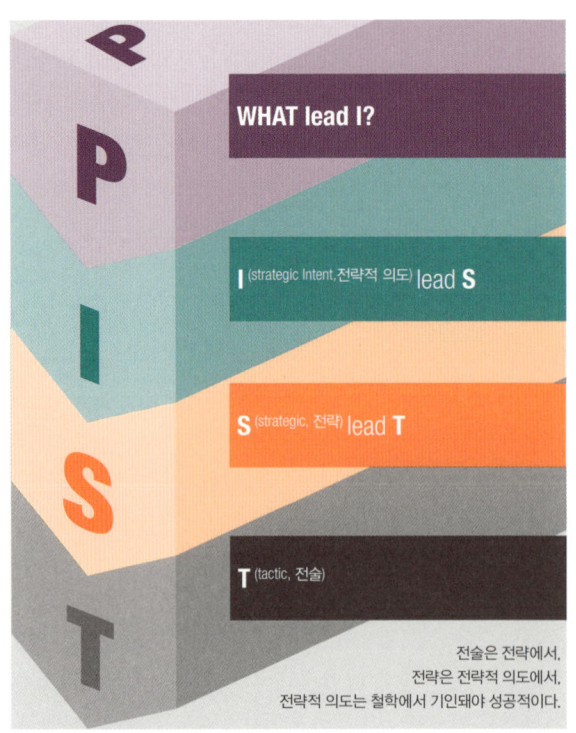

전술은 전략에서,
전략은 전략적 의도에서,
전략적 의도는 철학에서 기인돼야 성공적이다.

현재 관찰되는 T, T를 이끈 S, S를 이끈 I. 그렇다면 이 I, 즉 전략적 의도는 어디서부터 기인된 것일까? 아마도 여기가 최종 목적지일 것이다. 물론 이것은 눈에 보이는 전술보다 한참 더 깊게 들어온 것이라 잘 보이지 않는다. 하지만 눈에 보이지 않는 것이 더 큰 영향력을 갖고 핵심적인 역할을 하는 셈이다.

이것을 찾아내 읽어내는 능력만이 결국 전쟁에서의 승리를 이끈다. 서양 속담에도 "Strategy wins wars, tactic wins battles(전략은 전쟁의 승리를 가져오고, 전술은 전투의 승리를 가져온다)"라는 말이 있지 않은가. 그 전쟁이 경쟁자와의 한판 승부라면 경쟁자의 전술이 아닌 전략적 의도를, 그리고 그 너머의 것까지 알아야 앞으로의 행보를 예측할 수 있을 것이다.

예견했듯, 마지막 what에 해당하는 것은 P, 바로 철학Philosophy이다. 이것은 개인의 것으로 끝나 버릴 수도 있지만 그 철학이 공유되어 집단의 이데올로기가 되면, 즉 브랜드 조직원 모두의 것이 되면 브랜드의 철학이 된다. 스쿨푸드가 이제는 이 대표 개인의 철학을 넘어선 브랜드의 철학을 차차 정의해 나가고 있는 것처럼 말이다.

이것이 유니타스브랜드가 매 특집 주제와 더불어 '철학'을 강조하는 이유다. 철학은 더 이상 형이상학적인 이야기도, 실상과 거리가 먼, 현재 나의 고민 범주와는 아무런 관계가 없는, 뜬구름 잡는 이야기가 아니다. 전략과 전술의 방향성이 되고 해야 할 것과 하지 말아야 할 것의 구체적인 가이드라인이 되는 '실질적인' 것이다. 그래서 한 브랜드를 정확하게 이해하기 위해서는 반드시 그들의 '철학'을 알아야 한다. 그것에 대한 이해 없이 전술과 전략으로 그들을 해석하는 것은 나비가 되어 날아다닐 애벌레를 '기어다니는 곤충'으로 이해하고 끝내 버리는 것이다.

분식(粉食)을 분식(分食)으로

스쿨푸드의 전략적 의도, 그중에서도 앞으로의 행보를 결정지을 네 가지 방향성(Flavor, Entertainment, Enlightment, Dream)를 축약한 단어 Feed는 '(먹다가 아닌) 먹이다'다. 즉 그들의 전략적 의도, FEED를 있게 한 그들의 철학(P)에는(물론 아직까지는 이 대표 개인의 것이며 이를 브랜드의 것으로 공유하는 것이 숙제지만) 기본적으로 '나눔'의 개념이 있다. 그래서 스쿨푸드의 분식(粉食)은 분식(分食, 나누어 가짐)인지도 모르겠다.

이 사실 나는 프랜차이즈 비즈니스를 해 보려 한 적도 없다. 조직을 꾸려 나가다 보니 직원들에게 비전도 제시해야 할 것 같았고, 당연히 수익도 있어야 했다. 또 소비자들의 연이은 불만 중 하나가 왜 우리 동네에는 없냐는 것이었다. 그런 문제들을 해결하다 보니 여기까지 왔다. 경영이란 것도, 브랜드란 것도 잘 알지 못했다. 하지만 지난 7년 동안 운영해 보니 배운 것들이 많다. 돈의 활용법은 다른 게 아니라 '가치 있게, 그리고 더불어' 사용하는 것에 핵심이 있다는 것이다. 물론 몇 백 억 벌어서 내가 다 갖는 것도 좋을 수 있다. 어차피 사업이란 게 잘먹고 잘 살려고 하는 것이 일차적 이유 아니겠나. 그런데 나는 거기까지는 별로 필요없다. 난 그리 사치를 즐기는 사람이 못 된다. 지금도 내가 누리고 싶은 만큼은 충분히 누리고 있다고 생각한다. 늘 남는 건 돈보다도 사람이다. 사람은 내 것을 나눌 때, 그것이 마음이 됐든 돈이 됐든, 나눌 때 얻는다고 본다.

이것이 그의 P, 즉 철학이다. 이것에서 기인된 전략적 의도, 전략, 전술이 될 때, 또한 이것이 이 대표 개인의 것이 아닌 조직의 것이 될 때 강력한 브랜드가 될 수 있다. 물론 아직은 스쿨푸드 역시 갈 길이 멀다. 직영점이 아닌 가맹점의 경우는 '스쿨푸드다움'과 '퀄리티'를 유지할 수 있도록 더욱 심도 있는 '브랜드 교육'이 필요하며, 마케팅 활동이나 일반적인 전술에서까지 그들의 철학이 더욱 느껴져야만 흔한 '맛집' 이상의 존재로 소비자의 마음속에 남을 것이다. 그리하면 스쿨푸드는 음식에서 최고의 비밀병기로 꼽는 '손맛'을 넘어, '철학 맛'으로 마지막 간을 하는 브랜드가 될 수 있을 것이다.

결국 브랜드의 목적 실현을 위한 최상의 활동, 즉 Strategy는 P·I·S·T(Philosophy→Intent→Strategy→Tactic)를 따르는 Sequence(시퀀스, 자연스런 귀결)의 흐름 안에 놓여야 한다. 당신이 오늘 고민하는 전략과 전술 아이디어는 PIST의 흐름을 따르고 있는가? UB

 **이상윤** 한때 연예기획사에서 안무가, 작곡가, 작사가 등으로 활동했던 그는 2002년 형과 함께 논현동 지하방에서 배달 형태로 스쿨푸드를 런칭했다. 2004년 가로수길점 오픈을 시작으로 현재 본사 직영점 10개, 가맹점 14개, 해외점 1개로 다소 더디지만, 건강한 비즈니스를 이끌고 있다.

> 서양 속담에도 "전략은 전쟁의 승리를 가져오고, 전술은 전투의 승리를 가져온다"라는 말이 있지 않은가.

NEVERENDING STORY

철학의 결정판, 전략
전략의 완결판, 철학

브랜드 전략은 경쟁에서 조화의 개념으로 바뀌어 가고 있다. 브랜드를 통해서 사회를 변화시키고, 브랜드와 함께 환경을 관리하고, 브랜드의 '독특하고 유일무이한 아이덴티티'가 고객의 '독특하고 유일무이한 아이덴티티'의 구축을 돕고, 더 나아가 브랜드로 인해서 좋은 경제가 만들어지고, 브랜드가 사람들의 문화와 라이프스타일을 만들어 준다.

판이 바뀌다

바둑판에 검정 돌과 흰 돌이 자신의 집을 짓기 위해 선과 선의 교차점에 빼곡히 올려져 있다. 바둑알이 특정 지역에 몰려있지 않는 판국으로 보아서 이것은 고수들의 한판이라는 것을 알 수 있다. 그런데 여기에 갑자기 초록 돌과 붉은 돌이 등장한다면 이것은 어떤 바둑일까? 4명이 동시에 바둑을 둔다면 지금까지 해왔던 방식으로 이길 수 있을까? 그 동안 검정 돌만 상대하며 흰 돌이 줄곧 주도권을 가졌더라도 두 개의 또 다른 돌이 들어온다면 이 바둑판은 완전히 다른 게임이 될 것이다. 엉뚱한 데 돌을 놓는 붉은 돌, 그리고 은근히 검정 돌의 편이 된 듯한 초록 돌. 지금까지 우세했던 흰 돌은 과연 어떤 전략을 구사할까?

1999년의 시장 상황은 최근 시장과 비교한다면 바둑판에서 오목을 두는 것과 같았다. 가격 중심, 유통 중심, 공급자 중심, 대기업 중심, 그리고 대중 매체 중심으로 이루어진 최근 시장에 비해 지극히 단순했다. 기업들은 오목처럼 자기가 개발한 특정 묘수로 상대를 쉽게 이길 수 있었다. 그러나 지금의 소비자들은 휴대폰으로 쇼핑을 하고, 트위터로 브랜드 정보를 수천 명에게 물어 보며, 시장에는 유사 상품이 범람하고 있는 실정이다. 판은 똑같지만 빨간 돌(소비자의 변화), 초록 돌(대체 상품들), 노란 돌(글로벌 트렌드) 등 수많은 선수들이 바둑판(시장)에서 자신만의 룰로 새로운 판을 만들어가고 있다. 극심한 변화는 바둑판(기존 시장)을 갑자기 장기판(대체 시장)으로 바꾸고 혹은 그 반대의 현상도 벌어지게 하며 급기야 바둑판과 장기판을 전혀 다른 하나의 판(시장)으로 바꿔 놓기도 한다.

판이 바뀌는 시장에서 우리는 바둑학과 정수현 교수와의 인터뷰를 통해서 다음과 같은 바둑의 '정신'을 배웠다. 그것은 '정석은 외운 다음 잊으라'라는 것이다. 바둑 판이 변하는 가운데 자신만의 창조적인 게임의 룰을 만들기 위한, 정석을 위한 정석이다. 이와 비슷하게 덴마크의 보청기 브랜드 오티콘의 전 CEO 라스 콜린드 Lars Kolind는 판이 바뀌고 있는 상황에서 회사의 혁신을 위한 정석으로 '코기타테 인코그니타 Cogitate Incognita' 즉, 라틴어로 '생각할 수 없는 것을 생각하라'를 선포했다. 정석을 위한 정석처럼 기존의 생각을 잊고 생각할 수 없는 것을 생각해야 한다면 어떤 생각을 할 수 있을까? 과연 '0'에서 생각할 수 있는 것은 무엇일까? 아마 독자들이 생각할 수 없는 '극한의 지점'까지 그 생각을 끌고 갔다면 소크라테스를 비롯한 수많은 철학자들이 고민한 생각의 시작점에 다다르게 될 것이다. 바로 '나는 누구인가?'다.

시장의 판이 바뀌었다면 그 판에서 나름대로 규칙과 질서를 이해하고 있는 브랜더는 무엇을, 그리고 어떻게 생각해야 할까? '나는 누구인가?'라는 질문에 답하는 것은 쉽지 않을지라도 우리 브랜드에게 '우리는 무엇인가?'라는 철학적(존재론적) 질문에 답할 수 있다면, 그 지점에서 기존의 것을 잊고 생각할 수 없는 것을 생각할 수 있게 된다. 따라서 혼돈의 시장 경쟁에서는 막강한 전략을 구축하기보다는 근본적인 질문이 필요하다. 즉 자신의 아이덴티티를 유지하기 위해서는 '나는 누구인가?'라는 질문에 답을 얻으려고 애써야 한다.

이번 특집에서 MK 택시, 키자니아, 진글라이더, 아이레보를 비롯해 우리가 만난 모든 브랜드들은 '우리는 누구인가?'라는 스스로의 질문에 답을 했다. 시장에서는 그들이 말한 '답'을 전략이라고 말하지만 그들은 그것이 '철학'이라고 했다. 전략가들이 철학가들을 이해하지 못한 것이다.

MK 택시 유태식 부회장은 "우리의 '친절'이라는 경영 방침을 듣지 않는 기사들을 제약과 법규로 '꺾는 것(이기는 것)'이 아니라 교육을 통해 '바꾸는 것(변화시키는 것)'"이라고 말했다. 왜냐하면 MK 택시의 경영자가 가지고 있는 택시 기사들에 대한 존재론적 철학은 기존의 택시 회사의 경영진이 가지고 있는 것과 달랐기 때문이다. 그는 직원들에게 항상 운전기사와 비행기 조종사는 인명수송을 한다는 면에서 똑같다고 말한다고 한다. 사람을 변화시킬 수 있다는 그의 철학은 "당신(택시 기사)의 사업이 가장 귀중한 사업이다. 당신은 위대한 사람들이다"라는 말에서 잘 나타난다. 유 부회장은 택시 기사들에게 이처럼 '나는 누구인가?'를 먼저 알려 주었다. 그 후 택시 회사가 택시 요금을 내리게 해달라고 법정에 서고, 지체부자유자를 먼저 태우는 등 기존의 생각과는 달라서 쉽게 생각할 수 없었던 것들이 MK 택시의 운전대를 움직였다. 위대한 사람들의 귀중한 사업의 목표는 돈이 아니고 더 나은 세상이기에 동종 기업들은 그들을 추월하지 못했다. 비록 경쟁자에게는 MK 택시가 경쟁 불패 전략을 구사하는 것처럼 보이지만 그것은 타협 불가한 철학이라고 말할 수 있다.

근본 판은 바뀌지 않는다

전략의 근간이 될 브랜드 철학 구축을 위해서 수십 억 원의 컨설팅을 받을 필요는 없다. A4용지 2장과 볼펜 하나면 충분하다. 스스로 주관식 시험을 보면 되는데, '나는 누구인가?'라는 질문을 '우리 브랜드는 무엇인가?'로 바꾸고 그것에 대한 답을 정하는 것이다. 답을 정하는 것도 심하게 고민할 필요가 없다.

먼저 A4 용지 한 장에 우리 브랜드가 하지 말아야 할 것을 적어 본다. 또 다른 한 장에는 우리 브랜드가 해야 할 것을 적어 본다. 하지 말아야 할 것 혹은 해야 할 것을 10개 혹은 그 이상 썼다면 그 중에서 한 개만 남겨두고 모두 삭제해 보자(버리는 것이 아니라 잠시 보관이다). 최종적으로 남은 것이 목숨을 걸고 지킬만한 것인가? 그것이 '우리 브랜드는 무엇인가'라는 질문의 대답으로 완벽한가? 그것이 우리 집안의 가훈이 되고, 자식에게 남길 유산과 유언으로 대신할 만한가? 혹은 더 나은 사회와 경제를 이끌 수 있는 것인가?

어떤 독자는 여기까지 읽다가 "그렇다면 유니타스브랜드가 가지고 있는 A4용지에는 무엇이 남아 있는가"라고 물어 볼 수도 있다. 유니타스브랜드의 A4 용지에 마지막까지 남아있는 것은 좋은 브랜드는 좋은 경제를 만든다는 '진리'에 대한 '믿음'일 것이다. 유니타스브랜드의 전권에 나와있는 대표적인 브랜드들이 모두 이런 '진리'를 우리에게 보여 주고 있다. 이런 진리를 믿고 또한 그 믿음으로 좋은 세상을 위해서 좋은 브랜드를 만들려고 하는 사람에게 '진리의 브랜딩'을 증명하고 소개하는 것이 바로 유니타스브랜드다. 마지막까지 남은 단어는 '진리'다.

이런 주관식 시험을 치를 때는 경쟁자를 의식할 필요가 없다. 해야 할 것과 하지 말아야 할 것을 명확히 아는 것이 '정답'이다.

다시 유 부회장의 이야기를 들어보자. "물론 인사만 잘하는 것이 친절의 전부는 아니다. 친절이라는 단어 안에는 '좋은 것을 싸게, 깨끗하게, 친절하게 판다'는 장사의 기본기가 모두 들어있다. 이 친절을 '전략'으로 구사하기 위해서 경영자와 임원들의 고생은 어쩌면 필수적이다. 말만 하는 친절이 되지 않게 하기 위해서 경영하는 사람은 이것을 영원히, 순간 순간 끊임없이 구상해야 한다. 친절하기 위해서 교육 시키는 것도 전략이고, 관련된 문제를 해결하는 시스템을 구상하는 것도 전략이고, 직원들의 집을 지어주는 것도 전략이다. 모든 것이 친절을 위한 전략이다. 우리에게 다른 것은 없다."

브랜더들은 유 부회장처럼 '우리에게 이것 말고는 다른 것이 없다'는 것을 발견할 때까지 생각해야 한다. 오직 하나만 남아있을 때 거기서 브랜드 철학이 시작되기 때문이다.

오직 하나만 남는 그것에 대해서 로저 마틴은 인터뷰에서 이렇게 말했다. "우선 브랜드는 상품이나 기업의 '독특하고 유일무이한 아이덴티티'라고 생각한다. 그들의 목소리나 퍼스낼러티, 이것을 넘어선 의미, 그래서 마침내 그것이 소비자와 자신을 연결짓는 아이덴티티 말이다. 브랜드가 이런 것이라면 전략은 이렇게 독특한 아이덴티티로 무장한 브랜드가 시장에 역시 독특하고 아무나 흉내낼 수 없게 접근하는 방법이다. 그들이 어느 곳에서 활동할 것인가와 어떻게 이길 것인가는 물론 스스로 결정해야 한다. 전략에 대한 정의는 이처럼 아주 간단히 내렸지만 내 경험으로는 말처럼 간단하지 않은 것이었다."

'나는 누구인가?' 이 질문에 답하기 전에 힌트를 준다면 자신의 '독특하고 유일무이한 아이덴티티'를 설명하면 된다. 60억 인구 중에 당신과 똑같은 사람이 몇 명이 있을까? 이처럼 인간은 '유일무이한 존재'다. 그러나 죽을 때면 대부분 복사품, 복제품 그리고 유사품으로 사라진다. 참고로 우리의 외형은 1살부터 죽을 때까지 항상 변화되기 때문에 그것이 구별과 구분의 유일무이한 기준은 아니다.

'당신은 누구인가?'라는 질문에 '사람'이라고 말하면 곤란하다. 이 질문은 원숭이와 사람을 구별하기 위함이 아니다. 이와 같이 '우리 브랜드는 무엇인가?'라는 질문에 '상품(예를 들어 휴대폰)'이라고 말하면 난감해진다. 이 질문은 '생존의 근거를 묻는 것이 아니라 '존재의 이유를 물어 보는 것이다. 이 질문에 답하기 위해서는 처음에 소개했던 생각의 방법을 활용하면 된다. 먼저 기존의 마케팅 및 시장의 용어를 다 잊어 버리고, 생각할 수 없는 것을 생각해보자. 그것은 시장에서 생각할 수 없는 것으로서 자신만의 원판原版을 생각하는 것이기 때문이다.

새로운 질서가 만들어졌다

10년 전 마케팅 전략은 '타깃target'을 설정하고 '캠페인campaign'을 진행하여 동종 기업의 경쟁자를 '와해destructive'시키는 것이었다. 타깃은 군대에서의 과녁을 말하는 것이고, 캠

> 전략의 근간이 될 브랜드 철학 구축을 위해서 수십 억 원의 컨설팅을 받을 필요는 없다. A4용지 2장과 볼펜 하나면 충분하다.

(좌측 상단부터 시계 방향으로) '우리 브랜드는 무엇인가'라는 질문에 대답한 키자니아, MK 택시, 진글라이더, 아이레보, 제너럴닥터, 오티콘

페인의 기원은 군대에서 총에 착검하고 육박전을 하는 것에서 나왔다. 그리고 와해는 학살genocide과 같은 개념이다. 그래서 모든 브랜드의 목표는 마켓 쉐어를 확보하는 것이었다. 그러나 우리는 이런 브랜드들이 매출의 극점을 보였다가 시장에서 순식간에 사라지는 것을 보아왔다. 톰 피터스의 《초우량 기업의 조건》과 짐 콜린스의 《좋은 기업을 넘어 위대한 기업으로》에서 나왔던 브랜드들 중에도 책에 등장한지 5년도 안되어 사라지거나 회복되지 못하는 상태에 이르게 된 브랜드도 있었다. 과연 시장을 장악하고 끌고 왔던 브랜드들에게 무슨 일이 있었을까? 기업마다 이유와 변명이 다르기 때문에 쉽게 설명할 수 없지만 분명한 것은 기존의 마케팅 전략으로는 이들의 생존과 존재를 해결할 수 없었다는 것이다.

최근 필립 코틀러는 《마켓 3.0》에서 기업은 사회를 더 나은 세상으로 만드는 것을 목적으로 해야 된다고 말한다. 그러니까 이제는 경쟁이 아니라 화합과 소통으로 행복한 세상을 만드는데 기업이 앞장서야 한다는 이야기다. 특히 기업은 기존의 소비자 개념을 버리고 영성을 가진 인격체로서의 소비자와 협력 관계를 가져야 한다고 말하고 있다. 실제로 지금 시장을 이끌어 가는 브랜드, 그리고 이번 특집에서 우리가 소개했던 브랜드들이 마켓 3.0을 이끌어 가는 브랜드의 모습을 보이고 있었다.

브랜드 전략은 경쟁에서 조화의 개념으로 바뀌어 가고 있다. 브랜드를 통해서 사회를 변화시키고, 브랜드와 함께 환경을 관리하고, 브랜드의 '독특하고 유일무이한 아이덴티티'가 고객의 '독특하고 유일무이한 아이덴티티'의 구축을 돕고, 더 나아가 브랜드로 인해서 좋은 경제가 만들어지고, 브랜드가 사람들의 문화와 라이프스타일을 만들어 준다. 이제 인간의 철학을 가진 브랜드가 인간을 이해하게 되었고 브랜드가 직원 및 고객을 존중하게 되었다. 브랜드가 '소비'의 대상이 아니라 '소통'의 목적이 될 변화 시장에서는 과연 어떤 브랜드 전략이 필요할까? 분명한 것은 브랜드 관련 책에서 더이상 '판촉'이라는 말을 사용하지 않는 것처럼 '판촉의 원천이었던 전략'도 사라지게 될 것이라는 것이다.

이번 특집의 결론이 될 라젠드라 시소디어Rajendra S. Sisodia 교수의 인터뷰에서는 그가 시장 판(비지니스)에 대해 가진 생각을 확인할 수 있다. "올바르게 행해지는 비즈니스는 궁극적으로 윈-윈-윈-윈 게임이다. 깨어있는 방식 안에서 이루어지는 비즈니스가 만들어 내는 가치의 가능성은 거의 무한대다." 그러니까 우리가 하는 일에는 무한, 즉 우리가 생각할 수 없는 그곳이 존재하는 영역이 있다는 것이다.

브랜드의 신 질서가 마케팅의 구 질서를 바꾸는 현 시점에서 우리는 새로운 시장을 맞이해야 한다. 기존의 생각으로 도저히 생각할 수 없는 시장 질서가 올 것이고 이때 가장 필요한 생각은 바로 '나(우리 브랜드)는 누구(무엇)인가?'다. 바로 거기에서 브랜드가 시작되기 때문이다. UB

Conscious Capitalism,
Conscious Business,
Conscious Brand Strategy

배려와 연민, 의미와 목적의 깨어있는 브랜드 전략

The interview with 라젠드라 시소디어(Rajendra S. Sisodia)

짐 콜린스 연구팀의 《좋은 기업을 넘어 위대한 기업으로》, 톰 피터스 연구팀의 《초우량 기업의 조건》과 같이 기업들의 지향점에 대한 연구는 여기저기서 계속되고 있다. 여기 벤틀리 대학의 시소디어 연구팀은 《위대한 기업을 넘어 사랑받는 기업》을 연구하고 있다. 이들은 스톡홀더(stockholder, 주주)가 아니라, 스테이크홀더(stakeholder, 이해당사자)에 집중하라고 말한다. 사전에서는 '도박판에서 내깃돈을 맡아 보관하는 제3자'라고 설명되는 스테이크홀더들과 좋은 관계를 만드는 것이 사랑받는 기업이 되는 조건이다. 그러나 시소디어 연구팀에게 비즈니스를 도박판에 비유하여 그들의 견해를 물었다가는 '인터뷰 거절'이라는 냉담한 반응을 받게 될지도 모른다.

시소디어 교수는 비즈니스가 돈을 벌기 위한 도박판도, 누군가와 싸워 이기기 위한 전쟁터도 아니라고 분명히 말하기 때문이다. 피비린내 나는 전쟁터에서 비롯된 '전략'이라는 용어와 관련된 질문에 "돈만 버는 비즈니스는 이 사회의 기생충과 같다"는 인도 철학을 연구하는 고행자스러운 대답을 들려준 시소디어 교수. 자본주의도, 비즈니스도, 브랜드도 "깨어나라"고 말하는 그가 꼽은 브랜드 전략의 키워드는 '의미와 목적, 배려와 연민'과 같은 도덕적 코드들이었지만, 우리는 인터뷰를 마친 후 여기에 '무혈의 bloodless'라는 키워드를 추가하고 싶었다.

시소디어 교수를 이해하기 위해 알아야 할 키워드 3

1. 깨어있는 자본주의 2009 유엔 글로벌콤팩트(UNGC·UN Global Compact)에서 언급된 용어로 빈곤, 분쟁, 식량 위기, 환경 문제 등을 야기한 자본주의에 대한 대안, 시소디어 교수는 깨어있는 자본주의 안에서의 비즈니스 지향점을 연구한다.
2. SPICE 모델 주주 가치 극대화가 아닌 이해당사자 중심의 비즈니스를 해야 한다는 에드워드 프리먼의 이해당사자 관계관리 이론을 발전시켜, 시소디어가 5가지 이해당사자(사회, 파트너, 투자자, 고객, 직원)를 주요 이해당사자로 주목하여 만든 모델이다.
3. 고결한 목적 의식 모든 기업과 비즈니스가 롱런하고 진정한 성공을 이루기 위한 첫째 조건이자, 깨어있는 자본주의를 실현하는 기업의 첫째 덕목으로 꼽는 것으로, 그는 이것을 브랜드에 있어 '재생가능한 에너지의 원천과 같은 것'이라고 말한다.

"우리는 지금 분기점 위에 불확실하게 서 있다"

《위대한 기업을 넘어 사랑받는 기업으로Firms of Endearment》의 초반은 책의 제목에서 얻은 첫 느낌에 비하여 상당히 급진적이어서 놀랐다. 당신들의 작업이 '자본주의의 영혼을 바꾸는 작업'이라니 말이다. 책에서 말하는 '새로운 시대에는 새로운 규칙이 필요하다'는 것이 새로운 자본주의에 해당한다면, 그것이 당신의 주요 연구 분야인 깨어있는 자본주의Conscious Capitalism인가?

그렇다. 깨어있는 자본주의 안에서의 비즈니스를 말하고 싶다. 책 초반의 상당 부분을 시대 정신의 변화에 대하여 이야기한 이유도 지금이 물리학자들이 말하는 '분기점'임을 모두가 알았으면 하는 바람에서였다. 우리는 그것을 '초월성의 시대'라 부른다. 구질서가 최후에 직면하고 신질서가 이제 막 눈을 떠서 고군분투하는 때다. 우리는 죽음과 재탄생 간의 공백기라고 부르는 이곳에 불확실하게 서 있다. 노령화가 급격하게 이루어지면서 소비력이 있는 사람들의 정신적 성숙도는 높아지고 있으며, 그들은 스스로에게 "남은 인생 동안 나는 무엇을 해야 하는가?"라는 질문을 던진다. 그리고는 세상에 무엇인가를 돌려주어야 한다고 생각하기 시작했다. 우리는 이와 유사한 질문을 하는 비즈니스 리더들을 많이 보았다. 그들은 '어떻게 하면 주주들에게 돈을 벌어주는 의무를 다하는 동시에 사회에 봉사할 수 있을까?'를 고민한다. 많은 기업들이 이런 고민을 하면 할수록 자본주의의 영혼은 바뀔 것이다.

깨어있는 자본주의 시대에서 비즈니스를 하는 브랜드들은 분명한 브랜드 철학이 있을 것이다. 당신에게 인터뷰를 요청한 이유도 이것이다. 깨어있는 자본주의에서 깨어있는 비즈니스를 하고 있는 브랜드를 실제로 연구하고 있기 때문에, 우리의 '최상의 브랜드 전략은 브랜드의 철학이 전략화된 것'이라는 생각을 발전시키는 데 도움을 줄 수 있을 것이라고 봤다. '철학이 곧 전략'이라는 우리의 생각에 대한 당신의 생각을 듣고 싶다.

유니타스브랜드가 말하는 브랜드 철학에 대한 생각은 우리가 말하는 '브랜드의 목적'과 매우 흡사한 것 같다. 우리는 모든 기업과 모든 브랜드가 롱런하며 진정한 성공을 이루기 위해서는 '고결한 목적'을 가질 필요가 있다고 믿는다. 이 고결한 목적 의식은 깨어있는 자본주의를 실현하고 있는 모든 기업과 브랜드가 첫 번째로 갖추어야 할 덕목이기 때문이다. 두 번째는 기업(브랜드)은 그들의 이해당사자들과 상호 연결적이고 상호 의존적인 시스템 안에서 존재한다는 사실을 인정해야 한다. 그들의 안녕은 서로 매우 밀접하게 연관되어 있기 때문에 어떤 이해당사자도 다른 이해당사자를 착취하는 방법으로 이득을 찾아서는 안 된다. 셋째, 기업은 정서적으로, 그리고 영적으로 원숙한 리더가 이끌 필요가 있다. 이러한 의식 있는conscious 리더들은 본을 보임으로써 솔선수범하며 조직을 성장시키고, 조직에 영감을 주며, 멘토이자 동기부여자가 되어 조직을 이끈다. 그들을 움직이게 하는 것은 권력이나 돈이 아니다. 그들은 명령이나 통제적 사고로 경영하는 군인 스타일의 리더가 아니다. 또한 돈이 어떻게 만들어지고 그들의 영향력이 세계에 어떤 영향을 줄지는 관심 밖인 채 어떻게 하면 수익을 최대화할 수 있을지만 걱정하는 돈 자체가 목적인 용병형 리더도 아니다.

"철학을 가지고 시작하는 기업들의 전략이 더 독창적이다"

당신 연구는 자본주의의 영혼을 바꾸겠다는 고결한 목적 의식이 있는 것 같다. 그러한 목적을 이루기 위한 방법을 '전략'이라고 한다면, 당신이 책에서 소개한 '이해당사자 관계관리(SRM, Stakeholder Relationship Management) 모델'이 좋은 전략이라고 할 수 있을 것 같다.

그렇게 말할 수 있다. 그러나 SRM 모델 자체가 좋은 전략이 아니라, 고결한 목적 의식 안에서의 비즈니스 모델일 때 의미 있는 것이다. 브랜드의 철학 또는 목적은 전략 수준을 넘어서기 때문이다. 그것은 순수한 이유를 위해 전략을 발전시키는 기업들에게나 가능한 것이다. 예를 들어, 한 기업이 최근 아직 점령되지 않은 니치 마켓을 감지하고 저가 자동차 사업을 시작했다고 하자. 그러나 이러한 전략은 보통 지속적인 성공을 향유하게 하지는 못한다. 왜냐하면 그것은 깊이 공유된 신념이나 가치를 바탕으로 하지 않기 때문이다. 반면에 저소득층조차 안전하고 합리적인 교통수단을 가질 만하다는 신념 때문에 저가 자동차를 개발하는 회사는 훨씬 더 종업원들과 이해당사자들을 고무할 것이고, 그들과의 장기적인 연관성과 성공을 누릴 것이다. 철학이나 목적을 가지고 시작하는 기업들은 (전략 자체가 목적이 아니기 때문에) 오히려 그 목적을 실현하기 위한 특유의 전략을 창안해 내기도 한다. 그러나 만약 고결한 목적이 없다면, 그들이 개발한 전략들은 (독창적이기 어려우며) 결국은 어떠한 전략도 궁극적으로는 공허해질 것이다.

보통 철학이 전략화된 브랜드들은 당신이 예로 든 후자의 자동차 개발 회사처럼 '철학 때문에' 내린 결정이 전략이 된다. 그래서 내부에서는 철학을 행동으로 옮긴 것뿐인데, 외부에서는 그것을 '전략적'이라고 평가하기도 한다.

브랜드의 철학, 즉 내가 말하는 고결한 목적을 가진 브랜드들의 대다수가 그렇다. 예를 들어, 홀푸드마켓(Whole Food Market, 이하 '홀푸드', 미국 유기농 푸드 전문점)의 목적은 사람들에게 그들이 먹는 것 자체가 그들의 건강을 좌우하며, 나아가 식품업계의 건강과

"고결한 목적 의식은 비즈니스에 있어서 재생가능한 에너지의 원천과 같은 것으로 밝혀졌다. 인간은 재원이 아니다, 원천이다."

지구 전체의 건강까지 좌우한다는 것을 알려 주는 것이다. 구글의 목적은 전 세계의 정보를 체계화하고, 누구라도 그것에 접근 가능하게 하는 것이다. 스포츠용품 전문 브랜드인 REI의 목적은 인간과 자연을 다시 연결시키는 것이다. 처음부터 사우스웨스트항공을 이끌던 목적은 비행기 여행의 민주화였다. 그래서 그들은 보통 사람들이 합리적인 가격으로 항공 여행에 쉽게 접근 가능하도록 한다. 그러나 외부에서는 홀푸드를 오가닉 푸드 전략이라고도 하고, 사우스웨스트는 저가 전략을 쓴다고 말한다.

SRM 모델은 브랜드 경영을 하는 경영자들에게도 브랜드 관리 측면에서 인사이트를 준다. 브랜드 전략의 시야를 넓혀 주는 것 같다.

SRM 모델은 틀림없이 브랜드를 관리하는 데 유용하다. 내가 브랜드 전문가는 아니지만, 나는 브랜드 전략을 '성장'과 '연관성'에 관한 것으로 이해한다. 브랜드의 목적은 시간이 지남에 따라 성공하고 성장해야 하는 것이다. 또한 이해당사자들과 연관성의 끈을 유지해야 한다. 여기서 이해를 돕기 위해 내가 정의하는 브랜드를 먼저 이야기하면, 나는 브랜드란 고객이 그 기업으로부터 기대할 수 있는 것에 대한 기업의 고객과의 약속이라고 본다. 따라서 그 약속을 지키는 것은 고객과 장기적인 신뢰를 쌓는 데 매우 중요하다. 신뢰는 비즈니스에서 꽤 중요하다고 밝혀진 하나의 필수품이기도 하다. 따라서 브랜드가 장기적으로 성장하고, 이해당사자들과 연관성을 유지하며 신뢰를 얻기 위해서는 SRM 모델을 눈여겨보아야 할 것이다.

SRM 모델이 브랜드의 전략적 측면에서 이해당사자들의 신뢰를 만드는 방법이라고만 이해하면 진정한 의미를 간과하게 되는 것 아닌가 한다.

그렇다. 중요한 것은 깨어있는 비즈니스 환경에서 살아가는 브랜드는 모든 이해당사자를 마치 그들이 고객인 것처럼 대우할 것이란 점이다. 브랜드는 단지 고객뿐만 아니라 모든 이해당사자와 연관된 의미를 가지고 있기 때문이다. 각각의 이해당사자 그룹의 구성원들은, 특히 뛰어난 사람들이라면 더욱 그들 스스로 그 회사에 몰두할 것인지 아닌지에 대한 선택권을 갖고 있다. 특히 좋은 직원들은 그들이 어느 기업에서 일할 것인지에 대한 선택권을 가지고 있다. 그리고 그들은 그들이 존중 받고 높은 수준의 자율성이 주어지며, 더 넓은(고결한) 목적에 관여할 수 있는 기업에서 일하기를 선호한다. 공급처들도 마찬가지다. 그들 역시 당신과 함께 비즈니스를 할 것인지 말 것인지에 대한 선택권을 가지고 있다. 모든 이해당사자를 고객으로 대함으로써 기업들은 그들이 그들의 필요를 잘 이해하고 충족하고 있음을 확신할 수 있고, (그들로부터 사랑받아) 브랜드 전략의 목표인 장기적인 성장을 이룰 수 있는 것이다.

SRM 모델을 브랜드 경영에 전략적으로 적용시키려는 브랜드들에게 이것만은 주의하라고 해줄 만한 조언이 있다면 무엇인가?

SRM 모델이 순전히 전술적인 차원의 용어가 아니라는 것이 매우 중요한 포인트다. 기업과 리더들은 깊숙한 차원에서 고결한 목적 의식을 인식할 필요가 있다. 그들은 '시스템을 느끼는 자$^{system\ feeler}$' 만큼이나 '시스템적 사고를 하는 자$^{system\ thinker}$'가 되어야 한다. 달리 말하면 우리 모두가 서로 연결되어 있다는 것을 단지 느끼고 말 것이 아니라, '정말로' 믿어야 한다는 것이다. SRM 모델의 두 번째 포인트는 리더들이 트레이드오프라는 용어에 대한 관습적인 생각을 깨 버려야만 한다는 것이다. 우리가 트레이드오프를 기대하면 우리는 그것을 항상 찾게 된다. 만약 우리가 고객들에게 더 나은 가치를 주는 유일한 방법이 직원들의 임금을 삭감하는 것이라고 생각한다면, 우리는 반드시 그렇게 하게 된다. 그러나 만약 우리가 트레이드오프에 대한 생각을 거부하고 이해당사자들과 함께 WIN-WIN할 수 있는 해결책을 찾는다면 우리는 (아직 답이 없어서) 명확하지 않은 해결책을 찾아내려는 인간의 창의성을 활용할 수 있다. (인간의 창의성이라는 지렛대를 활용하여 창의적인 전략을 고안해 낼 수 있는 것이다.) 세 번째 포인트는 우리는 각 레벨에 있는 각각의 이해당사자들의 욕구를 만족시키기 위해 시선을 돌려야만 한다는 것이다. 매슬로우의 욕구단계 이론을 생각해 보라. 그리고 기초 단계, 중간 단계, 상위 단계의 인간 욕구에 대해서 생각해 보라. 종업원들에게 이것이 의미하는 바는 기업은 좋은 직장이자 노동 시간 외의 흥미로운 직업 기회를 얻을 수 있는 곳, 그리고 그들 일터에서의 소명의식을 제공하는 곳이 되어야 함을 의미한다.

"깨어날 것인가, 기생충으로 남을 것인가?"

책이 발행된 지 3년이 지났다. 그 사이에 추가적으로 연구한 '사랑받는 기업'들의 속성이나 사례가 있다면 소개해 달라.

지난 3년 동안 우리는 깨어있는 자본주의를 실천하고 있고, 사랑받는 기업이라고 칭할 수 있는 세계 곳곳의 많은 회사들을 확인해 왔다. 우선 책이 출판된 이후로 우리는 고결한 목적 의식이 비즈니스에 줄 수 있는 막강한 힘의 진가를 점점 더 알아 가고 있다. 이것은 비즈니스에 있어서 재생가능한 에너지의 원천과 같은 것으로 밝혀졌다. 인간은 재원resource이 아니다. 원천source이다. 올바르고 적절한 환경 안에서 인간은 비범한 수준의 아웃풋을 낼 수 있는 존재다. 그러기 위해서 기업은 매우 순수하게 본질적인 동기부여로 그들에게 영향을 끼쳐야 한다. 그러나 대부분의 기업은 주로 보상이나 징계와 같은 비본질적인 동기부여 방법을 활용하여 사람들을 관리한다. 이것들은 결국 비효과적일 뿐만 아니라 실질적으로 생산 성과의 질적인 면에도 나쁜 영향을 준다.

책이 출판된 이후에 우리가 재정비한 두 번째 생각은 의식 있는 비즈니스는 반드시 문화와 함께 고려되어야만 한다는 것이다. 우리는 일곱 단어의 앞 글자를 따서 '*태크틸TACTILE'이라는 단어로 문화를 정의한다. 이 단어는 당신이 실제로 만지고 느낄 수 있는 어떠한 것을 의미한다. 그것은 깨어있는 비즈니스의 문화적 특성을 상징하는 다음의 일곱 단어인 신뢰, 진정성, 배려, 투명함, 청렴함, 학습과 권한 부여(Trust, Authenticity, Caring, Transparency, Integrity, Learning and Empowerment)다.

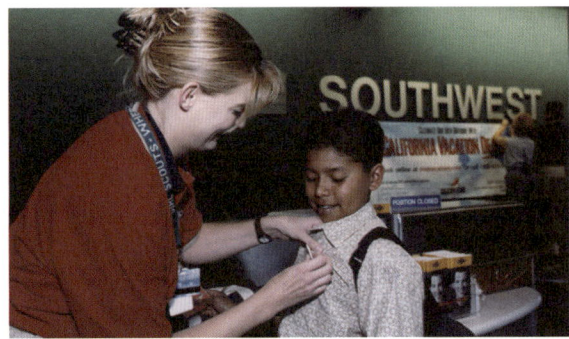

고결한 목적 의식과 함께 태어난 브랜드 사우스웨스트와 REI

당신의 주장은 '기업의 사회적 책임'이라는 식상한 말로 해석될 여지가 많다. 그것을 우려해서인지 책에서 "이 책이 주장하는 것은 기업의 사회적 책임이 아니다. 제대로 된 비즈니스 경영이란 무엇인가를 다루고 있다"고 말한다. 여기서 '굿 비즈니스good business는 수익성을 보장하지 못한다는 사회적 편견에 동의하지 않는다'는 당신의 생각이 읽혀진다. 이러한 편견을 가지고 있는 기업가들을 당신은 어떻게 설득하겠나?

그들을 설득하는 유일한 방법은 더 많은 증거를 제공하는 것이다. 우리의 조사는 그런 회사들이 시장에서 10년 이상 9배 정도의 초과 실적을 낸다는 것을 보여 줬다. 우리는 시간이 지나면서 비록 과거에는 전통적인 접근으로 돈을 벌던 기업이라도 미래에는 그들이 성공할 수 있는 유일한 방법이 바로 이것이라는 점을 보여 주는 강력한 사례가 만들어지길 바란다.

그러나 2가지는 반드시 이야기하고 싶다. 하나는 깨어있는 비즈니스라 하더라도 여전히 하나의 비즈니스임을 기억하라는 것이다. 다시 말하면, 비즈니스는 반드시 고객들에게 충분한 가치를 제안해야 하고, 합리적이고 효율적인 방법으로 운영되어야 하며, 신기술에 투자해야 하고, 비즈니스를 하는 데 운영상 필요한 모든 것을 간과해서는 안 된다. 진정한 마법은 건정한 비즈니스 모델

***태크틸**
태크틸은 원래 '촉각의'란 뜻으로 와인 용어로도 쓰인다. 휘발성 산이 많은 와인을 마실 때 코를 자극하는 느낌, 알코올 함량이 높은 와인을 마실 때 목의 뜨거운 느낌, 스파클링 와인을 마실 때 느낄 수 있는 입안의 거품 등 와인을 마실 때의 물리적인 영향들을 말한다. 눈에 보이지 않는 문화적 특징을 태크틸이라는 눈에 보이고, 손으로 만져지는 물리적 특성에 비유한 이유는, 사실감을 높임으로써 중요성을 강조하기 위함일 것이다.

에 깨어있는 자본주의적 요소를 가미할 때 일어난다. 고결한 목적 의식과 이해당사자 중심. 그리고 깨어있는 리더십의 3가지 요소가 동시에 충족될 때 각각이 기업의 성과를 놀랍도록 높이며, 그 영향이 극적으로 나타난다.

또한 비즈니스는 절대로 재무적인 성과 차원으로 판단되어서는 안 되고 그럴 수도 없다는 것을 잊지 말아야 한다. 비즈니스는 사회의 많은 종류의 부를 만들어내기도 하고 파괴하기도 한다. 경제적이고, 사회적이고, 문화적이고, 감성적이고, 환경적이고, 심지어는 영적인 영역의 부까지도 말이다. 그러나 경제적인 부만을 증가시키는 비즈니스는 (비록 사람들의 행복감에 영향을 미치는 차원의 부를 만들어 낼지라도) 그것이 이 세계에 진정한 가치를 더하지 않는다면 차라리 이 사회의 기생충과 같다고 할 수 있다.

상상해 보면 어쩌면 미래의 비즈니스는 결국 '철학 전쟁' 아닐까? 어떤 브랜드가 더 강력한 (소비자들에게 매력적인, 혹은 사회에 필요한) 철학을 가지고 있고, 그 철학을 어떻게 실행하고 있는지가 경쟁력일 것이라는 예측 때문이다. 또한 철학은 경쟁자가 쉽게 모방할 수 없는 전략이기에 강력할 수 있다. 이에 대한 당신의 의견은 어떤가?

MEMORANDUM

사랑받는 기업 홀푸드마켓의 상호의존 선언, "우리는 가족입니다"

홀푸드의 모든 매장에 걸려 있는 상호의존 선언문

시소디어 교수는 '사랑받는 기업'을 다음과 같이 정의한다. '모든 이해당사자 집단의 이익을 전략적으로 정렬함으로써 모두에게 사랑받는 회사를 지칭한다.' 이 정의를 잘 설명하는 비즈니스 전략이 SRM 모델, 즉 이해당사자 관계관리 모델이며, 주요 이해당사자로 사회, 파트너, 투자자, 고객, 직원을 말한다. 시소디어 연구팀이 사랑받는 기업의 케이스로 선정한 28개의 브랜드 중 하나인 홀푸드는 이해당사자 관계관리 비즈니스를 보여 주는 좋은 예다.

홀푸드의 기업 철학은 그 자체가 이해당사자 집단들이 상호보완적 관계를 유지해야 하는 것이다. 그리고 이런 생각을 '사명 선언서'뿐만 아니라 '상호의존 선언문'이라는 것을 만들어 공식적으로 기록하고, 모든 매장에 걸어 두고 있다. 이 선언문은 기업의 이해당사자 집단 각각이 서로에게 상호의존하는 가족이라는 생각을 담고 있다. 다음은 그 내용 중 일부다.

"우리의 모토 '완전한 식품, 완전한 사람들, 완전한 지구'는 우리의 비전이 단순 식품 소매점 이상임을 보여 준다. 우리의 비전을 성취하는 데 있어 성공이라 함은 고객만족, 우수 직원 확보 및 그들의 행복, 자본 투자 이익 회수, 환경 개선, 그리고 지역 사회의 지지 등으로 요약할 수 있다."

상호의존 선언이 가져다준 성과

시소디어 교수의 연구팀은 '좋은 기업을 넘어 위대한 기업으로'의 연구팀이 그랬던 것처럼 단순히 정성적인 논리뿐 아니라, '사랑받는 기업'이 실제로 시장에서 얼마나 좋은 정량적인 결과를 보이고 있는지를 주가 등의 자료로 증명하는 작업을 하고 있다. 홀푸드를 비롯한 SRM 비즈니스 모델을 택하고 있는 기업들은 전통적인 주주 중심적 시각에서 벗어나지 못한 경쟁사들에 비해 훨씬 더 오래 지속되는 경쟁우위를 만들어 가고 있으며, 주주 보상에 있어서도 평균 기업들 이상의 성과를 올리고 있다고 밝혔다. 홀푸드는 지난 10년간(2005년 기준) 5개 대형마트(월마트, 크로거, 앨버트슨즈, 세이프웨이, 코스트코)에 비하여 탁월한 성과를 올렸다. 지난 3년간의 주가가 185%, 지난 5년간 400% 올랐다. 10년 기준으로 921% 상승한 것이다. 반면 '위대한 기업'으로 이름을 올린 월마트는 '피도 눈물도 없다는 공급업자들의 원성'과 함께 5년째 주가가 정체되어 있다.

시소디어팀의 연구 결과가 있던 2005년 이후의 홀마트는 주가 변동에 있어서는 1995년과 2005년 사이만큼의 성장률은 보이고 있지 않지만, 매출 규모로 비교하자면 2005년 470만 달러에서 2009년 800만 달러로 두 배가량의 성장세를 보였다. 이는 매장수가 100개 정도 증가한 것에서 그 이유를 찾을 수 있겠지만, 그럼에도 불구하고 홀푸드는 여전히 두 배 비싼 가격에도 소비자들에게 사랑받고 있으며 질 좋은(살충제와 화학비료를 쓰지 않은) 농산물과 유기농 제품을 대량 구매하면서 지방 경제를 지원하고 매년 매출액의 5%를 사회단체에 기부하고 있다. 또 신규 사원을 채용할 때 관리자가 아닌 팀이 거부권을 행사할 수 있으며, 인턴십 이후에도 팀의 3분의 2 이상이 동의해야 입사가 결정된다. 또한 임원들의 보상은 회사 전체 평균의 19배(포춘 500대 기업 평균이 400배)를 넘지 못하게 제한함으로써 이해당사자 관계관리 경영을 해내가고 있다.

전쟁에 비유한 것을 제외한다면, '결국은 철학 경쟁'이라는 견해가 매우 마음에 든다. 비즈니스는 기본적으로 누군가는 승리하고 누군가는 패하는 제로섬 관점인, 너무나 전쟁적 사고방식에 의해 발전되었다. 사실 전쟁은 종종 승-패도 아닌 패-패의 결과를 낳기도 한다. 비록 전장에서 승자로 불렸을지라도 장기적으로는 무언가를 잃게 될 경우에 말이다. 그러나 비용 절감을 기본으로 하며 건강하지 않은 파괴적 경쟁을 하거나 비용을 사회에 전가시키는 방법 등이 아닌, 긍정적인 속성에 기초한 건강한 경쟁을 전쟁이라고 표현한다면 당신의 견해에 진심으로 동조한다.

전통적으로 '전략'이라고 하면 '경쟁, 전쟁, 승리'와 같은 키워드를 떠올린다. 그렇다면 새로운 자본주의의 '전략' 키워드를 꼽는

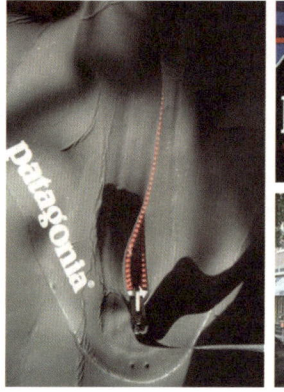

MEMORANDUM

SPICE 이해당사자 모델

- **S** 사회
- **P** 파트너
- **I** 투자자
- **C** 고객
- **E** 직원
- (중심) 사랑받는 기업

이해당사자	정의
Society 사회	정부와 사회단체뿐 아니라 지역이나 그보다 더 넓은 의미의 지역사회 비정부기구
Partner 파트너	공급업체 등 상위의 파트너, 수평적 파트너·소매업체 등 하위의 파트너
Investor 투자자	개인이나 기관투자자, 대출기관
Customer 고객	개인고객, 기업고객, 현재고객, 미래고객, 과거고객
Employee 직원	현재, 미래, 과거의 직원과 그 가족

위 그림은 시소디어 연구팀이 이해당사자 이론의 아버지인 에드워드 프리먼의 이론을 발전시킨 모형이다. 그는 현대 기업과 관련된 5가지 주요 이해당사자를 양념SPICE이라는 약자가 되게 열거했기에 이를 'SPICE 이해당사자 모델'이라 부른다. 그에 따르면 각각의 이해당사자는 그 자체로 중요하며, 그와 동시에 다른 모든 구성 요소들과 연결되어 있다. 좋은 요리란 각각의 재료들이 한데 어우러져 전혀 새로운 무언가를 만들어 내는 것이다. 달리 말하면, 전체는 부분의 합보다 크다.

다면 무엇을 꼽겠는가?

내가 전략을 설명하는 데 사용하고자 하는 키워드는 배려, 연민, 성취(충만함), 의미와 목적과 같은 단어(caring, compassion, fulfillment, meaning and purpose)다. 물론 깨어있는 자본주의에도 여전히 경쟁은 존재한다. 그러나 경쟁은 긍정적인 차원에서 발생한다. 다른 기업보다 더 신뢰할 만하고 이해당사자들에 대한 배려심과 애정을 가지고 있는 기업들이 승리할 것이다. 그들은 심지어 경쟁자조차도 이해당사자로 바라본다. 그러면서 그들은 경쟁사와 공유할 수 있는 이익과 제휴 관계를 통한 공통의 이익을 찾아내려 한다. 예를 들어, REI는 인간이 다시 자연과 결합하기를 원한다. 그래서 그들은 당신이 REI에서 아웃도어 제품을 사면 행복해한다. 그렇지만 만약 당신이 사람들이 REI의 경쟁사라고 말하는 L.L.Bean이나 파타고니아에서 그것들을 산다고 해도 행복해할 것이다. 어디에서 사든 그들의 고결한 목적을 성취하는 방향이기 때문이다. 올바르게 행해지는 비즈니스는 궁극적으로 WIN-WIN-WIN-WIN 게임이다. 깨어있는 방식 안에서 이루어지는 비즈니스가 만들어 내는 가치의 가능성은 거의 무한대다. 그리고 그것은 우리의 건강이나 지구의 건강을 공격하지 않는다. UB

라젠드라 시소디어 《위대한 기업을 넘어 사랑받는 기업으로(2008, 럭스미디어)》의 저자로 현 벤틀리 대학 마케팅 교수다. 컬럼비아 대학에서 마케팅과 경영 정책으로 박사학위를 받았고, 1998년까지 조지메이슨 대학 마케팅 부교수로서 최고경영자 과정 프로그램을 운영하였으며, 벤틀리 대학 마케팅 기술센터의 설립원장을 역임했다. 2003년에는 영국의 마케팅 전문 연구소에서 선정한 '뛰어난 마케팅 사상가 50인' 중 한 사람으로 선정되었으며 잭디시 세스와의 공저, 《빅3법칙》으로 2004년 미국 마케팅협회(AMA)의 베스트 마케팅 서적상 최종 후보에 올랐다.

브랜드 B자 배우기 6.

그 차이는 어디에 있을까?
먹히는 ignored 메시지, 먹히는 persuasive 메시지

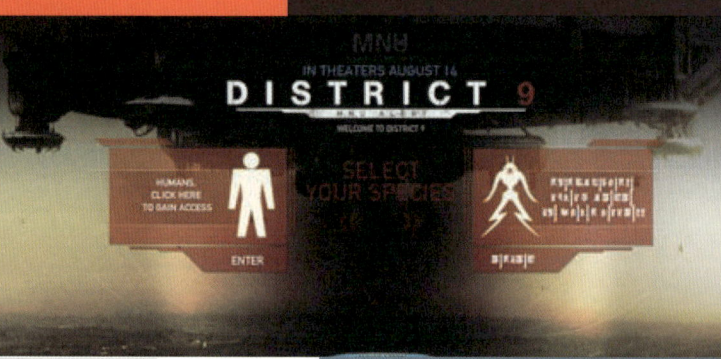

DISTRICT

IDEA ESSAY

오늘 당신에게 미션 하나가 떨어졌다고 하자. 그 미션은 메시지 하나를 전파하는 것인데 당신이 그것을 '어떻게' 전하는가에 따라 상대방에게 '먹히는(ignored, 무시되는) 메시지'가 될 수도 있고 '먹히는(persuasive, 설득적인) 메시지'가 될 수도 있다. 이제 메시지를 공개하겠다.

'차별 없는 세상을 만듭시다!'

이처럼 (중요하지만) 고루하고 식상한 메시지를 당신은 어떻게 전달할 것인가? 어떤 사람은 길에서 사람들을 쫓아다니며 일대일로 설득할 수도 있고, 어떤 사람은 메시지가 적힌 띠를 두른 채 하루 종일 지하철 2호선에 몸을 싣고 목청을 높일 수도 있겠다. 또 어떤 사람은 NGO를 결성해 이와 관련된 사회운동을 할 수도 있을 것이다.

닐 블롬캠프Neill Blomkamp, 이 사람은 같은 메시지를 어떻게 전달했는지 보자.

그는 〈디스트릭트 9 DISTRICT 9〉이라는, 우주선과 외계인이 등장하고 특수효과가 현란한 SF영화를 만들었다. 내용은 이렇다. 지구에 불시착한 외계인들이 인간의 통제 하에 남아프리카공화국 요하네스버그의 9구역district 9에 강제 수용되어 살아가는데, 시간이 흘러 이곳이 범죄의 온상이 되자 정부는 강제 철거를 결정한다. 영화는 이에 항거하는 외계인들과의 갈등, 그리고 외계인들이 지닌 최첨단 무기를 자신의 것으로 만들어 세계를 정복하려는 인간의 이기심을 그려 낸다. 그 과정에서 '외계인alien'을 물건처럼 다루는 인간을 보여 주며 오늘날 우리들이 '외국인(외국인을 뜻하는 영어 단어가 alien이라

> 바로 이것이 '전략'이다. '차별 없는 세상을 만들자'는 고루할 법한 메시지를 좀 더 많은 사람에게 '효과적'으로 전달할 그들만의 방법을 찾은 것이다.

는 것도 여전히 기분 나쁘지만)'을 얼마나 차별하고 있는지를 간접적으로 꼬집는다.

사실 우리에게는 생소하지만 남아공에는 원래 '디스트릭트 6'라는 지역이 있었다. 처음에는 행정 구역의 구분을 위해 붙인 이름이었지만 그 지역이 점차 흑인, 말레이시아인 등 유색인종이 모여 사는 지역이 되자 남아공 정부는 1964년부터 약 5년간 '아파르트헤이트(인종 분리) 정책'이라는 이름 하에 1만 8,000명의 유색인종을 강제 이주시켰다. 영화에서 지구인은 백인을, 외계인은 유색인종을 의미하는 것이다.

이런 역사적 사실을 바탕으로 제작된 이 영화는 상대적으로 적은 예산에, 스타급 배우 대신 남아공의 무명 배우들로 출연진을 구성했음에도 북미 개봉 첫 주에만 3,700만 달러의 매출을 올리며 박스오피스 1위를 차지했다. 또한 2010년 제36회 새턴 어워즈에서 최우수 국제영화상을 거머쥐고 여러 비평가협회에서 수차례 상을 받았다.

바로 이것이 '전략'이 아닐까? '차별 없는 세상을 만듭시다!'라는 고루해질 법한 메시지를 좀 더 많은 사람에게 '효과적'으로 전달할 그들만의 방법을 찾은 것이다. 재미(흥미 요소)를 놓치지 않고 말이다. 브랜드도 메시지다. 아디다스는 '불가능은 없다'는 메시지를, 탐스슈즈는 '어려운 아이들을 돕자'는 메시지를, 할리데이비슨은 '자유를 탐닉하라'는 메시지를 세상에 전하고 있지 않은가. 즉 브랜드의 철학 혹은 핵심가치는 그 브랜드를 만들고 소개하는 사람이 세상에 전하고 싶은 메시지란 뜻이다(자신이 전하려는 메시지가 무엇인지 고민하지 않는 브랜드도 부지기수지만). 그래서 내가 가진 메시지를 효과적으로 전달할 수 있는 방법을 찾는 것이 '전략'인 셈이다.

먹히는ignored 메시지가 되는 것과 먹히는persuasive 메시지가 되는 것의 차이는 그것을 전달하는 '전략'이 그 메시지를 전달하는 데 얼마나 효과적이며 최적화된 것인가에 있다.

'경쟁자를 이기는 데 효과적인 것'이 아니라 말이다. UB

각 브랜드는 결국 자사의 제품 및 서비스로 세상의 메시지를 전하고 있는 셈이다.

STRATEGIC MIND

전략적 사고 방법론

《생각이 차이를 만든다》《80/20 법칙》《독점의 기술》. 이 세 책의 저자들은 경영자와 브랜더들의 전략적 사고를 높이는 데 큰 도움을 주었다. 저마다 인터뷰와 실무 경험, 오랜 기간의 연구를 통해서 전략에 대한 뚜렷한 관점을 가지고 있는 이들은 브랜드 관점에서 전략을 바라볼 때 우리가 알아야 할 것들을 정확히 짚어 준다. 브랜드 전략에 대해 아직 2% 부족함을 느낀다면 서둘러 이들에게 자문을 구해보자. 이들은 기꺼이 당신의 연륜있고 현명한 컨설턴트가 되어줄 것이다.

132 글로벌 리더의 전략적 사고에서 배우는 3가지 교훈_로저 마틴

136 브랜드의 생태학적 적소 전략_리처드 코치

140 '빈 공간'을 선점하는 전략, 독점의 기술_밀랜드 M. 레레

성급하게 행동만 배우지 말고
사고방식을 배워라

글로벌 리더의 전략적 사고에서 배우는 3가지 교훈

The interview with 로저 마틴(Roger Martin)

"내 질문 때문에 머리가 지끈거린다고 말한 사람도 있었다." 로저 마틴은 《생각이 차이를 만든다The Opposable Mind》라는 책의 서두에서 유명 리더와의 인터뷰를 회상하며 이렇게 말했다. 로저 마틴의 본업은 세계적인 영향력을 가진 '경영학자'이자 경영대학원의 '학장'이지만 그는 스스로 '기자'가 되어 인정받는 전략가이자 CEO인 P&G의 A.G. 래플리나 포시즌스의 이사도어 샤프 같은 리더 50여 명을 인터뷰했다. 성공을 이뤄 내는 훌륭한 리더의 비밀을 알기 위해서는 그들이 '한 일'이 아니라 그 뒤에 감춰진 그들의 '사고방식'을 알아야 한다고 생각했기 때문이다. 그리고 로저 마틴은 이 리더들에게 공통적으로 '상반되는 정신Opposable Mind'이 있다는 사실을 알아냈다.

로저 마틴에게 우리가 던진 질문들은 크게 3가지다. "사람들이 '전략'에 대해 제일 오해하고 있는 것은 무엇인가?" "왜 사고방식이 행동보다 중요하다고 생각하는가?" "그렇다면 탁월한 전략가들은 어떤 사고 과정을 거치는가?" 지금부터 로저 마틴으로부터 리더들을 직접 인터뷰하고 연구해서 얻은 위 질문에 대한 답변들을 들어보고, 당신의 사고방식이 얼마나 전략적 사고에 가까운지 점검해 보는 것은 어떨까.

Misconception about strategy
: 전략과 실행은 분리되는 것이 아니다

유니타스브랜드의 이번 특집 주제는 '브랜드 전략'이다. 우선 당신이 생각하는 '전략'이란 어떤 것인지 궁금하다.

나는 브랜드를 무척 중요하게 생각하는 P&G와 오랫동안 파트너십을 유지해 왔고, 전략 컨설턴트로서 여러 해를 살아왔기 때문에 '브랜드'나 '전략'에 대해 많이 고민할 수밖에 없었다. 우선 브랜드는 상품이나 기업의 '독특하고 유일무이한 아이덴티티'라고 생각한다. 그들의 목소리나 퍼스낼리티, 이것을 넘어선 의미, 그래서 마침내 그것이 소비자와 자신을 연결짓는 아이덴티티가 되는 것이다. 브랜드가 이런 것이라면 전략은 이렇게 독특한 아이덴티티로 무장한 브랜드가 시장에, 역시 독특하고 아무나 흉내낼 수 없게 접근하는 방법이다. 어느 곳에서 활동할 것인가와 어떻게 이길 것인가는 물론 스스로 결정해야 한다. 전략에 대한 정의는 이처럼 아주 간단히 내렸지만 내 경험으로는 말처럼 간단하지 않은 것이었다.

"모든 기업의 환경이 다르기 때문에 전략가가 한 일만 연구해서 그것을 그대로 흉내내기만 한다면 좌절할 것이 분명한 결과를 얻게 될 것이다."

당신의 정의를 포함하여 전략에 대한 수많은 정의가 존재하는 것은 전략을 보는 시각이 그만큼 다양하다는 의미인 것 같다. 그런 맥락에서 당신이 보기에 사람들이 전략에 대해 가장 크게 오해하는 것은 무엇이라고 생각하나?

내가 생각하기에 전략에 관한 가장 큰 오해는 전략을 세우는 사람과 실행하는 사람이 따로 있다고 생각하는 것이다. 경영자들은 흔히 전략이 오직 자신들만의 영역이며, 전략이 결정되면 이것이 실행의 주체, 즉 '별 생각이 없는 전체'에 전달되는 것이라고 생각한다. 그리고는 조직에서 머리 역할을 담당하는 자신들을 따라 몸의 역할을 하는 직원들이 이를 실행해야 한다고 생각하는 것이다. 물론 조직의 일반 직원들이 하는 전략과 관련된 의사결정들은 일정 부분 경영진의 가이드를 받아야 하는 것이 맞다. 그러나 '직원들이 전략적이지 못하기 때문에' 경영진이 전략을 세우고 선택을 대신 해줘야 하는 것은 절대 아니다. 이와 관련해서 최근에 'The Execution Trap'이라는 글을 <하버드비즈니스리뷰>에 기고하기도 했다.

그 글에는 어떤 내용이 담겨 있나?

글은 먼저 조직에 사람의 머리에 해당하는 역할과 몸의 각 부분에 해당하는 역할이 따로 있다는 생각을 버려야 한다는 내용으로 시작한다. 조직을 사람의 머리와 몸에 비유하는 메타포는 전략을 경영진의 역할로 가두었다. 경영진은 직원들이 해야 할 선택을 대신 해 주는 것이 아니라 그들이 매 상황에 적합한 결정을 내리고 전략적으로 행동하도록 가이드를 제시해 주어야 한다는 것이다. 그리고 경영진은 직원들이 결정을 내리고 실행해 본 뒤에 이에 대해 피드백을 주면 언제든 결정이 바뀔 수 있을 만큼 자신들이 개방되어 있다는 사실을 피력해야 한다. 그래야 전략이 조직 내 모든 사람에 의해 계획되고 실행되도록 동기부여할 수 있다.

Context matters
: 사고방식이 중요한 것은 환경 때문이다

그간의 연구와 경험에 비추어 볼 때 실패하기 쉬운 전략도 있다고 생각하나?

특별히 '실패하기 쉬운' 전략의 패턴이 있다고는 생각하지 않는다. 또 누구도 "어떤 전략이 너무 단순해서, 너무 복잡해서, 혹은 너무 내부 전략에 집중되어 있어서 실패했다"고 특정 요인을 실패의 이유로 꼬집어 말할 수는 없다고 생각한다. 전략은 매우 복잡하고, 많은 요소들에 의해 성공이 결정된다. 특히 브랜드가 처한 저마다 다른 환경context의 영향을 많이 받는다.

많은 사람들이 전략을 연구할 때 특정 브랜드가 어떤 행동을 했는지, 그것이 어떤 결과를 가져왔는지를 살펴보는 데 초점을 맞춘다. 그런데 당신은 오히려 그 전략을 실행한 전략가의 사고방식을 연구해 왔다. 특별한 이유가 있는가?

모든 기업의 환경이 다르기 때문이다. 전략가가 한 일만 연구해서 그것을 그대로 흉내내기만 한다면 좌절할 것이 분명한 결과를 얻게 될 것이다. 따라서 전략가가 한 일을 살펴보는 것에 앞서, 그들이 왜 그런 일을 했는지 그 사고방식과 사고 과정을 살펴보는 일이 매우 중요하다. 이 때문에 나도 리더들을 인터뷰하기 시작한 것이다. 그들과 대화를 나눠 보지 않고 그들의 업적만으로 그들의 사고를 연구하는 것은 매우 혼란스러운 일이었다. 그래서 직접 만나 인터뷰를 하면서 살펴보니 리더들의 사고방식에서 일관된 패턴을 찾을 수 있었고 그들을 더 이해할 수 있게 되었다.

당신이 말하는 훌륭한 리더들의 사고방식 패턴이 '상반되는 정신 Opposable Mind'을 말하는 것인가?

그렇다. 우선 '상반되는 정신'은 '통합적 사고 Integrative Thinking'를 설명하기 위한 하나의 모티브다. 다섯 손가락 중 엄지를 우리는 op-posable thumb이라고 부르기도 하는데 이는 엄지가 다른 네 손가락과는 다른 방향을 보고 있어 나머지와 긴장을 유지하며 물건을 집는 등의 유용한 행위를 가능하게 만들기 때문이다. 상반되는 정신도 엄지와 같은 맥락이다. 일반적인 상식과 긴장을 유지하면서 유용한 생각을 가능하게 만드는 정신mind인 것이다. 따라서 더 중요한 것은 상식과 이 정신 두 가지를 모두 사용하는 통합적 사고다. 성공한 비즈니스 리더들의 가장 어렵고도 중요한 문제에 대한 의사 결정의 사고 과정을 살펴보니, 통합적 사고가 가능하도록 만드는 이 '상반되는 정신'을 찾을 수 있었다. 대개 특정 브랜드 케이스를 연구해서 어떤 기업에도 바로 이식할 만한 전략을 찾을 것으로 기대하지만 나는 케이스보다는 전략가의 사고 과정상의 특징을 아는 것이 오히려 어떤 문제에서든 더 나은 결과를 가져온다고 본다.

이런 상반되는 정신을 가지고 통합적 사고 능력을 활용해 여러 대안 중 어느 하나를 선택하는 것이 아니라 더 나은 새로운 대안을 만들어 내야 한다.

Trade-offs are evitable : 트레이드오프도 해결할 수 있다

대부분의 전략가들이 그렇게 하고 있지 않은가?

말만 들으면 그럴 것 같지만 아니다. 보통 통합적 사고를 사용하지 않고도 어느 정도 '좋은' 전략가가 되는 것은 가능하다. 상황을 분석하고 이미 존재하는 옵션들 중 최고의 것을 선택하는 것이다. 이것이 대부분의 전략가들이 하는 일이다. 그러나 '위대한' 전략가가 되기 위해서는 단순히 존재하는 옵션을 분석하고 선택하여 문제를 해결하고자 하는 생각을 넘어서야 한다.

⊕ A.G. 래플리의 통합적 사고와 트레이드오프 상황 벗어나기

"'A or B'의 답안을 선택하여 생기는 한계를 극복한 리더들은 모두 둘 중 하나만으로는 충분히 자신의 문제를 해결하지 못한다고 생각하는 공통점이 있었다. A.G. 래플리가 가장 좋은 예시일 것 같다. 그는 "누구나 둘 중 하나를 선택할 수 있지만 그렇게 해서는 절대 최고가 될 수 없다. 트레이드오프 게임에서 벗어나지 못하면 당신은 승리할 수 없다"고 말했다."

로저 마틴은 인터뷰에서 통합적 사고를 통해 탁월한 전략을 구사한 가장 좋은 예로 A.G. 래플리를 꼽았다. A.G. 래플리가 P&G의 대표가 되었을 때 P&G는 심각한 문제를 안고 있었다. 전임 CEO는 임기 도중 실적 부진 등으로 불명예 퇴임을 했고, 수많은 P&G의 대표 브랜드들이 시장에서 고전을 면치 못하고 있었다. 그런 와중에 내부에서는 이 상황을 뚫고 나갈 2가지 상반되는 의견이 나왔다. 하나는 앞선 CEO가 하던 대로 R&D에 집중적인 투자를 계속 하자는 것이었다. P&G는 R&D를 통한 혁신적인 상품 개발로 시장의 리더가 되었다. 그래서 전임 CEO는 혁신을 위해 R&D 부서에 막대한 예산을 투자했다. 투자에 비해 예상한 만큼의 성과를 얻지 못하고 있었지만 많은 이들이 투자를 지속해야 한다고 했다.

다른 일부는 대표적인 마케팅 컴퍼니인 P&G의 색깔을 유지하기 위해 R&D에 투자하던 많은 금액을 마케팅 부문에 투자해야 한다고 했다. 이는 바로 눈에 보이는 실질적인 성과를 가져오기 위해서였다.

래플리는 이 두 가지 의견 모두가 일리 있다고 생각했다. 그러나 어느 하나를 선택하기는 싫었다. 둘 다 완벽한 해결책이라고 생각하지 않았기 때문이다. 그래서 래플리는 우선 R&D에 투자하는 금액과 성과가 과연 정비례 관계인지부터 생각해 보았다. 살펴보니 적은 투자를 하고 큰 혁신을 만들어 내는 강소 기업들이 많다는 것을 깨달았다. 그는 R&D 비용을 줄이되 혁신을 유지하기 위해 강소 기업들의 발명 능력을 흡수하는 C&D(Connect & Develop) 전략을 만들었다. 그렇게 줄인 비용을 마케팅 부문에 집중적으로 투자할 수 있었고 이것은 그간의 나쁜 실적 때문에 더는 성과를 기다릴 시간이 없던 P&G에 눈에 보이는 빠른 성과를 안겨 주었다. 래플리는 결국 한 번에 잡기 어려운 두 마리 토끼를 모두 잡았다는 평가를 받게 되었다.

래플리가 어느 하나의 대안을 택했다면 일리가 있는 다른 대안은 포기해야 하는 트레이드오프 상황을 면치 못했을 것이다. 그러나 래플리는 두 가지 옵션 중 어느 하나가 '순리'일 것이라 생각하지 않고 모두 '가설'로 여겼다. 그리고는 어느 하나를 선택하는 대신 두 가지 모두를 사용할 수 있는 방법을 찾았기에 놀라운 매출과 두 배 이상 뛰어오른 주가라는 성과도 얻을 수 있었다.

래플리와 같은 통합적 사고를 하는 리더들을 연구한 뒤 로저 마틴은 책에서 다음과 같이 언급하고 있다. "전통적인 의사결정자들은 불만족스런 트레이드오프와 제대로 싸워 보지도 않은 채 별다른 저항 없이 받아들이는 경향이 짙다. (중략) 복잡성과 다양한 방향의 인과관계 그리고 세분화하지 않은 전체적 사고를 포용하는 접근법이야말로 보이지 않는 것을 통찰할 수 있는 새로운 사고방식의 핵심이다."

참고: 《생각이 차이를 만든다(2008, 지식노마드)》

만약 문제를 해결할 때 두 가지 해결 방법이 있는데 그것이 서로 상반된다는 것은 트레이드오프가 일어날 수밖에 없다는 말 아닌가? 통합적 사고로 이런 트레이드오프 상황도 벗어날 수 있나?

그렇다. 나는 그간 통합적 사고로 트레이드오프처럼 '보이는' 상황을 벗어나는 리더들을 여럿 보아왔다. 대표적인 예가 올해 초 퇴임한 P&G의 전 회장@ A.G. 래플리다. 상반되는 정신Opposable Mind을 가지고 통합적 사고를 하는 리더들은 상충되는 아이디어 사이에서 어느 하나를 고르는 것이 아니라 이 아이디어 사이의 긴장을 기꺼이 즐기고, 이를 통해 새로운 아이디어를 만들어 낸다. 이 새로운 아이디어는 상충되는 두 가지 의견 양쪽에 그 뿌리를 두고 있지만 결과적으로 그보다 훨씬 나은 해결책이 되었다.

Direction of strategy : 전략의 방향

통합적 사고로 트레이드오프 없는 전략을 세울 수 있다면 '철학의 전략화'에도 많은 도움이 될 것이다. 보통은 자신의 철학을 지키면서 동시에 충분한 수익을 내려 할 때 트레이드오프 없는 대안을 찾기 어렵다고 생각하는데, 꼭 어느 하나를 고르기보다는 둘 다 얻는 방법이 있다는 사고방식을 가지면 래플리 같은 대안을 찾을 수 있을 것 같다.

물론이다. 그러려면 어떤 의사결정을 할 때 빠른 결정을 내려야 한다는 조바심을 내지 말고 시간을 갖고 일리 있는 것은 포기하지 않아도 되는 대안을 만든다고 생각하라. 매력 없는 트레이드오프 상황이 '피할 수 없는 것'이라고 생각하는 순간, 그 문제는 정말 트레이드오프 상황에 빠지게 된다.

나도 비즈니스가 더 높은 차원의 목적을 가져야 한다는 유니타스브랜드의 생각에 동의한다. 기업이 시장에서 자신의 존재 목적을 찾지 못하면 그들에게는 어떤 동기부여도 없을 것이다. 시장에서 고객들의 욕구가 무엇인지 파악하고, 당신이 가진 철학을 지키는 방향으로 창조적인 대안이 되는 전략을 세워야 한다. 그것이 당신의 브랜드가 존재하는 이유다.

브랜드의 존재 목적을 가장 잘 전략화한 브랜드가 있다면 소개해 달라.

내가 철학을 녹인 전략을 사용하는 브랜드 케이스로 가장 많이 언급하는 브랜드가 포시즌스호텔앤리조트Four Seasons Hotels and Resorts다. 창립자인 이사도어 샤프Isadore Sharp는 누구보다 성공적인 럭셔리 호텔 체인을 만들고 이것을 이용하는 고객의 필요와 욕구를 호텔 시스템 속에 잘 녹인 사람이다. 샤프는 원래 기독교의 황금률(당신이 대접 받고 싶은 대로 남을 대접하라)을 자신의 제1철학으로 가지고 있던 사람이다. 이런 철학이 자신의 호텔을 고급 호텔로 유지하면서도 마치 집처럼 편안한 공간이 되도록 만들었고, 당시

로서는 최초인 여러가지 혁신적인 서비스(24시간 비서 서비스, 세탁 서비스 등)를 개발하는 근간이 되었다. 이런 철학이 전체적으로 공유되자 그의 직원들도 모든 의사결정을 샤프와 같이 할 수 있었다.

마지막으로 이런 훌륭한 브랜드의 성공과 그 원동력인 전략적 사고를 배우고자 하는 경영자들과 브랜드 관리자들을 위한 조언을 부탁한다.

나는 모두에게 "당신이 대면한 의사결정과 그 영향을 받게 되는 당신의 고객, 그리고 시장을 좀더 넓고 깊게 생각해 보라"고 조언하고 싶다. 통합적 사고를 하는 사람들은 자신이 대안으로 생각하여 고려하는 문제 해결 방법의 수가 무척 많고, 그 대안들 사이의 관계나 모든 대안의 통합에 대해 많이 생각한다. 그런 사고력을 기르기 위해서는 우선 당신에게 동의하지 않는 사람을 찾아라. 그리고 왜 그들이 당신의 대안에 동의하지 않는지를 꼭 들어 보기 바란다. 다른 사람보다 오히려 그들이 당신이 어떤 생각을 하고 있으며 당신의 대안을 어떻게 발전시켜야 할지를 알려 줄 것이다. 당신과 상반되는 사람opposable people은 전략의 날개가 되어 줄 것이다. UB

로저 마틴 하버드대학교에서 문학사를 전공하고 하버드 경영대학원에서 경영학 석사 학위를 받았다. 현재 캐나다 토론토대학교 로트먼 경영대학원의 학장인 그는 P&G 등의 브랜드와 지속적인 컨설팅, 연구 등을 진행해왔으며 《비즈니스위크》가 선정하는 세계에서 가장 영향력 있는 경영학 교수 10인에 선정된 바 있다. 저서로는 《생각이 차이를 만든다》 《책임감 중독》 등이 있다..

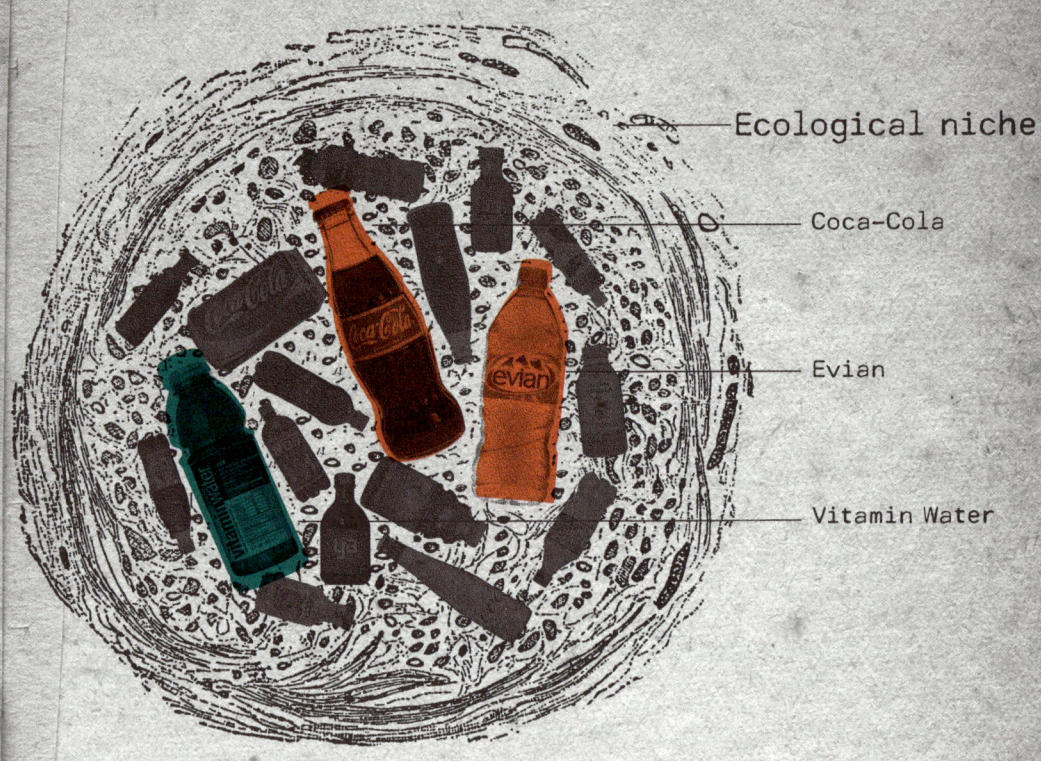

사회학자의 눈을 가진 컨설턴트에게 듣는 거시 전략학

브랜드의
생태학적 적소 niche 전략

The interview with 리처드 코치(Richard Koch)

베인앤컴퍼니의 창립 멤버이자 벤처 캐피탈 투자가라는 이력을 가진 리처드 코치는 세계적인 베스트셀러 작가다. 그런데 그의 저작을 제목만 나열해 놓고 보면, 이 사람은 '남 다른' 전략가라고 느낄 것이다. 그의 대표작들인 《80/20 법칙》《서구의 자멸》《슈퍼커넥트》는 각각 '하찮은 다수보다 핵심적인 소수에 집중하라' '우리 서구인들이 가장 경계해야 할 것은 서구의 몰락이 아니라, 서구 정신의 몰락이다' '네트워크와 약한 연결고리의 파괴력에 대해서 알고 있기는 한가?'라고 말하기 때문이다. 이러한 거시적 관점으로 비즈니스를 바라보는 경영 전략가는 브랜드에게 'ecological niche 전략'를 만들라고 권했다. 우리에게 '니치'는 '틈새'로 번역되곤 하지만, 제1의미는 '아주 편한, 꼭 맞는 자리나 역할'이다. 따라서 그가 말하는 생태학적 니치는 생태학적 적소를 찾는 것이다. 시장의 틈새를 찾을 것이 아니라, 당신의 브랜드가 가장 편안하고 꼭 맞는 자리를 찾으라는 그의 거시 전략학을 더 들어 보자.

당신을 가장 유명하게 만든 책인 *《80/20 법칙》에 대해서 묻지 않을 수 없다. 이 법칙이 브랜드 전략에도 적용된다고 생각하나?

'한 브랜드가 얻는 80% 혹은 그 이상의 이익은 전체 고객의 20%나 그 이하의 비율에서 비롯된다'라는 것은 브랜드 전략을 세울 때 좋은 가설이 될 수 있다고 생각한다. 그 20%의 고객이 '브랜드의 심장부'다. 이들은 진정으로 그 브랜드가 제공하는 것들을 좋아하고, 종종 기업의 운영이나 혁신에 있어서도 깊은 관계를 유지하는 모습을 보여 준다(유니타스브랜드 Vol.12 슈퍼내추럴코드 p238 참고). 심장부가 없는 브랜드는 덜 자란 나무와 같다. 그 브랜드는 만개하지 못할 것이다. 꽃도 피우지 못할 테니 말이다. 종종 심장부가 존재함에도 불구하고 성장을 위해서 새로운 고객을 찾느라 상대적으로 심장부 고객을 등한시하는 경우도 있다. 이것은 브랜드에 몹시 위험하다. 진실되고, 지속가능하며, 이익이 되는 성장은 항상 20%의 심장부에서 나온다. 물론 종종 시장 상황이 급격하게 변화하는 시기에 새로운 심장부가 만들어지기도 한다. 이러한 상황에서도 같은 심장부로 그 시장을 이용한다면 매우 위험해질 것이다. 이미 만들어진 오래된 생태계를 파괴할 수 있기 때문이다. 때때로 2개의 생태계에 하나의 브랜드가 오버랩되어 존재할 수도 있지만 그런 사례는 극히 드물다. 지금 생각나는 유일한 예가 다이어트 콜라Diet Coke인 것 같다. 코카콜라는 일반 콜라 생태계를 구축한 이후에 다이어트 콜라를 내놓았는데도 같은 브랜드로 두 시장 모두에 심장부 고객을 가지고 있다.

당신은 전략과 관련된 저술 활동에도 활발한데, 기업 전략에 대한 당신의 관점은 극도로 변해 온 것 같다. 기업 전략에 대한 당신의 처음 생각은 무엇이고, 지금 생각은 무엇인가?

이전에 나는 기업 전략(개별 사업의 단위를 넘어선 기업 전체 수준에서의 전략)은 위험한 것이고, 제대로 하기란 거의 불가능하다고 생각했다. 나는 여전히 기업 전략은 위험한 것이라고 생각한다. 하지만 바뀐 것은 '잘(제대로) 하는 것'은 가능하다는 것이다. 훌륭한 새 상품과 서비스를 생산하는 것은 시장이 아니라 기업이고, 그것들을 고객에게 좀 더 다른 방법으로 풍성하게 만들 수 있는 것도 기업이다. 기업은 시장의 지배를 받지만 자신의 의지를 실행할 수 있는 능력을 갖고 있다는 것이다.

그렇게 변한 이유는 무엇인가? 새로운 깨달음 때문인가, 시장이 역동적으로 변화하고 있기 때문인가, 아니면 사회 문화적인 시대정신의 변화 때문인가?

부분적으로 내가 다른 저자들에게 영향을 받았기 때문이다. 특히 가깝게 지내는 옥스퍼드 대학의 피터 존슨Peter Johnson 교수와 애슈리지Ashridge 대학의 앤드류 캠벨Andrew Campbell 교수에게 많은 영향을 받았다. 또 내가 일하던 회사에서 배운 경험도 반영되었을 것이다. 나는 같은 시장에서 살아가는 기업들이라 하더라도 운영되는 방식, 그러니까 각각의 유전자 코드genetic code는 너무나 다르다는 것을 깨달았다. 또한 종종 그중 몇몇은 자신의 독특한 '생태학적 적소'를 찾아내는데, 그런 기업은 안을 들여다 보면 표면적으로 보여지는 것과 상당히 다른 방식의 경영이 이루어지고 있었다.

생태학적 적소라는 말이 흥미롭다. 이것도 하나의 전략적 차원의 단어인가?

그렇다. 전략을 바라보는 태도가 바뀐 이후에 나는 기업 전략에 대한 생태학적인 관점을 견지해 왔다. 각각의 시장은 자신만의 생태학을 갖는다. 그들은 하나의 기업 생태계에서 생존하고 번영하기 위하여 자신만의 독특한 특성과 규칙을 갖는데, 인간의 생태계가 다양한 생물군과 환경 요건들로 복잡하게 구성되어 있듯이, 기업의 생태계 역시 기업들과 고객, 그리고 컨설턴트나 벤처 자본, 헤드헌터 같은 중개인들과 함께 상호작용 하는 것을 기초로 한다. 이때 각각의 기업은 자신들만의 독특한 일하는 방식인 유전자 코드를 가지고 있다. 만약 어떤 회사의 유전자 코드가 그것이 잘 작동하는 시장의 생태학과 들어맞는다면, 특히 잘 다듬어진 코드들을 갖고 있다면, 그 기업은 번영할 것이다. 그렇지 않다면, 번영하지 않을 것이다. 이때 자신의 유전자 코드를 잘 구축하고, 속한 생태계에 잘 적응시키는 것이 기업 전략에 대한 나의 생각이다.

아직까지 당신의 이야기는 '당연한 말'처럼 들린다. 조금 더 설명해 주겠나?

생태학적 적소가 존재할 수 있다는 것을 알

> "생태학적 적소를 발견한 이들은 경쟁자가 없다. 외부에서는 경쟁자라고 표현하는 기업들을 그들 스스로는 경쟁자라고 생각하지 않는다."

***80/20 법칙**

80/20의 법칙은 원인과 결과, 투입과 산출 사이에 불균형이 존재함을 의미한다. 20이 80보다 크다(중요하다)고 말하는 이 법칙은 사실 리처드 코치가 발견한 것이 아니라 100년 전 이탈리아의 경제학자 빌프레도 파레토가 처음 주장한 '파레토의 법칙'의 다른 이름이다. 파레토의 법칙이 가치 있는 이유는 50을 투입하면 50을 얻을 것이라는 인간의 직관에 반하기 때문이다. 그러나 전체 인구의 20%가 80%의 부를 차지하고, 근면 성실해 보이는 개미 사회에서도 20%의 개미만이 열심히 일하며, 콩밭에서 나는 콩의 80%도 20%의 콩깍지에서 나듯 파레토의 법칙은 일종의 자연법칙이다. 리처드 코치는 이를 경영이나 자기 계발(시간 관리)에 접목시켜 80을 만드는 20이 될 만한 것에 자원을 집중하여 효율화를 높이라고 주장한다.

고 내가 이 이론을 계속 발전시키고 있는 이유는 꽤 놀랄 만한 결론에 도달했기 때문이다. 생태학적 적소를 발견한 이들은 경쟁자가 없다. 외부에서는 경쟁자라고 표현하는 기업들을 그들 스스로는 경쟁자라고 생각하지 않는다. 기업들은 틈새시장을 발견해서 들어가려고 한다. 그러나 자신의 유전자 코드에 맞게 살아가다 보면 어느새 적소로서의 틈새를 차지하고 있을 것이다. 따라서 한 생태계 내에 여러 브랜드가 있다고 하더라도, 그들은 다른 생태학적 적소에서 알을 낳고 서비스를 했기 때문에 하나의 태양 아래에서 (서로 경쟁한 것이 아니라) 각각의 위치를 갖고 성장한 것이다. 환경이 변하기 전까지 이 시장에서의 경쟁은 무의미하다.

예를 들어 나는 BCG에서 5년간, BCG에서 (탈주하다시피 해서) 나온 사람들이 만든 베인앤컴퍼니Bain & Company에서 3년간 일했다. 외부 관찰자가 보기에, 이 두 회사는 경쟁자이고 정확하게 같은 종류의 일을 한다. 그러나 내가 말할 수 있는 것은, 이들은 똑같은 분석을 하고 같은 핵심 아이디어와 관점을 가지고 있지만, 그들은 완전하게 다른 방식으로 일한다는 것이다. BCG에서는 지능적인 혁신과 휘황찬란한 프레젠테이션이 최고지만, 베인앤컴퍼니는 CEO와의 관계가 전부다. BCG는 굉장한 새로운 전략들을 생각해 냈고, 베인앤컴퍼니는 클라이언트의 시장가치를 높이기 위해 지칠 줄 모르고 일했다. 베인앤컴퍼니는 BCG에서 나온 사람에 의해 시작되었지만 그 안을 들여다보면 모인 사람들의 유형이나 일에 접근 방법들, 그리고 태도가 완전히 다르다. DNA가 완전히 다른 것이다.

그렇다면 생태학적 적소는 어떻게 만들 수 있나?

두 가지 가능한 전략이 있다고 생각한다. 하나는 기업이 가지고 있던 기존의 유전자 코드를 그 브랜드가 속한 환경에 적합한 방법으로 진화시키는 것이다. 이것은 결국 그 브랜드의 강점을 강화시키고 시장에 그것을 적용시키는 방향으로 진화한다. 다른 하나는 새로운 생태계를 창조하는 것이다.

당신이 들려준 이야기를 바탕으로, 당신이 보아 온 브랜드 중 최고의 브랜드 전략을 구사하고 있는 브랜드는 무엇인가? 또한 그 이유는 무엇인가?

나는 내가 속한 산업군에서는 맥킨지, BCG, 베인앤컴퍼니와 함께 내가 1983년에 공동 설립한 회사인 LEK컨설팅의 대단한 팬이다. 비록 LEK를 1989년에 떠났고, 그래서 회사의 발전에 많은 기여를 했다고 말하기는 어렵지만 나는 이 회사들을 존경한다. 모두 건강하며 각각의 유전자 코드가 제각기 독특하기 때문이다. 이들 브랜드가 생태학적 적소 전략에 성공한 이유는 '기업 내부 사람'과 그들의 '심장부 고객' 그리고 그들이 추구하는 '가치'를 남들과 다르게, 그리고 효율적으로 만드는 방법을 알았기 때문이다.

> "이들 브랜드가 생태학적 적소 전략에 성공한 이유는 '기업 내부 사람'과 그들의 '심장부 고객' 그리고 그들이 추구하는 '가치'를 남들과 다르게, 그리고 효율적으로 만드는 방법을 알았기 때문이다."

⊕ 앤드류 캠벨

스코틀랜드 출신의 경영학 권위자로서, 맥킨지 컨설턴트를 역임했으며 애슈리지 전략관리센터를 창립했다. 캠벨은 미션 관련 문제에서 세계 일류의 권위자다. 1990년에 쓴 《A Sense of Mission》에서 사명선언문 자체는 불필요하거나 심지어 생산성을 저해할 수도 있으며, 기업이 진취적인 목표 의식, 일관성 있는 일련의 가치관, 그런 목표 및 가치와 맥락을 같이하는 경영 전략, 그리고 그런 가치 체계를 뒷받침하는 일련의 행동 기준을 가지고 있느냐가 더 중요하다고 강조했다. 그의 이런 생각은 유명한 '애슈리지 미션 모델Ashridge Mission Model'로 발전된다. 목적, 전략, 가치, 정책과 행동기준이라는 4가지 요소로 사명선언문을 제대로 작성하고 분석할 수 있는 도구로 널리 쓰였다.

리처드 코치가 캠벨의 영향을 받은 것은 아마도 '유전자 코드'라는 부분이다. 리처드 코치의 생태학적 전략 관점은 기업 내부의 핵심 역량과 그가 속한 시장(생태계)이 얼마나 서로 잘 맞느냐에 달려 있다. 이때 기업의 정신적 근본에 해당하는 미션 부분에 관심이 많던 캠벨은 리처드 코치와 가깝게 지내며 그에게 기업 내부의 핵심 역량의 중요성에 대해 논의하며 서로 영향을 주고받았다.

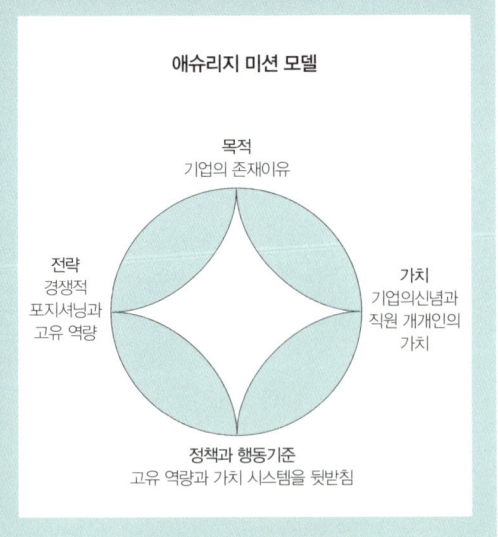

애슈리지 미션 모델

- 목적: 기업의 존재이유
- 전략: 경쟁적 포지셔닝과 고유 역량
- 가치: 기업의신념과 직원 개개인의 가치
- 정책과 행동기준: 고유 역량과 가치 시스템을 뒷받침

또 하나의 브랜드는 코카콜라다. 코카콜라는 콜라라는 독특한 제품을 창조했다. 이들은 미국의 본질이기도 한 이 끈적하고 달콤한 음료로 세계를 정복했다. 나는 코카콜라를 '브랜드 제국주의'를 보여 주는 (무시무시할 정도로) 굉장한 사례로 꼽는다. 맥도널드도 정도가 조금 덜하기는 하지만 비슷한 경우를 보여 준다. 이들은 모두 분명한 자기만의 유전자 코드를 가지고 있고 시장에서 거대한 생태학적 적소를 만들었다.

그러나 나는 사업가, 투자자로서의 입장을 배제한다면 이 브랜드들에 '감탄하지는' 않는다. 그들의 제품이나 생산 시스템을 좋아하지는 않기 때문이다. 이것은 단지 내 개인적인 취향이다. 내가 존경하는 브랜드는 바디샵The Body Shop이나 베네통Benetton이다. 그들은 사회적으로 가치가 있는 무엇인가를 했고, 여전히 더 나은 제품을 만들고 고차원적인 이익을 내기 위한 플랫폼으로 브랜드를 사용한다. 생태학적 적소를 만든 것은 물론이다. 사실 이것은 불가능한 것처럼 보이는데 말이다!

흥미로운 브랜드를 하나 소개하자면 *벳페어betfair라는 베팅회사다. 나는 이 브랜드를 존경한다고 표현하고 싶은데 그 이유는 유저 네트워크를 기반으로 하는 완전히 새로운 베팅 시스템을 창조해 냈기 때문이다. 벳페어는 사실 브로커지만 그들의 임무는 세계 곳곳의 모든 심각한 도박자들을 위해 '훌륭한 베팅'을 창조해 내는 것이다.

당신이 불가능하다고 말한, 사회적 가치까지 만들어 내며 사업을 하는 브랜드들이 점차 눈에 많이 띈다. 그래서 이런 생각이 들었다. 상상해 보면 어쩌면 미래의 비즈니스는 결국 '철학 전쟁'으로 귀결되지 않을까?

그렇다고 생각한다. 모방한 전략은 성공할 수 없다. 왜냐하면 모방한 그 브랜드가 이미 생태계의 중앙에 있고, 누구도 미투me too 브랜드를 원하지는 않기 때문이다. 그러나 비즈니스 철학은 누구도 모방할 수 없는 우리 세기의 위대한 미개척 영역이다.

그런데 한 가지 더 언급하고 싶은 것은 나의 최근 저작인 《슈퍼커넥트》에서 논의한 것처럼, 철학은 그 기업뿐만 아니라 그가 속한 시장이나 비즈니스 네트워크에도 의존한다는 점이다. 이렇게 생각하면 어떨까? 브랜드는 단지 그들이 속한 생태계를 위한 '탈것'이라는 것이다. 생태계에 적절한 탈것이 마련되면 생태계 내의 네트워크를 돌아다니게 되고, 그 생태계가 커질수록 그 생태계 내의 모든 사람들의 경험이 풍부해지기 때문에 그들(브랜드와 소비자, 관련 업체)은 모두 발전할 것이다. UB

*벳페어 www.betfair.com

리처드 코치가 훌륭한 베팅회사로 소개한 벳페어는 실제로 영국에서 여왕 훈장을 2003년과 2008년에 두 차례나 받은 회사다. 영국의 혁신적인 기업으로서 말이다. 1999년에 런칭한 이 회사는 이제는 매년 거래액이 5조 원, 연간 매출액 6,000억 원, 순이익 1,400억 원의 세계에서 가장 큰 온라인 베팅회사가 되었다. 이들의 혁신과 성장의 이유에는 '거래 베팅exchange betting'이라는 새로운 개념을 도입했기 때문이다. 보통의 베팅회사들은 자신들이 배당금을 정해 준다. 그러나 벳페어는 마치 주식시장과 같다. 고객들이 이길 확률, 비길 확률, 질 확률을 직접 정하고 그것을 다른 고객과 사고팔기 때문에 이 가운데 베팅 거래가, 확률, 배당률이 자연스럽게 정해진다. '불공평하고, 믿을 수 없고, 음지에 있는' 이미지의 도박회사를 완전시장의 법칙을 적용시켜서 '공평하고, 믿을 수 있고, 양지에 있는' 베팅회사로 만든 것이다. 창업자들은 프로그래머 출신이며, 1,600명의 직원 중 400명이 베팅의 알고리즘을 짜는 엔지니어라니, 월드컵 등의 대형 스포츠 이벤트 때마다 벳페어에서 거래되는 확률을 근거로 신문기사가 작성되는 것도 무리는 아닐 것이다.

리처드 코치 베인앤컴퍼니의 창립 멤버이자 파트너였으며, LEK컨설팅을 공동 창립했다. 옥스퍼드대학을 졸업하고 펜실베이니아대학 와튼 경영대학원에서 경영학 석사학위를 받았다. 현재 룩셈부르크와 영국의 벤처캐피탈 회사 등을 포함한 5개의 우수 벤처기업을 소유하고 있는 기업가이자 20여 권의 책을 쓴 베스트셀러 저자이기도 하다. 주요 저서로는 《80/20 법칙》《스마트 전략》《스마트 리더십》《중소기업에서 대기업까지 전략을 재점검하라》 등이 있다. 그레그 록우드Greg Lockwood와 공동 집필한 '약한 연결고리의 파괴력'에 대한 내용인 《슈퍼커넥트Superconnect》는 내년 중에 한국에 발간될 예정이며, 자세한 내용은 superconnect.org에서 확인할 수 있다.

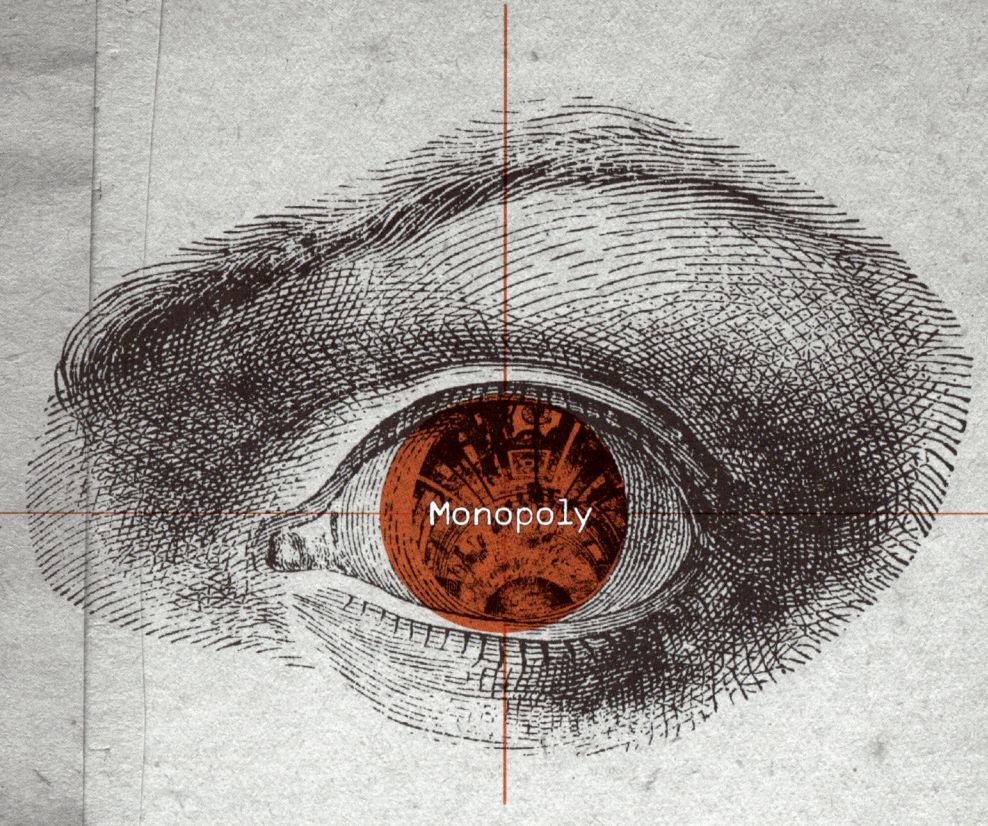

'전략 기획 회의'를 '독점 전망 훈련'으로 교체하라!

'빈 공간'을 선점하는 전략, 독점의 기술

The interview with 밀랜드 M. 레레(Milind M. Lele)

1962년, '경영'이란 단어는 미국의 경영학자 챈들러[A.D. Chandler Jr.]에 의해 그간 전쟁 용어로만 사용돼 온 '전략'이란 단어와 만나게 된다. 바로《전략과 구조[Strategy And Structure]》라는 책에서다. 이 두 단어의 결합은 단순한 의미상의 조합으로 끝나지 않고, 지난 50여 년간 무한한 화학작용을 일으키며 각양각색의 의미들을 파생시켰다.

그중 1970~1980년대를 뜨겁게 달군 마이클 포터의 '경쟁우위[competitive advantage]' 개념은 수십 년이 지난 오늘날에도 여전히 유용한 경영 전략의 모듈로 인정받고 있다. 물론 그의 경쟁우위 개념이 기업의 외부 환경 분석에 초점이 맞춰져 실질적인 대응법 제시에는 부족하다는 원성을 사기도 했지만, 그 후 등장한 '경영자원론'이나 '핵심역량' '포지셔닝'이란 개념도 궁극적으로는 마이클 포터의 경쟁우위 개념에 다리를 걸쳐 놓았다는 것은 부인할 수 없을 것이다. 그런데《독점의 기술[Monopoly Rules]》의 저자 밀랜드 레레는 경영계에서 정설처럼 여겨진 '경쟁우위'를 두고 다음과 같은 도발적인 질문을 던진다. "과연 '지속적인 경쟁우위'가 기업에게 수익을 가져다 줄까?"

적어도 현재까지는 레레가 전 세계 경영자들의 관심을 독점하는 데는 성공한 듯하다. 그렇다면 그가 주장하는, '경쟁우위' 개념보다 우위[advantage]에 있다는 '독점의 기술'은 무엇일까?

월마트가 성공한 진짜 이유는?

경쟁우위 개념의 핵심 요소인 '차별화'와 '낮은 원가'는 확실한 승리 요인이라는 것이 경영계 전반의 믿음이었다. '이었다'라는 과거형 어미가 어색할 정도로 오늘 우리가 가진 고민들, 필요로 하는 아이디어들은 실로 차별화와 원가절감의 범주를 벗어나기 힘들다. 그런데 어떻게 레레는 "큰 성공을 거둔 기업들의 여러 공통점 중 가장 중요한 것은 지속가능한 경쟁우위로는 그 성공을 전혀 설명할 수 없다"고 주장할 수 있는 것일까? 그가 자신의 주장에 대한 근거로 제시하는 여러 해외 사례 중 그나마 우리에게 익숙한 월마트를 들여다보자.

알다시피 월마트는 많은 경영학의 대가들이 꼽는 지속가능한 경쟁우위(차별화와 낮은 가격)를 통한 성공 기업의 대표 사례다. 각 매장에서 공급업체로 POS^{Point of Sales} 정보를 바로 전달할 수 있도록 자체 위성 커뮤니케이션 시스템을 갖추고, 매장별 평균 재고 보충기간을 1주에 2회(업계 평균의 절반)로 함으로써 양질의 제품을 최저가에 판매하며 '원가 우위'를 지켜 나갔다. 그리고 이러한 월마트의 노력은 경쟁자들과는 현저한 차별화를 꾀할 수 있는 충분한 이유가 되었다.

그런데 레레는 아이러니하게도 경쟁우위의 효익을 주장하는 대표적인 학자, 판카지 게마와트^{Pankaj Ghemawat}의 월마트 성공 연구에서 자신의 주장(월마트의 성공 요인은 낮은 원가가 아니라는 것)을 뒷받침할 근거를 찾아냈다. 게마와트가 분석한 월마트 성공의 이유는 '사업 초기, 대형 마트가 없던 소도시를 집중적으로 공략하며 자본을 모아 활동 반경을 넓히고 시스템을 구축한 것'인데, 레레는 소도시에서 월마트의 존재를 '독점'으로 보고 있는 것이다. 즉 월마트가 성공한 진짜 이유는 '독점'이며 그 후 자연스럽게 경쟁우위의 개념으로 설명되는 낮은 원가와 차별화 요인을 갖게 되었다는 주장이다. 물론 월마트 사례 말고도 그가 《독점의 기술》에서 제시하는 사례는 수십 가지다. 그 사례들을 알기 전에, 우선 그가 말하는 '독점'의 개념을 살펴볼 필요가 있겠다.

독점의 발견, 혹은 발명

공정거래법 등 법적 규제가 탄탄한 21세기 자본주의에서 웬 독점인가 싶겠지만, 여기서의 독점은 경제학에서 말하는 독점(특정 자본이 생산과 시장을 지배)과는 다르다.

> 월마트가 성공한 진짜 이유는 '독점'이며 그 후 자연스럽게 경쟁우위의 개념으로 설명되는 낮은 원가와 차별화 요인을 갖게 되었다는 주장이다.

레레가 말하는 독점에는 두 가지 요소가 필요한데, 바로 '장소'와 '시간'이다. 즉 '한 기업이 이익을 남길 수 있을 만큼의 충분한 기간과 그 기간 동안 소유할 만한(수익을 낼 만한) 사업 영역이나 공간을 지배하는 것'을 말한다.

쉽게 설명하자면, 어떤 대학의 무용학과에 재학 중인 남학생이 1명, 여학생이 5명이라고 생각해 보자. 이들은 학년별로 한 학기에 한 편씩 작품을 올려야 하는데 극에 필요한 등장인물은 남자 1명과 여자 2명이다. 그렇다면 여학생들은 2개의 배역을 두고 경쟁을 해야 하는 반면, 남학생은 그 역할에 독점권을 갖는다. 적어도 군대에 간 남자 동기 2명이 제대하는 겨울이 되기 전까지는 말이다. 이 남학생은 학교라는 '장소'에서(학교 작품이 아니라면 굳이 이 남학생이 그 역을 맡을 필요가 없다), '일정 기간' 동안(동기가 군대에 가지 않았다면 그 역시 경쟁을 치러야 한다) 독점권을 가진 것이다. 이런 상황은 수없이 많다. 매점이 하나뿐인 병원, 카페가 하나뿐인 일정 구역, 시험 당일 각종 수험장 앞에서 지우개와 연필을 파는 유일한 아주머니. 그들은 '특정 장소와 시간' 안에서, 독점을 행사하고 있다.

월마트의 진정한 성공 요인은 '독점'에 있다.

Monopoly
Competitor Dynamics
Strategy
Industry Dynamics
New Opportunity
Customer Dynamics
Technology
Brand

　이러한 '상황적 독점(앞서 설명한 것은 특정한 상황 하에 생겨난 독점이므로)' 외에 레레가 설명하는 독점에는 한 가지가 더 있다. 바로 '자산적 독점'이다. 이는 주로 눈에 보이는 자산에 뿌리를 두는데 혁신적인 기술, 특허권, 상표권, 저작권 등이다.

　앞서 소개한 무용학과 학생 중 현재 재학 중인 남학생이 2명이었더라도, 오직 한 남학생만이 여주인공으로 뽑힌 47kg의 여학생을 들어올릴 수 있는 힘(자산)이 있다면 그는 자산적 독점을 가진 셈이다. 하지만 그 독점은 나머지 한 남학생이 같은 힘을 갖게 되는 순간 사라질 독점이기에 역시 '시간'에 구애를 받는다.

　기업이 이러한 자산적 독점, 혹은 상황적 독점을 가질 수 있고, 또 그 독점 기간을 최대한 연장할 수 있다면 분명 수월하게 수익 창출에 성공할 것이다. 그렇다면 이 같은 '독점'은 어떻게 얻을 수 있는 것인지 레레에게 들어 보자.

당신이 주장하고 있는 독점의 개념은 기업이 욕심낼 만큼 충분히 매력적이다. 자사 브랜드가 진입하기 좋은 독점 영역은 어떻게 '발견'할 수 있나? 혹시 '발명'해야 하는 것인가?
발견이든, 발명이든 독점 영역을 갖는 것은 스스로에게 다음과 같은 질문을 하는 것에서 시작된다. '현재 우리는 어디에 있으며, 어떻게 돈을 벌고 있는가? 혹시 우리는 이미 독점적 위치에 섰나? 그렇다면 그 독점은 무엇이며 어디에서 기인했나?' 하지만 이 질문이 어렵다면 다음과 같은 다섯 가지 질문이 가이드라인이 될 것이다.

MEMORANDUM

독점 만화경

미래의 독점 영역이 될 '빈 공간'을 찾아내는 방법을 묻자 그가 제안한 것이 The Monopoly Kaleidoscope, 즉 '독점 만화경'이었다. 만화경萬華鏡이란 (아마도 초등학생 때 준비물로 가져가 본 경험이 있을 것이다) 손아귀에 적당히 잡힐 만한 원통으로 그 안에는 보통 3개의 거울이 있고 그 거울은 바닥에 깔린 작은 색종이나 셀룰로이드 조각이 만들어 내는 모양을 비춰낸다. 그 모양이 천변만화(千變萬化, 끝없이 변화함)한다는 의미에서 만화경이란 이름을 갖게 되었다. 그에게 쉴새 없이 변하는 고객, 산업 환경, 경쟁사를 설명하기에 이만큼 적합한 단어가 없었던 모양이다. 그 만화경(시장) 속에서 고객 역동성Customer Dynamics, 산업 역동성Industry Dynamics, 경쟁자 역동성Competitor Dynamics으로 빚어지는 움직임을 확인해야 한다는 것이다. 그 3가지 힘의 교집합 영역이 앞으로 독점해야 할 '빈 공간'이기 때문이다. 하지만 그 교집합 영역(빈 공간)은 늘 같은 자리에 있는 것이 아니라 고객, 산업, 경쟁자, 그리고 시장 전반의 트렌드에 의해 쉴새 없이 변한다. 그곳을 알아차리는 것이 독점의 기술이다.

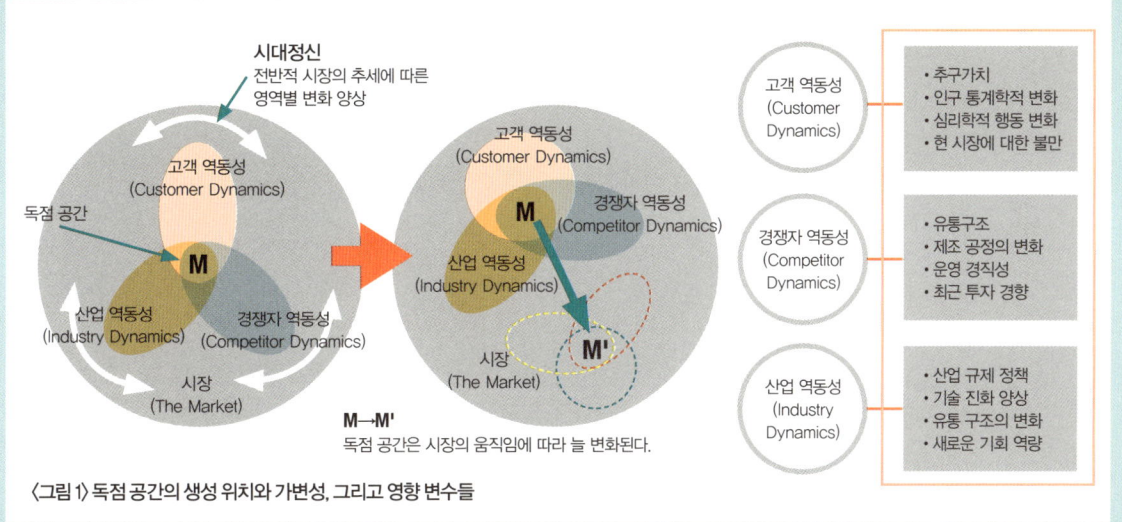

〈그림 1〉 독점 공간의 생성 위치와 가변성, 그리고 영향 변수들

사실 적어도 눈에 보이는 개념은 우리가 그간 접해 온 이야기와 크게 다르지 않다. 하지만 늘 중요한 것은 '관점'이다. 만화경 속에 산발한 셀룰로이드 조각들이 어떤 사람에게는 단순한 흐트러짐으로 보이는 반면 어떤 사람에게는 꽃으로, 나비로, 독특한 패턴으로 보이기도 한다. 마케터나 브랜더라면 불규칙 속의 패턴을 보는 겹눈(유니타브랜드 Vol.15 p194 참고)이 필요하며 겹눈 시력은 꾸준한 훈련으로 증가시킬 수 있다. 이러한 겹눈으로 시장을 보면 열이 감지된다. 마치 적외선 열 감지 고글을 쓰고 본 세상은 가장 차가운 파란색에서부터 가장 뜨거운 빨간색까지의 컬러칩으로 이루어진 것처럼 고객과 경쟁자, 그리고 산업 간의 역동성이 교차하며 가장 빨갛게 달궈진 곳이 바로 '빈 공간', 즉 독점 영역이다.

어떻게 해야 그 열이 보이는지 묻는다면, 그 방법은 자신만의 관점, 즉 보는 사람의 철학에 달려있다고 답하고자 한다. 자신만의 가치관 혹은 문제 의식으로 현상을 해석하려는 관점과 열정이 빈 공간의 열을 감지하는 능력을 만들어 줄 것이다. 축구를 좋아하는 사람과 축구를 좋아하지 않는 사람이 보는 시청 앞의 상권은 분명 다른 것처럼 말이다. 마지막으로 고객, 산업, 경쟁자의 역동성 전반에 걸친 일종의 쏠림 현상, 즉 트렌드에 관한 상세한 고찰이 필요한데, 그것은 유니타스브랜드의 다음 에디션, Vol.18에서 특집 주제로 다룰 것이다.

① 우리 고객은 오로지 우리 제품만을 바라보는가?
② 우리 기업은 경쟁업체의 눈에 잘 띄지 않는가?
③ 우리 기업은 경쟁자에 대해 걱정할 필요가 없는가?
④ 우리 기업은 '경쟁자'를 염두에 둔다기보다는 '가치'에 가격을 매기는가?
⑤ 우리 기업은 현재 많은 돈을 벌고 있는가?

이 질문에 'yes'라고 답할 수 있다면 이미 당신의 기업은 상당한 독점력을 지녔다.

운이 좋은 기업이거나 현재 시장을 리딩하는 기업이 아니라면 다섯 가지 질문에 뾰족한 답을 내놓기 어려울 수 있다. 심지어 모든 질문에 'no'라는 답을 해야 하는 기업도 있을 것이다. 그런 경우

어떻게 해야 하나?

그렇다면 먼저 '내가 누구인지' 스스로의 정체성을 규명하는 것이 먼저일 것이다. 그 다음이 '이러한 내가' 어디에서 독점을 찾거나 만들 수 있을지를 고민해야 한다. 이에 대한 답을 찾아내는 힘은 보통(항상은 아니다) 창업자나 리더의 '빈 공간을 보는 관점력'에서 시작된다.

어디에서 소비자의 니즈가 일고 있는가, 어디에서 신기술이 등장하는가, 어디에서 경쟁사들의 무관심 영역이 교차하는가를 살펴야 한다. 그곳이 바로 '빈 공간'이며 독점력을 가질 수 있는 공간이다. 만약 이러한 공간을 찾아낼 수만 있다면 결과적으로 고객의 마음을 독점할 수 있게 된다. 대체할 만한 것이 없기 때문이다.

브랜드 독점, 끼어들 자리가 없다

그가 말하는 '빈 공간'에 관한 이야기는 (비즈니스 전략이 아닌) '브랜드 전략 측면'에서는 여러 오해를 불러일으킬 수도 있다. 어쩌면 '브랜드 전략'과 '비즈니스 전략'을 구분해서 생각하는 것 자체가 와 닿지 않는 독자도 있을 수 있다. 이런 독자를 위해 (극단적이지만) 예를 들자면, 돈이 되는 불량식품 비즈니스를 시작한다고 했을 때 이것은 (수익 창출의 측면에서) 비즈니스일 수는 있지만 브랜드이기는 힘들다. 브랜드란 '단순히 인지도와 충성도, 그리고 수익성을 넘어 긍정적인 가치를 창출하는 비즈니스 주체'라는 생각에 동의한다면 말이다. 즉 모든 브랜드가 비즈니스일 수는 있지만 (일시적 적자를 보더라도 그것이 고객과의 신뢰와 관계를 지키기 위한 것이라면 이것은 무형적 흑자가 될 수도 있다) 모든 비즈니스가 브랜드인 것은 아니다. 그래서 레레의 빈 공간은 비즈니스 전략을 위한 힌트일 수는 있어도 브랜드 전략, 즉 철학을 가시화하는 방법론으로서의 '전략'을 말하기에는 부족하지 않는가 하는 의문이 들 수도 있다.

하지만 장차 브랜드로 진화될 비즈니스도 그가 말하는 독점 공간에서 출발할 때 더 성공적일 수 있다는 것은 부인하지 못할 것이다. 그 공간은 시장과 고객이 원하고, 경쟁자가 미처 발견하지 못한 영역이기에 그만큼 고객이 필요로 하는 가치가 숨겨진 공간이다. 따라서 이러한 공간을 선점해 올바른 가치를 전달한다면 그만큼 브랜드로 성장할 가능성이 커진다. 뿐만 아니라 그 공간에서 발견한 숨은 니즈를 올바르게 사용할 것인지, 세상의 기준에서 그릇된 방법으로 사용할 것인지는 오로지 그 비즈니스를 영위하는 자의 몫이다. 전자의 사람들이 그 공간을 더 빨리, 그리고 효과적으로 찾아내 활용하길 바랄 뿐이다.

그 독점 공간이 틈새시장과는 무엇이 다른지 의아할 수도 있다. 틈새시장은 (대부분) 작은 규모의 특수한 니즈가 있는 시장을 지칭할 때가 많다. 하지만 레레는 시장의 규모에 제한을 두지 않았을뿐더러 그가 제시하는 대부분의 사례는 대중 시장에서 활약하는 브랜드가 어떻게 독점 공간을 찾았는가에 관한 것이다. 혹시 포지셔닝과 독점을 비교하고 싶다면 포지셔닝 맵을 머릿속에 떠올려 보길 바란다. 가격과 퀄리티라는 두 축을 그려 두고 시장에서 '경쟁자 대비, 자사의 위치를 어디에 둘 것인가'를 고민할 때 도움이 되는 포지셔닝 전략은 독점의 '결과'로, 혹은 결과를 해석하는 방법으로는 활용할 수 있지만 독점 공간이 바로 포지셔닝 공간을 의미하지는 않는다. 포지셔닝 맵 자체로는 독점에서 이야기하는 고객의 역동성을 설명할 수는 없기 때문이다.

또한 앞으로 이어질 레레와의 인터뷰에서도 언급되겠지만, 브랜드를 통한 독점은 일반적인 비즈니스 관점에서처럼 더 좋은 제품으로, 더 많은 광고 활동으로, 더 낮은 가격으로, 더 다양한 유통망을 통해 가질 수 있는 것이 아니다. 브랜드 독점은 비즈니스 독점(물론 이 안에 브랜드 독점이 포함되기에 명확한 선을 긋기는 힘들지만)보다 훨씬 모호하고 관념적이기 때문이다.

독점, 달리 말해 '대체할 만한 것이 없다'는 것은 브랜드 궁극의 목표이기도 하다. 고객에게 물질이나 기능적 차원을 넘어 유일무이한 존재로 자리 잡는 것 말이다. 브랜드를 통한 독점은 어떻게 생각하는가?

책에서도 밝혔지만 브랜드 독점은 '자산적 독점'과 '상황적 독점'이 어우러진 모호한 개념의 독점이다. 명확하게 독점이라고 정의 내릴 수 있는 구체적인 특징을 찾기도 어렵다. 상당히 심리적이거나 감정적인 것으로 소비자의 마음이나 머릿속에 존재하는 관념적인 것이기 때문이다.

애플, 할리데이비슨, 포르쉐 같은 브랜드는 자신을 숭배에 가까운 태도로 모시는(?) 마니아를 얻었다. 그들에게는 타사 브랜드가 끼어들 자리가 없다. 더 좋은 제품을 만든다고 해서, 광고를 더 많이 한다고 해서, 가격을 더 낮춘다고 해서, 더 다양한 유통망을 갖는

> "전 세계 모든 기업은 서로가 서로를 즉각 모방할 태세를 갖췄다. 요즘 우리는 얼마나 노출되어 있는가. 세상은 점차 벌거숭이가 돼 가고 있다."

안락한 분위기, 신선한 웰빙 식단, 스마트한 입지 선점 등으로 독점적 지위를 가져온 파네라 브레드. 요즘은 미국에서의 무료 와이파이 존으로 자신의 독점을 이어 나가고 있다.

다고 해서 해결될 문제가 아니다.

브랜드처럼 설명하기 모호한 독점의 형태가 더욱 각광 받는 이유는 날로 치열해지는 경쟁구도 속에서 점차 구체적인 공간이나 기술에 근거한 독점의 수명이 짧아졌기 때문이다. 따라서 상대적으로 모방이 힘든 (상황적 독점과 자산적 독점이 모호하게 뒤섞인) 독점 이야말로 앞으로 다가올 시대의 황금알을 낳는 거위가 될 것이다. 전 세계 모든 기업이 매 순간 당신의 기업이 어떤 제품을 어떤 디자인으로, 또 어떤 채널을 통해 고객과 소통하는지 지켜보고 즉각 모방할 태세를 갖추고 있다. 요즘 우리는 얼마나 노출되어 있는가. 세상은 점차 벌거숭이가 돼 가고 있다.

브랜드를 통한 독점이 강력함이나 지속성을 갖는 이유는 '브랜드'라는 개념 자체가 '관계'를 통해 생성되는 결과물이기 때문 아닐까? 그런데 이미 강력한 브랜드라도 어떤 형태가 되었든 '뭔가 특별하고 대체할 수 없는 가치'를 끊임없이 제공할 수 없다면 그 지속성은 유한할 것 같다.

그래서 필요한 것이 '그들은 무엇을 원하는가?'를 끊임없이 찾는 태도다. 그러나 그것은 일반적인 소비자 행동양식 조사 등의 전통적인 리서치만으로는 알아내기 힘들다. 조사 결과 너머에 있는 몇몇 요소를 이해할 수 있어야 하는데. 다음과 같은 질문들로 자문하는 것도 도움이 될 것이다. '어떤 고객이 우리 브랜드를 아무 거부감 없이 (다른 것과는 차원이 다른) '유일한 것'으로 인식하고 있는가?' '그들은 왜 그렇게 인식하게 되었나?' '그들이 그렇게 생각하는 데 영향을 미친 것은 과거 우리 브랜드의 어떤 행동에서 기인하는가?'

그런 태도를 갖춘 브랜드가 있다면 소개해 달라.

《독점의 기술》을 출간하고 난 후 독점력을 소유한 또 하나의 브랜드로 꼽고 있는 것이 파네라 브레드 Panera Bread (이하 '파네라')다. 맥도날드 등 다른 패스트푸드 프랜차이즈 브랜드에 비교하면 상대적으로 작은 사업 규모지만 미국이 불황의 늪에서 허덕이고 있을 때조차 건강하게 성장해 왔다. 런칭 초기에 그들이 갖춘 독점력은 무엇보다 패스트푸드점보다 조용하고 안락한 분위기와 신선한 웰빙 식단에서 비롯됐다. 하지만 비슷한 컨셉의 샌드위치점들이 생기고 유명세를 타면서 방문객이 많아져 옛날보다는 북적거리게 됐다. 그런데 이후로 그들은 새로운 독점 공간을 찾은 듯하다. 바로 입점위치다. 대학가를 주변으로 매장 수를 점차 확대하고, 메뉴와 가격에도 변화를 주었다. 게다가 또 하나의 소소하지만 강력한 요소를 하나 더 찾은 것 같다. 바로 무료 와이파이다. (한국보다 상대적으로) 와이파이 공간이 드문 미국에서 이것은 그곳을 찾아갈 이유가 되기도 한다. 그래서 꼭 빵을 먹기 위해서가 아니더라도 개인 업무를 보거나 미팅, 소규모 세미나를 하기 위해 방문하는 대학생과 직장인들로 그득하다. 조금 시끌벅적하지만 매우 편리한 공간이다. 이제 고객들은 파네라를 너무나 당연히, 점심과 업무 미팅을 동시에 해결할 수 있는 공간으로 인식한다.

하지만 독점은 '시간' 개념을 동반하기에 그 끝이 있을 것이고, 파네라 역시 그럴 것이라 예상한다. 경쟁사의 등장이나 시대상의 변화 등 독점 기간을 단축시키는 요인은 많을 것이기 때문이다. 독점 기간을 연장하기 위한 방법은 무엇인가?

먼저 왜 독점이 끝나는가를 이해해야 한다. 만약 그것이 경쟁자가 당신의 독점 공간과 기술을 간파했기 때문이라면 이미 당신은 선도자로서의 이점을 잃었음을 의미한다. 그러면 당신은 어느 부분에서 방어할 것인가를 결정해야 한다. 이때 가장 최악의 선택은 모든 영역을 방어하겠다는 결정이다. 그런 상황에서는 한 영역에서 핵심 고객을 유지하는 것에 최선을 다해야 한다. 나머지 에너지는 새로운 독점 공간을 찾아내는 것에 쏟아야 한다. 그런데 이러기는커녕 몇몇 기업들은 아직도 자신들이 독점력을 갖고 있다고 믿는다. 가장 안타까운 부분이다. 필름 시장에서의 코닥, 컴퓨터 휴대폰 시장에서의 마이크로소프트와® 델이 대표적인 예가 아니겠나.

MEMORANDUM

델 사례로 보는 독점의 생성과 소멸

수많은 경영 및 마케팅 사례에서 다뤄지던 델이지만 독점의 관점에서 고찰해 보는 것은 또 다른 의미가 있다. 과거와 현재의 델을 보면 독점 영역의 확보와 유지, 그리고 손실까지 모두 볼 수 있기 때문이다.

1984년 델을 설립한 마이클 델(Michael Saul Dell)은 PC의 대중화 시대(산업의 움직임)에 맞춤형 제작 PC를 원하는 엔지니어(소비자의 움직임)를 주축으로 하는 거대한 시장을 발견했다. 그때까지만 해도 이러한 가치를 제공하는 기업은 없었다(경쟁자의 움직임). 앞서 소개한 독점의 만화경 속에서 고객, 산업, 경쟁의 움직임이 만들어 내는 교집합, 즉 빈 공간을 본 것이다. 그는 대학 기숙사에서 PC를 조립해 배송하기 시작했고 여기에서 더 큰 수익을 내기 위해서는 유통업체를 거치지 않고 소비자에게 직접 판매해야 한다는 사실도 깨달았다. 하지만 델은 소비자에게 직접 판매할 영업사원을 고용할 돈이 없었기에 전화 주문을 받아 만들고 직접 배송할 수밖에 없었다. 또한 각기 다른 소비자 니즈에 맞는 수천 가지의 PC를 조립해야 했기에 생산 설비에도 극도의 유연성을 가져야 했으며, 자본과 재고 관리(부품업체가 맡았다)에도 탄력적인 방책을 마련해야 했다. 결과적으로 자신이 선점한 독점 영역을 지켜 내기 위한 고민이 자연스럽게 차별화 전략이 된 것이다. 즉 전략을 먼저 세우고 독점력을 갖춘 것이 아니라 독점이 먼저, 전략은 그 다음이었다.

그들의 성공적인 비즈니스 모델이 경쟁자의 등장을 재촉했음은 당연하다. 대표적인 브랜드가 게이트웨이(Gateway)였다. 게이트웨이는 런칭 당시 가난했던 델과는 시작점이 달랐다. 1만 달러의 자본금이 있었던데다 델의 모델을 벤치마킹하여 모방 전략의 이점(선도자가 밟던 수순을 따라가며 위험을 줄이는 것)을 그대로 누린 것이다. 전화로 주문을 받아 저렴한 가격에 팔았다. 델보다는 늦었지만 1993년 상장도 했다. 그 후 델과 게이트웨이 모두 PC판매 확대와 인터넷 붐을 누리며 성공가도를 달렸다. 게이트웨이는 오히려 델보다 더욱 공격적으로 온라인 판매망, 오프라인 매장을 늘렸고 저가 컴퓨터 시장의 작은 기업들을 인수하며 덩치를 키워 나갔다. 하지만 결과는 실패였다. 이유는 무엇이었을까?

레레는 "게이트웨이는 단 한 번도 독점 영역을 소유한 적이 없다"고 단언한다(이들이 선도자가 아니어서가 아니다. 아이폰, 아이팟도 시장 선도자는 아니었지 않나). 델이 엔지니어와 과학자, 기술직 종사자에게 맞춤형 PC를 싸게 제공한 반면, 게이트웨이의 주 소비자는 평범한 대중이었다. 사실 대중들은 게이트웨이의 맞춤형 PC가 아닌, 저렴한 PC에 관심이 더 많았던 것이다. 따라서 베스트바이 등의 대형 유통 매장에 낮은 가격의 PC가 넘쳐나자 게이트웨이는 더 이상 소비자에게 필요한 존재가 아니었다. 게이트웨이는 소비자와, 경쟁사의 움직임을 눈치채지 못했을 뿐 아니라 독점적 가치도 제공하지 못한 것이다.

반면 델은 게이트웨이와는 달리 그들만의 독점 영역을 가지고 있었다. 하지만 오늘날의 델은 어떤가? 맞춤형 PC의 수요는 PC 성능의 상향 평준화 경향으로 현저히 낮아졌으며 델의 또 다른 강점이던 저렴한 가격 역시 경쟁사 대비 큰 이점이 되지 못했다. 뿐만 아니라 소비자는 이제 기능적 측면은 기본으로 하되 감성적 코드로 소통할 수 있는, 또 자신들을 이끌어 줄 혁신을 원했다. 애플이 그렇듯 말이다. 결국 1980년대 고객, 시장, 산업군의 변화에 따른 교집합의 위치를 정확히 파악해 독점력을 가졌던 델도 1990~2000년대의 교집합 영역 변화(M→M´)를 제대로 읽어 내지 못했고, 따라서 독점도 끝났다. 이렇듯 한 기업의 독점력은 그 교집합의 위치와 크기에 따라, 또 시간에 따라 언제든 가변적이다.

독점은 상당히 강력한, 모두가 실행하고픈 '꿈의 전략'인 것 같다. 미안하지만 독점은 전략이 아니다. 전략이란 단어는 경영 분야에서 지속가능한 경쟁우위보다 더 신성시되며, 더 흔하게 사용되는 단어다. 독점은 전략 수준의 것이 아니다. 관계를 설명하자면, 독점은 궁극의 목표이고 전략은 목표에 도달하기 위한 수단이다. 위대한 경영자들은 전략보다 미래의 독점을 발견하는 것에 초점을 두었다. 어떤 장소에서 독점 영역을 확보해 얼마나 오래 그 공간을 유지할 수 있는가를 성공의 가늠자로 두었다.

그렇다면 구체적인 전략을 수립하기에 앞서 어디에서 독점 영역을 찾아낼 것인가, 즉 어떤 관점으로 시장을 바라보는가가 상당히 중요한 것 같다. 그런데 그 '관점'이란 것은 당신도 앞서 이야기했듯 창업자나 리더의 생각, 달리 말해 철학에 크게 의존하지 않을까? 이는 '철학의 전략화'라는 우리의 이번 특집 주제와도 같은 맥락이라 생각한다.

이 질문은 나를 상당히 오래 고민하게 만들었다. 브랜드의 철학은 응당 그에 맞는 전략을 도출하는 견인차 역할을 하기 마련인데 이에 대해 거듭 질문한다는 것은 뭔가 다른 측면의 질문일 것이라 생각했기 때문이다. 내 사고의 흐름은 결국 '기업 문화'로 귀결됐다. '철학의 전략화'라는 표현은 한 기업의 '문화와 전략'이 아주 흥미로운 방법으로 혼합된 상태를 말하는 것 같다.

기업 문화는 전략에, 그리고 독점 영역을 확보하는 것에 어떤 영향을 미치는가?

당신이 철학이라고 표현하는 것은(내가 느끼기에는 기업 문화) 전략의 방향성을 설정하는 데 중요한 역할을 하는 것뿐 아니라 독점을 이해하고, 창조하고, 또 유지하며 방어전을 펼치는 것에 상당히 중요한 역할을 한다. 예를 들면, 낮은 생산단가에 집중하는 기업(사실 한국 기업도 여기에서 벗어난 지는 오래되지 않았다고 생각한다)들의 관심과 전략 초점은 오로지 원가 절감에 있을 것인데, 이는 독점 영역을 관찰하고 그에 따른 혁신을 이루기는 힘든 문화이기 때문이다. 제조 기반의 기업에게 새롭고 위험성 있는, 혹은 빠른 움직임을 중요시하는 전략은 효과가 떨어질 뿐 아니라 전체적인 피로도만 높일 뿐이다.

최근 삼성, 그리고 현대자동차는 그들의 관심사를 바꿨을 때 독특한 브랜드와 제품을 만들어 낼 수 있음을 보여 줬다고 생각한다. 그것은 그들이 갑자기 혁신 전략을 짰기 때문이 아니라 지난 수년간 문화가 바뀌어 왔고, 바뀌었기 때문일 것이다. 어디에 초점을 두고 어떤 관점을 갖는가가 관건이다. 이렇듯 전략은 자사 문화와 잘 융합되는 방향으로 수립돼야 한다. 전략을 바꾸고 싶다면 문화를 바꿔야 할 것이며, 문화를 바꾸고 싶다면 철학을 바꿔야 할 것이다.

독점 전망 훈련

매출은 높은데 이익은 없다? 수시로 경쟁자를 감시하고 그들의 움직임에 상응하는 새로운 전략을 구사해도 남는 것은 상처투성이 마음과 경고등이 켜진 현금흐름표뿐인가? 그렇다면 우리가 놓치고 있는 독점 영역이 어디인지를 살펴봐야 할 때다. 우리나라의 경우 대형마트끼리 서로 뜯고 뜯기는 혈투 속에서도 경쟁 영역에서 벗어나 지속적으로 성장하는 코스트코가 대표적인 예일 것이다. 그것을 이해하는 독자라면 다소 급진적인 것처럼 보일지 모르는 레레의 주장이 억지스럽지는 않을 것이다.

"기업 경영이란 이기는 방법을 찾는 것이 아니라 독점할 수 있는 방법을 찾는 것이다."

"독점은 수단이 아니라 궁극적 목표다. 남보다 먼저 독점을 발견하고 차지하는 기술이 필요하다."

"오늘도 전쟁처럼 치러질 '전략 기획 회의'를 '독점 전망 훈련'으로 교체하라!"

어쩌면 독점을 가능케 하는 빈 공간은 의외로 가까운 곳에 있을지 모른다. 그 빈 공간을 보는 관점에 대해 레레는 마지막까지 '스스로 타성에 젖지 말고 끊임없이 질문할 것'을 제안했다. 그 질문은 현재의 내가 누구인지, 고객은 누구인지, 시장의 흐름은 어떻게 변하고 있는지에 관한 것이 되어야 한다고도 했다. 이러한 질문을 바탕으로 하는 스스로에 대한, 또 시장에 대한, 소비자에 대한 독점적 지식만이 시장의 역사를 새로 쓰는 붓대를 독점할 것이다. UB

> "독점은 전략이 아니다. 독점은 궁극의 목표이고 전략은 목표에 도달하기 위한 수단이다. 위대한 경영자들은 전략보다 미래의 독점에 초점을 두었다."

밀랜드 M. 레레 미국 시카고에 위치한 전략 컨설팅 회사, SLC의 이사이자 Tangram Solutions LLC의 창립자다. 하버드대학에서 박사학위를 취득하고 약 18년 동안 시카고 경영대학원의 겸임교수로 전략과 마케팅을 강의했으며 현재는 동 대학원 최고경영자 과정을 맡고 있다. 저서로는 《고객이 핵심이다 The Customer is Key》 《전략 지렛대 만들기 Creating Strategic Leverage》 《독점의 기술 Monopoly Rules》이 있다.

PANTONE®

브랜드 B자 배우기 7.

세상의 모든 컬러를 점령하다! 팬톤 유니버스

"어젯밤에는 팬톤과 콜래보레이션 한 펜디(fendi) 가방에 팬톤 17-1564 컬러 마커로 그림을 그리다 잠이 들었어. 너무 피곤해서 팬톤 3025C 컬러 머그잔에 에너지를 충전해 준다는 팬톤 369C 컬러 주스를 부어 마셨는데도 말이야. 어쨌든 날이 밝았으니 가방은 접어 두고, 오늘은 팬톤 14-1128 컬러 의자에 앉아 책을 읽어야겠어. 중요한 내용은 팬톤 Daybreak 컬러 메모지에 팬톤 Tomato 컬러 펜으로 기록해야지. 아차! 눈이 나빠질 수 있으니 팬톤 Red Orange 컬러 안경도 써야 해. 이따가 팬톤 Galapagos Green 컬러 미니벨로 자전거를 타고 오후 산책을 나갈 거야. 유니클로에서 나온 팬톤 55-2-1C 컬러 캐시미어가 있으니 조금 추워도 괜찮겠지?"

약 150년 전만 해도 우리의 기술로 구현할 수 있는 컬러에는 한계가 있었다. 그래서 컬러를 표현하는 단어도 빨강, 파랑, 검정 정도의 몇 가지면 충분했다. 그런데 염료 산업이 발달하여 한 계열의 색깔에서도 단순히 '옅은 빨강' '짙은 빨강' 정도로는 표현하기 힘든 많은 컬러들이 개발되었고, 정확한 컬러 표현을 위해서 더 많은 단어가 필요하게 되었다. 이때 나타난 브랜드가 바로 팬톤Pantone이다. 지금으로부터 45년 전, 팬톤은 이 많은 컬러에 각각 이름을 붙이고 정리하여 여러 종류의 컬러칩을 선보였는데, 이 컬러칩 덕분에 전 세계 모든 사람들은 빛과 상황에 따라 다르게 보이는 컬러들을 모호한 단어가 아니라 정확한 숫자와 알파벳으로 소통할 수 있게 되었다. 또한 컴퓨터 모니터상으로 보는 컬러는 실제 인쇄 시 달리 구현되는 경우가 많은데 이 컬러칩들은 인쇄 색을 미리 보여 줌으로써 두 컬러 사이의 갭을 줄여 줘 디자이너들의 필수품이 되었다. 그래서 팬톤은 디자이너들에게 이미 친숙한 브랜드다. 그렇다면 비 디자이너들에게는 어떨까?

팬톤 유니버스를 보니, 이들은 우리에게도 친숙한 브랜드가 되기에 충분할 듯하다. 팬톤 유니버스는 팬톤의 디자인 제품 브랜드다. 팬톤이 사람들의 라이프스타일에 좀 더 깊숙이 파고들기로 결정함에 따라 그들의 이름을 단 수많은 제품과 서비스를 팬톤 유니버스에서 만들기 시작한 것이다. 서두에 소개한 한 사람의 일상은 가상이지만, 등장하는 모든 제품들은 실제 생산되고 있다. 제품에는 (다른 브랜드가 생산한 콜래보레이션 제품이라도) 팬톤의 컬러명이 적힌 라벨이 붙는다. 제품들은 모두 가지런하게 나열된 팬톤의 컬러칩을 닮았다.

팬톤은 세상의 모든 컬러에 이름을 부여했다. 컬러칩을 통해 이 분야에서만큼은 신의 영역에 도전한 셈이다. 그러나 컬러만으로는 소비자가 소유할 수 있는 '어떤 것'이 되지 못하기에 사람들이 경험하고, 소유할 수 있도록 컬러가 있는 모든 것에 팬톤의 이름을 붙이고 있다. 디자인 문구뿐만 아니라 옷, 가구, 자전거, 음료, 생활잡화, 심지어 호텔(팬톤 컬러의 집약체로 올해 벨기에 브뤼셀에 오픈했다)에 이르기까지 모든 컬러를 이용해 팬톤이 연상되는 제품을 디자인하고 생산하는 것이다. 따라서 그들에게 컬러는 전략 그 자체다. 팬톤의 브랜드 아이덴티티는 세상의 모든 컬러를 가져와 사용해도 흔들리지 않고, 오히려 효율적이기까지 하다. 컬러가 다양할수록 팬톤의 컬러칩이 연상되기 때문이다. 덕분에 제품은 하나라도 다양한 컬러로 베리에이션variation하여 판매할 수 있고, '팬톤 증후군'이라 불릴 만큼 제품을 컬러별로 수집하는 마니아들이 많아 수익에도 도움이 된다.

팬톤은 브랜드를 확장하고 싶어 하는 기업에게 좋은 사례가 될 수도 있고, 자칫 잘못 해석하면 큰 오해를 불러일으키는 나쁜 사례가 될 수도 있다. 당신의 기업은 지금 브랜드 아이덴티티와는 전혀 상관없는 제품에 트레이드마크만 달아 브랜드를 확장하려 하고 있는가?(팬톤은 그렇지 않다) 아니면 수없이 많은 종류의 제품과 서비스를 만들어도 브랜드 아이덴티티를 해치지 않고, 오히려 강화시키기에 트레이드마크가 달리 필요 없는 브랜드 확장을 하고 있는가?

브랜드 확장은 단순히 생산 라인을 늘리고, 상품의 종류와 개수를 늘리는 것이 아니라, 더 강력한 브랜드 아이덴티티를 구축하는 방법이 되어야 한다. 이것이 수많은 상품과 컬러를 써도 팬톤의 컬러만큼은 하나일 수 있는 이유다. UB

STRATEGIC APPROACH
전략적 문제 해결법

문제를 탁월하게 해결하는 방법은 의외의 곳에서 발견되는 경우가 많다. 오로지 자신의 생각만 믿고 그 사고 방식으로 문제를 해결하고자 하면 다른 관점에서 오는 통찰력, 그로부터 도출되는 혁신을 놓치게 될지도 모른다. 그래서 여기 바둑과 BSC, 트리즈라는 관점의 안경을 당신에게 씌워줄 전문가들이 모였다. 어떤 안경을 쓰고 해답을 찾아볼 것인지는 당신의 선택에 달렸다. 어떤 안경이든 당신의 시력을 한 단계 높여줄 것은 분명하기 때문이다.

152 바둑 고수에게 배우는 전략가의 자세

156 철학은 전략으로, 전략은 실행으로 완성된다, BSC

162 한 천재가 보여 준 철학적 전술 노트, 트리즈

戰略 Strategy

敵手 Competitor

전략의 정석은 잊고, 철학의 정석만 기억하라
바둑 고수에게 배우는 전략가의 자세

The interview with 명지대학교 바둑학과 교수 정수현

세사기일국世事棋一局이라 했던가. 일찍이 선비들은 "세상사가 한 판의 바둑과 같다"는 말을 즐겨 썼다고 한다. 작은 격자무늬 나무판 위에서 벌어지는 백돌과 흑돌의 한판 승부에서 어떻게 인생을 읽을 수 있다는 걸까? 오래전부터 전해져 내려오는 바둑을 둘 때 꼭 명심해야 할 10가지 비결인 '위기십결圍棋十訣'을 들여다보면 바둑이라는 게임의 룰을 잘 모른다 하더라도 여기서 인생사를 어떻게 배우게 되는지 짐작할 수 있다. 인생사뿐이겠나. 프로 9단의 바둑기사이자 바둑학과 교수로 재직 중인 정수현 교수는 바둑에서 CEO가 탁월한 전략가가 되기 위해 배워야 할 점까지 발견했다고 한다. 정 교수로부터 전략가가 바둑의 고수들로부터 어떤 점을 배워야 하는지, 전략가가 자신을 어떻게 단련해야 성공하는 브랜드 전략을 만들어 낼 수 있을지를 들어 보도록 하자.

經營 Management

智慧 Wisdom

《바둑 읽는 CEO》라는 책에서 바둑이 인생과 유사할 뿐만 아니라 CEO가 갖추어야 할 전략적 마인드나 시스템적 사고 등을 배울 수 있는 게임이라고 이야기한 점이 흥미로웠다. 바둑은 경영과 어떤 공통점이 있다고 생각하나?

바둑과 경영의 가장 큰 공통점은 둘 다 '문제를 해결하는 과정'이라는 점이다. 인생도 그렇지만 경영과 바둑도 매 순간이 결정이다. 우리는 그런 순간마다 몇 가지 대안 중에서 가장 적합한 것을 선택하고 결정한다. 물론 바둑에서는 '외길'이라 부르는, 선택할 수 있는 것이 단 하나뿐인 경우에는 결정이 쉽다. 그것을 선택하면 된다. 그러나 하다못해 '점심을 무얼 먹을까?'라는 단순한 문제 하나에도 선택할 만한 대안은 여러 가지다. 그런 것을 보면 우리가 매일 얼마나 많은 결정을 하며 살아가는지 가늠해 볼 수 있다. 경영도 마찬가지다. 바둑에서 매 수가 결정인 것처럼 경영에서도 매번 중요한 결정을 해야 한다. 쉬운 것이 없다.

선택할 만한 대안이 많다고 가정했을 때 이것을 세어 보는 일을 바둑에서는 '수手를 읽는다'고 부르던데, 경영처럼 복잡한 문제에서는 이것을 다 따져 보는 것은 어려운 일이다.

물론 수읽기는 바둑에서도 쉬운 일이 아니다. 바둑기사들이 여러 가지 방법으로 바둑 기술을 익히고 고수들의 경기를 복기하거나 이론을 공부하는 것도 다 그 때문이다. 그러나 어떤 해결책이 있을지 따져 보는 수읽기는 오히려 쉬운 일일 수 있다. 그것보다 어려운 것은 여러 대안 중 어떤 것을 선택했을 때 그 결과를 그려 보고 어떤 것이 현명할지를 판단하는 일이다. 바둑처럼 인생이든, 경영이든 결정할 일이 너무 많아 모든 일을 깊이 고민하지 못하기 때문에 다수는 직관으로 해결하는 경우가 많다. 이것을 매번 현명하게 하는 일은 정말 만만치 않을 것이다.

"재미있는 것은, '정석' 부분에 대해 가르치는 격언은 딱 하나만 존재한다는 점이다. 바로 '정석은 외운 다음 잊으라'다."

브랜드 전략을 세우고 전술을 구사하는 것이 어려운 것도 그 때문일 듯하다. 모든 것을 겪어 보면 좋지만, 현실적으로 그렇게 배우는 것이 불가능하기 때문에 다른 사람의 경험이 이론화된 전략을 공부하고 배우는 것이 아닐까 싶다. 바둑에 정석定石이 있는 것처럼 말이다.

물론이다. 지금은 흔히 쓰는 단어지만 '정석'은 본래 바둑용어로, 예부터 전해 내려오는 공격과 수비에 최선이라 할 만한 바둑돌을 놓는 방법이다. 바둑의 초보들은 이것부터 공부해야 한다. 어떤 것이든 미리 알고 있는 지식이 상황을 판단하고 결정하는 데 굉장히 많은 영향을 미치기 때문이다. 밑바탕에 충분한 지식이 있어야 수읽기도 가능하다. 정확한 지식을 많이 가질수록 더 멀리 보고 더 정확한 예측을 할 수 있는 것이다. 브랜드 전략도 마찬가지가 아닐까 한다.

그런데 브랜드 전략을 세우고 실행하는 과정에서 많은 기업들이 실패하는 이유 중 하나가 너무 이론화된 정석만을 그대로 따르려 하기 때문이었다.

그런 경우 브랜드 전략가들이 바둑 초보처럼 너무 정석을 따르려 해서가 아닐까 싶다. 알지 모르겠지만 바둑에는 태도나 기술들을 가르치기 위한 격언이 많이 존재한다. 예를 들어 '~하면 ~하라'와 같은 노하우를 짧막한 사자성어나 명언 형태로 이를 가르치는 것이다. 실제로 많은 사람들이 바둑의 수를 둘 때 이런 격언을 떠올리며 자신을 가다듬는다. 그런데 재미있는 것은, '정석' 부분에 대해 가르치는 격언은 딱 하나만 존재한다는 점이다. 바로 '정석은 외운 다음 잊으라'다. 정석같이 좋은 방법을 애써 외웠는데 잊으라고 하니 어리둥절하겠지만, 간단히 말하자면 정석은 배운 뒤에 잊어야만 '고정관념'이 되지 않는다. 정석을 해답처럼 생각하고 그대로 따르려 하면 남에게 수를 들킬 뿐만 아니라 상황에 유연하게 대처할 수 없다. 물론 상황을 읽는 눈을 키우는 데는 정석만큼 유용한 것이 없기 때문에, 절대로 정석을 배우지 말라거나 무시하라는 말은 아니다.

브랜드 전략에서도 정석이라 불리는, 성공 사례로 연구된 많은 케이스와 이론들이 있지만 이를 공부하되 잊고, 자신의 상황에 맞게 유연하게 대처하라는 의미가 될 것 같다. 바둑에서도, 비즈니스에서도 이것을 잘하는 사람이 진정한 고수高手일 것이다.

그렇다. 정석을 어떻게 활용하느냐도 그 사람이 프로 기사인지 아마추어인지를 알 수 있는 방법이다. 프로와 아마추어를 구분하는 또 다른 방법은 전술을 구사하는 것을 관찰하는 것이다. 만약 바둑을 둘 때 상대방의 돌을 포위해서 잡는 바둑의 기본적인 기술에 집중하는 사람이 있다면, 이는 분명 초보다. 사람에게는 무엇인가를 공격하려는 본능이 있는데, 초보들은 이 공격 본능만을 해소하기 위해 상대방의 돌을 잡는 공격 전술에만 목숨을 건다. 반면에 프로들은 그 본능을 잘 컨트롤할 줄 안다. 프로는 작은 것을 잃어도 큰 것을 얻기 위해 기다릴 줄 안다.

*위기십결에도 '사소취대捨小取大'가 있는 것으로 안다. 바둑을 둘 때 명심해야 할 것이 이미 몸에 밴 사람들이 프로 기사가 아닐까. 이 점을 빨리 깨달아야만 자신을 한 단계 더 성장시킬 수 있을 것 같다. 초보들은 스스로 사소취대하지 못하고 소탐대실小貪大失했다는 사실을 보통 어떻게 깨닫게 되나?

사실 처음에 바둑을 가르칠 때도 절대 남의 바둑알을 취하는 것에만 집중하지 말라고 강조한다. 그렇지만 말만으로는 쉽게 배우지 못하는 것이 이 격언이 아닌가 싶다. 초보들은 계속 작은 전술에만 집중하다 게임에서 지는 것을 반복한다. 그러나 어느 날, 불현듯 자신이 아주 작은 것에만 집중해 있음을 깨닫게 되는 것이다. 너무 많은 대가를 치르기 전에 사고를 바꿀 수 있는 것은 행운이다.

당신은 프로 바둑기사임과 동시에 바둑을 가르치는 입장이라 바둑을 잘 두는 고수들을 많이 만나 보았을 것 같다. 바둑 고수들의 공통적인 특징이 있나?

어느 분야든지 고수들은 자신만의 스타일이 있다고 생각한다. 골프든, 축구든 공격을 잘하는 쪽이 있고, 수비에 능한 사람이 있다. 바둑도 이창호 9단 같은 경우는 수비에 능하고, 이세돌 9단 같은 경우 강력한 공격의 능력을 갖고 있다. 이처럼 다르긴 해도 이들의 공통점은 분명히 존재한다. 개인적인 스타일을 떠나 크게 보자면 우선 이들은 공부를 열심히 한다. 너무 뻔한 이야기 같지만 실력이 누구보다 우세함에도 불구하고 남보다 더 많은 공부를 하기

> "바둑도 비즈니스도 기본적으로 변할 수 없는 것들은 있다고 본다. 바로 기본 원리다. 바둑의 위기십결도 그런 맥락이다."

Stratagem
術策

*위기십결圍棋十訣
부득탐승(不得貪勝)
: 승리를 탐하면 얻지 못한다.
입계의완(入界誼緩)
: 서둘러 적진 깊숙이 들어가지 마라.
공피고아(攻彼顧我)
: 스스로를 돌아본 뒤 상대를 공격하라.
기자쟁선(棄子爭先)
: 돌을 버리더라도 선수先手를 잡아라.
사소취대(捨小取大)
: 작은 것을 버리고 큰 것을 취하라.
봉위수기(逢危須棄)
: 위태로운 돌은 버려라.
신물경속(愼勿輕速)
: 빠르고 경솔하게 두는 것을 삼가라.
동수상응(動須相應)
: 행마는 반드시 주변 정세에 호응케 하라.
피강자보(彼强自保)
: 상대가 강하면 스스로의 안전을 살피라.
세고취화(勢孤取和)
: 세력이 약한 곳에서는 화평을 취하라.

는 쉽지 않다. 바둑은 상당히 많은 지식이 조합된 게임이다. 비즈니스와 마찬가지로 바둑에도 때에 따라 유행하는 전략이 있다. 예를 들어 중국식 포석(바둑에서 영토 차지에 유리하도록 초반에 돌을 벌이는 것으로 중국에서 비롯된 방법)이 유행한다거나 한국류 정석(한국 프로 기사들이 자주 구사하는 바둑돌을 놓는 법)이 흔히 사용되는 때가 있다. 고수들은 이런 전략도 끊임없이 공부한다. 새로 나온 전법을 익히거나 경쟁자를 분석하기도 하고 *포석, 사활, 끝내기 등에서 자기가 특히 부족한 분야를 연구하기도 한다. 또 복기를 공동으로 진행하여 연구하기도 하고 자신이나 다른 사람의 경기를 계속 모니터한다.

이 외 또 어떤 특징이 있나?

앞서 말했듯이 공격 본능에 대한 컨트롤이나 감정적인 마인드 컨트롤을 잘한다. 비즈니스에서 타고난 전략가들도 그럴 것이라 생각된다. 중요한 결정의 순간이나 게임의 클라이막스에서 쉽게 흥분하는 아마추어와는 달리 프로는 심리적인 것들이 게임에 해가 되지 않도록 자신을 누그러뜨리면서 감정을 잘 처리한다. 이런 것들이 그들을 고수로 평가 받게 만든다.

브랜드 전략가들도 바둑의 고수들에게 그런 점을 배워야겠다.

그렇다. 사실 전략도, 처해진 상황도 그때그때 변하기 마련이다. 그러나 바둑도 비즈니스도 기본적으로 변할 수 없는 것들은 있다고 본다. 바로 기본 원리다. 바둑의 위기십결도 그런 맥락이다. 경영의 기본이 고객이라는 생각이 변하지 않는 것처럼 말이다. 또한 바둑에는 단순히 기술뿐만 아니라 동양의 철학이 그대로 녹아 있다. 실제로 많은 서양인들이 한국에 바둑을 배우러 오는데, 기술보다는 부분과 전체의 조화라든가 유수부쟁선(流水不爭先, 흐르는 물은 앞을 다투지 않는다) 같은 심오한

동양의 철학을 배우고자 한다. 이런 철학을 이해하고 자기 것으로 만들어야 비로소 이길 수 있는 자세를 갖춘 것이다.

철학을 갖는다는 것은 브랜드 전략가에게도 매우 중요한 것일 듯하다. 바둑의 기풍(바둑이나 장기를 둘 때 기사의 독특한 수법)에도 개인의 철학과 스타일이 녹아 있다고 들었다. 그것이 승패에 큰 영향을 준다고 생각하나?

바둑의 기풍에서는 기사의 성격도 보이고, 그들의 철학도 알 수 있다. 그래서 바둑을 두는 스타일은 쉽게 변하지 않는다. 기풍을 바꾸는 것은 자신을 바꾸는 일이기에 쉽지 않다. 그러므로 처음부터 개인이 어떤 철학을 가지는지가 매우 중요할 것이다. 그런데 보통 자신에 대해서 잘 알지 못하기 때문에 바둑에서도 남의 전략을 그대로 베껴 쓰거나 자신의 강점을 살리지 못하고 좌절하는 사람이 많다. 그래서 자신에 대해 잘 파악하는 것도 중요하다. 브랜드 전략가들도 마찬가지일 것이다. 자신을 모르고는 탁월해지기 어렵다.

동시에 바둑은 개인의 수련과도 관계 있

"전술이 전략보다, 전략이 철학보다 우선시 되어서는 안 된다. 투쟁하는 것에 치우쳐 더 중요한 것을 놓치지 말아야 한다."

*포석, 사활, 끝내기
바둑의 전문 용어에는 이제 일상에서도 흔히 사용되는 단어들이 많다. 바둑은 흔히 '영토 싸움'으로 이해되는데 '포석'은 이 영토 싸움에서 유리하도록 초반에 돌을 벌여 두는 전략을 말한다. '사활'은 바둑돌이 사느냐, 죽느냐를 따지는 것이며 '끝내기'는 마지막으로 바둑점을 놓는 일을 뜻한다. 이들은 모두 바둑에서 전략으로서 연구되는 분야다.

다. 자신을 바꾸기는 어렵지만 필요하다면 수련을 통해 방법을 찾아야 하기 때문이다. 만약 매우 논리적인 사고에 강한 사람이라면 바둑을 통해 직관적으로 과감한 결단력을 배울 것이고, 매우 직관적인 사람은 바둑에 녹아 있는 시스템적인 사고를 배울 수 있을 것이다. 자신을 완전히 바꾸기는 어렵더라도 이를 통해 문제를 해결하는 더 나은 방법을 찾을 수 있다.

마지막으로 경영자들과 브랜드 전략가들에게 바둑에서 배운 것을 토대로 조언을 부탁한다.

많은 수는 아니지만, 바둑을 두는 경영자들을 보면 대단한 점을 많이 발견한다. 이들은 초보라서 기술은 많이 없어도, 돌 몇 개를 잃더라도 넓은 시각으로 바둑판에 있는 모든 돌을 살펴 승리하는 운석(運石, 바둑돌을 운영함)을 잘하더라. 아마도 경영의 노하우를 알기에 기업을 살림하는 효율적인 방식을 바둑으로 많이 옮겨 온 탓인 듯하다. 이처럼 훌륭한 경영자들은 작은 것에 집중하는 대신 큰 그림을 본다. 그것이 바둑과 경영에서 가장 중요한 점이 아닐까 생각한다. 전술이 전략보다, 전략이 철학보다 우선시 되어서는 안 된다. 바둑도, 경영도 사활과 영토의 문제라 투쟁은 피할 수 없을 것이다. 그러나 투쟁하는 것에 치우쳐 더 중요한 것을 놓치지 말아야 한다. 그것이 전략가가 바둑에서 배울 가장 큰 교훈이다. UB

정수현 한양대학교 영문학과를 졸업하고, 고려대학교에서 교육학 석·박사 과정을 마쳤다. 1997년 바둑 프로 9단이 되었으며 제1기 프로신인왕전 우승, KBS바둑왕전 및 SBS 바둑 최강전에서 준우승했다. 한국바둑학회 부회장, 한국프로기사회 회장을 역임했고 현재 명지대학교 바둑학과 교수로 재직 중이다. 저서로 《반상의 파노라마》 《인생과 바둑》 《바둑 읽는 CEO》 등이 있다.

MEMORANDUM

바둑에서 배운 교훈을 적용한 상수上手 전략가의 경영

정수현 교수는 저서 《바둑 읽는 CEO》에서 바둑의 원리를 기업 경영과 전략에 적용하여 성공한 사례를 한 가지 소개하고 있다. 바로 태국의 바둑협회 회장이자 자룬 포카판(CP) 그룹의 부회장 겸 계열사인 세븐일레븐의 회장인 코작 차이라스미작의 이야기다. 그는 바둑계의 활성화에 큰 기여를 해온 바둑광인데, 경영을 하는 중에 중요한 유통 지역에서 경쟁자와 직접적으로 치열한 경쟁을 해야 하는 상황에 직면했다고 한다. 보통 이런 상황이면 어떻게 라이벌을 이길 수 있을지만 고민할 텐데, 정작 코작 회장은 다른 작전을 썼다. 중요한 지역을 넘겨주고 경쟁자가 그곳에 전력을 쏟는 사이 그는 다른 넓은 지역을 파고든 것이다. 바둑을 둘 때처럼 그는 '상생'을 택했고 경쟁적 소모전을 하며 경쟁자를 죽이는 방법을 사용하지 않았다. 장기가 주로 상대방을 죽이고 이겨야 하는 게임이라면 바둑은 돌의 효율이나 전체적인 조화를 중요하게 생각하는 게임이다. 코작 회장은 "내가 바둑을 배우지 않았다면 그 같은 선택을 하지 않았을 것"이라며 상대 회사도 살리면서 내 회사도 살리는 조화가 상수(남보다 뛰어난 솜씨를 가진 자)의 경영이라고 말했다. 그의 경영 방침은 바로 바둑을 두며 체화된 위기십결에서 비롯된 것이다.

"친절한 택시 브랜드로 만들고 싶었다. '그래서' 친절한 택시기사가 필요했고, 그러기 위해서는 택시기사들이 고객에게 집중할 수 있도록 도와야 했다. '그래서' 그들에게 집을 지어 주고 높은 연봉을 제공했다. 그것이 우리의 전략이라면 전략이다." MK 그룹 부회장 유태식

"아이들이 현실적인 직업 체험을 하면서도 미래에 대한 꿈을 꾸게 하고 싶었다. '그래서' 리얼리티와 판타지적 요소를 모두 강조하는 직업 체험 테마파크가 만들어진 것이다. 이것이 우리의 중요한 차별화 포인트가 된 셈이다." 키자니아 서울 대표 최성금

"우리는 환자를 오랫동안 진료하고 싶었지만 그렇게 해서는 수익구조에 문제가 생겼다. '그래서' 카페로 수익적인 문제를 해결했다. 카페와 병원이 결합된 독특한 모습은 이렇게 탄생됐다." 제너럴닥터 원장 김승범

이들처럼, 당신의 '브랜드 전략'은 '철학(미션과 비전 등)'과 'thus(그래서, 따라서)'로 연결되어 있는가? 이같은 '그래서'로 연결되는 전략은 그 철학의 실현을 도울 것이며, 그 전략의 실행은 BSC가 도울 수 있을 것이다. (많은 사람들이 오해하고 있는 것처럼) BSC는 단순히 목표나 성과를 평가하는 지표 개념이 아니다. 미션에서 비전까지를 thus로 연결해 주는 '전략 실행을 위한 종합 관리 툴'이다. 이러한 BSC에 관한 이야기를 세계 최대 규모의 전략실행 컨설팅사인 Palladium 구룹의 유일한 한국지사, 웨슬리퀘스트의 정종섭 대표로부터 들어보자.

BSC(Balanced ScoreCard, 균형성과표)가 등장한 것은 1992년, 로버트 캐플란 Robert S. Kaplan 교수와 데이비드 노튼 David P. Norton 교수에 의해서였다. 당시 학계에 큰 반향을 일으켰는데 그 이유는 무엇인가?

1990년대, 미국 기업들은 일본 기업들에게 시장에서의 선도 자리를 내주기 시작했다. 그 이유는 미국의 경우 주가나 그 해의 영업이익이 경영자의 보상에 큰 영향을 미쳐서 CEO들이 단기적 관점의 경영 방식을 가질 수밖에 없었기 때문이다. 반면 일본 기업들은 장기적 관점으로 결과보다는 과정을 중시하는 조직 문화를 가지고 있었고, 그것이 큰 차이를 만들어 냈다.

그래서 '과연 조직의 성과를 측정하는 바람직한 방법은 무엇인가?'를 고민하기 시작한 것이다. 당시에 기업 평가는 대부분 '재무' 측면에 상당한 무게가 실렸다. 하지만 재무성과는 과거 활동에 따른 결과다. 즉 재무지표만으로는 앞으로 기대되는 성과나 현재 그 기업이 지닌 무형적 자산을 평가할 수 없었던 것이다. 뭔가 균형 잡힌 시각 balance이 필요했고 그것을 해결하기 위해 만들어진 개념이 BSC다. 손에 만져지는 돈이 최고의 성과로 평가 받던 시절에 이런 미래의 가능성, 또 눈에 보이지 않는 자산으로 기업을 평가하는 방식은 상당히 급진적인 접근이 아니었겠나.

그 '균형 잡힌 시각'이라는 것은 무엇인가?

평가의 기준을 기존의 재무적 관점으로만 두던 것을 ①재무적 관점 ②고객 관점 ③비즈니스 프로세스 관점 ④학습과 성장 관점으로 확대시켜 다양화한 것이다. 이러한 기준을 바탕으로 현재의 성과를 모니터링하고, 조직이 미래에 어떠한 성과를 낼 것이며, 그것을 위해 현재 무엇을, 어떻게, 얼마나 준비하고 있는가를 평가할 수 있는 것이다.

그렇다면 BSC는 단순히 '평가의 준거'인가? ScoreCard도 '점수표'란 의미이지 않나?

그렇게 오해하는 사람들도 적지 않다. BSC가 개인의 성과 측정 도구인 KPI(Key Performance Indicator, 주요성과지표)와 밀접한 관계가 있기 때문에 더 그런 인식이 생겼다. 하지만 BSC를 단순한 평가표로 보는 것은 이것을 충분히 이해하지 못한 것이다.

BSC를 활용함에 있어 가장 중요한 것은 무엇인가?

크게 보면 3가지다. 첫째는 '전략이 미션, 핵심가치, 비전에서 기인된 것인가' 하는 점이다. 이것에 실패하면 아무리 구체적이고 효과적인 전략체계도를 그려내고 실행한다 해도 엉뚱한 산을 오르는 격이다. 이때는 성공하는 것이 더 위험한 것이 된다.

둘째는 '고객에 대한 정의'다. 모든 전략은 여기에서 시작된다. 고객이 정해져야 그들에게 전할 핵심가치가 결정되기에, 고객 정의는 전략 캔버스의 시작이라고 말할 수 있다.

마지막은 전략체계도의 꽃이라 볼 수 있는 '프로세스 영역의 실행 목록'을 얼마만큼 효과적으로, 또 효율적으로 설정하고 수행하는가다. 고객이 정해지고 그들에게 전할 가치가 정해졌다 해도 수익을 창출하며 그것을 지속적으로 제공할 수 있기 위해서는 제대로 된 액션이 필요하기 때문이다.

BSC 들여다 보기

✓ **깊이 보기**
BSC는 단순한 균형성과표가 아닌, 전략 '실행' 및 전략 '관리' 도구다.

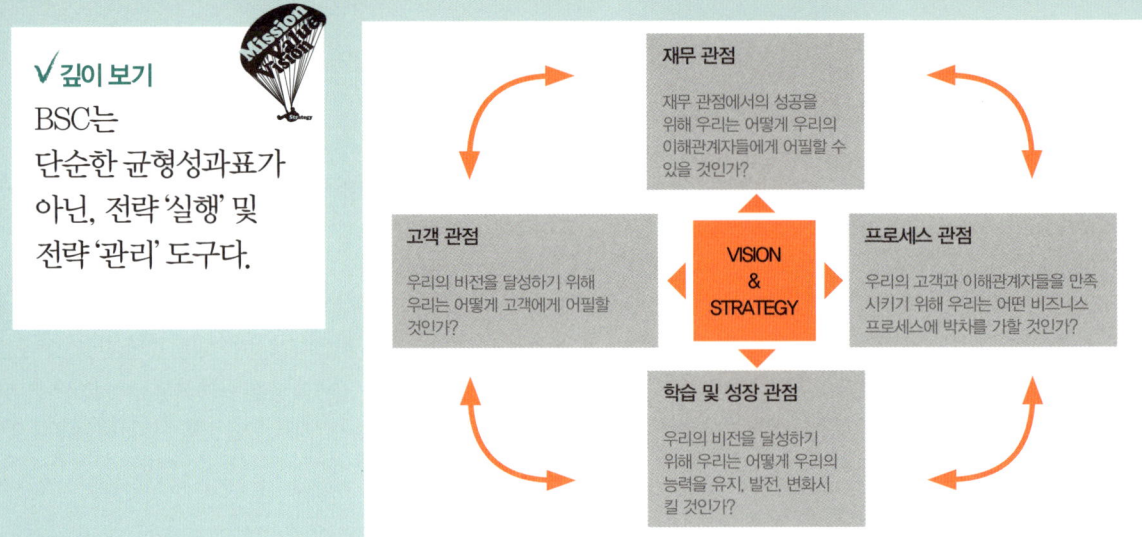

〈그림 1〉 비전과 전략 실행을 위한 전략적 접근이자 성과관리 시스템인 BSC

이해를 돕기 위해서 BSC를 '개념' 측면과 '실체' 측면으로 나눠서 생각해 보면 좋다. 즉 '기업의 평가 기준을 4가지(재무, 고객, 프로세스, 학습과 성장)로 삼는다'가 BSC의 기본적인 '개념'이다.

BSC가 여기까지라면 단순한 개념에 불과할 테지만 이러한 관점은 세부적인 실행 계획으로 구체화 될 필요가 있었고, 캐플란과 노튼은 이를 위해 Strategy Map, 즉 '전략체계도'를 소개했다. 조금은 복잡해 보이는 이 표에서 가장 중요한 것은 위의 4가지 관점과 그 관점을 스토리로 표현해 놓은 짧은 설명이다. 그리고 표 전체에서 보이는 인과관계(화살표의 흐름을 확인하라) 측면이다.

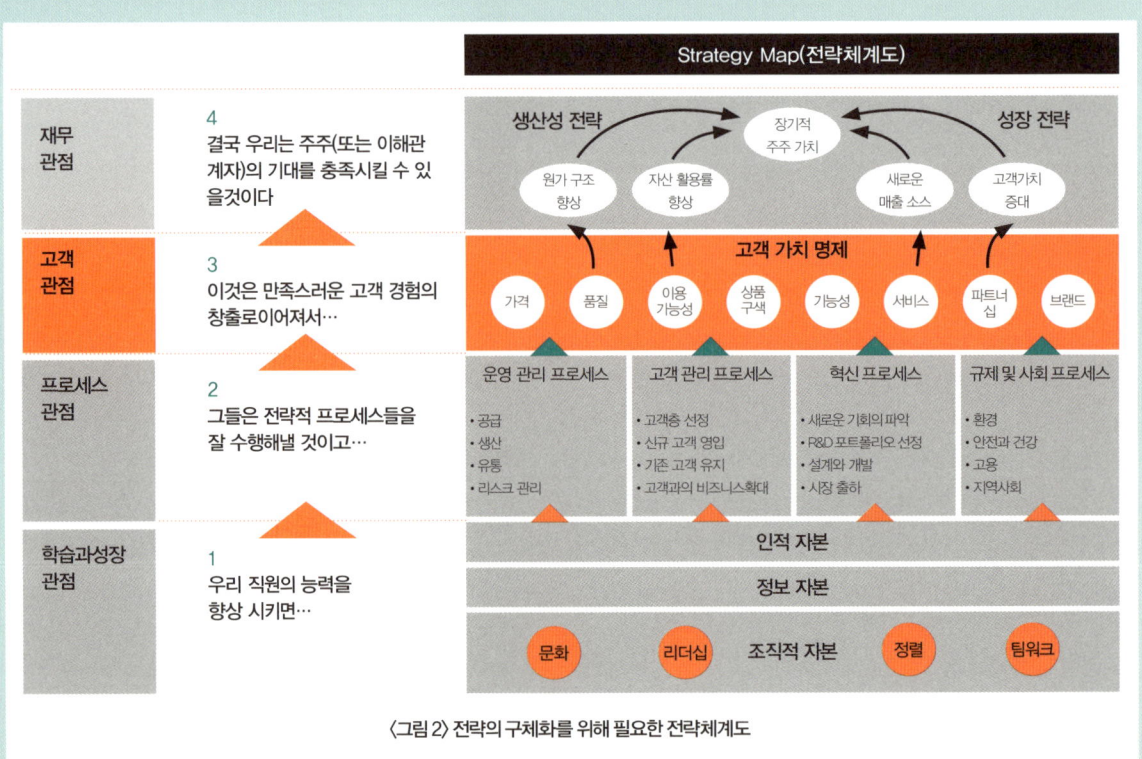

〈그림 2〉 전략의 구체화를 위해 필요한 전략체계도

이는 기업이 목표 달성(비전)을 위해 중점을 두어야 하는 핵심가치(《그림 2》의 고객 관점 명제 부분)를 왜 가져야 하는지, 어떻게 재무, 고객, 내부 프로세스, 학습 및 성장의 관점에서 인과관계를 가질 수 있는지를 설명하는 지도라고 할 수 있다. 전략체계도를 작성함으로써 기업은 구성원들에게 기업이 추구하는 목적이 무엇이며, 그 목적 실현을 위해 관리해야 할 요인과 지표가 무엇인지를 쉽게 전달할 수 있게 된다. 뿐만 아니라 구성원 개인의 업무가 기업 전체의 목표 달성과 어떻게 연결되어 있는지, 목표 달성을 위해서 자신들이 수행해야 할 역할이 무엇인지를 보다 분명히 인식할 수 있게 된다. 이것이 KPI(Key Performance Indicator)를 제대로 활용하기 위해서는 BSC를 반드시 알아야 하는 가장 큰 이유이기도 하다.

이러한 전략체계도에서 보여지는 하나하나의 요소들이 현재 어떠한 수준에 있으며 앞으로의 목표는 무엇인지를 수치화하여 표현한 것이 말 그대로 균형성과표, BSC인 것이다. 실제 BSC 시트지를 보면 무수한 숫자들(예를 들어, 재무 측면에서의 수익성, 고객 측면에서의 가치 전달률, 프로세스 관점에서의 개선 사항 성취율, 학습 관점에서의 인재 육성 현황 등이 % 등으로 표기됨)로 가득 차 있다. 그래서 이제 BSC는 과거 '균형성과표'라는 한글 해석에서 '균형전략 실행체제'로 이름을 달리하고 있다. 전략 '실행' 및 전략 '관리' 도구로 진화한 것이다.

✓ **제대로 보기**

BSC는
미션부터 전략,
전략의 결과까지,
모두 thus로
연결돼야 한다.

사실 이 글의 목적은 BSC 모델 자체를 소개하기 위함이 아니다. 이 모델이 비즈니스와 전략을 대하는 태도(?)가 이번 특집 주제인 '철학의 전략화'와 상당히 흡사했기 때문이다. BSC는 여느 전략 모델과는 달리 '근본'부터 매만진다. 그것이 기업의 미션과 핵심가치, 그리고 비전이다.

인터뷰이인 정 대표 역시 BSC를 통한 컨설팅 활동은 그 조직이 자사의 미션과 핵심가치를 얼마나 잘 이해하고 있는가에 큰 영향을 받는다고 했다. 이유인즉, BSC를 통해 실행하려는 전략 자체가 그 조직의 미션에서부터 귀납적으로 연결되어 있기 때문이다. BSC 개념으로 조망한 기업 전략의 수립과 실행 단계는 모두 thus, 즉 '그래서'로 연결되어 있다.

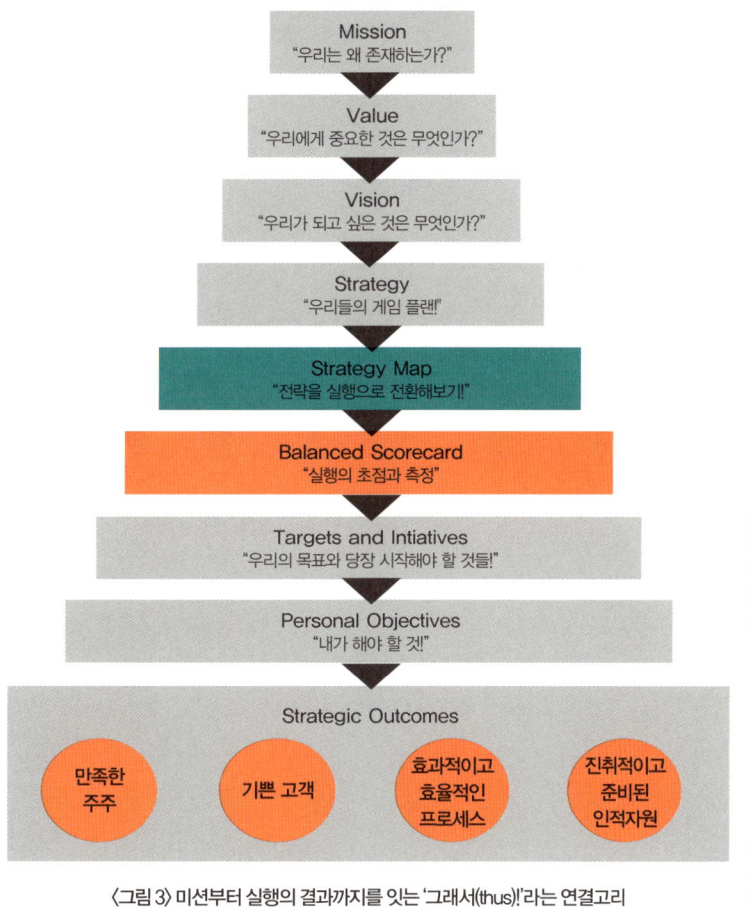

〈그림 3〉 미션부터 실행의 결과까지를 잇는 '그래서(thus)!'라는 연결고리

"우리의 미션은 A다. '그래서' B라는 핵심가치가 우리에게 가장 중요하다. '그래서' C라는 비전을 향해 달릴 것이다. '그래서' D라는 전략이 필요하다. '그래서' E라는 전략체계도를 따를 것이다. 그래서… 그래서… 그래서… .

그들의 관점에서라면 '전략'은 '우리가 왜 존재하는지(미션)'를 효율적이고 효과적으로 표현하기 위해, 즉 한 기업의 '존재감'을 보여 주기 위한 최적의 방법을 찾아내는 것이라 해도 과언이 아닐 것이다.

고객에 대한 정의가 중요하다는 것에 상당히 공감이 간다. 유니타스브랜드도 이를 위해서 '기존에 자신이 가진 업에 대한 정의, 고객에 대한 정의부터 다시 고민해 봐야 할 것'이라고 끊임없이 강조해 왔다(유니타스브랜드 Vol.14 p20 참고). 그것이야말로 한 기업이 존재하는 이유를 객관적으로 인정받기 위한 가장 첫 단계이지 않나. 실제로 BSC를 통해 컨설팅을 하면서 클라이언트사가 고객을 새롭게 정의해서 성공적이었던 케이스가 있나?

감사원의 경우가 좀 독특했다. 감사원의 1차 고객은 대통령이다. 그리고 감사 정보를 이용하는 국회나 국민이 고객일 수도 있다. 하지만 피감사자인 '기업'들까지도 고객의 범주에 포함시키기로 했다. 감사를 하는 목적, 즉 감사원의 미션과 비전이 단순히 기업의 잘못을 꼬집어 내는 것이 아니라 그렇게 함으로써 기업과 국민에게 더 좋은 기업 환경과 근무 환경을 제공하며 '바른나라를 만드는 것 아니겠나. 그렇기 때문에 기존의 '적발 중심에서 그 조직에게 어떤 '도움'을 줄 수 있을까를 함께 고민하는 것으로 방향이 수정됐다. 감사원의 '전략에 해당하는 '감사기획'을 수립할 때, 또 문제점을 발견해 낼 때도 그 문제를 해결할 솔루션을 그 기업에게 제안하는 방향으로 전환된 것이다. 문제를 지적하는 것은 쉽지만 솔루션을 제공하는 것은 어렵다. 하지만 전달할 가치를 그것으로 설정했을 때는 그것을 위해 노력하게 된다. 당시 그 프로젝트를 통해 피감사기업에게 상당히 긍정적인 피드백을 받았다.

현재 감사원처럼 공공기관이나 민간 기업, 비영리 단체 등 다양한 고객을 대상으로 BSC 컨설팅을 진행 중인 것으로 알고 있다. 컨설팅을 진행할 때 조직별로 어떤 어려움이 있나?

3가지 단체 모두에서 겪는 공통된 어려움은 그들이 느끼는 부담감이다. 물론 여느 컨설팅이든 컨설팅 초기에는 거부감을 보인다. 사람이란 원래 변화를 싫어하지 않나. 하지만 BSC 컨설팅의 경우는 전략이나 전술 측면에 앞서, 필요한 경우 그 기업의 철학이라고 할 수 있는 미션이나 비전에까지 거슬러 올라가 건드리니 더욱 부담감이나 반발감이 클 수밖에 없다.

이를 위해 필요한 것이 '교육'이다. 조직의 계층, 즉 리더, 중간 관리자, 일반 직원에 따라 특화된 교육이 필요하다. 처음부터 일반 구성원에게 접근하기는 쉽지 않고 임원급도 완전 몰입하기 힘들기 때문에 팀장급이나 핵심 주도층으로 구성된 TFT를 중심으로 진행하는 것이 효율적이다. 대부분 이런 사람들은 조직에 문제 의식을 가지고 있는 경우가 많아 수용성도 높다. 이것을 바탕으로 경영진, 임원, 일반 구성원까지 스토리를 만들어 가며 전달한다. 마지막이 전체 구성원에게 소개하는 형태로 진행된다.

BSC가 미션이나 비전의 실현을 위한 전략 실행의 이야기라면 (아무래도 수익성에 초점을 두는) 민간 기업에 비해 미션이 뚜렷한 비영리 기관이나 공공기관이 BSC의 적용이 훨씬 수월할 것 같다.

꼭 그런 것은 아니다. 취약점이 서로 다르다. 민간 기업의 경우 타깃이 상대적으로 명확하기 때문에 고객을 정하기도 용이하지만 그 타깃이, 그리고 그들에게 전하고자 하는 핵심가치가 미션이나 비전에서 비롯된 것인지를 명확히 하는 작업이 필요하다. 반면 재무적 관점에서의 목표는 명확하기에 프로세스 관점에서 논리를 풀어 나간다.

공공기관의 경우 미션이나 핵심가치는 명확한 편이지만 조직원들이 체감하는 것은 모호한 경우가 많다. 처음에는 그 조직의 미션이나 핵심가치 같은 것들을 생각하면서 일을 했겠지만, 항상 똑 같은 일을 하다 보니, 왜 일하는지, 고객이 누구인지, 고객한테 어떤 가치를 제공해야 하는지 잊는 경우가 있다. 또한 재무적 성공이 공익적인 것이 아닐 때가 있어, 그 접점의 조율을 위해 많이 이야기하는 편이다.

비영리 기관에서도 비슷한 현상을 보일 때가 많다. 조직의 존재 목적이 뚜렷하기는 하지만 일에 묻히다 보면 방향을 잃는 경우가 있다. 그리고 무엇을 해야 할 것인지는 아는데, 효율적인 방법을 찾지 못하거나 재무적 관점이 취약한 경우가 있다. 하지만 지속성을 갖기 위해서는 반드시 필요하기 때문에 전문성과 효율성을 높이는 작업에 에너지를 쏟는다. 이처럼 BSC는 일반 기업뿐 아니라 모든 '목적을 둔 조직'에 유용하다. 다만 각 기관별 취약점에 따라 BSC를 활용하는 접근 방법이 달라질 뿐이다.

그런데 처음부터 강조하는 것이 BSC는 전략 실행 도구이자 관리 도구라는 것이다. 그렇다면 전략 '수립' 단계는 또 따로 있는 것인가?

모든 전략은 개발, 기획 단계를 거쳐 수립된다. 그 수립된 전략을 조직 구성원 모두의 목적과 목표가 되도록 하기 위한 작업이 필요하다. 그런 후에 실제 실행 단계를 거치고 실행된 전략이 제대로 된 것인지를 알아보기 위해 모니터링과 성과 검증이 필요하다. 그리고 나서 이것을 적용한 다음 전략 개발 단계로 다시 돌아가는 것이다.

그렇다면 실행 외의 단계에서는 각기 다른 전략 관련 모듈이 필요한 것인가?

그렇다. 모든 전략 도구가 그러하듯 BSC라는 도구 역시 오로지 이것 하나로 전략에 관한 모든 것을 준비하거나 관리할 수 있는 것은 아니다. 캐플란 교수와 노튼 교수가 《전략실행 프리미엄》이란 책에

STRATEGIC APPROACH

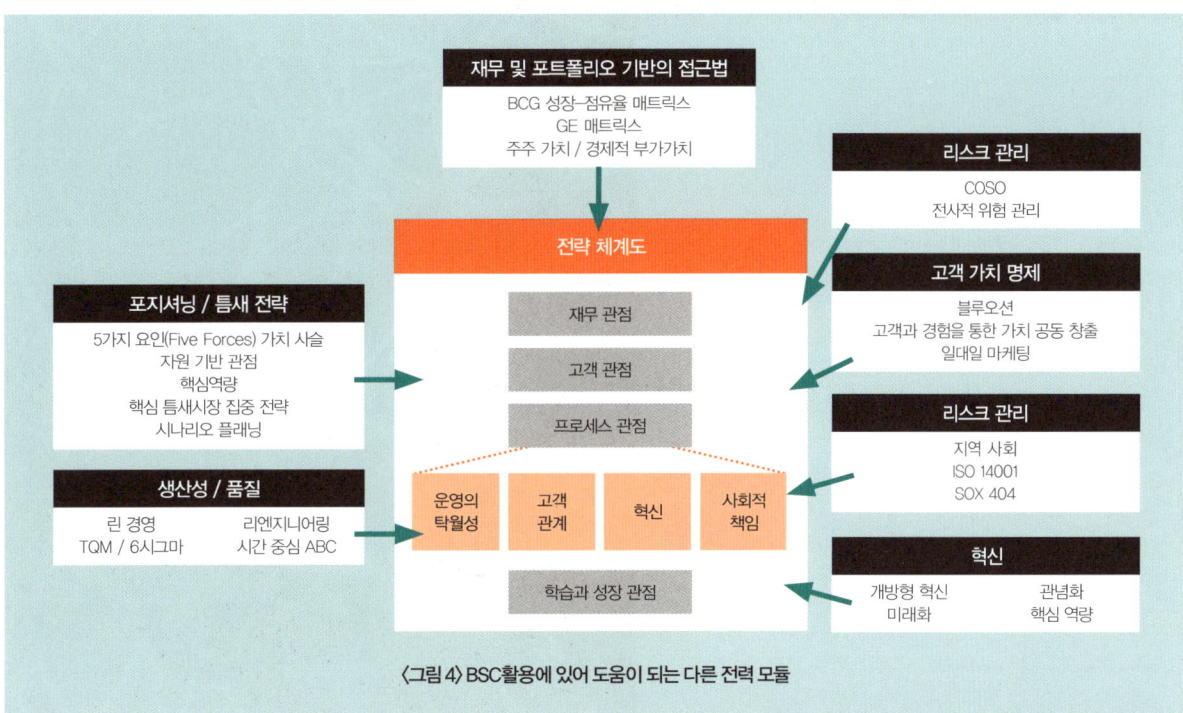

〈그림 4〉 BSC활용에 있어 도움이 되는 다른 전력 모듈

서 기존에 있던 개념을 정리하며 전략 '수립' 프로세스를 위한 다양한 기법들(〈그림 4〉)을 소개한 이유도 그 때문이다.

BSC의 효과적 활용을 위한 핵심은 두 가지인 것 같다. 하나는 미션부터 전략 실행까지의 얼라인먼트alignment와 BSC 실행을 위한 타 전략 모듈과의 융합술 말이다.

공감한다. 하지만 그것보다 더 중요한 것이 리더십이다. 리더십에 의해 결과가 상이한데 그 이유는 커뮤니케이션 방식, 효과, 조직 문화, 운영 방식 등 모든 것이 리더십에 영향을 받기 때문이다. 그래서 전략 모듈과 같은 하드웨어도 중요하지만 사실 이것에 생명력을 주는 것은 소프트웨어 측면일 때가 많다. 조직 특성에 맞는 CEO 리더십과 또 그에 맞는 임원들과 팀장들의 역량, 사고방식, 리더십이 중요한 요인이 된다. CEO만 가지고 되는 것이 아니다. 그래서 우리는 이것에 '리더십팀'이라는 표현을 쓴다.

마지막으로 BSC를 적용하기 전에 스스로 어떤 방식으로 적용하면 좋을지를 확인하기 위한, 즉 자가진단을 위한 노하우를 말해 준다면 어떤 것이 있나?

컨설팅을 의뢰 받고 기업 진단을 위해 사용하는 방법이 도움이 될 것이다. 질문 몇 가지면 그 조직이 현재 어떤 상태인지 이해할 수 있다. 다음의 ®기업 진단을 위한 기본 질문에 답해 보며 자신이 속한 조직의 성향은 어떠하며 앞으로 어떤 문제를 해결해 나갈지 고민해 보면 도움이 될 것이다. UB

기업 진단을 위한 기본 질문 5가지

정 대표가 사용하는 기업 진단을 위한 아래의 5가지 질문은 현재 당신이 속한 기업의 자가진단을 위해 활용할 수도 있다. 자가진단을 통해 우리 브랜드의 전략은 미션과 비전과 얼마나 얼라인먼트 되어 있는지, 어떠한 방법으로 전략 실행들을 융합할 수 있는지 고민해 봐야 할 것이다.

1. 우리 조직은 리더십 차원에서 CEO와 임원이 전략을 구체화하고, 그 전략을 구성원들에게 소개하는 것에 앞장서고 있는가?
2. 우리 조직의 전략은 구체화, 명확화되어 있는가?
3. 우리 조직의 전략은 모든 구성원에게 잘 캐스케이딩(cascading, 전파)되어 있는가?
4. 우리 조직의 전략은 구성원 각자의 '자기 업무화'로 되어 있으며 조직의 비전과 개인의 비전, 그리고 조직의 전략과 개인의 전략이 잘 얼라인먼트alignment되어 있는가?
5. 전략의 모니터링과 피드백은 원활히 이루어지고 있으며 베스트 프랙티스의 공유는 활발한가?

정종섭 연세대학교 경영학과, 동 대학원에서 경영학 석사를 취득한 그는 갈렙ABC, 갈렙앤컴퍼니, 아더앤더슨 코리아를 거쳐 현재 Palladium Group 한국 대표이자 웨슬리퀘스트의 대표이사로 활동 중이다. 한국공인회계사이기도 한 그는 효성, SK 에너지, LG필립스LCD, 행정자치부, 감사원 등의 국내외 민간기업, 정부부처 및 공공기관에서 전략실행, 성과관리, 예산관리 분야 프로젝트를 수행한 바 있다. 역서로는 《전략실행 프리미엄Execution Premium》《전략체계도Strategy Maps》등이 있다.

창의력은 타고난
아이디어형 인간들의 전유물인가?

한 천재가 보여준 철학적 전술 노트, 트리즈

당신은 아이디어형 인간인가, 그렇지 않은가? 아이디어를 내야만 하는 자리에 아이디어형 인간이 앉아 있다면야 행운이겠지만, 그렇지 않은 경우라면 그보다 더 고통스러운 일도 없을 것이다. 이런 고통을 느끼는 사람들에게 러시아의 한 천재가 발명한 트리즈라는 문제 해결 방법론은 상당히 매력적인 도구가 된다. 구 소련이 붕괴하자 미국의 기업들은 트리즈 전문가들을 스카우트하기 시작했고, 삼성과 포스코는 창의 경영의 방법론으로 트리즈를 도입했으며, 말레이시아에서는 이것을 활용하여 13세 학생들에게 창의력 교육을 하고 있다. 이것만 보아도 트리즈의 가능성에 주목할 필요가 있다. 특히 브랜드 전략에 트리즈라는 방법론을 소개하는 이유는 이것이 전략을 구체화하는 전술을 짜는 데 효율적인 도구가 될 수 있기 때문이다. 트리즈의 창시자 알트슐러가 말한 대로 이 도구를 잘 활용하면 빈 노트에 아이디어를 짜 내기 위해 끄적이거나, 벤치마킹할 만한 케이스를 찾기 위해 온라인 서칭을 하며 아이디어가 떠오를 때까지 기다리는 대신 주어진 환경 안에서 전략을 구체화할 만한 아이디어들을 창조할 수 있을 것이다.

영감이 떠오를 때까지라면 수백 년을 기다려야 하지만 이 방법을 이용하면 15분 만에 새로운 발명을 할 수 있다. 겐리흐 알트슐러

스탈린에게 온 위험한 편지

"스탈린 동지, 우리 소비에트 연방의 발명 및 혁신 체계는 문제점을 갖고 있소. 이런 혼란스러운 대응은 무지한 창의력 교육에서 기인하오. 그런데 모든 기술자가 발명을 할 수 있도록 도와줄 수 있는 이론이 있소. 이것은 매우 값진 결과를 초래할 것이고, 기술 세계의 혁명을 일으킬 것이오."

러시아 혁명을 이끈 레닌의 후계자이자, '강철의 사나이'라는 필명을 쓰던 스탈린에게 감히 '소비에트 연방의 창의력 사고 능력을 높이기 위한 조언'이라는 제목의 위와 같은 편지를 보낸 대담한 발명가가 있었다. 1948년 러시아의 해군 대위로 근무하던 24세의 겐리흐 알트슐러로, 그는 해군 특허청에서 일하며 발명품들의 패턴을 발견한다. 뉴턴이 그랬고, 아인슈타인이 그랬듯 보이지 않지만 존재하는 패턴을 발견하는 사람을 우리는 천재라고 부른다. 이 천재는 문제 해결을 '쉽게' 할 수 있는 패턴을 만들어 많은 사람들과 공유하기를 원해서 스탈린에게 편지를 보냈다. 그러나 스탈린으로부터 온 답장은 '25년형'이라는 감옥살이였고, 결국 그는 감옥에서 *트리즈를 완성한다.

50년 전 알트슐러가 더 나은 발명품을 더 쉽게 발명하기 위하여 찾은 패턴이, 지금 엔지니어링 분야를 비롯하여 창의력 교육, 경영의 마케팅 분야에 이르기까지 활용되고 있는 이유는 이것의 가능성 때문이다. 트리즈는 소프트웨어로도 개발되어 있는데, 그것은 20만 건의 사례가 데이터베이스화되어 있어서 어떠한 문제를 입력하면 그것에 대한 해결 방법과 적절한 사례까지 찾아 준다. 그래서 트리즈는 단순한 논리적 문제 해결 방법론을 넘어선다. 이것을 알게 된 사람들이 이것으로 '무언가를 정말 해결할 수 있을 것 같다'고 직감적으로 느끼는 이유도 이 때문이다.

트리즈의 다른 이름, 맥가이버 방법론

트리즈가 어떻게 문제를 창의적으로 해결하는지를 살펴보면 트리즈가 왜 이런 찬사를 받는지 이해할 수 있을 것이다. 트리즈의 3대 축은 모순 contradiction, 자원 resources, 이상적 결과 Ideal Final Result다. 트리즈의 기본은 먼저 세상을 모순적으로 바라보고, '모순점을 발견'한 다음 '주어진 자원 내에서 그 모순'을 40개의 기본 원리를 활용하여 풀어 낸다. 주어진 자원 내에서 문제를 해결하기 때문에 트레이드오프(trade off, 어느 것을 얻으려면 다른 것을 희생해야 한다는 경제 관계)가 없다. 따라서 '이상성'을 갖는 것이다. 트리즈가 맥가이버와 같은 방법론이라 불리는 이유도 이와 같다.

알트슐러는 트리즈의 원리를 감옥살이를 창의적으로 하는 데에도 활용했다. 그는 자신의 잘못을 인정하지 않았기에 혹독한 취조를 당했는데, 취조하는 간수들은 알트슐러를 낮에 잠을 재우지 않고 밤에 취조해서 그가 정상적인 진술을 할 수 없는 조건을 만들었다. 이 괴로운 문제에 직면한 알트슐러는 '어떻게 잠을 자지 않으면서 잠을 잘 수 있을까?'라는 모순을 발견했다. 그리고는 그가 가지고 있는 자원을 확인했으며 그 안에서 잃는 것 없이 문제를 해결할 수 있는 방법을 고안했다. 결국 그는 담뱃갑을 뜯어 성냥재로 눈을 그려 넣은 다음 침으로 눈에 그것을 붙여 놓고 유일한 휴식 시간인 '눈뜨고 앉아 있기' 시간에 잠을 잤다고 한다.

트리즈는 발명의 원리인 만큼 제품 개발에 가장 많이 활용된다. 아직 엔지니어링 분야만큼 정교화된 소프트웨어나 데이터베이스가 존재하지는 않지만 경영이나 마케팅, 브랜딩 분야에서도 활용될 가능성은 크다. 트리즈 전문가 TRIZ Specialist로 활동 중인 김동준 씨는 트리즈의 원리 중 브랜드 분야에서 활용할 수 있는 것으로 '부분 분할'이나 '시간 분리'의 개념을 꼽는다. "이효리를 브랜드라고 생각해 보자. 이효리 하면 두 가지 모순된 이미지가 떠오른다. 그녀는 '섹시함의 대명사'이자 〈패밀리가 떴다〉와 같은 오락 프로그램에서는 '망가짐의 대명사'이기도 하다. 모순적인 두 이미지가 공존한다. 이것을 어떻게 공존시켰을까? '시간 분리'의 개념을 활용하면 가능하다. 〈패밀리가 떴다〉의 시간과 음악 프로그램 무

> 트리즈는 주어진 자원 내에서 문제를 해결하기 때문에 트레이드오프가 없다. 트리즈가 맥가이버 방법론이라 불리는 이유도 이와 같다.

---

*트리즈

혁신적인 문제 해결은 주어진 문제에 내재하는 근본 모순의 제거를 통해서만 얻을 수 있다는 알트슐러의 연구를 총칭하여 '창의적 문제 해결 방법론(Theory of Inventive Problem Solving)'이라 하고, 러시아 원명(Teoriya Resheniya Izobretatelskikh Zadatch)의 각 단어 앞 자를 따서 TRIZ라 부르게 되었다. 그는 스탈린에게 편지를 보내기 전 구 소련의 해군에서 특허 심사 업무를 하면서 많은 특허를 얻은 발명품들의 패턴을 보았는데 농업에서부터 우주선, 전쟁 무기까지 발명에는 같은 원리가 있다는 것을 깨달았다. 그는 이것을 공유하기 위해 스탈린에게 편지를 쓰지만 오히려 이 편지는 그를 감옥으로 향하게 한다. 그러나 다행히도 그에게 감옥은 오히려 '대학교'가 되었다. 옥중의 교수, 건축가, 법률가, 과학자들과 친구가 되어 그들에게 각 분야의 강의를 들으며 자신의 이론을 완성해 갔기 때문이다. 결국 1956년 20만 건의 전 세계 특허를 분석하여, '모순개념' '40가지 발명 원리' '76가지 표준해' '창의적 문제 해결 알고리즘' 등 방대한 이론 체계를 완성했다.

트리즈의 시간분리 개념을 활용하여 모순적인 두 이미지의 공존을 가능하게 한 이효리(좌)와 부분분할 원리를 활용하여 명품의 대중화에 성공한 루이비통(우)

대 위의 시간을 분리하는 것이다. 그럼 두 가지가 트레이드오프 없이 공존 가능하다. 또한 명품의 대중화, 이것 역시 모순적이지만 트리즈의 원리 즉, '부분 분할'의 원리를 활용하면 된다. 루이비통은 새로운 시즌 쇼에서 옷을 보여 주지만 사실 그들이 주로 파는 것은 가방이다. 의류와 가방을 분할해서 전략을 짜는 것이다. 의류로 브랜드의 이미지와 컨셉을 보여 주고, 실제로 파는 것은 가방인 것이다."

트리즈는 단순한 브레인스토밍 도구가 아니기 때문에 제대로 적용하기 위해서는 전문가 인증 자격을 얻어야 할 만큼 방대한 이론 체계를 가지고 있다. 따라서 이 이론을 설명하는 것은 책 한 권으로는 모자랄 것이다. 따라서 여기에서는 전략을 구체화하는 전술적 발상을 돕는 아이데이션 도구로 알아보고자 한다. 이때 기억할 것은 모순, 자원, 이상적 결과이며 *트리즈의 40가지 발명원리가 아이디어의 확대를 도울 것이다.

비즈니스 트리즈의 활용, 혼다의 사례

알트슐러가 정리한 트리즈는 이후에 여러 연구자와 기관에 의해서 발전되었다. 특히 트리즈는 문제를 해결하는 '공식'과 같이 여겨지기에 비즈니스의 문제도 이를 통해 해결하려는 시도들이 이루어지고 있다. 여러 전문기관에서 이 과정을 소프트웨어로 만드는 등의 시도가 계속되고 있지만, 비즈니스는 엔지니어링과 달리 너무 많은 상황적 변수들이 존재하기에 이를 무조건 소프트웨어화해서 공식처럼 대입하기는 어렵다. 혹자는 또 한 명의 천재가 필요한 과정이라고 말하기도 한다. 그래서 여기에서는 한국트리즈협회에서 제시하는 비즈니스 트리즈 적용 절차에 따라 비즈니스 문제를 해결해 보고자 한다.

한국트리즈협회의 비즈니스 트리즈는 '가치 과제^{Targeting} 설정' '모순 제거^{Reducing}' '남다른 아이디어^{Imagination}' '다르게 실행^{Zap}'의 네 단계를 따른다. 특히 모순 제거 단계는 40가지 발명의 원리를 활용하여 남다른 아이디어를 만들어 내는 비즈니스 트리즈의 핵심이라고 할 수 있다. 이 부분이 비즈니스 트리즈에서 더 연구되어야 할 부분이기도 하다. 한국트리즈협회는 이 과정을 문제를 객관화하는 35개의 파라미터^{parameter}로 정리해서 문제를 대입하면 40개 발명 원리 중 적절한 해결 원리를 찾아 주는 검색 엔진을 개발해 놓았다. 그러나 이런 소프트웨어가 아니더라도 40가지 해결 원리는 생각지 못한 창의적 아이디어를 낼 수 있도록 도와준다.

1980년대 혼다가 중국 시장에서 겪은 어려움을 한국트리즈협회 비즈니스 트리즈 체계에 도움을 받아 정리해 보자면,

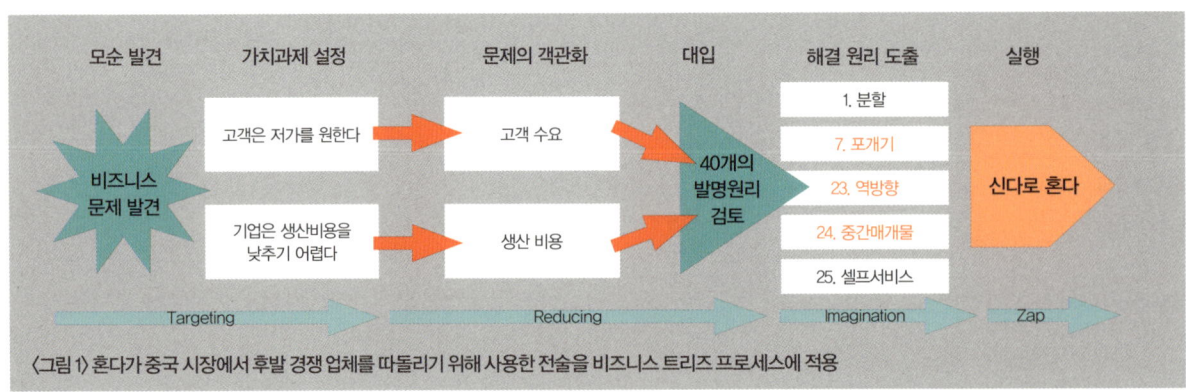
〈그림 1〉 혼다가 중국 시장에서 후발 경쟁 업체를 따돌리기 위해 사용한 전술을 비즈니스 트리즈 프로세스에 적용

철학적 전술을 고민하라

트리즈는 모순적인 문제를 해결하는 탁월한 방법론이다. 보통 '모순적'이라는 것은 해결할 수 없는 한계라고 생각하지만, 반대로 모순을 해결할 수 있다고 생각하는 것, 게다가 모순을 찾아냈을 때 문제를 해결할 가능성을 보여 주는 것이 트리즈다. 따라서 모순점을 발견하고 40가지 기본 원리 중 적합한 것을 대입해 보는 것으로도 수많은 창의적인 생각을 이끌어 낼 수 있다.

하지만 김동준 씨가 잊지 말아야 할 것으로 꼽은 것은 우리가 전략적 방법론이라고 말하는 것은 문제를 해결하는 도구이기에 앞서 사유의 방법론이라는 것이다. 식스시그마만 보더라도 이것은 품질 개선의 도구적 방법론이기에 앞선 철학이고 정신이다. "사람이 하는 일에 무결함 zero defect이란 없다"는 철학이 바로 식스시그마다. 이상적인 상태가 '0일 수 없다'의 마음과 '0일 수 있다'란 정신으로 임하는 것은 완전히 다른 것인데 식스시그마는 전자의 정신을 말한다.

트리즈 역시 창의적 문제 해결을 위한 도구이기에 앞서 하나의 철학이다. 트리즈의 저변에 깔린 철학을 알기 위해서는 이것이 탄생한 시기의 사회적 배경을 먼저 봐야 한다. 당시는 변증법적 유물론이 지배하던 스탈린 시대의 구 소련이었다는 점이다. 따라서 트리즈는 구 소련의 철학적 배경을 가진 천재가 세상의 패턴을 읽은 결과물이다. 트리즈의 기본이 '모순'에서 출발하는 것 역시 '정'과 '반'이 만드는 이상적인 '합'으로 모순을 극복함으로써 사회 변화의 발전이 이루어진다는 칼 마르크스의 생각과 다르지 않다. 유토피아를 꿈꾸는 사회주의자들이었기에 알트슐러 역시 모든 시스템은 이상성이 증가하는 방향으로 발전하며 이상성이 무한대에 이른 상태를 찾으려 했다. 그가 정의한 '창의적 문제'의 정의를 보면 더 분명해진다. '최소한 하나 이상의 (기술적) 모순을 가지고 있으며 아직 그 해결안이 알려지지 않은 문제', 이것이 창의적 문제다. 그가 모순을 가지고 있는 것 자체가 창의적이라고 본 것은 그래야만 이상향으로 나아가는 진

혼다는 시작이 모터사이클 브랜드였던 만큼 세계 1위의 기술력과 브랜드력을 가지고 있었다. 그래서 자전거와 오토바이 수요가 많은 중국 시장에 진출한 초기에는 시장 점유율 20%를 차지하는 성과를 올렸다. 그러나 많은 브랜드들이 중국 시장에서 겪는 어려움인 모방 브랜드들의 공격에는 속수무책이었다. 심지어는 '홍다 hongda'라는 브랜드 등이 3분의 1 가격으로 제품을 내놓자 혼다는 시장 점유율 3%를 기록하기도 했다. 그들은 이러한 상황을 어떻게 해결했을까?

혼다는 '고객은 저가를 원하지만 생산비용을 낮추기는 어렵다'는 모순 문제를 고객 수요와 생산비용의 문제로 객관화한다. 이 모순을 제거하기 위해 알트슐러의 40가지 발명 원리 중 〈그림 1〉에서와 같은 5개의 해결 원리를 활용하기로 한다. 그중 혼다는 7번 포개기(하나의 객체를 다른 객체 속에 집어넣는다)와 23번 역방향(반대로 작용하다)을 잘 활용해서 24번 중간 매개물(작용 수행의 매개체를 수용한다)로 시장에서의 영향력을 회복했다. 즉 복제 부품을 만들어 팔던 중국업체 신다로(新大州)와 50대 50의 합작회사인 신다로혼다를 만든 것이다. 신다로혼다가 만든 100cc의 '웨이브'라는 오토바이는 혼다 제품 가격의 절반으로 판매되어 2000년 매출이 27%나 감소되었던 혼다는 중국에서 내수 판매가 2007년 117만 대를 넘어서게 된다.

---

* 트리즈의 40가지 발명 원리

1. 나누기
2. 뽑아내기
3. 부분적인 품질의 최적화
4. 불균형, 부조화, 비대칭시키기
5. 시간과 공간을 합하기
6. 다기능화하기
7. 둥지화하기(포개어 상자 속에 넣기)
8. 균형 잡기, 무게중심 두기
9. 먼저 반대작용을 하기, 예방조치를 취하기
10. 먼저 작용하기, 먼저 준비하기
11. 먼저 탄력성을 가지기, 먼저 조치하기
12. 똑같은 높이로 하기, 높이를 유지하기
13. 바꾸기, 반대로 하기
14. 둥글게 하기, 타원화하기
15. 다이내믹함을 가지기, 유연하게 하기
16. 부분적으로 작용하기, 더 많이 작용하기
17. 새로운 차원으로 만들기
18. 기계적 진동을 주기
19. 주기적으로 반응하기
20. 유연한 반응의 연속성 가지기
21. 건너뛰기
22. 해로운 부분을 사용하여 이롭게 하기
23. 되돌리기, 피드백하기
24. 중간에 매개물 쓰기
25. 자체적으로 조달하기, 스스로 하기
26. 복사하기, 모방하기
27. 값 비싸고 오래가는 것을 대신하여 값싸고 수명이 짧은 것으로 바꾸기
28. 기계적 시스템으로 바꾸기
29. 기체 역학 또는 유압식 구조로 하기
30. 유연한 막 또는 얇은 필름처럼 하기
31. 구멍 많은(침투 가능한) 상태로 만들기
32. 색 바꾸기, 투명하게 하기
33. 균등하게 하기, 같은 재료로 만들기
34. 폐기하거나 재생시키기
35. 요인(온도, 물리적 상태, 농도) 바꾸기
36. 형상 바꾸기, 물질 상태 바꾸기
37. 열팽창 이용하기
38. 강력한 산화작용 일으키기
39. 불활성, 진공 상태 만들기
40. 합성물 사용하기, 복합재료 쓰기

브랜드 철학을 느낄 수 있는 최근의 혼다 제품들

보를 할 수 있다고 생각했기 때문이었을 것이다.

브랜드 전략에 트리즈를 활용할 때 주의해야 할 점도 이것이다. 이 방법론의 철학적 배경을 알고 하나의 사유 방법론으로서 접근해야 하는 것은 물론이고, 이 방법론이 적용될 브랜드의 철학도 고려되어야 한다는 것이다. 앞서 논의된 혼다의 케이스도 마찬가지다. 혼다가 자신들의 브랜드 철학을 고려하지 않은 채 위와 같은 전술을 구사했다면 당시의 시장 경쟁에서는 승리했을지 몰라도, 그로 인한 브랜드 가치까지 높이지는 못했을지도 모른다.

혼다의 철학은 '가장 우수한 제품을 가장 합리적인 가격에 제공한다'이다. 중국 시장에서 경쟁자를 공격하는 데 주력한다거나 일부 기능을 제거해서 싸게 만드는 방법이 아닌, 경쟁사와 공존하면서 혁신을 만들어 내는 방법을 강구하게 된 것도 이러한 철학이 배경이 되었기에 나올 수 있었다.

다행히도 혼다의 창업자 소이치로 혼다 회장은 "기업에 있어 철학이 기술보다 더 중요하다"고 말했을 정도로 철학을 중시했고, 그 철학은 혼다의 'Power of Dream' 즉, '꿈의 힘'이라는 브랜드 슬로건으로 나타났다. 혼다는 자신들의 활동

> 브랜드의 철학은 경영자의 몫인 경우가 많다. 그러나 그것을 전략화하고, 그 전략을 구체적으로 시장에서 구현하기 위한 전술로 만드는 것은 브랜드 담당자의 몫이다.

을 통하여 사회에 즐거움을 제공하면 사회는 혼다가 계속 존재하기를 원할 것이라는 생각으로 일한다고 한다. 혼다가 처음 만든 오토바이 이름이 드림dream이었던 점, 최근에는 2족 로봇을 개발하고, 창립자의 꿈이던 비행기를 만들기 위해 소형 제트기를 개발한 것 역시 그 철학을 구현하고 있는 것이다.

브랜드의 철학은 경영자의 몫인 경우가 많다. 그러나 그것을 전략화하고, 그 전략을 구체적으로 시장에서 구현하기 위한 전술로 만드는 것은 브랜드 담당자의 몫이다. 이때 실행자들에게 '철학을 전략화하라'는 것은 너무나 큰 그림을 그리라는 요구일 수 있다. 따라서 이들에게 제안하는 것은 위에서 '떨어진' 전략을 구체화할 때 트리즈라는 아이디어를 만드는 전술법을 구사하되, 철학이라는 우산 아래의 전술을 만들라는 것이다. 이번 분기 매출 상승을 위한 프로모션 아이디어를 만드는 것이 당신의 미션이라 하더라도 그것이 당신 브랜드가 지향하는 철학이 담긴 전술일 때 비로소 하나의 브랜드 전략으로 완성된다. UB

참고: 《트리즈 마케팅(더난출판, 2007)》, 한국트리즈협회 www.triz.or.kr

IDEA ESSAY

Think to Sync
브랜드 전략을 위한 서재

아마 '브랜드 전략'이라는 주제만큼 책의 도움을 많이 받는 주제도 없을 것이다. 그러나 동시에 이 주제만큼 책의 도움을 받지 못하는 주제도 없다. 무슨 말인고 하니, 실질적으로 우리가 전략의 기본서라 불리는 책들을 사용할 때는 전략 어젠더를 발표하기 위한 프레젠테이션을 만들 때가 대부분이라는 것이다. 그렇다고 과연 우리가 이 책들을 읽을 필요가 없을까? 아니다. 오히려 정 반대다. 바둑의 정석처럼, 우리는 이것을 충분히 학습한 뒤 모두 잊고(잊었다고 말하지만 이미 체화된 채로) 현실에 돌아올 필요가 있다. 'Books to Think'에서 소개하는 '전략의 기본서'들은 전략이 아니라 전략적 사고의 밑거름이 되어줄 것이기 때문이다. 여기에 그치지 말고 'Books to Sync'에서 소개하는 전략가들의 자서전들을 읽어 보자. 이 책들은 우리가 기본을 습득한 후 이를 바탕으로 어떻게 브랜드 전략을 실행할 것인지, 어떻게 상황에 맞는 의사결정을 할 것인지 알려주는 길잡이가 된다.

BOOKS TO THINK

경쟁론
마이클 포터 | 세종연구원

마이클 포터의 경쟁론은 전략을 공부하는 사람들이 가장 먼저 찾는 책이다. 현대 대부분의 전략이 이 이론을 기본으로 하고 있다고 해도 과언이 아닐 만큼 경쟁론은 이것의 광신도를 만들어 냈고, 여러 관점에서 재해석되기도 하였으며, 동시에 반대 의견을 키워내기도 했다. 따라서 비즈니스 역사와 현상에 대한 충분한 이해를 돕고, 브랜드 전략에 대한 바람직한 관점을 갖기 위해서라도 이를 충분히 학습할 필요가 있다. 이번 유니타스브랜드에서 라젠드라 시소디어 교수의 인터뷰를 읽어보면 이와 확연히 대조되는 관점을 발견할 수 있으니, 함께 참고하여 전략에 대한 사고를 확장하는데 유용하게 활용해 보자.

전략 기본서 +α

《꿀벌과 게릴라》 게리 하멜
《이노베이션과 기업가 정신》 피터 드러커
《유도전략》 데이비드 요피
《성공기업의 딜레마》 클레이튼 크리스텐슨
《블루오션 전략》 김위찬, 르네 마보안

기업경영과 전략적 사고
오마에 겐이치 | 생활지혜사

세계적 경영 컨설턴트인 오마에 겐이치의 이 책은 벌써 출간된 지 20년이 지났으나 아직까지도 전략의 고전으로 그 명성을 인정받고 있다. 브랜드 관점이 아니라 철저한 경영 관점의 전략서이고, 오랜 시간이 지난 터라 현대적으로 재해석될 필요가 있긴 하지만 여전히 그가 제안한 전략적 자유도 등의 전략적 사고 기술은 통찰력을 키우는 데 유용한 개념이다. 특히 이성적이고 분석적인 전략서임에도 불구하고 경영자의 직관이나 통찰의 힘을 지적한 점도 인상적이다. 전략가로서 기본적인 마인드세팅을 하기 원한다면 필독을 권한다.

핵심에 집중하라 / 핵심을 확장하라
크리스 주크 | 청림출판

베인앤컴퍼니에서 많은 수의 전략 컨설팅 프로젝트를 실행해 온 크리스 주크의 최대 관심사는 '수익성이 담보된 지속 가능한 경영'이다. 무엇보다 비즈니스를 경영함에 있어 누구도 이길 수 없는 핵심 사업을 키우고 이를 통해 이윤을 창출할 수 있어야 한다는 그의 주장은 브랜드 관점에서 '어떻게 브랜드 아이덴티티를 확고하게 구축하고, 영생불멸의 브랜드가 되기 위해 어떤 전략을 세울 것인가'하는 질문이 되어 돌아온다. 구체적인 시스템이나 비즈니스 확장 방향에 대해서 논하고 있는 만큼 브랜드 관점을 견지하면서 전략 실행에 적용할 아이디어들을 메모해보면 어떨까.

BOOKS TO SYNC

코끼리를 춤추게 하라
루이스 V. 거스너 Jr. | 북@북스

"이 책은 자서전이 아니다. 내 자식들 말고 도대체 누가 내 자서전을 읽는단 말인가!" 루이스 거스너도 말했지만, 이 책을 그의 삶에 대한 자서전 정도로 생각한다면 큰 오산이다. 그는 노쇠하고 덩치만 커진 IBM이 최악의 상황에 처했을 때 이 기업의 수장이 되었다. 이 책에는 그가 왜 그런 상황에서 IBM의 CEO 자리를 수락했으며 이 커다란 '코끼리'를 회생시키기 위해 매 순간 어떤 생각으로 전략을 세우고 실행했는지가 기록되어 있다. 만약 지금 이순간 브랜드의 사활이 걸린 중대한 전략적 결정을 앞두고 고민하고 있다면 이 책에서 그의 지혜를 구해보자. 당신이 '코끼리조차 춤추게 만들' 전략적 결정을 내리는 데 도움이 될 것이다.

샘 월튼, 불황없는 소비를 창조하라
샘 월튼, 존 휴이 | 21세기북스

이 책은 전략서라기보다는 샘 월튼과 그의 주변 사람들의 증언으로 구성된 충실한 자서전에 가깝다. 그럼에도 불구하고 이 책에서 전략을 배울 수 있다고 말하는 것은 그만큼 세세한 기록들이 남아있어 월마트를 이해하기에 매우 좋은 자료집이 되기 때문이다. 또한 '철학의 전략화'가 어떻게 이루어질 수 있는지도 자세히 들여다 볼 수 있다. 중요한 것은 월마트의 눈에 띄는 성공이 아니라 그 속에 숨겨진 철학이다. 그리고 현재의 월마트를 바라보며 어떻게 브랜드가 영원히 그 철학을 지킬 수 있을지도 고민하게 만든다.

비즈니스 발가벗기기
리처드 브랜슨 | 리더스북

애플만큼이나 자주 훌륭한 브랜드 사례로 언급되는 버진 그룹의 창립자 리처드 브랜슨은 그가 가진 브랜드에 대한 견해와 전략을 이 책에서 한 섹션을 할애해 정리하고 있다. CEO들의 자서전을 읽을 때 가장 좋은 점은 브랜드 전략의 앞과 뒤, 즉 그런 전략을 실행한 이유와 전략의 결과에 대한 내부적인 평가를 알 수 있다는 점이다. 이 책을 100% 활용하기 위해서는 단순히 재미있는 에피소드를 본다는 개념을 넘어 전략가로서 리처드 브랜슨이 어떤 사고 과정의 흐름을 따랐는지를 살펴보아야 한다. 그런 후라면 그가 왜 에필로그에서 '버진'이라는 브랜드에 대해 그토록 자신감을 보이는지, 왜 버진이 그가 없이도 영원히 성장할 것이라 믿는지 알 수 있을 것이다. UB

전략 실행서 +α
《셈코 스토리》 리카르도 세믈러
《이케아(스웨덴 가구왕국의 상상초월 성공 스토리)》 뤼디거 융블루트

UB 2.0 SEASON I

유니타스브랜드 시즌II에서는 시즌I에서 다루었던 12가지 특집 주제 중 6가지(Vol.3 고등브랜드, Vol.4 휴먼브랜드, Vol.7 RAW, Vol.10 디자인 경영, Vol.11 ON-Branding, Vol.12 슈퍼내추럴 코드)를 선정하여 2.0 버전으로 연재 중이다. 특별히 이번 호에서는 시즌I의 여러 특집에서 종종 다루었던 도시브랜딩의 2.0 버전도 만나볼 수 있다.

CITY BRANDING	**170** 도시브랜딩 2.0
RAW	**178** RAW 2.0_데메테르
Design Management	**184** 디자인 경영 2.0_다이슨
Supernatural Code	**192** 슈퍼내추럴 코드 2.0_라미

CITY BRANDING
Unitas BRAND SEASON I

170
BRAND STRATEGY

GATE WAY

도시브랜딩의 복잡계와 게이트웨이 브랜딩

Written by 유니타스클래스 대표 김우형

새롭게 단장된 한강시민공원이나 청계천을 걸어 본 사람이라면 누구나 좋다고 말한다. 하지만 정작 이런 일에 예산을 사용하는 것에는 반대하는 사람이 많다고 한다. 왜일까? 명품 핸드백 루이비통의 신상품을 구매한 사람도 누구나 좋다고 말한다. 하지만 비싸서 못 사겠다고 하는 사람보다는 아르바이트를 해서라도 꼭 사고 싶다는 사람이 더 많다. 왜일까? 루이비통은 물건을 보관하고 이동하기 위한 핸드백으로서의 기능적 가치를 넘어서는 보이지 않는 더 큰 가치를 제공하는 반면, 한강시민공원이나 청계천은 그런 가치를 주지 못하고 있기 때문일 것이다. 도시의 새로운 가치를 다루는 분야가 바로 도시브랜딩이다. 도시브랜딩의 탄생 배경, 일반 제품 브랜딩과의 차이점, 정책적 관점에서의 도시브랜딩을 살펴보면서 도시브랜딩이 무엇인지를 생각해 보고자 한다.

지리적 표시제와 도시브랜딩

이제 더 이상 프랑스 샹파뉴Champagne지역에서 생산된 발포성 백포도주를 제외하고는 '샴페인(Champagne, 샹파뉴의 영어식 발음)'이란 이름을 붙일 수 없다. 이 지역의 샴페인 제조업자들이 끈질긴 상표 보호 운동을 벌인 끝에 유럽연합(EU)에서 와인은 물론 과자, 빵, 향수 등 여타 제품에도 샴페인 브랜드의 무단 사용을 금지시키는 데 성공했기 때문이다. 유럽연합의 무단 사용 금지 규정은 국제적으로 효력을 발휘하고 있다. 최근 국내 주세법에서도 샴페인이란 이름이 발포성 와인으로 대체되었다. 전 세계적으로 샴페인 브랜드에 대한 지적재산권이 인정된 것이다.

국내에서도 보성녹차, 청양고추, 충주사과, 풍기인삼, 천안호두, 상주곶감, 이천쌀을 비롯하여 100여 개 이상의 지역 브랜드가 등록되어 법의 보호를 받고 있다. 최근 들어 지역 브랜드가 눈에 띄게 증가한 이유는 '지리적 표시제'라는 제도 때문이다. 지리적 표시제란 농수산물 및 가공품의 명성과 품질, 기타 특징이 본질적으로 특정 지역의 지리적 특성에 기인하는 경우 그 특정 지역에서 생산된 특산품임을 표시하는 것이 법적으로 보호되는 것을 말한다. 1994년 세계무역기구WTO가 출범하면서 그 부속 규정으로 원산지 보호 규정이 만들어졌고 국내에서는 2000년부터 전면 시행되었다. 시행한 지 10년이 지난 지리적표시제가 최근 몇 년간 유독 관심을 받는 데는 몇 가지 이유가 있다.

가장 큰 이유는 제도에 대한 인식의 변화다. 시행 초기에는 지리적 표시제가 단순히 원산지 보호의 문제이고 해당 사업을 하는 지역 주민들에게만 혜택을 주는 것이라고 인식했다. 예를 들어 보성녹차라는 브랜드가 인정받고 보호받으면 보성 지역에서 녹차를 재배하고 유통하는 지역 주민들은 상당한 이익을 얻게 되지만, 지역 사회 전체 측면에서는 일자리 창출 그 이상의 효과는 제한적이라는 인

식이 지배적이었다. 하지만 예상보다 그 효과는 컸다. 단순히 보성녹차의 매출만 증가한 것이 아니라 보성녹차와 함께 보성이라는 지역이 전국적으로 알려지고 각인되는 효과가 나타나기 시작한 것이다. 전라도 지역에서 거주한 경험이 있는 사람들을 제외하면 보성이라는 도시가 어디에 있는지 알고 있던 사람이 얼마나 될까? 보성이 지금처럼 유명해진 것은 보성녹차의 덕을 톡톡히 보았다고 하는 것이 정확할 것이다.

지리적 표시제가 바로 도시브랜딩 분야에서 다루는 대표적인 이슈다. 도시브랜딩의 여러 가지 방법 중 지리적인 이점이나 특산물을 이용한 방법으로서 가장 손쉬우면서도 강력할 수 있다. 녹차 자체로는 특별한 것이 없지만 보성녹차로 변신하면서 스토리가 붙고 상징이 더해진다면 녹차와 보성이 융합되면서 이전에 없던 새로운 화합물이 만들어지고 보성은 전혀 다른 도시로 태어나게 된다.

도시브랜딩의 복잡계, 즉 복합 메커니즘

이제는 도시도 지역도 브랜딩이다. 브랜드와 브랜딩의 효과가 산업계에서는 이미 검증되고 확인되었다. 어떻게 브랜딩을 하는 것인지 그리고 그 효과를 어떻게 측정해야 하는지가 여전히 논란이 되기는 하지만, 최소한 브랜딩을 해야 한다는 주장에 반대하는 사람은 거의 없는 것 같다. 도시와 지역도 이제 브랜딩을 시작해야 한다. 도시브랜딩과 지역브랜딩에 대한 이론적 체계와 실무적 방법론 연구가 걸음마 단계이기는 하지만 과감한 시도를 통해 선점 효과를 누려야 한다.

도시브랜딩은 왜 중요한가? 예산 낭비라는 일부의 정치적인 비난에도 불구하고 왜 도시브랜딩에 대한 논의가 수면 위로 떠오르고 있는가? 한마디로 말하자면 과거에는 고정불변의 '상수'이던 도시가 이제는 선택 가능한 '변수'가 되었기 때문이다. 여행자유화가 되기 이전에는 해외 출장을 가거나 유학을 가는 것이 자유롭지 못했고 해외 로드쇼를 비

해당 지역 특산물의 상품화는 도시브랜딩에 도움을 준다.
이천쌀이나 보성 녹차, 상주 곶감 등이 대표적인 예다.

롯한 해외 행사를 하는 것도 매우 어려웠다. 이민 역시 까다로운 절차와 조건을 통과해야만 가능했다. 자신이 태어난 도시나 국가를 벗어나서 무엇을 한다는 것은 상상 속에서나 가능한 일이었다. 태어난 도시나 국가는 특별한 일이 없는 한 벗어날 수 없는 제약 조건이었다. 지금은 어떠한가? 올여름을 기점으로 해외 여행객이 하루 10만 명을 돌파하였고 해외 유학생은 한 해 18만 명을 넘어섰다. G20 정상회의를 비롯한 각종 국제대회가 국내에서 열리고 있고 한국 정부나 기업이 전 세계 국제 행사에 참여하고 있다. 이민은 여전히 까다로운 절차를 밟아야 하지만 갈수록 방법이 많아지고 있다. 이제 태어난 도시나 국가는 출생지의 의미만 있을 뿐 더 이상 인생의 제약 요건이 아니다. 도시는 선택 변수가 되었다.

선택 옵션이 많아지면 자연스럽게 브랜딩이라는 화두가 제기된다. 고객 입장에서 선택의 대안이 많다는 것은 역으로 공급자의 입장에서는 경쟁이 치열해진다는 것을 의미한다. 경쟁이 치열해지면 '차별'과 '차이'를 키워드로 하는 브랜딩이 주요 어젠다로 떠오른다. 글로벌화가 심화되면 될수록 도시브랜딩은 각광을 받을 것이다.

도시브랜딩의 첫 단계는 도시브랜딩과 일반 제품 브랜딩과의 차이점을 분명히 이해하는 것이다. 제품 브랜딩 분야에서 개발된 개념과 활동이 대부분 도시브랜딩에도 적용될 수 있지만 미묘하면서 큰 차이점이 있다는 것을 알아야 한다. 예를 들어 할리데이비슨을 브랜딩한다고 할 때 가장 중요한 포인트는 할리데이비슨이 한 가지 포지셔닝으로 고객에게 전달되고 경험되도록 만들어야 한다는 것이다. '자유'라는 할리데이비슨의 가치에 모든 경험이 정렬되고 통합되는 것이 매우 중요하다.

하지만 서울이라는 도시를 브랜딩한다고 생각해 보자. 좀 더 쉬운 이해를 위해서 대한민국이라는 국가를 브랜딩한다고 생각해 보자. 하나의 단어나 문장으로 서울이나 대한민국의 본질을 표현할 수 있겠는가? 하나의 마케팅 슬로건은 가능하겠지만 과연 그 마케팅 슬로건이 도시나 국가의 본질을 얼마나 잘 설명할 수 있을지는 의문이다. 도시나 국가는 제품에 비해 매우 복잡하고 다양한 구성 요소를 갖고 있으며 이해 관계자들 또한 각양각색이다. 역사도 오래되었고 워낙 다양한 이야기들을 품고 있다. 한 문구로 설명하기도 어렵고 한 문구에 정렬시키기도 어렵다는 뜻이다. 따라서 도시를 한 가지 포지셔닝 기술문으로 설명하려고 노력할 필요가 없다. 제품은 하나의 이미지가 강력한 무기라면 도시는 풍부하고 다양한 컨텐츠가 오히려 경쟁력이 된다. 섣불리 한 가지로 커뮤니케이션하려고 한다면 메시지의 진정성을 의심받게 되고 아무도 의미를 두지 않는 구호로 전락해 버릴 수 있다. 풍부한 도시의 컨텐츠를 설명하는 다양한 메시지를 고객 그룹별로 나누고 대상 지역별로 나누어 체계적으로 접근해야 하며, 도시를 경험하면 할수록 숨겨진 더

서울과 싱가폴 등은 도시에 변화를 주어 국가브랜드 순위가 상승된 대표적인 예다.

많은 컨텐츠를 발견하도록 만드는 단계별 접근이 필요하다. 도시브랜딩은 제품브랜딩보다 훨씬 복잡하고 다차원적이다.

복잡계를 푸는 열쇠

도시브랜딩은 커뮤니케이션communication의 영역인가? 아니면 도시 정책policy의 영역인가?《Places: Identity, Image and Reputation》의 저자 사이먼 안홀트는 도시브랜딩은 도시 정책의 영역이라고 주장한다.

사이먼 안홀트는 도시브랜딩의 개념을 도시를 대외적으로 홍보하기 위한 로고나 심벌 또는 마케팅 커뮤니케이션에 국한시키는 것을 심각하게 경계하고 있다. 단기적으로 대외 커뮤니케이션에만 집중한 도시나 국가의 경우 브랜드 순위에 변동이 없었음을 실증 사례로 제시하고 있다. 하지만 몇몇 도시들은 눈에 띌 만한 개선을 만들어 냈다. 그들은 도시브랜딩을 커뮤니케이션 이상으로 생각하고 접근했다. 아직도 도시브랜딩을 도시 홍보나 도시 마케팅으로 생각하고 있는 사람이 있다면 귀 기울여야 할 이야기다.

도시브랜딩이란 단순히 도시를 잘 커뮤니케이션하는 것 이상이다. 커뮤니케이션 이전에 선행되어야 할 것이 있는데 바로 실체를 제대로 구축하는 것이다. 도시의 실체substance와 인식recognition을 동시에 구축하는 것이 도시브랜딩이라고 할 수 있다. 일반 제품 브랜딩의 예를 들어 보자. 명품 브랜드인 루이비통이 브랜딩이 잘 되어 있다고 말할 때는 단순히 루이비통 홍보실이나 마케팅실이 자신의 임무를 잘 수행했기 때문이 아니라는 것을 우리는 알고 있다.

그들의 제품은 전통과 품질이 있고 희소성이 있으며 스토리가 있고 거기에다 우리 모두에게 잘 알려져 있고 좋은 관계가 형성되어 있다. 만약 그들의 제품이 보잘것없다면 그들의 마케팅은 예산 낭비 활동이 되고 말았을 것이다. 본질을 잘 갖추면서 고객의 인식까지 잘 구축했기 때문에 루이비통의 브랜딩은 효과적이었다. 그래서 브랜딩은 홍보실이나 마케팅실의 임무가 아니라 전 기업 특히 경영자가 책임을 가지고 추진해야 성공한다고 말하는 것이다. 도시브랜딩도 마찬가지다. 도시의 본질은 그대로 두면서 네이밍하고 슬로건을 만들어 열심히 홍보한다고 해서 바뀌는 것은 거의 없다. 약간의 인식 개선이 이루어진다고 하더라도 막상 해당 도시의 실체를 경험해 본 사람이 실망하게 된다면 오히려 역효과를 만들어 낼 뿐이다. 도시나 국가 브랜드 순위에 변동이 있었던 몇몇 도시나 국가들은 바로 도시의 내용물을 바꾸면서 동시에 커뮤니케이션을 강력하게 진행하여 효과를 보았다.

이 같은 사실을 알고서도 여전히 홍보나 커뮤니케이션에 치중할 수밖에 없는 현실이 있기는 하다. 내용물 즉 본질을 바꾸려면 장기적인 시각, 체계적인 계획, 예산 투자가 있어야 하는데 현실적으로 어려운 부분이 있기 때문이다. 성과가 가시화되는 시점을 정확히 알 수도 없고 그 성과를 측정하기 위한 도구도 제대로 없어 더욱 어렵다. 하지만 본질 변화가 수반되지 않은 단순한 커뮤니케이션 변화의 노력은 단기적인 대증요법임을 알아야 한다. UB

GATEWAY BRANDING

복잡계를 풀기 위한 노력 "Gateway Branding"
The interview with 덕평랜드 대표 이일묵
Interviewed by 유니타스클래스 대표 김우형

덕평이라는 도시를 들어 본 적이 있는가? 서울에서 한 시간 이내에 위치한 곳이지만 들어 본 사람이 많지 않을 것이다. 그러면 덕평자연휴게소는 어떠한가? 블로거들이 꼭 들러 봐야 할 휴게소로 금강휴게소와 함께 손에 꼽는 곳이기도 하고 한국건축가협회상, 한국건축문화대상 대통령상 등 다수의 수상 기록을 갖고 있는 곳이다. 이곳 덕분에 덕평이라는 지역이 홍보되었고 인접 지역인 이천 또한 잘 알려지고 있다. 휴게소 때문에 지역이 알려지는 현상은 흔치 않은 일이다. '휴게소' 하면 떠오르는 첫인상은 생리적인 현상을 해결하는 곳, 간단한 요기를 하는 곳, 잠시 휴식을 취하는 곳, 어쩔 수 없어서 먹기는 하지만 웬만하면 먹고 싶지 않은 곳이다. 한마디로 휴게소는 최종 목적지 destination를 가기 위해 잠시 들르는 관문, 즉 게이트웨이 gateway 역할을 하는 곳이기 때문에 그 존재 목적에만 충실해도 괜찮았다. 하지만 통로, 입구, 관문, 게이트웨이에 불과한 휴게소도 제대로 브랜딩하여 그 가치를 높여야 한다고 주장하는 경영자가 있다. 덕평랜드의 이일묵 대표를 만나 보기로 하자.

Destination branding vs. Gateway branding
도시브랜딩에서 도로 road가 중요한 역할을 하며, 그 패러다임도 변하고 있다고 말했는데 자세히 설명해 달라.
도로는 인간의 역사에서 매우 중요한 역할을 하고 있다. 강대국 로마가 로마가도를 통해 광대한 영토를 다스렸고, 우리나라도 1970년 완공된 경부고속도로를 통해 산업화의 첫걸음을 뗄 수 있었다. 도로는 도시와 도시를 연결해 주는 혈관과 같은 것이다. 하지만 이제는 혈관의 역할을 뛰어넘는 도로 패러다임의 전환이 일어나고 있다.
가장 중요한 변화는 '이동성' 즉 '모빌리티 mobility'의 대두이다. 스마트폰의 열풍에서 보듯이 소비자는 움직이면서 소비 하는 라이프스타일을 즐기는 것을 좋아하게 되었다. 유통 관점에서 보면 과거에는 움직이지 않는 대형 공간, 즉 도심에 있는 백화점이나 매장에서 먹거나 소비하거나 즐겼는데 이제는 도로상에서 움직이면서 생활하는 패턴이 만들어지고 있다. 목적지와 목적지를 연결하는 도로에서 이제는 목적이 이루어진다.

모빌리티의 대두 이외에 또 다른 도로 패러다임의 변화가 있다면 무엇인가?
이 이야기는 고속도로에 좀 더 맞는 이야기다. 고속도로 하면 '빠르다'가 아니라 '정체', 즉 막히는 곳이라는 인식이 팽배한데 얼마 후면 고속도로는 '스피드'의 대명사가 될 것이다. 국내 고속도로 인프라가 많이 개선되고 있기 때문이다. 수도권 인근을 보면 서울 춘천 간 고속도로가 개통되었고 연장 공사가 진행 중에 있다. 또 영동고속도로가 8차선으로 확장될 것이고, 2014년이면 수도권과 강원권을 연결하는 제2영동고속도로가 생기고 제2경부고속도로도 신설될 것이다. 도로의 공급이 크게 증가하고 있는데 인구는 늘지 않으니 이용 환경이 크게 개선될 것이다.

도로 패러다임의 변화가 휴게소에 어떤 영향을 줄 것이라 생각하는가?
모빌리티가 트렌드가 되고 고속도로가 빨라진다면 어떤 일이 벌어지겠는가? 사람들은 서울 도심에서 벗어나 보다 공기 좋고 산수가 수려한 곳에서 라이프스타일을 즐기고 싶어 할 것이고, 그 이동 통로인 도로도 라이프스타일의 일부가 될 것이다. 특히 주말에는 이런 현상이 심할 것이다. 단순히 이동을 위해서가 아니라 라이프스타일을 즐기기 위해서 특정 도로를 선택할 것이고, 도로에서 게이트웨이 역할을 하고 있는 휴게소의 역할 또한 바뀔 것이다. 이것은 단순히 휴게소의 변화만 가져오는 것이 아니라 유통 산업 전체의 변화를 가져올 것이다. 한때 이랜드가 유통의 혁신을 이루고 뉴코아가 유통의 혁신을 만들어 냈듯이 아마도 앞으로는 도로에서 유통의 새로운 강자가 등장할 것이다.
휴게소가 생리적 욕구나 허기진 배를 채우는 정도의 기능이었다면, 이제는 스스로 목적지 destination가 될 수 있어야 한다. 유통 시설이 움직이면서 목적을 달성하도록 해야 한다. 도로상의 상권이 확 바뀔 것이다. 일본도 그렇고 미국도 그렇다. 메이시 Macy 백화점이 고속도로를 한참 타고 가다가 있을 줄은 과거에는 상상조차 못한 일이다. 앞으로 기회는 로드사이드 roadside 비즈니스에서 많이 열릴 것이다.

고속도로 휴게소를 운영하는 한국도로공사나 국토해양부에 제안한 내용이 있다고 들었는데 구체적으로 무엇인가?
모든 휴게소에서 똑같은 호두과자를 팔고 우동을 판다. 이래서는 고객에게 목적지가 될 수도 없고 라이프스타일을 제공할 수도 없다. 지금까지는 휴게소가 목적지를 가기 위해 잠시 거쳐 가는 게이트웨이라는 관

점이 지배적이었기 때문일 것이다. 하지만 대표적인 게이트웨이인 고속버스 터미널, 기차역, 공항이 바뀌고 있는 것처럼 휴게소도 바뀌어야 한다. 인천국제공항은 그 운영 노하우를 해외 공항에 수출하고 있기도 하다.

예를 들면 휴게소를 전국의 맛있는 먹거리를 맛볼 수 있는 곳으로 만들 수 있다. 한 곳은 전라도 음식, 다음 곳은 제주도 음식, 그 다음 곳은 경상도 음식을 즐길 수 있는 곳으로 만들 수가 있는데, 이는 휴게소마다 차별화된 테마를 줄 수 있다는 의미다. 휴게소만큼 주차가 편리한 곳이 어디 있겠는가.

휴게소는 특정 행정구역에 속해 있기 때문에 지자체와 연계해서 개발을 가속화할 수 있다. 도로법상 휴게시설 이외의 목적으로 휴게소를 사용할 경우 사용 제한이 있지만 정부, 그리고 지자체와 협력이 이루어지면 서로 원원하는 좋은 기회가 만들어질 수 있다. 휴게소를 통해서 도시가 알려지는 기회가 될 수도 있다. 이러한 내용을 한국도로공사에 제안했고 상당한 관심을 표명했다. 소비자의 트렌드, 도로의 수급 상황, 지자체의 필요를 고려할 때 국토해양부도 충분히 관심을 가질 것이다. 민선 시장들이 지역을 개발하는 데 휴게소를 거점으로 활용하는 것이 좋은 방법이라고 생각한다.

그런 아이디어가 덕평자연휴게소에서는 어떻게 실현되고 있는가?

덕평자연휴게소는 올 상반기 151억 원의 매출을 올려 전국 160개 고속도로 휴게소 중 매출 1위를 기록했다. 작년에는 3위였는데 올해 1위가 되었다. 이미 단순한 휴게시설을 넘어서 복합 편의 공간으로 변화하고 있으며 그 성과가 정량적으로도 나타나고 있다. 자연 정원, 화장실, 쇼핑 공간 때문에 일부러 찾아오는 고객이 생겨나고 있으며, 현재는 목적지destination 브랜드가 되기 위한 중간 과정에 있다고 생각한다.

그래서 앞으로 해야 할 일이 더 많다. 고속도로 통행료를 지불하면서까지 꼭 방문해야 하는 곳으로 만들기 위해서는 덕평이 복합 문화 공간이 되어야 한다. 해외에서도 휴게소가 이렇게까지 진화한 사례가 없는 것으로 아는데 덕평이 휴게소의 새로운 역사를 쓰게 될 것이다. 덕평은 현재의 사업을 넘어서는 새로운 구상을 하고 있으며 조만간 모습을 드러낼 것이다. 유휴지 7만여 ㎡를 활용해 대형 유통시설과 다양한 체험시설을 추가로 개발하여 명실상부한 복합 공간으로 업그레이드되는 것이다. 그때는 덕평을 아무도 지나쳐 가는 관문 즉 게이트웨이라고 부르지 않을 것이다.

휴게소의 브랜딩을 말하는 이일묵 대표에게서 진실성을 느낄 수 있었다. 게이트웨이gateway는 많은 사람들이 지나다니는 곳이기는 하지만 사람을 머물도록 만드는 매력을 가진 곳은 아니다. 게다가 고속도로 휴게소는 원거리 여행이 아니라면 굳이 들르지 않아도 되는 게이트웨이고 조금만 더 가면 다른 휴게소를 만날 수 있기 때문에 특정 휴게소가 선택될 확률도 높지 않다. 그런 휴게소를 여행갈 때 반드시 들러야만 하는 곳으로 만들려는 생각, 더 나아가 휴게소가 최종 여행 목적지가 되도록 하겠다는 생각은 가히 새로운 도전이라 할 만하다. 휴게소가 새로운 유통의 공간이 되고 주변 도시의 경쟁력을 강화하는 통로가 될 것이라는 예언은 충분히 가능성있어 보인다. 또 휴게소가 주변 도시의 브랜드 파워를 강화시키는 사례로 등장할 것이라는 기대도 갖게 된다.

김우형 서울대학교 경영학과를 졸업하고 시카고대학교 MBA를 마친 후 현재 e-learning 기반의 기업교육 회사인 유니타스클래스의 대표로 있다. 공저로 《도시브랜딩》《블랙홀 시장 창조 전략》《스타워즈 엔터테인먼트 마케팅》《리더십 바이러스》《양손잡이 리더십》 등이 있다.

이일묵 연세대학교 응용 통계학과를 졸업했다. 코오롱그룹 기획 분야, 코오롱 유통 사업 분야에서 약 15년 간 일했으며 코오롱모터스 대표, 코오롱글로텍 부사장을 거쳐 현재 덕평랜드㈜의 대표이사로 있다.

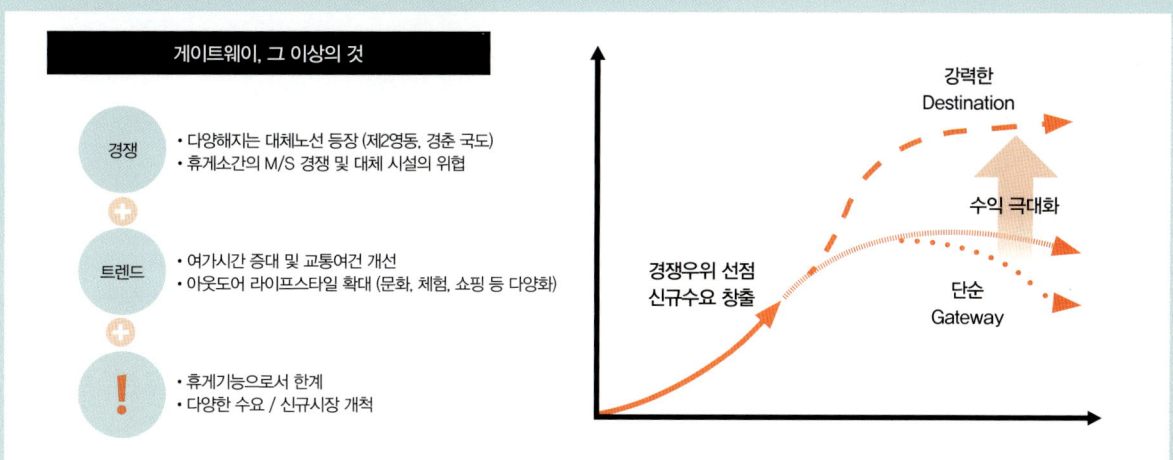

〈그림 1〉 덕평랜드의 향후 방향성 : 관문gateway에서 목적지destination 로

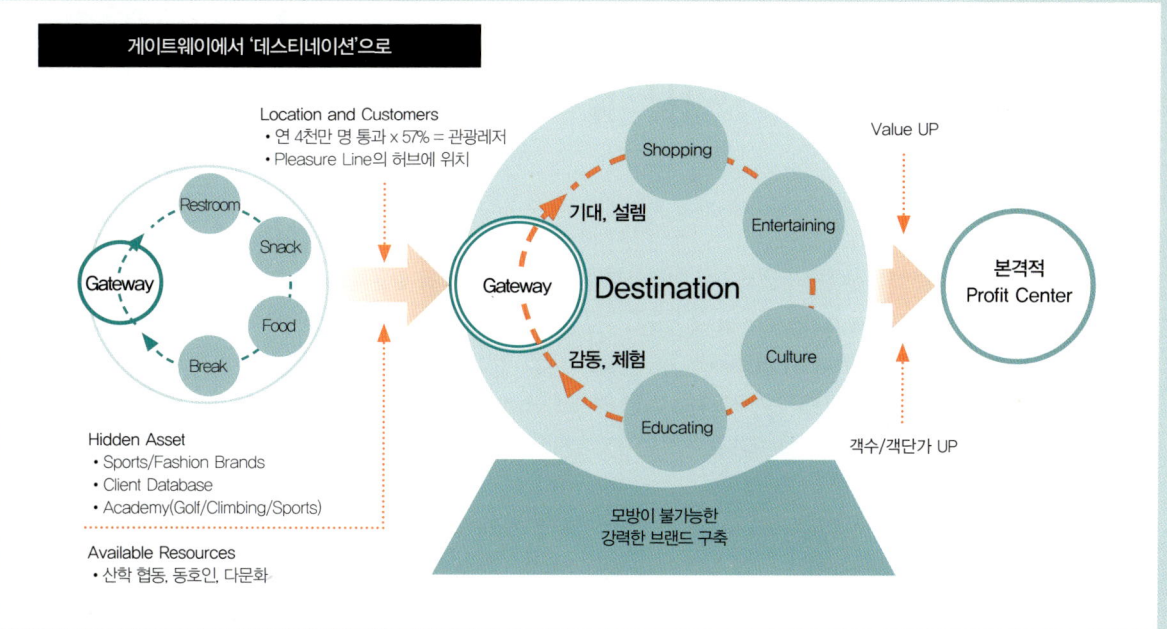

〈그림 2〉 덕평랜드가 꿈꾸는 데스티네이션의 모습

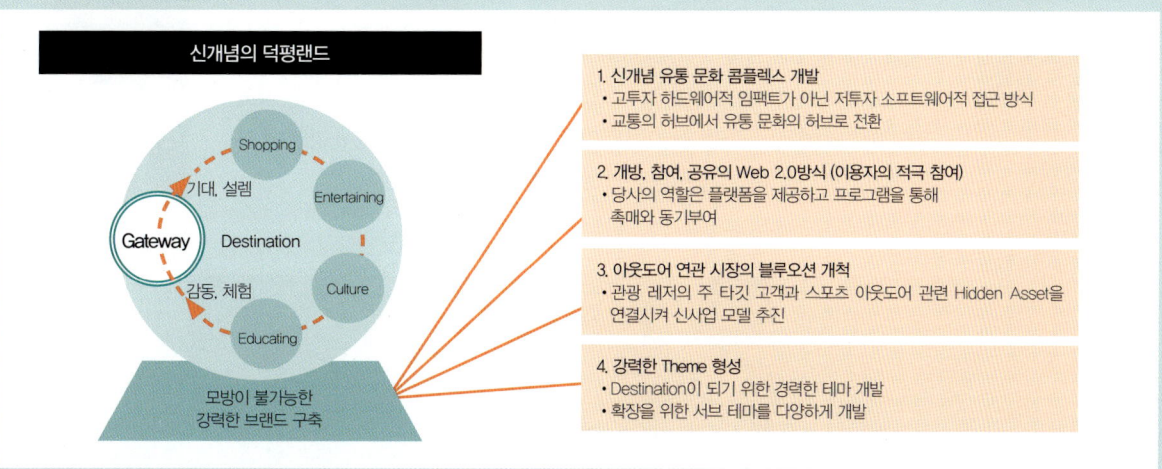

〈그림 3〉 덕평랜드가 꿈꾸는 데스티네이션의 사업 개념

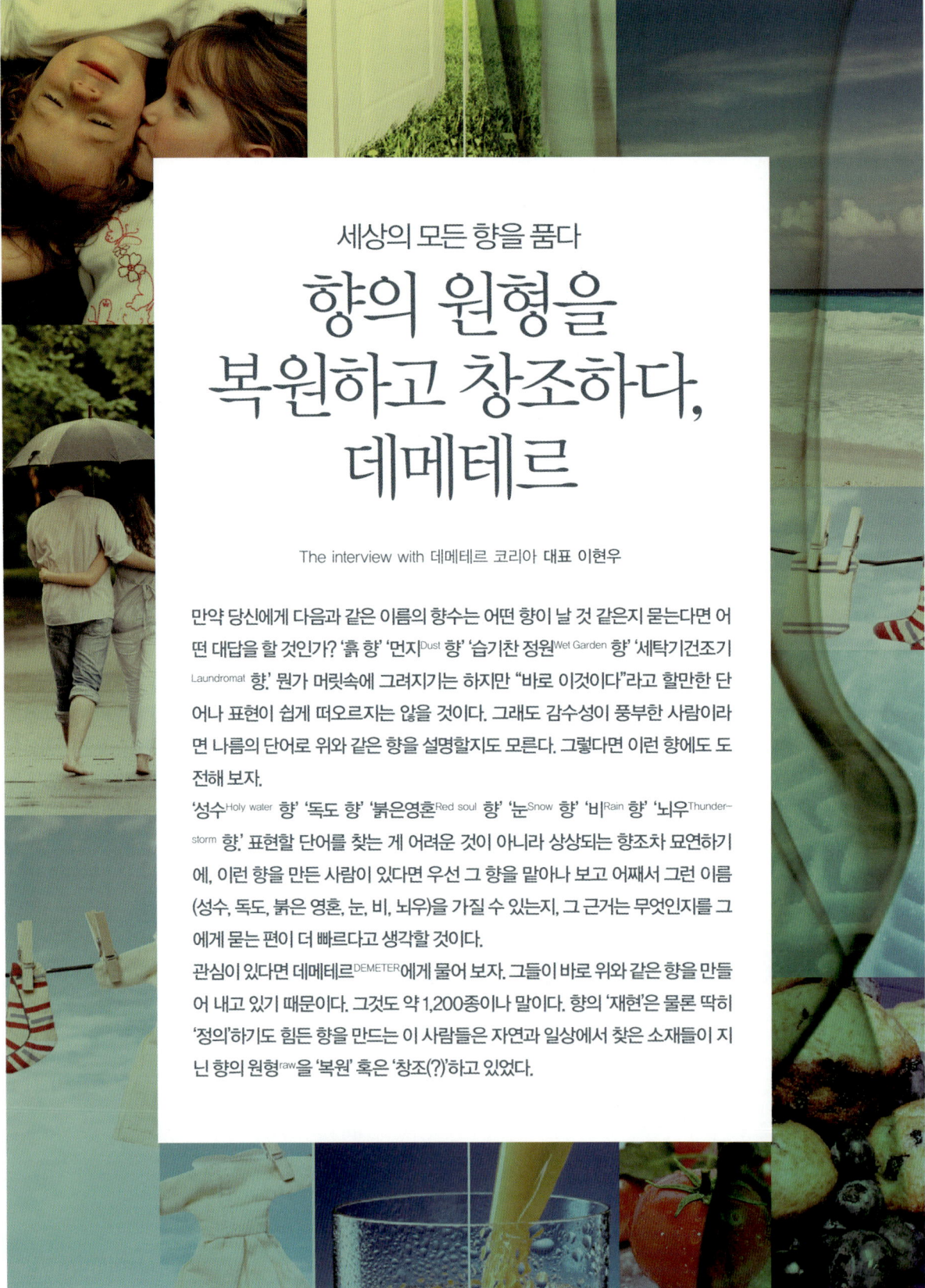

BRAND STRATEGY

세상의 모든 향을 품다

향의 원형을 복원하고 창조하다, 데메테르

The interview with 데메테르 코리아 대표 이현우

만약 당신에게 다음과 같은 이름의 향수는 어떤 향이 날 것 같은지 묻는다면 어떤 대답을 할 것인가? '흙 향' '먼지Dust 향' '습기찬 정원Wet Garden 향' '세탁기건조기 Laundromat 향.' 뭔가 머릿속에 그려지기는 하지만 "바로 이것이다"라고 할만한 단어나 표현이 쉽게 떠오르지는 않을 것이다. 그래도 감수성이 풍부한 사람이라면 나름의 단어로 위와 같은 향을 설명할지도 모른다. 그렇다면 이런 향에도 도전해 보자.

'성수Holy water 향' '독도 향' '붉은영혼Red soul 향' '눈Snow 향' '비Rain 향' '뇌우Thunder-storm 향.' 표현할 단어를 찾는 게 어려운 것이 아니라 상상되는 향조차 묘연하기에, 이런 향을 만든 사람이 있다면 우선 그 향을 맡아나 보고 어째서 그런 이름(성수, 독도, 붉은 영혼, 눈, 비, 뇌우)을 가질 수 있는지, 그 근거는 무엇인지를 그에게 묻는 편이 더 빠르다고 생각할 것이다.

관심이 있다면 데메테르DEMETER에게 물어 보자. 그들이 바로 위와 같은 향을 만들어 내고 있기 때문이다. 그것도 약 1,200종이나 말이다. 향의 '재현'은 물론 딱히 '정의'하기도 힘든 향을 만드는 이 사람들은 자연과 일상에서 찾은 소재들이 지닌 향의 원형raw을 '복원' 혹은 '창조(?)'하고 있었다.

향수, 무게를 덜다

"향은 재미있어야 한다고 생각합니다. 또 향이란 사용하기 쉬워야 하고 구입하기에도 부담이 없어야 하죠."

데메테르의 창립자 크리스토퍼 브로시우스Christoper Brosius가 자사 홈페이지에서 밝힌 향에 대한 철학이다. 만약 그의 이런 발언에 신선함을 느꼈거나 왠지 모를 거부감이 들었다면 아마도 '향perfume'의 어원이나 향수의 기원을 (무의식적으로라도) 어느 정도 알고 있는 사람일 것이다. 향이란, 또 향수란 썩 그런 이미지의 것이 아니기 때문이다.

perfume이란 단어는 라틴어 per(~을 통하여)와 fumum(태우다)이 합쳐진 것으로 신에게 제사를 지내거나 종교의식을 거행할 때 무언가를 태워서 나는 향에서 유래되었다. 즉 고대인들에게 향이란 신에게 다가가는 통로, 또한 무언가 신성시되고 '특별한' 일이 있을 때 맡을 수 있는 것이지 예삿 것은 아니었다('흠향하셨다'라는 표현이 익숙한 독자도 있을 것이다). 또 머리부터 발끝까지 신체 부위별로 각기 다른 향수를 사용할 정도로 향수를 탐닉하던 클레오파트라, 바르는 것에 만족하지 못하고 향수를 마셔 입을 포함한 몸 전체에서 향이 나게 한 양귀비 등 향수는 주로 '귀족'과 '힘'의 전유물이었다. 데메테르 코리아의 이현우 대표 역시 기존의 향수가 가진 이미지를 다음과 같이 설명한다.

이현우(이하 '이') 기본적으로 향수는 권력의 표현이었다. 민주 사회가 된 요즘에는 '브랜드 향수'가 어느 정도 그 역할을 하고 있다고 본다. 어떤 사람이 샤넬 향수를 뿌렸다면 그것은 샤넬의 아이덴티티와 권위, 그리고 힘을 상대방에게 보여주고 싶은 심리가 근저에 깔려 있다고 볼 수 있다.

이처럼 향수는 그간 (그리고 여전히 때로는) 힘과 권위의 상징이었다. 그런데 브로시우스는 왜 '재미있는, 사용하기 쉬운, 구입하기 부담 없는 향수'를 주장하는 것일까? 얼핏 생각하면 그의 주장은 사람들이 향수 하면 떠올리는 공통된 심상을 거스르는 것처럼 보이기까지 한다.

하지만 향수가 지닌 기본적인 역할, 즉 '자신의 존재감을 좀 더 부각시키고 싶은 인간의 기본적인 욕구'를 해결해 준다는 점 외에 그는 향수의 또 다른 역할을 발견했고 그것에 좀 더 초점을 두고 싶었는지도 모르겠다. 바로 '기억을 자극하는 향수'로서의 역할 말이다.

향수鄕愁를 자아내는 향수香水

"향수는 당신에게 있어 특별한 의미를 가져야 합니다. 기억 속의 장소로 이끌어 주는 기분 좋은 여행의 안내자입니다."

향의 이런 기능과 관련해 우리에게 가장 익숙한 것이 '프루스트 현상'일 것이다. 향을 통해 과거의 일을 기억해 내는 현상 말이다. 이는 프랑스 작가 마르셀 프루스트Marcel Proust가 어느 겨울날 마들렌 과자를 홍차에 적셔 입에 넣는 순간 어렸을 적 고향에서 숙모가 내어 주던 마들렌 향기가 기억난 것을 소재로 집필한 소설《잃어버린 시간을 찾아서》에서 유래했다. 이처럼 향이 기억에 자극을 주는 현상은 2001년 필라델피아의 미국 화학감각센터 헤르츠Rachel Herz 박사 팀에 의해 과학적으로 밝혀지면서 프루스트 현상으로 이름 붙여졌다.

이것이 브로시우스가 주목하는, 또 피력하고 싶은 향수의 역할이다. 이러한 측면을 강조하게 된 이유는 그가 데메테르라는 브랜드를 시작하게 된 배경과 관계 깊다. 그에게 향수香水는 힘과 권력의 상징보다는 향수鄕愁, 즉 고향을 그리워하는 마음이나 과거의 기억을 회상시키는 역할이 더 컸던 모양이다.

이 브로시우스도 원래 다른 조향사들처럼 특정 그룹에 소속되어 향을 개발하는 사람이었다. 그런데 어떤 향을 연구하다가 자기가 어렸을 적 펜실베이니아에 있던 아버지의 과수원에 처음 들어갔을 때의 기억을 떠올리게 되었다고 한다. 그래서 처음에 만든 향이 흙, 토마토, 풀 향 등이었고 이는 판매 목적이 아니라 개인 소장용이거나 지인들이 놀러 왔을 때 시향해 주는 정도였다. 그런데 그 향이 너무 진짜 같고 재미있다 보니 팔아 보라는 주변 권유가 끊이질 않아서 소호의 작은 사무실에서 판매를 시작했다. 처음에는 당연히 소량 생산이었고 패키지도 특별할 것 없이 심플한 병에 이름을 붙인 정도였다.

1996년, 처음에는 과수원을 배경으로 더듬어 나가던 브로시우스의 후각 세포는 그 후 정원, 들판, 산림 등지로 뻗어나갔고 급기야 삶과 예술, 독서와 여행과 관련된 향, 그리고 몇몇 고객들의 요청에 의한 향을 만들어 내기 시작했다.

"유명 디자이너의 향수만 소장하는 것은 '아름답지만 일상 생활에서는 그다지 필요 없는 드레스 같은 옷으로 채워진 옷장을 가진 것과 다르지 않다"고 생각해 언제라도 입을 수 있는 향을 찾아 구현하며 '생일 케익, 진토닉, 뇌우, 첫키스, 첫사랑, 클린솝Clean Soap, 솔트에어Salt Air, 바다의 향기, 허그미

Hug Me, 베이비 파우더, 초콜릿 칩 쿠키, 티라미슈 등의 이름을 사용한다. 이렇게 개발된 150종 이상의 향이 판매 중이며 그들의 사내 보관소에는 1,200여 종의 향이 '데메테르 라이브러리'라는 이름 아래 소장되어 있다. 그리스 신화의 곡물 혹은 대지의 여신인 '데메테르'라는 이름이 무색하지 않다.

그런데 재미있는 것은 이런 향에 대한 고객의 반응이다. 그리고 이것은 우리가 데메테르를 'RAW'라는 주제어로 만나 보려 한 몇 가지 이유 중 하나이기도 하다. 데메테르의 향은 기본적으로 (향의 이름이 된) 대상이 가진 원형의 향을 복원했다는 것 외에 다음과 같은 *raw한 브랜드의 특징을 보인다.

*raw한 브랜드

유니타스브랜드 Vol.7에서 제시한 새로운 키워드 RAW는 브랜드가 대상의 원형을 세련되게 복원하거나 원형적 심상을 브랜딩에 응용하는 기술을 소개했다. RAW한 브랜드의 특징으로는 날것처럼 보이고 느껴지되 오히려 다른 제품보다 훨씬 더 많은 가공 공정이나 제작자의 공이 들어간다는 점. 소비자가 직접 후가공을 할 수 있는 여지(공간)를 남겨 놓아 수동적 소비가 아닌 능동적 소유 대상이 된다는 점. 그래서 애착 관계가 쉽게 만들어진다는 점. 고도의 맞춤 서비스나 개별화 작업이 가능하다는 점을 꼽는다.

대화를 유도하는 향수

데메테르를 접한 소비자들은 자연스러운 버즈를 만든다. 그들의 독특한 향(독도, 붉은 영혼, 세탁건조기, 눈, 비, 성수, 뇌우 등), 재미있는 향(전지분유, 시나몬 토스트, 카푸치노, 사우어 애플 롤리팝, 잠들기 전에, 대마꽃, 엔젤푸드 등)의 이름이 자아내는 호기심과 그 향을 맡아 보고 충족된 호기심은 충분히 이야깃거리가 될 만하다.

이 향을 맡아 보는 고객들의 첫 반응이 대부분 "맞아 맞아. 진짜 같아!"다. 이런 체험은 주변 사람들에게 전파하기 쉽다. 즉 이야깃거리가 생기기 때문이다. 그리고 향 자체가 이야기를 유도하기도 한다. 예를 들어 어떤 사람이 스

매장에서 만나볼 수 있는 데메테르의 향은 본사 '데메테르 라이브러리'에 소장 된 향수 종류의 약 10분의 1수준에 불과하다.

위트 오렌지Sweet Orange' 향이나 '카푸치노' 향을 뿌리면 주변 사람들이 그것을 먹다가 흘렸거나 옷에 묻힌 것 아니냐는 질문으로 이야기가 시작된다고 한다. 즉 데메테르의 향으로 인한 인터랙션이 일어난다는 점에서 소비자들도, 우리 브랜더들도 재미를 느낀다.

의미 부여가 가능한 향수

특히 추상적인 향은 개인적인 의미 부여를 하기에 더욱 용이하다. 첫키스 향이나 허그미, 붉은 영혼 등은 사실 누구나 그 향에 공감하는 것은 아닐 것이다. 개인적인 경험이 너무나 다르기 때문이다. 하지만 이에 공감하는 소비자는 그 향에 상당히 애착을 느낀다.

이 기본적으로 누구나 한 번쯤은 경험해 봤을 법한 것을 소재로 향을 만들기는 하지만 그에 따르는 감정을 다루다 보니 해석의 영역이 상당히 넓은 편이다. 또 문화적인 측면 때문에 나라마다 선호하는 향이 다르기도 하다. 어떤 사람은 "이게 어떻게 첫사랑 향이냐"며 되묻는 사람도 있지만 어떤 사람은 "어떻게 이런 향을 찾아낼 수 있죠?"라며 되려 신기해 하기도 한다.

우리가 향을 만드는 기본 배경은 이렇다. 사람의 기억은 입체적이고 그 안에 후각 요소도 포함되어 있다. 첫사랑이나 데이트와 관련된 향은 커플들이 데이트 하는 장소를 떠올린다. 그 장소는 몇 가지로 좁혀질 수 있고 그 장소에 떠도는 향이 있을 것이다. 그것은 꽃일 수도, 풀일 수도, 여성들의 화장품에 주로 들어가는 파우더 향일 수도 있다. 그런 향을 구현해 의미를 부여하는 것이다. 또 어떤 사람은 낯설게도 눈 향이나 초콜릿 쿠키에서도 첫사랑의 기억

> ***rawlish한 브랜드**
> rawlish한 브랜드란 주로 raw를 1차적으로 활용하는, 날것의 원형적 이미지 그대로를 제공하는 K-1처럼 자극적인 것, 오가닉 푸드처럼 원형그대로를 제공하지만 다소 낯설거나 익숙지 않아 불편한 브랜드를 칭한다. 그러나 고차원적인 rawlish한 브랜드는 그것을(티 나지 않게 너무나) 잘 가공하여 가공하지 않은 것처럼 보이게 한다.

을 떠올리기도 한다. 개인적으로는 풀 향을 맡을 때 첫사랑의 기억이 떠오른다. 이처럼 데메테르는 정해진 규칙이 없다. 첫사랑 향에서 꼭 첫사랑을 느껴야 하는 것은 아니다. 다만 확률이 높을 것이라 예측하는 것이다.

생각해 보면 데메테르는 기억에 대한 몇 가지 힌트를 주는 셈이고 그 후반의 작업, 즉 기억을 떠올리고 그 기억에 의미를 부여하는 후반 작업은 모두 사용자의 몫이다. 이런 측면도 데메테르가 raw를 잘 활용한 *rawlish한 브랜드라고 말할 수 있는 이유다.

DIY가 가능한 향수

또한 데메테르는 DIY$^{Do It Yourself}$가 가능한 향수다. 자신이 좋아하는 향수를 직접 만들 수 있다는 측면에서 rawlish한 브랜드라고 할 수 있다. 앞서 말했듯, raw한 브랜드들의 특징은 후가공의 가능성을 소비자에게 많이 제공하고 이로 인한 애착 관계가 쉽게 형성되는 경향이 있다. 자신의 에너지(관심과 보살핌)와 애착 정도는 비례하기 때문이다.

이 데메테르의 DIY는 현재 진행형이다. 현재 데메테르 마니아들 사이에서는 스스로 향을 섞어 쓰는 것이 유행처럼 번지고 있다. 이런 흐름에 따라 회사 차원에서도 많은 준비를 하고 있다. 소비자들이 쉽게 향을 이해하고 선택할 수 있도록 크게 탑노트, 베이스노트, 미들노트를 구분하고, 간략한 설명과 함께 경쾌함, 발랄함, 차분함의 성격을 지닌 향으로 구분해서 제공하려 한다. 조향사뿐만 아니라 소비자들이 참

여해 향을 만들게 되는 것이 우리들의 목표 이기 때문이다.

진짜가 되는 법

데메테르를 깊이 살펴봐야 하는 이유는 이외에도 한 가지 더 있다. 이 측면은 그들의 raw를 이용한 rawlish 브랜딩과는 별개의 것이다. 하지만 개인적으로는 오히려 이 것을 더 강조하고 싶다. 그들이 향을 만들어 내는 것 자체가 브랜딩의 개념과 너무 흡사하기 때문이다. 설명에 앞서 데메테르처럼 '힌트'를 주기 위한 향을 잠시 풍기자면 다음의 세 문장과 같다.
① 익숙한 것을 낯설게, 낯선 것을 익숙하게…
② 가질 수 없는 것을 갖도록, 가질 수 있는 것을 가질 수 없도록…
③ 보이는 것을 보이지 않게, 보이지 않는 것을 보이게…

위의 표현들은 유니타스브랜드가 그간 말해 온 '브랜딩'의 정의 중 일부다. 그런데 데메테르가 만든 향은 이런 브랜딩의 기술과 상당히 흡사하다. 위에 제시한 세 가지 힌트는 다음과 같은 이야기를 하고 싶어서였다.
① 만약 당신의 오른손에 '진짜' 토마토가 있고, 왼손에는 데메테르에서 만든 '토마토 향' 향수가 있다. 그런데 진짜 토마토는 장마 철에 비를 많이 맞아서인지 향이 제대로 나지 않고 외려 조금은 곯은 냄새가 난다. 그런데 왼손에 든 데메테르의 토마토 향에서는 아주 명확한, 정확히 토마토 밭에서 맡아 기억 속에 저장된 그 토마토 향이 난다. 어떤 것이 더 '낯선 토마토 향'이고, 어떤 것이 '더 익숙한 향'인가? (그런데 어떤 것이 '진짜 토마토 향'일까?)
② 만약 당신이 실패한 첫사랑의 감정을 데메테르의 '첫사랑' 향에서 다시금 떠올렸다고 하자. 당신이 '가질 수 있는 것'은 무엇이고, '가질 수 없는 것'은 무엇일까?
③ 만약 오랜만에 성당을 찾은 당신 눈앞에 성수가 있다고 하자. 하지만 그 성수에서는 아무런 향이 나지 않고 오히려 성당 안의 알싸한 공기 향이 더 우세하다. 그런데 사무실에 앉아 있는 당신의 책상 앞에 데메테르의 '성수' 향이 있다. 그 향은 당신이 처음으로 세례를 받은 그 장소의 기억 속으로 당신을 안내한다고 하자. 이때 눈에 '보이는 것을 보이지 않게 하고, 보이지 않는 것을 보이게 하는 것'은 무엇인가?

꼭 데메테르의 브랜딩에서뿐만 아니라 그들의 조향 행위 자체에서 브랜딩의 힌트를 얻을 수 있다. 그들은 그 향을 만들기 위해 그 향이 있을 법한 분위기와 원형적 심상 자체를 연구하고 고민한다. 우리가 브랜드를 통해 전하려는 핵심가치나 이미지를 고객에게 명확히 전하기 위해서는 그 가치나 이미지가 상품뿐 아니라 브랜드와 관련된 모든 요소, 즉 환경적인 요소를 고민해야 한다.

심지어 데메테르는 정의할 수 없는 향까지도 정의 내리며(대체 누가 성수와 눈, 비 향을 정의 내릴 수 있단 말인가) 원형을 만들어 내고 있다. 그래서 기준을 바꾸거나 새로운 기준이 된다. 만약 데메테르가 더욱 사랑을 받아 많은 사람들이 그들이 정의 내린 향에 익숙해진다면 진짜 비, 진짜 눈에서 향이 난다 해도 그것은 가짜고 데메테르의 향이 진짜라고 판단해 버릴지 모를 일이다. 과연 어떤 것이 진짜일까? 또 이것과 마케팅 불변의 법칙이라는 선도자의 법칙은 어떤 관계가 있을까?

'정의할 수 없지만 동의되는 향'으로 어떤 사물(혹은 감정)의 원형을 복원, 창조하는 그들이야말로 브랜딩의 전문가라 할 수 있다. 진짜가 아닐지 모르지만 진짜인 것, 실제의 오리지널리티를 복원하거나 복원할 수 없다면 그것을 새로이 정의하고는 스스로 원형이 되는 그들이다.

그간 RAW라는 주제어를 통해 살펴본 브랜드들이 대부분 원형을 복원하거나 활용했다면 데메테르는 이를 넘어서 원형 자체를 정의하고 있었다. 앞으로 자신들이 정의해야 할 향이 아주 많은 것을 염두에 둔 듯, 이렇게 말하면서 말이다.

"향은 자신만의 느낌과 이미지를 잘 표현할 수 있도록 돕는 존재여야 합니다. 아무리 특이한 향이라 할지라도 당신이 좋아하는 향이라면 구할 수 있도록 하는 것이 바로 데메테르의 사명입니다." UB

이현우 한양대학교 경영학과를 졸업한 그는 한국 최초로 향수체인점을 시작한 체러티에서 상품기획 및 마케팅을 담당하였으며 향수 수입회사에서 상품 기획, 마케팅을 담당한 바 있다. 그후 데메테르를 한국에 공식 런칭 시켰으며, 피토코리아의 전략기획 이사로서 세계 유수의 뷰티 관련 제품을 국내에 소개하고 있다.

자유롭게 혁신하고, 고집 있게 브랜딩하라

고집 있는 공학자(디자이너)의 브랜드(디자인) 경영, 다이슨 Dyson

The interview with 코스모양행 다이슨 브랜드 매니저 박상우

"하버드비즈니스리뷰는 우리를 잘못 알고 있다. 우리는 디자인이나 마케팅 중심의 기업이 아니다."
난감했다. 하버드비즈니스리뷰가 애플과 함께 대표적인 '디자인 중심 기업'으로 뽑은 영국의 가전제품 브랜드 다이슨 Dyson. 디자인 경영에 이만큼 좋은 사례가 있을까 생각했는데, 정작 다이슨 본사에서는 자신들이 디자인을 중심으로 일하지도 않으며 마케팅이나 PR에 열심인 기업으로 보이고 싶지 않다고 말했다. 그래서 우리와의 인터뷰를 무엇보다 조심스러워했다.
혹시 다이슨이 '디자인'이나 '디자인 경영', 크게는 '브랜딩'이라는 단어의 의미를 많은 기업들이 그렇듯 크게 오해하고 있는 것은 아닐까 싶었다. 그러나 인터뷰를 진행하고 보니 이들은 디자인 경영이 단순히 예쁜 상품을 만드는 것이 아니라는 사실과, 진정한 디자인이 어떤 의미를 가져야 하는지를 그 누구보다 잘 알고 있었다. 그리고 무엇보다도 동전의 양면과 같이 디자인 경영과 브랜드 경영이 원래 하나임을 (말이 아니라) 행동으로 보여 주고 있었다.
비로소 비즈니스에서 이들이 보이는 고집스러움이 이해됐다. 디자인 경영, 아니 브랜드 경영을 위해 다이슨이 그간 어떤 고집스러움을 보였는지는 지금부터 살펴볼 것이다. 다이슨이라는 거울을 통해 당신의 브랜드도 되돌아보는 기회가 되었으면 한다.

5,217개, 70,000번, 5,000번, 10,000번, 1,560번. 이 숫자에 의미가 있나?

다이슨의 창립자이자 현 CTO(Chief Technology Officer, 최고기술경영자)인 제임스 다이슨은 모국인 영국뿐만 아니라 전 세계 산업 디자인 분야의 전설이라고 해도 과언이 아니다. 그는 5,217이라는 숫자와 함께 유명해졌는데, 이것은 그가 (오늘날의 다이슨이 있게 만든) 먼지 봉투 없는 청소기를 세상에 내놓기 전에 만든 시제품 개수다. 어떤 상품을 시장에 내놓기 전에 설계도 아닌, 5,000개가 넘는 시제품을 만든다는 것이 쉽게 상상이 되지 않는다. 실제로 그는 시제품을 만드는 동안 매일 포기하고 싶은 충동에 시달렸다고 한다. 그러나 먼지 봉투를 사용하는 기존의 청소기가 사용할수록 흡입력이 떨어지는 것이 싫어서 결국 루트 사이클론 기술(강력한 원심력을 발생시켜 공기로부터 먼지를 분리)을 이용해 먼지 봉투 없이 사용 가능한, 그래서 흡입력이 떨어지지 않는 청소기를 만들어 냈다. 그는 자서전인 《Against All Odds》에서 이 혁신적인 청소기를 발명하고 다이슨이라는 기업을 세우기까지의 일화들을 밝혔는데 자세히 보면 5,217이라는 시제품 수에서뿐만 아니라 이야기 곳곳에서 그의 기술에 대한 집념과 고집스러움을 찾을 수 있다. 다이슨 청소기의 제품 테스트에서도 그 면모를 엿볼 수 있는데, 이들은 청소툴(청소기의 헤드 부분) 관절을 7만 번 밀고 당기며 확인하거나, 손잡이를 5,000번 비틀어 보고, 청소툴을 1만 번 떨어뜨려 보고, 먼지통을 1,560번 열고 닫는 등 집요한 테스트를 실행하고 있었다. 한국에서 다이슨의 유통을 담당하고 있는 코스모양행의 박상우 브랜드 매니저도 창립자 제임스 다이슨과 브랜드 다이슨에 대해 이렇게 말한다.

박상우(이하 '박') 사실 제임스 다이슨도 청소기 시제품이 5,000개가 넘으면서부터는 정확하게 세지 못했을 것이다. 5,217은 잠정적인 숫자이고 실제로는 더 많았을 것이라고 예상한다. 그만큼 그는 문

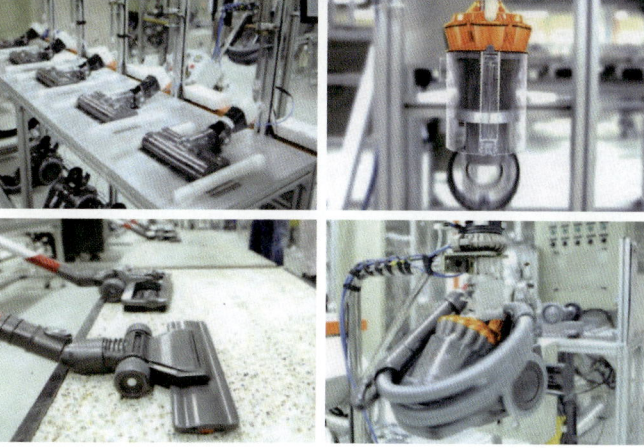

(위) 다이슨이 5,000개가 넘는 시제품을 만들어 가며 세상에 내놓은 먼지 봉투 없는 청소기
(아래) 다이슨 청소기의 제품 테스트

제를 발견하고 해결하는 데 '고집스러운' 면모가 있다. 이런 그의 성격이 반영되어서인지 다른 브랜드에 비해 다이슨은 지사뿐만 아니라 디스트리뷰터distributor에게 주는 가이드라인까지 매우 엄격하다.

고집. 굳을 고固와 잡을 집執을 쓰는 이 단어는 자신의 의견에 집착하거나 좋은 의견을 받아들이지 않는 등 다소 부정적인 의미로 사용될 때가 많다. 그러나 글자 그대로 해석하면 '(무엇인가를) 굳게 잡는다'는 뜻인데, 그렇다면 잡고 있는 그 '무엇'이 옳은 것일 때는 좋은 일이지 않을까? 영국의 과학·의학 전문 저널리스트인 리타 카터Rita Carter는 《다중인격의 심리학》에서 고집의 장점에 대해 다음과 같이 말했다. "고집쟁이의 행동은 종종 놀랄 만큼 효과적이기도 하다. 실제적인 위협이 있는 조건에서는 완고하고 반항적이기까지 한 고집이 긍정적인 방어 기제가 될 수 있고, 자존감을 확인하는 수단이 될 수도 있다." 브랜드 또한 그 존재 목적이나 철학에 따라 세운 '옳은 원칙'을 고집하는 것은 명확한 브랜드 아이덴티티를 구축하고 유지하는 데 도움을 준다.

제품과 기술에 대해 다이슨이 가진 원칙의 근간에는 '무엇을 만들어도 이전 제품의 문제를 (조금이 아니라) 확실히 해결할 만한 것을 만들고, 필요 없는 것은 만들지 않는다'는 제임스 다이슨의 철학이 깔려 있다. 기존 청소기의 문제를 해결하기 위해 만든 다이슨의 청소기는 수없이 많은 제품 테스트를 거침에도 불구하고 구매 후 5년 동안이나 제품의 품질을 보증한다. 또한 그들의 철학은 제품 디자인에도 고스란히 반영되는데, 이는 지난 특집 주제였던 디자인 경영의 컨셉 용어인 (철학에서 제품 디자인까지 브랜드의 내·외부가 모두 하나로 연결된) '뫼비우스 경영'에 매우 가까운 모습이다(유니타스브랜드 Vol.10 p23 참고).

> 그들의 철학은 제품 디자인에도 고스란히 반영되는데, 이는 디자인 경영의 컨셉 용어인 '뫼비우스 경영'에 매우 가까운 모습이다.

고집으로 만든 다이슨의 일관성

다이슨의 완벽한 제품에 대한 억척스러운 (때로는 답답하기까지 한) 고집을 보여 주는 또 한 가지 사례는 로봇 청소기다. 다이슨은 1999년 처음 로봇 청소기의 시제품을 만들었지만 12년이 지난 지금도 제품으로 생산하지 않고 있다. 다이슨에는 무엇이든 혁신적인 기술이 떠오르면 바로 시제품으로 만들어 보는 문화가 있어 하나의 제품이 나오기까지 많은 수의 시제품이 제작된다(다이슨에는 전 세계에 한 대뿐인, 손쉽게 시제품을 생산해 내는 기계도 있다는 소문도 있다). 그런데 거듭된 개발에도 로봇 청소기가 사람이 다시 손대지 않아도 될 만큼 완벽한 청소를 하지 못한다는 이유로 아직까지 제품화하지 않고 있다. 지금 시장에 내놓아도 경쟁력이 있을 만한 기술이지만 다이슨의 기준에서는 부족할 뿐이었다.

그렇다면 다른 부분은 어떨까? 다이슨의 청소기나 선풍기, 핸드드라이어를 가만히 살펴보면 마치 애플의 제품들처럼 멀리서 보아도 다이슨 제품이라고 알아볼 수 있는 공통된 특징이 있다. 제품에서 포인트로 한 가지 컬러를 사용하는 대신, 나머지 부분은 모두 플라스틱 사출 상태 그대로 도색 없이 사용한다. 이 때문에 플라스틱에 특수한 곡선 모양이 나타나 해당 분야의 전문가들은 다이슨 제품에 (사출 무늬가 그대로 드러나고 손질되지 않은) 불량이 많다고 말하기도 한다. 그러나 제품의 기능에 전혀 이상이 없고, 일부러 커버를 씌워 감추는 등의 불필요한 디자인은 하지 않는다는 원칙에 따라 다이슨은 이런 형태를 계속 유지하고 있다. 이제는 사출 무늬마저도 '하나밖에 없는 나만의 문양'이라고 여기는 고객도 있다고 하니 그들의 고집이 오히려 차별점을 만들어 낸 셈이다.

다이슨에서 놀라운 또 한 가지는 브랜드로서 일관된 목소리를 내기 위해 커뮤니케이션과 유통회사를 관리하는 방법이다. Vol.10에서 디자인 경영을 연구하면서 디자인 경영, 나아가 브랜드 경영을 하는 많은 기업이 일관성을 위해 '편집증'을 가지고 아주 세세한 부분까지 관리한다는 공통점을 발견한 바 있다. 다이슨에서도 역시 편집증적인 디테일 매니지먼트가 이루어지고 있었다.

다이슨은 49개국에서 판매되고 있으나 다이슨이 100% 지분을 가진 지사는 5개에 불과하다. 코스모양행도 지사가 아니라 다이슨의 유통을 담당하고 있는데, PR 및 마케팅 정책은 다이슨 본사와 99% 공유하고 있다.

박 예를 들어 다른 수입 브랜드들은 보통 로컬 시장에 맞게 어느 정도 타협을 하고 마케팅 소구점을 변경하거나 현지화할 만한 여유를 디스트리뷰터에게 준다. 그런데 다이슨은 청소기의 마케팅조차 ①흡입력을 잃지 않는 청소기, ②150배 깨끗한 배출 공기, ③유지비 제로, ④5년 품질 보증 등 정해진 순서에 따라 강조하게 되어 있다. 솔직히 한국에서는 알러지 방지에 효과적이라는 점이 다이슨 청소기의 가장 큰 강점이 될 수 있다. 소비자들에게 빨리 어필될 만한 이런 장점이 있음에도 불구하고 본사에서는 꼭 수순을 밟으라고 말한다. 나도 처음에는 다이슨의 철저한 관리에 적응하기 어려웠는데 지금은 왜 그렇게까지 하는지 충분히 이해하게 되었다.

박상우 매니저에 따르면 다이슨은 ⓔ홈페이지, 카탈로그, 명함, 인쇄물 등 다이슨과 관련된 모든 커뮤니케이션 부문에 고집스럽다. 예를 들어 각 나라의 다이슨 공식 홈페이지를 제작할 때도 본사에서 제공하는 동일한 프레임과 내용을 그 나라 언어로 번역해서 사용하는데 아래와 같은 여러 번의, 어떻게 보면 비효율적인 과정을 거친다. 카탈로그도 비슷한 과정을 거쳐서 영국에서 작업한 그대로 출력만 가능하고 수정이 불가능한 형태로 각 나라에 전달된다. 디스트리뷰터라도 본사로부터 허가 받지 못한 명함은 사용할 수 없다. 그러나 이 모든 과정이 일관성 있는 커뮤니케이션을 하기 위해서이기 때문에 이토록 편집증적인 관리를

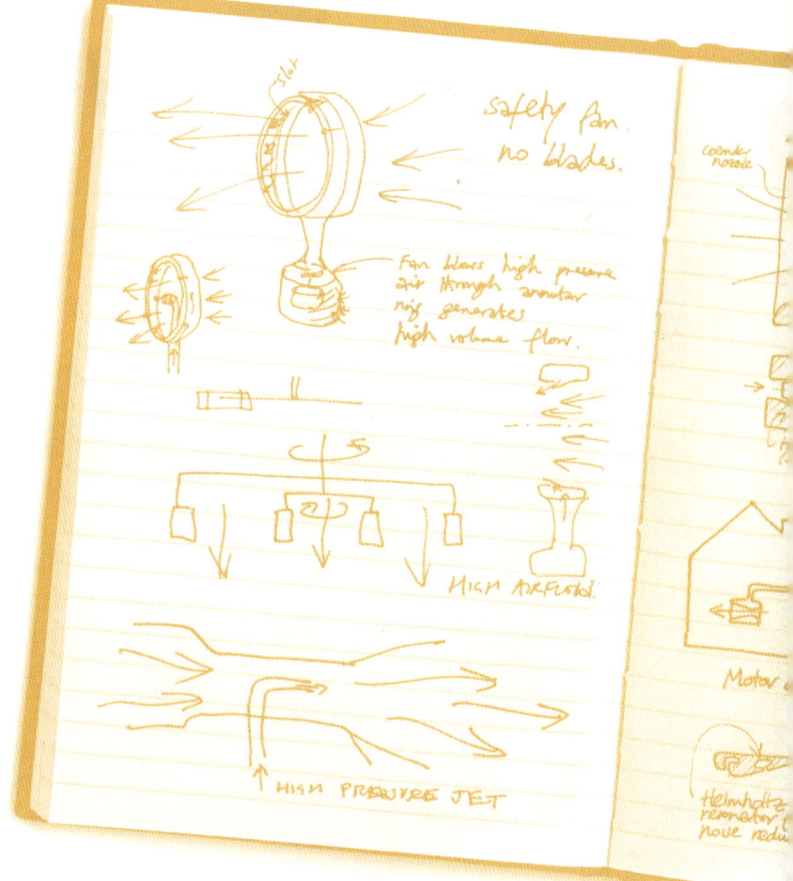

하고 있는 것이다. 그러다가 지사(혹은 디스트리뷰터)와 오랜 파트너십 관계를 유지하여 그들이 모두 다이슨의 철학을 완전히 이해했다고 생각되면 비로소 그들의 의견을 많이 반영해 준다. 때로는 영어를 사용하는 다이슨 본사에서 보는 폰트의 이미지와 디스트리뷰터 국가의 문화적 시각에서 본 폰트의 이미지(다이슨에서 사용하는 폰트와 흡사한 정도, 가독

⊕ 다이슨 디스트리뷰터의 자국 홈페이지 제작 과정

다이슨 본사 홈페이지에서 공식 디스트리뷰터 인증 절차 ⇨ 다이슨 본사 홈페이지를 디자인 수정 없이 텍스트만 자국어로 번역 ⇨ 다이슨 본사에 송부하면, 그곳에서 다시 영어로 번역하여 오역된 것이 없는지 확인 ⇨ 본사에서 오역 수정 후 다시 디스트리뷰터가 자국어 오타가 없는지 확인 ⇨ 본사가 다이슨 영문 폰트와 가장 흡사한 디스트리뷰터 국가 폰트를 선정한 후 디자인 ⇨ 완성 상태로 디스트리뷰터에게 전달

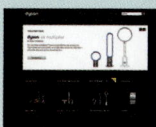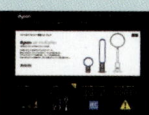

영국, 일본, 프랑스, 한국의 다이슨 공식 홈페이지. 동일한 레이아웃과 사진을 사용하고 있다.

유용한 디자인이 곧 미美가 된다
The interview with 다이슨 CTO 제임스 다이슨(James Dyson)

제임스 다이슨은 고집이 있는 엔지니어이자 디자이너. 처음에 그는 다이슨이라는 브랜드를 만들 생각이 없었다. 그러나 성공적으로 청소기를 개발한 뒤에 이를 판매하려고 했을 때 새로운 문제를 발견했다. 일반 기업들이 청소를 하면 먼지 때문에 먼지 봉투가 자꾸 막혀 흡입력이 떨어지는 문제가 발생함에도 불구하고 먼지 봉투가 있는 청소기만 고집한다는 것이다. 먼지 봉투를 소비자들이 계속 사서(사야만 해서) 수익이 났기 때문이다. 제임스 다이슨은 화가 났다. 그리고 수익성 때문에 어느 기업도 원하지 않던 이 좋은 청소기를 직접 판매하기 위해 다이슨을 창립했다. 경영자가 된 그는 다이슨의 비즈니스 시스템을 구축한 뒤 1996년 다시 CEO의 자리에서 내려와 CTO가 된다. 전문 경영인을 따로 두고 창립자가 최고기술경영자가 됨으로써 다이슨이 기술 중심의 회사임을 강조하기 위해서였다. 이 사실은 그가 엔지니어이자 디자이너로서 얼마나 제품의 기술과 혁신에 집착하고 있는지를 보여 주는 것이기도 하다.

그런데 이런 다이슨이 왜 디자인 경영의 좋은 사례가 되고 있을까? 그 이유는 제임스 다이슨이 브랜드의 철학과 직결되는 디자인 철학을 가지고 있고 (사실 이 두 가지는 같은 것이다) 이를 제품 등을 통해 가시적으로 보여 주고 있기 때문이다. 그리고 그들이 중심에 두고 있는 '기술'은 '디자인'과 구분된

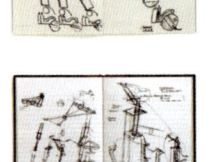

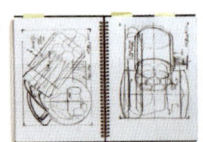

개념이 아닌, 디자인이 포함된 개념이기도 하다. 따라서 다이슨이라는 브랜드에 대해서 제대로 알려면 제임스 다이슨이 어떤 생각을 하고 있는지를 먼저 알아야 한다. 인터뷰는 이것에 집중했다.

《Against All Odds》중 'A new philosophy of business' 섹션에서 밝힌 비즈니스 철학에 대한 이야기가 흥미로웠다. 특히 다이슨의 철학 때문에 처음 일하게 된 직원들은 첫날 무조건 청소기를 만들어 본다든가, 생각하는 것은 무엇이든 바로 만들게 하기 위해 메모를 금지하는 방법들이 그랬다. 그래서 누구보다 남다른 철학이 있을 것 같은데, 당신은 기업들이 왜 철학을 가져야 한다고 생각하나?
미안하지만 나는 한 번도 다이슨이 '철학을 가져야만 한다'고는 생각해 본 적이 없다. 다른 기업들도 마찬가지다. 내 생각에 다이슨은 당연히 해야 할 일을 하고 있을 뿐이다. 이것이 내가 철학에 대해 말할 수 있는 전부다.

브랜드 철학이 있어야 한다고 해서 억지로 만들 수 있는 게 아니라는 것은 알고 있다. 그래서 당신도 직원들이 '철학을 알아야 한다'가 아니라 '존재 이유raison d'etre를 파악해야 한다'고 표현하지 않았나. 다이슨은 그런 의미에서 존재 이유가 제품 디자인에까지 나타나고 있다. 우선 당신이 생각하는 좋은 디자인이란 무엇인가?
나는 좋은 엔지니어링이 좋은 디자인이라고 생각한다. 나는 항상 사물을 자세히 보고 이것을 분해해서 어떻게 작동하는지 보는 것을 즐긴다. 그리고 가능하다면 이것이 더 잘 작동하도록 만든다. 그것이 나의 일이자, 다이슨이 하는 일이다.

좀 더 미학적 관점에서 디자인을 이야기하자면, 나는 아직도 오로지 아름다움에만 신경을 쓴 디자인 제품에는 좀처럼 면역력이 생기지 않는 것 같다. 한 예로, 많은 사람들이 필립 스탁의 레몬 스퀴저 *lemon squeezer*를 좋아할 것이다. 이것은 필립 스탁의 의도대로 제품 자체로 아름답고, 사람들에게 큰 즐거움을 안겨 준다. 그러나 내 입장에서 이것은 훌륭한 제품이 아니다. 기능적으로 이 스퀴저로 레몬을 짜면 레몬즙이 스퀴저의 다리로 흘러내려오면서 그 부위가 곧 끈적이게 되기 때문이다. 사람들은 곧 불편함을 느끼게 될 것이다. 아름답다 하더라도 본연의 역할을 제대로 하지 못하는 제품은 사람을 쉽게 지치게 만든다.

유용성이 없는 디자인을 하지 않기 위해서 다이슨의 제품에는 불필요한 부분이 전혀 없는 효율적인 디자인을 적용한 것인가?

다이슨의 제품 외형에는 꾸밈을 위한 부분이 없다. 다이슨 청소기의 모터도 분해했을 때 위와 같은 기능을 하는 부분이 모여 구성된 것임을 알 수 있다.

그렇다. 나는 제품이 그에 알맞은 역할을 할 때 진정으로 아름다운 것이라고 생각한다. 물론 나도 누군가가 다이슨의 제품이 외형적으로 아름다워서 좋다고 말해 주면 기쁘다. 그러나 누군가가 우리 제품이 '펑키'하다거나 '미래적'이라고 좋게 평가하더라도, 다른 누군가는 같은 제품을 두고 너무 요란스럽다고 나쁘게 평가할 수 있다는 것을 잘 안다. 그래서 외형적으로 아름답다는 것은 절대적인 기준이 되지 못한다. 그러나 중요한 것은 다이슨은 디자인 이상으로 제품의 기능을 혁신적으로 발전시켜 왔고, 기능을 항상 제품의 외형 디자인보다 중요시해 왔다는 사실이다. 만약 우리가 그렇지 못했다면 결국 어느 순간에 소비자는 디자인에 돈을 낭비한 것처럼 느꼈을 것이다.

다이슨은 기술로서 완벽한 것과 아름다운 것, 둘 중 하나를 선택해야 한다면 당연히 기술을 선택할 것이라는 생각이 든다.

물론 우리는 매우 기술 중심적인 기업이라 그럴 것이다. 허나 나는 유용한 디자인과 아름다운 디자인이 둘 중 어느 하나를 선택해야 하는 경쟁적 관계는 아니라고 생각한다. 이 둘을 함께 가진 제품은 분명히 있다. 그래서 다들 점점 '진정한 디자인*real design*', 즉 이 두 마리 토끼를 동시에 잡은 디자인을 찾아다니고, 그 가치를 중요하게 생각하는 것 아닐까?

그래서 다이슨의 모든 엔지니어 직책이 '디자이너'인가? 2,500명의 직원 중 이들 R&D 인력이 전 세계적으로 1,600명 가까이 되는 것으로 안다. 거기다 2009년에는 순수익의 3분의 1을 이 R&D 부문에 투자했다고 들었다.

그렇다. 엔지니어링과 디자인은 다른 일이 아니다. 다이슨에서는 리서치와 디자인, 개발을 담당하는 R&D 부문이 광고 캠페인이나 마케팅보다 중요한 일이다. 물론 R&D에 많은 돈을 투자하는 것이 단기적으로는 가시적인 성과를 가져오지는 못한다. 그래서 아마 많은 기업이 빨리 수익이 나는 광고 캠페인이나 마케팅에 많은 돈을 투자하리라 생각한다. 그러나 나는 R&D 투자를 통해 장기적으로 제품에 만족하는 소비자들을 많이 만들 수 있다면 충분히 가치가 있다고 생각한다. 소비자들이 제품을 사용하면서 지속적으로 만족스럽지 않다면 제아무리 화려한 광고 캠페인이 브랜드에 대한 이미지를 만들어 줬더라도 의미가 없다.

다이슨의 제품들은 모두 기존 제품의 문제를 해결하고, 아름다움만을 위한 디자인이 아니라 제품 전체에 불필요한 부분이 없는 유용한 디자인을 하겠다는 생각에 따라 만들어졌다. 앞으로 다이슨의 디자인과 브랜드 관리를 살펴볼 텐데 여기서도 그들의 이런 생각을 발견할 수 있다. 이들은 통일된 하나의 생각으로 놀랍도록 일관성 있는 제품을 만들어 냈고, 그 맥락에 맞게 외부 커뮤니케이션 등 모든 것을 관리하고 있었다. '통합과 일관성'을 중요하게 여기는 것은 유니타스브랜드가 꼽은 다른 디자인 경영 기업들의 공통된 특징이기도 했다(유니타스브랜드 Vol.10 p244 참고).

(왼쪽)다이슨 본사의 R&D 건물, (오른쪽)말레이시아의 R&D 건물. 두 건물은 스케일에서만 차이가 날 뿐 외관 디자인과 구조가 동일하다.

성, 폰트 자체의 느낌 등)가 달라 디스트리뷰터가 변경을 요청한다. 한국도 그 같은 절차를 거쳤는데 본사에서 오랜 시간을 검토한 후 변경이 가능했다고 한다. 폰트의 정렬(영어나 한글의 경우 좌측 정렬이지만 그렇지 않는 국가도 많다), 광고 문구, 사진의 위치, 제품 배열 순서 등도 본사의 허락을 받아야 한다.

박 한국도 다른 나라처럼 브랜드 런칭을 준비하면서 처음 1년 동안은 어려움이 많았다. 타 브랜드 제품보다 비싼 가격도 조금만 내리면 더 많이 팔 수 있을 텐데 100번을 제안해도 100번 같은 대답을 한다. 엄청난 시간과 비용, 노력과 가치가 들어간 제품이기 때문에 고객이 그 가치를 알게 되면 아무리 비싸더라도 구매할 것이라고 말이다. 다이슨은 원칙만큼은 누구보다 철저하게 지킨다. 아직도 일주일에 한두 번은 꼭 다이슨 본사와 컨퍼런스콜을 진행하는데 이것은 전 세계적인 일관성과 현지화 사이에서 조금이나마 문제가 될 만한 것들을 서로 조율해 가기 위함이다.

고집의 특권

디자인은 고객의 기대를 구성하는 것이라고 했던가. 장 노엘 캐퍼러 교수는 《뉴패러다임 브랜드 매니지먼트》에서 디자인을 위와 같이 정의하면서, 브랜드에서 디자인이 지켜야 할 핵심 원칙을 짚어 주었다. 그중 디자인은 절대 모호할 수 없는 것으로 브랜드는 디자인으로 분명히 정의되어야 하며, 브랜드 아이덴티티는 분명히 가시적이어야 한다는 (디자인의) '급진화의 원칙principle of radicalization'이나 디자인의 기능은 브랜드가 단순히 훌륭하게 보이도록 하는 것이 아니라 효율적으로 기능할 수 있도록 만드는 것이라는 (디자인의) '비즈니스의 원칙principle of business'은 다이슨의 사례를 떠올리게 만든다. 이는 동시에 브랜드 경영을 하고자 하는 모든 기업이 한 번쯤 고려해 보아야 할 원칙들이다.

다이슨의 디자인 경영은 '이제부터 디자인 경영을 하겠다'는 선언과 함께 시작된 것이 아니라, '유용한 것을 만들겠다'는 그들의 확고한 철학이 디자인에 그대로 반영되면서 시작되었다. 믿는 것에 대한 고집의 결과다. 그리고 이후에는 이것을 지키기 위해 다시 아주 작은 것까지 놓치지 않는 고집으로 브랜드 경영을 완성해 가고 있다.

'철학의 고집'이라는 중심을 공유하기에 디자인 경영과 브랜드 경영은 원래 하나다. 브랜드가 이런 고집스러움 없이 오로지 눈에 띄는 화려함만 좇는 디자인을 하면서 디자인 경영을 외친다면, 트렌드, 경영자의 변심, 담당자의 교체 등 환경에 따라 이리저리 휩쓸려 다니다가 결국 이도 저도 아닌, 여러 색깔이 섞여 까맣게 변해버려 손쓸 수 없게 변한 브랜드 아이덴티티를 목도하게 될 것이다.

브랜드를 위해 고집하라. 이유가 없는 고집은 팔만대장경의 한 구절처럼 '영원한 병病'이다. 그러나 브랜드가 추구하는 바를 굳게 잡는 것일 때는 이야기가 다르다. 옳은 것을 위한 고집은 브랜드 경영이라는 영원한 특권이 되어 돌아올 것이다. UB

인생에서 우스운 점 한 가지는, 만약 당신이 최고만 얻겠다고 고집한다면 대개의 경우 그것을 얻게 된다는 점이다. 서머싯 몸

박상우 인하대학교 언론정보학과를 졸업했다. 한미약품(주)을 거쳐 현재 코스모양행에서 다이슨 전담 브랜드 매니저로 활동하고 있다.

'사각사각' 소리에 유혹되고, '진정성'의 철학에 중독되는 브랜드
새로운 문화로의 초대장을 쓰다, 라미 LAMY

The interview with
라미 마니아 양승준, 베스트펜 대표 이양희, 베스트펜 실장 이지윤

베를린 공공기관에서는 항상 이 브랜드의 펜을 구입한다. 월트디즈니 스튜디오는 이 펜으로 스케치 작업을 한다. 미국의 전 대통령 빌 클린턴도 이 펜을 사용하고 있다.
독일 태생으로 많은 저널리스트와 예술가들의 애호품이 된 이 브랜드의 이름은 라미 LAMY 다. 특히 라미의 사파리, 알스타, 비스타 모델은 마니아들 사이에서 펜으로서의 사용 가치를 넘어서 수집 가치가 있는 만년필로 인정받고 있다. 이번에 만난 라미의 마니아 양승준 씨는 만년필을 20년 가까이 수집해 왔다. 라미에 대한 사랑이 유별난 그는 라미를 사고, 선물하고, 모으는 것을 두고 '취미 생활'이라고 말한다. 왜 그는 7년 동안 100여 자루의 라미 만년필을 아내 몰래 사무실 서랍 혹은 자동차 안에 모으고 있는 것일까?

* 본 기사는 유니타스브랜드 시즌I 중 Vol.12 슈퍼내추럴 코드의 2.0 버전으로, 슈퍼내추럴 코드(supernatural code)란 브랜드에 마치 중독된 듯한 열정을 쏟는 브랜드 마니아들의 심리 코드를 밝히고자 하는 주제다.

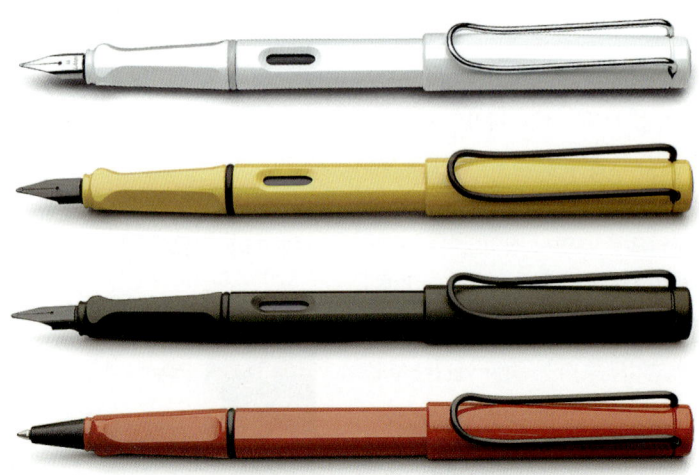

슈퍼내추럴 코드 애너그램

양승준(이하 '양') 비싸지도 않으면서 예쁘고 특색 있는 디자인도 좋고, 썼을 때의 느낌이 좀 거칠면서도 미묘하게 부드러운…. 뭐라고 표현하지 못하겠지만 그 사각거리는 소리에 '아, 좋다'라는 느낌이 들었다.

7년 동안 100자루가 넘는 라미의 알스타와 비스타를 모으는 데 중고차 한 대는 족히 사고도 남을 돈을 투자한 양승준 씨는 '라미가 좋은 이유'에 대해 위와 같이 말한다. 대부분의 사람들은 '미묘한 부드러움 때문에' '예뻐서'와 같은 이유가 중고차 한 대 값과 바꿀 만하다고 생각하지 않을 것이다. 특히 '사각거리는 소리'는 펜촉을 스테인리스 스틸이라는 경성 소재로 쓰기 때문에 나는 소리로, 라미만의 전유물은 아니다. 하지만 그는 "라미의 사각거림은 다르다"고 말한다.

이처럼 특정 브랜드에 대해서 강한 애정을 보이는 소비자들은 자신과 브랜드 간에 관계의 깊이나 감정의 폭에 대하여 적절한 표현을 찾지 못할 정도로 슈퍼내추럴한 관계를 유지한다. 라미를 한두 자루 가지고 있고, 서너 자루를 주위에 선물한 사람도 자신을 라미 마니아라고 말할 수 있겠지만 양승준 씨와는 분명 커다란 차이가 존재함을 느낄 것이다. 그래서 브랜드 마니아들과의 인터뷰는 하나의 애너그램anagram 놀이처럼 느껴지기도 한다.

애너그램은 단어나 문장을 구성하고 있는 문자의 순서를 바꾸어 다른 단어나 문장을 만드는 놀이다. 대표적인 예가 댄 브라운의 소설 《다빈치 코드》에 등장한 애너그램이다. 루브르 박물관의 소니에르 관장은 암살당하기 전 주인공들이 비밀의 문제를 해결할 수 있는 여러 가지 암호문을 남기는데 그중 하나가 이것이다. "O, draconian devil, Oh, lame saint(오, 냉혹한 악마여, 오, 불구의 성인이여)!" 그리고 이것의 문자열을 뒤바꾸면 Leonardo Da Vinci(레오나르도 다빈치)와 The Mona Lisa(모나리자)로 만들 수 있다. 애너그램은 이처럼 가지고 있는 단어나 어휘를 조합하여 뜻밖의 의미를 발견하는 즐거움을 선사한다.

우리는 라미의 슈퍼내추럴 코드에 코딩된 양승준 씨와 만년필이 좋아서 만년필을 많은 사람들에게 소개하는 것을 직업으로 삼게 된 베스트 펜의 이양희 대표, 이지윤 실장과의 대화를 통해 Vol.12에서 이미 발견한 몇 가지 슈퍼내추럴 코드를 확인하는 한편, 새롭게 발견된 슈퍼내추럴 코드도 추가할 수 있었다.

사각사각, 소리에 유혹되다

양승준 씨를 만나게 된 것은 펜 마니아들이 모여 있다는 온라인 커뮤니티 사이트, 베스트펜을 통해서였다. 우리가 베스트펜에 특정 펜 브랜드의 마니아 소개를 부탁하자, 그들은 베스트펜의 데이터베이스를 근거로 가장 많은 펜을 일정한 주기로 구입하고 있으며 때로는 신제품 정보를 미리 알고 주문을 요청할뿐만 아니라, 희귀 펜촉을 찾기 위해 특별 요청을 하곤 한다는 그를 소개해 주었다. 그런데 수많은 펜 브랜드 중 왜 라미일까? 이지윤 실장이 들려준 대답 속에는 라미가 지닌 두 가지 슈퍼내추럴 코드가 숨어 있었다.

이지윤(이하 '이') 베스트펜은 여러 브랜드를 판매하고 있지만 그중 라미의 특징은 재구매로 연결되는 비율이 상당히 크다. 재구매율이 높다는 것은 제품에 대한 만족도가 높다는 것이다. 특히 라미의 사파리는 묘한 매력이 있어서 재구매율이 굉장히 높다. 그 이유를 사각거리는 필기감이나 상당히 다양한 펜촉이나 컬러의 매력이라고 많이들 말씀하신다. 사람은 심리적으로 무언가가 덜 채워져 있으면 빈 부분을 채우고 싶어 하는 욕구가 있다. 그래서인지 사파리는 수집용으로도 인기가 많다고 본다. 또한 라미는 필기류 회사라기보다 디자인 회사라고 생각될 정도로 심미적으로도 뛰어난 디자인을 보여 준다. 게다가 가격 부담이 다른 만년필에 비하여 크지 않기 때문에 선물용으로도 많이 구매한다.

완성 욕구의 자극

라미를 통해서 볼 수 있는 슈퍼내추럴 코드의 첫 번째는 '완성 욕구의 자극'이다. 이 실장도 말했듯 인간은 무엇 하나가 비워져 있다고 생각하면 그것을 완성하고 싶어 한다. 수집용으로 인기 있는 사파리, 알스타, 비스타 모델의 경우 바디^{body} 컬러만 해도 검정, 파랑, 빨강, 노랑을 비롯해서 흰색, 핑크, 오렌지, 라임, 커피 등 다른 브랜드에서는 찾아보기 어려운 컬러를 내놓는다. 또한 촉의 종류도 다른 만년필 브랜드에 비해 더 다양한데, 가장 기본적인 EF, F, M을 비롯하여 켈리그래프용의 1.5, 1.9 등 기본적으로 6개의 촉이 있으며, 스페셜 에디션도 꾸준히 내놓고 있다. 따라서 라미를 수집하는 마니아들은 한 가지 모델에도 6가지 펜촉과 10여 가지 컬러의 바디가 있기에 이것만 해도 60여 개를 탐내게 된다.

양 처음에는 모양이 독특하고 필기감이 좋아서 쓰기 시작하다가, 라임 컬러를 보고 더 좋아졌다. 그런 색으로 만년필을 만드는 브랜드는 처음 보았다. 그래서 관심을 갖게 된 이후에 컬러별로, 촉별로 사게 됐다. 하나의 바디에 촉만 바꿔 끼워도 되는데 가격 부담도 적으니 하나씩 사게 되었고, 어제 세어 보니 선물한 것을 제하고도 100개가 넘더라.

컬러 베리에이션으로 수입 욕구를 자극하는 화장품 맥 M.A.C과 라코스테의 티셔츠

사랑받는 브랜드가 확고한 아이덴티티를 갖춘 상태에서 그들만의 스타일을 유지하며 제품 베리에이션^{variation}을 성공적으로 할 경우, 소모품이나 생필품이 수집품으로 전환되기도 한다. 제품 베리에이션을 할 때 가장 쉬운 방법은 컬러 베리에이션이다. 라코스테의 피켓 티셔츠나 맥$^{M.A.C}$의 립스틱과 같이 제품의 컬러가 다양한 브랜드의 경우 컬러별 소유 자체가 목적이 되어 수집의 대상이 되곤 한다. 또한 브랜드의 아이덴티티가 강해서 약간의 변형으로도 소비자들은 다른 제품으로 인식하는 지포라이터나 베어브릭, 또 스토리가 풍부하여 그 안에서 제품들을 다양하게 베리에이션하는 스타워즈 시리즈의 피규어들 역시 소비자의 수집 욕구를 자극한다.

때로 이런 수집 욕구는 나만의 박물관을 만들겠다는 슈퍼내추럴한 모습을 보이기도 한다 (유니타스브랜드 Vol.12 p204 참고). 양승준 씨 역시 7년의 시간을 라미와 함께 보내며, 단지 수집품이 아니라 이 브랜드와의 특별한 유대감을 만들어 가고 있었다.

양 10개씩 들어가는 케이스가 있는데 그것을 회사 서랍에 두고 스트레스를 받거나 뭔가 새로운 것을 하고 싶을 때 열어 본다. 보기만 해도 스트레스가 풀릴 때가 있다. 처음에는 글씨를 못 쓰니 잘 써 보자는 목적

으로 시작을 했는데, 이제는 라미를 손에 쥐면 새 출발 하는 기분이 든다. 그래서 새로운 각오를 다질 때 좋은 기분으로 신선한 시작을 하기 위해서 이것들을 꺼내 써 본다.

탐미주의를 자극

인간은 아름다운 것을 추구한다. '아름다운 디자인'이 라미의 슈퍼내추럴 코드의 두 번째다. 그러나 라미의 마니아들은 단지 '예쁜 외관'이 라미가 가진 아름다움의 전부라고 말하지 않는다. 라미의 디자인이 '모던하다'를 넘어서 '아방가르드하다'고 말하는 이유를 들어 보자.

이 라미를 특색 있는 디자인으로 기억하는 사람이 많다. 그러나 작년에 라미 본사를 방문했을 때 깜짝 놀랐다. 하나의 신제품이 나오기까지 3년 이상 준비할 정도로 심사숙고를 한다. 디자인 프로세스도 다른 회사와 다르더라. 특색 있는 디자인이 나올 수 있는 이유는 내부에 상주하는 디자이너가 있는 것이 아니라 각 제품 모델마다 건축, 패션, 액세서리 등 각계의 유명 디자이너가 그 라인을 진행하기 때문이었다. 예를 들어 건축가가 디자인한 제품은 건축물 양식에서 디자인을 차용하고 소재도 건축 자재에서 쓰던 것을 가져오기도 하기 때문에 혁신적인 상품이 나온다.

라미의 디자인은 생존을 위한 전략이기도 했다고 양승준 씨는 전한다. 독일 만년필 시장의 치열한 브랜드 싸움에서 중저가 브랜드인 라미가 몽블랑이나 펠리칸 등과 싸워 이길 만한 것이 필요했고, 그래서 실용성을 살리면서도 독특한 디자인을 고안하는 것이다. 그 결과 몽블랑이 중후한 멋의 신사라면, 라미는 몽블랑과 구별되는 밝고 환한 젊은 신사의 이미지를 만들어 냈다. 작년 라미의 베른하르트 뢰스너 사장이 한국을 방문했을 때 그 역시 라미의 성공 이유를 '고정관념을 깨는 디자인과 기술 혁신'이라고 말했다. 덕분에 라미는 독일 시장에서 몽블랑, 워터맨, 파카 등 유명 브랜드를 제치고 시장 점유율 40%의 마켓 리더로 등극했다.

하지만 수집 욕구를 자극하는 제품 베리에이션과 혁신적인(아방가르드한) 디자인으로 라미라는 브랜드가 슈퍼내추럴 코드를 가졌다고 보기에는 충분치 않았다. 이 애너그램의 마지막 힌트는 이들의 디자인 철학에서 찾을 수 있다. 그들이 동료와 친구, 그리고 조카에게 선물하는 이유는 그것을 선물하며 함께 전달할 수 있는 '철학(이야기)'이 존재하기 때문이다.

철학에 중독되다

라미의 홈페이지에는 이들의 철학을 읽을 수 있는 문장들이 발견된다. 이들은 라미를 만드는 커다란 세 축은 '디자인' '품질' 'Made in Germany'라고 밝히고 있다. 그중 디자인에 대한 철학은 '형태는 기능을 따른다 form follows function'는 말로 유명한 '바우하우스 Bauhaus 원칙'을 따른다. 이 디자인 철학은 라미의 고유한 스타일을 만드는 라미 브랜드의 정수다. 즉, 이들이 추구하는 디자인은 단지 보기 좋은 디자인이 아니라, 펜으로서의 기능을 가장 잘 구현해 내는 것이다. 양승준 씨는 바로 이 점이 라미라는 브랜드를 7년째 좋아하고 있으며, 지인들에게 선물하고, 아이들에게 글씨 교정을 시키는 데 활용하는 이유라고 말한다.

양 지금의 라미 홈페이지는 개편된 것인데, 이전 홈페이지에서는 펜의 기능 설명보다 펜을 쥐는 법이라든지, 잉크 카트리지를 제대로 꽂는 법, 펜촉을 제대로 길들이는 법과 같은, 아이들이 글씨 쓰기 연습을 할 때 유용한 코멘트가 많이 보였다. 또 필기할 때 어린이들의 심리 상태에 관한 내용도 있는 것을 보면 학생들을 위한 연구를 많이 한 듯했다. 알고 보니 사파리는 독일의 초등학교에서 아이들의 글씨 교정용으로 쓰이는 만년필이었다. 나도 아이를 키우는 입장에서 이런 점들에 호감을 느낀 것 같다. 비유하자면 단지 겉모습만 신경 쓰는 아이인 줄 알았는데 남을 위한 배려심도 깊은 친구구나 하는 생각이 들면서 점점 좋아졌다.

이 라미의 디자인은 상당히 인체공학적이다. 서양에서는 만년필을 글씨 교정용이나 자세 교정용으로도 많이 쓴다. 예를 들어 독일 사람들은 만년필을 쓸 때 캡을 만년필 끝에 끼우는 것이 아니라 왼손에 쥐고 쓰게 한다. 그러면 자연스럽게 안정적인 자세를 취하게 된다. 이런 교육을 위해 독일 학교에서 가장 많이 쓰이는 브랜드가 라미다.

라미는 학문의 도시라고 불리며, 독일에서 가장 오래된 대학을 가지고 있는 하이델베르크 출신이다. 이 학문의 도시에서 라미는 1970년 사파리를 출시하며 사파리 프로젝트라는 것을 시작한다. 어린 학생들의 바른 필체와 바른 자세를 위한 '어린이들을 위한 만년필'을 만든 것이다.

손잡이 부분이 삼각으로 디자인된 이유는 육각형인 연필보다 바르고 편안한 그립감을 위해서이고, 사파리에서 가장 독특하다는 캡 부분의 클립을 황동 철사로 만든 이유는 내구성을 높여서 학생들이 안전하게 사용하도록 하기 위해서이며, 바디의 소재가 비행기를 만들 때 사용되는 ABS인 이유는 인체에 무해한 소재이기 때문이다.

'형태는 기능을 따른다'는 이들의 디자인 철학은 학생들을 위한 만년필이라는 사파리의 존재 목적에 가장 적합한 디자인의 제품을 만들어 냈다. 어린이를 위한 만년필에 어른들이 열광하는 이유는 이것으로 이 브랜드의 진정성을 확인할 수 있기 때문이다. 따라서 라미의 세계관(이데올로기)을 알고 그것의 진정성을 확인한 소비자들은 그 이데올로기에 동참하고 나아가 열광적인 지지를 보내게 된다(유니타스브랜드 Vol.12 p202 참고).

결국 '사각사각' 소리에 귀를 빼앗기고, 독특한 외관에 눈을 빼앗긴 후, 이들의 철학에 마음을 빼앗긴 양승준 씨는 이들의 이데올로기에 동참하는 오라클(유니타스브랜드 Vol.12 p168 참고)이 되어 있었다.

양 라미를 선물하면 싫어하는 사람이 없다. 회사에서도 라미를 쓰고 있으면 다들 관심을 보여서 하나 둘 선물하게 됐다. 그래서 지금 다니는 회사에서 라미를 쓰는 사람이 꽤 많다. 얼마 전에는 재미있는 일이 있었는데, 예전에 선물을 한 총무부의 한 분이 라미를 어디에서 살 수 있냐고 물어 보더라. 그래서 이유를 물어 보니, 잃어버렸는데 라미가 없으니 업무를 못 보겠다고 하더라(웃음).

> 어린이를 위한 만년필에 어른들이 열광하는 이유는 이것으로 이 브랜드의 진정성을 확인할 수 있기 때문이다.

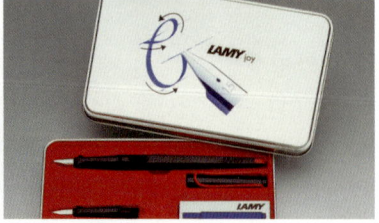

학문의 도시 하이델부르크 출신 브랜드인 라미는 소비자들을 만년필 문화로 초대한다.

만년필 문화로의 초대

'그런데 요즘 누가 만년필을 써?'

디지털 시대에 만년필은 구시대적인 도구다. 그런데 이런 만년필 브랜드의 슈퍼내추럴 코드를 연구하는 것이 의미가 있을까? 하지만 오랫동안 만년필 애호가인 이양희 대표의 이야기는 슈퍼내추럴 코드 2.0의 키워드를 발견하는 실마리를 제공했다. 요즘 시대의 만년필은 '문화'라는 것이다.

이양희 만년필은 일종의 문화다. 급격하게 변화하는 세상에서 시간에 쫓기는 사람들은 여유로움을 찾고 싶어 한다. 무엇보다 손 글씨의 감동을 기억한다. 마치 과거에 먹을 갈아서 종이에 붓글씨를 썼듯이 만년필을 쓰려면 잉크병을 열고 잉크를 주입해서 펜촉과 손의 힘을 적절히 조화시켜서 써야 한다. 만년필은 아날로그적 휴식을 제공하는 문화이자, 손 글씨 문화를 즐기게 해준다.

손 글씨 자체를 즐기고, 나만의 켈리그래피를 만드는 것, 그것으로 편지를 주고받는 것이 하나의 문화가 될 수 있다는 그녀의 말이 거짓처럼 들리지는 않는다. 실제로도 아날로그 필름 카메라나 빈티지 상품들이 인기를 끌고 있기 때문이다. 라미는 저렴한 가격으로도 고급이라고 일컬어지는 만년필 문화를 경험하게 해준다. 게다가 만년필 하면 고루한 이미지나 중절모를 쓴 중년 남성을 떠올리지만, 라미는 세련된 디자인 때문에 젊어 보이는 이미지까지 제공한다. 예뻐서 사고, 수집욕을 자극해서 사고, 그들의 철학에 동조해서 자꾸 사용하고 알다 보면, 자연스레 만년필 문화에 빠져들게 된다. 양승준 씨 역시 라미뿐만 아니라 여러 가지 만년필을 수집하고 있으며, 마치 먹과 가장 잘 어울리는 화선지를 찾듯 각 만년필에 가장 잘 어울리는 종이까지 수집하며 이 문화를 즐기고 있었다.

이처럼 새로운 문화로의 진입을 유도하는 브랜드는 소비자를 새로운 세계로 초대하며, 새로운 자신을 발견하게 해준다. 그럼으로써 마치 다른 사람이 된 듯한 기분까지 들게 해준다. '인간의 마음은 뇌에서 시작한다'는 생각으로 뇌 과학을 연구하는 그레고리 번스는 《만족》이라는 그의 저서에서 위의 주장을 뒷받침할 만한 자료를 제시한다. 중독과 관련해 가장 중요하게 여겨지는 신경전달물질인 도파민을 연구한 자료에서 우리 뇌 안에 더 많은 도파민이 흐르도록 하는 요소가 있는데 그것이 바로 '새로움 novelty'이라는 것이다. 많은 뇌 영상들을 근거로 그는 새로운 사건이 도파민 분비에 매우 효과적임을 보여 준다.

라미는 세계 60여 나라에 수출되는데, 판매순위로 보면 한국이 무려 7위라고 한다. 이처럼 라미는 최근 갑자기 많은 사람들의 사랑을 받고 있다. 그러나 이것이 일시적인 유행에 그치지 않을 것이라고 보는 이유는 라미는 문화를 향유하게 하기 때문이다. 라미의 소비자들은 부담스럽지 않고 매력적인 이 펜을 직접 구매하거나 선물을 받아 사용하면서 만년필 문화를 처음 경험하고 그때의 도파민이 분비되던 기분을 기억하며 마치 중독된 듯 이 브랜드에 빠져들게 된다.

만년필을 사용하지 않던 사람들이 쓰는 만년필 브랜드, 그 문화로의 진입을 점화 priming 시켜서 문화와 함께 성장하는 브랜드. 라미는 디지털 문화가 가속화돼도, 펜의 1차 기능인 '기록을 하는 소모품'의 차원을 넘어 수집품이 되어 문화를 유지시킬 것이다. 이것이 자식들에게 남겨주는 유품이 된다면, 펜 브랜드로 지속적으로 성장할 수도 있다. 이렇게 새로운 문화로의 진입을 유도하는 브랜드는 산업의 흥망성쇠와 관계없이 흥할 수 있다. 소비자들의 슈퍼내추럴한 사랑을 받으며 말이다. UB

양승준 글씨를 잘 쓰기 위해 사용하기 시작한 만년필의 매력에 빠져들어 20년 째 수집 중이다. 라미를 수집한 것은 7년째며 현재 100여 자루의 라미를 소유하고 있고, 그 동안 친구, 동료, 친척들에게 선물한 것까지 한다면 중고차 한 대는 샀을 만큼 애정을 쏟았다고 전한다.

이양희 만년필 애호가로 특히 그라폰카버카스텔에 대한 애정을 쏟고 있다. 그녀의 취미활동은 직업으로도 연결되어 1997년 온라인 최초 문구 쇼핑몰 문구닷컴의 운영실장과 대표이사를 지내고 2003년 만년필 전문 온라인 쇼핑몰 베스트펜을 설립했으며, 만년필 애호가들의 문화 공간을 꿈꾸며 오프라인 매장, 비젠마스터피스를 런칭했다.

이지윤 베스트펜과 비젠마스터피스의 실장으로 현장에서 만년필 애호가들에게 각종 정보와 제품을 전달해주는 오라클이다. 2009년에는 라미 코리아의 교육을 이수하였으며, 독일 Paperworld Frankfurt 2009에 참석하였고, 얼마 전에는 하이델베르크의 라미 본사를 방문했었다.

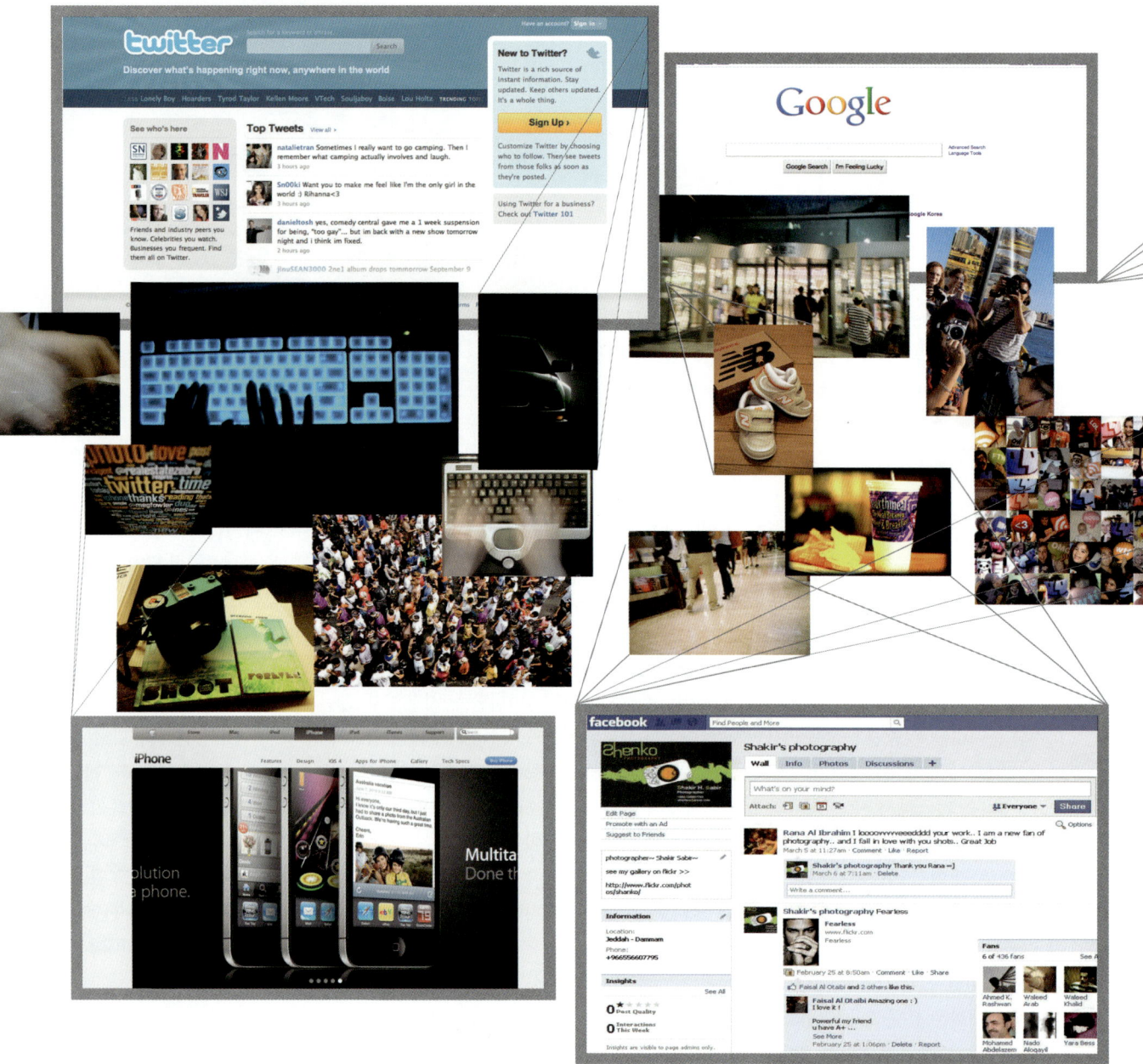

마케팅 성지순례
전 세계의 리서처가 모여드는 곳
TGif 에 가라

IDEA ESSAY

'교보문고 광화문점, 재개점 후 이틀 동안 15만 명 방문'
'광화문 교보문고 재개장, 사흘새 20만 명 찾았다'
마치 아이폰 신모델 예약 판매자 수의 기록 경신을 보도하듯, 주요 일간지들은 교보문고 광화문점의 재개장에 인파들이 몰린 소식을 알렸다. 그도 그럴것이 광화문 교보문고는 책 마니아들에게 특별한 장소기 때문이다. 그들은 같은 책을 더 싸게 살 수 있는 온라인 서점을 두고 굳이 책 쇼핑을 하러 광화문에 들른다. 그들은 '책 향기를 맡으러' '스트레스를 풀러' '친구를 만나러' '쉬러' 그곳에 간다고 말한다.

마케터나 브랜더, 디자이너들에게도 그곳은 성지와 같았다. 베스트셀러를 살피거나 새로 나온 책을 훑어보며 트렌드를 읽고, 잘 지은 책 제목, 목차에 사용된 재기 발랄한 표현들, 저자의 생각이 고스란히 녹아 있는 서문을 읽으며 고민 중인 문제의 답을 구하기도 하기 때문이다. 또한 목적에 맞는 책을 찾기 위해 책 쇼핑이 아니라 책 사냥에 가까운 몰입을 하는 곳이기도 하다.

첫 개장 이후 30년 동안 책 마니아들에게 특별대우를 받던 이곳이 리뉴얼을 이유로 5개월 동안 휴점을 했다. 그리고 다시 문을 연 첫 주말, 그곳이 인산인해를 이룬 것은 책을 사러 온 사람만큼 '과연 어떻게 변했을까?' '내 추억이 바라지는 않을까?'와 같은 의문을 품고 시찰하듯 방문한 소비자들이 많았기 때문아닐까?

시찰을 마친 소비자들이 다시 모여든 곳이 있는데, 그곳이 바로 TGIF다.

TGIF는 페밀리레스토랑의 이름이 아니라, Twitter, Google, iPhone, Facebook을 줄여 부르는 신조어이며 소셜 미디어를 상징하는 말이다. 특히 각종 스마트폰으로 교보문고 리뉴얼에 대한 시찰 결과를 트위터에 올린 트윗들을 살펴 보았다.

"백화점 오픈이 이에 비할까? 그냥 교보도 아닌 광화문 교보의 힘."
"광활한 교보문고에는 롯데월드 수준으로 사람이 많다. 책보다 사람이 더 많다."
"클래식한 느낌으로 변했고, 무엇보다 세면대가 인상적이예요."
"뭔가 한 시대가 간듯한 기분이 들더군요."
"새로 연 광화문 교보문고 구경하러 왔다. 열두 살 때부터 늘 놀러 왔던 교보문고의 모습이 딴 판이 되었다."
"공사 끝낸 광화문 교보에 들러서 한바퀴 돌아보곤 집에 오는 길에 충동적으로 신촌의 헌책방 '숨어있는 책'에 들렸다. 맞다. 여기가 더 편해."

광화문 교보문고에 대한 소비자들의 다양한 반응이 보인다. 또한 눈에 띄는 점은 이 브랜드에 많은 애착을 가지고 있던 소비자들의 아쉬움이다. 그렇다고 소비자의 반응이 이러니 다시 되돌리라는 것은 아니다. 단지 TGIF를 활용하여 소비자들의 마음을 읽는 법을 소개하는 것이다. 특히 트위터의 검색 기능은 흩어져 있던 당신의 브랜드에 대한 소비자들의 감정을 모아다 줄 것이다. 이곳이 때로는 수천 만원의 소비자조사 보다, 소비자와 머리싸움을 해야 하는 FGI Focus Group Interview 보다 더 나은, 더 많은 정보를 제공할 새로운 성지이기 때문이다.

우리 브랜드도 좋고, 궁금했던 타 브랜드도 좋다. 그 브랜드의 이름만 입력하면 된다. 특히 잘 몰랐지만 알고 싶은 브랜드를 발견한다면, 게다가 외국 브랜드라면 트위터에서는 활자를 검색한 후 플리커 flickr.com에 가서 그들의 이미지를 검색하면 더 좋다. 전 세계인들이 조사원이 되어 당신이 원하는 바로 그것을 가져다 줄 것이다. UB

안녕하신가, 민 과장!

기우였던 모양이야. 치밀하게 더웠던 지난 여름을 지내면서 '이제 봄과 가을은 아예 사라져 버리는 것 아닌가?' 하고 걱정했었는데 벌써부터 나뭇잎은 가을빛을 담아내기 위해 적당히 얇아지고 있고 카디건 없이는 아침저녁으로 감도는 선선한 기운을 떨칠 수 없는 요즘이니 말이야. 오늘 오후에는 민트차 한 잔과 그간 사서 쌓아만 놓았던 책들을 좀 읽어야겠어. 차와 독서야말로 가을의 묘미 아닌가! 물론 그 전에 자네가 보내온 신제품 관련 슬로건들에 대한 피드백을 끝내야 누릴 수 있는 여유겠지만 말이지.

사실 그 문구들을 처음 보았을 때 조금은 당황했다네. 실망해서가 아니라, 상당히 괜찮아서였어. 그간 자네에게 늘 잔소리만 늘어놨던 터라, 사실 이메일을 보냈다는 자네의 트윗twit에 속으로는 이번에는 또 어떤 문제점을 어떻게 설득하나 싶어 조금은 걱정이었거든. 그런데 그것도 기우였던 모양이야. 이번 기획안을 보면서 '민 과장이 그새 이만큼이나 성장한 것인가?' 아니면 '한 때 날카롭기로 소문난 내 감각(대부분은 시니컬한 논조였지만)이 이제 모두 무뎌진 것인가?'를 구분할 수 없었지. 그만큼 괜찮은 슬로건들이었어. 트위터로 "내 의견이 도움이 되겠어? ^^;"라는 DM Direct Message을 보낸 것도 농담 섞인 겸손이 아니라 나에 대한, 또 내 시장 감각에 대한 불신 때문이었다네. 엉터리 의견을 낼지도 모르는 내 모습에 실망할 스스로가 두려웠던 게지. 어찌 되었건 재차 피드백을 요구하는 자네의 청을 더는 거절할 방법을 찾을 수 없으니 몇 마디 의견을 적어보겠네.

민 과장이 준비하고 있는 제품의 장·단점을 충분히 알고 있는 나로서도 구미가 당길만한 문구던걸? 당장 제품을 사고 싶을 만큼 말이지. 그런데 곰곰이 생각해보니 한 가지 걸리는 것이 있었어. '너무 경쟁사를 의식한 카피 문구는 아닐까?' 하는 생각이 지워지지 않더군. 어렵게 책정된 광고비를 써가면서 정말 우리가 이 제품을 통해 전할 메시지가 경쟁사의 단점을 부각시키는 것에 관한 것일까?

(때로는 비방광고로 이어지는) 비교 광고 사례는 그간 충분히 봐왔지 않나. 코카콜라와 펩시, 아우디와 BMW, FedEx와 DHL… 그리고 한국에서도 빈폴과 폴로를 경쟁사로 둔 한 브랜드가 비교 광고를 한 것이 기억나네. 그런

데 그런 광고를 통해 결국 우리, 즉 소비자에게 남은 메시지는 무엇인지, 자네는 대답할 수 있겠나? 코카콜라가 펩시와 어떻게 다르고 그 한국 패션 브랜드는 빈폴과 폴로와 근본적으로 어떻게 다른지 말일세.

그런 측면에서, 이번에 자네들이 준비한 광고를 본 후에 소비자에게 남은 메시지는 무엇일까? 난 그것이 우리 제품만의 철학과 아이덴티티에 관한 것이기를 바라네. 또 메인 슬로건 바로 밑에 경쟁사 대비 저렴한 가격에 힘을 준 이유도 은연중에 상대방의 단점을 강조하고 싶었기 때문 아닐까? 비교를 시작하는 순간 소비자들은 두 대상간의 또 다른 여러 비교 속성들을 떠올리게 된다네. '이것은 가격이 싼 대신 무엇이 안 좋을 거야' 등, 경쟁사가 기존에 가졌던 장점들을 오히려 부각시키는 역효과를 낼 수도 있다는 이야기일세. 물론 이것 역시 기우이기를 바랄 뿐이지만 말이지. 하지만 나로서는 걱정되는 것이 사실일세.

난 기본적으로 경쟁사들 간의 관계가 '시소가 아닌 '그네'처럼 되야 한다고 생각하네. 시소처럼 누가 이번 광고 시즌에 더 많은 광고비를 집행했는가에 따라 순간적으로 뒤바뀐 상황이 연출되는 것이 아닌, 그네처럼 누가 더 열정적으로 발을 구르는가, 기존에 내가 가진 장점에 어떤 추진력을 더해 현재 가진 힘의 반동으로 더 높이 오를 수 있는가를 고민해야 한다는 뜻이네. 그리고 그것이 서로 헐뜯는 경쟁이 아닌, 상생의 경쟁구도를 만들 수 있을 것이라 믿네. 시소의 양 끝에 앉은 두 사람은 절대로 일정 수준 이상의 높이로 올라갈 수 없거든. 난 그 점이 염려스러운 것뿐일세.

민 과장! 광고든, 신제품 개발이든, 새로운 매장의 입지 선정이든, 모든 전략은 민 과장이 브랜드를 통해 세상에 전하고 싶은 메시지를 더 잘 보여줄 수 있는 방법을 위한 최적화에 초점이 맞추어져야 한다고 생각했으면 좋겠어. 난 적어도 이번에 민 과장이 준비한 메시지가 그것에 최적화 된 것은 아니라고 생각하네. 다시 한 번 메시지에 집중해서, 자네 브랜드의 자아실현에 집중해서 고민해 보는 것은 어떨까?

가을이 좋은 이유는 여름처럼 덥지 않아서가 아니라, 가을답기 때문이라네.

그럼, 수고하게… UB

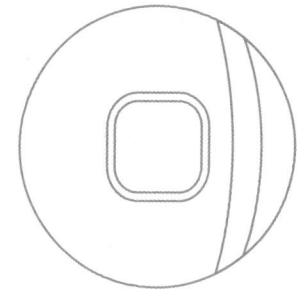

BRANDING

마케팅은 판촉 행위를 불필요하게 만든다.
브랜딩은 마케팅을 불필요하게 만든다.

1	판타지와 브랜드	5	휴먼브랜더	9	호황의 개기일식
2	브랜드 뱀파이어	6	런칭 전략서는 브랜드 묵시록	10	디자인 경영
3	브랜드의 진보와 진화, 고등브랜드	7	브랜드 최고의 가치, RAW	11	ON-Branding
4	휴먼브랜드	8	브랜드와 컨셉	12	슈퍼내추럴 코드

Unitas BRAND 시즌 I 은 총 12권, 3,000페이지로 구성되어 있으며 기획기간 3년, 제작기간 2년 동안 성공적인 브랜드 사례 172개를 분석하고 국내 전문가 및 브랜드 현장 리더 257명, 해외 석학 및 전문가 60명의 지식을 압축했습니다.
이 책은 브랜드 교육 과정의 참고서로 활용할 수 있으며 실제로 약 80여 개의 회사가 전 사원을 교육하는 데 사용하고 있습니다. 또한 패키지로 구성되어 지금까지 어디에도 없던 방대하고 체계적인 '성공 프로그램'을 필요로 하는 분께 선물할 수 있습니다. 현재 유니타스브랜드는 Vol.14 브랜드 교육, Vol.15 브랜드 직관력, Vol.16 브랜드십 등 시즌II를 발행하고 있습니다.

오리지널 패키지 : 220,000원 → 184,500원
시즌 I (12권) + 이미지 노트

브랜딩 패키지 : 263,000원 → 212,500원
시즌 I (12권) + Vol.13 브랜딩 + 이미지 노트 + ART 노트

강력한 브랜드 구축을 위한 야전교범

Unitas BRAND
SEASON I 브랜딩

www.unitasbrand.com

STEP 1
브랜드 학습 가이드
브랜드의 정의, 개념, 관점, 본질 그리고 해석

브랜드 런칭과 리뉴얼시 반드시 필요한 브랜드 철학과 전략을 실질적 사례에서 배운다.

1단계	Vol.7	브랜드 최고의 가치, RAW
2단계	Vol.1	판타지와 브랜드
3단계	Vol.3	브랜드의 진보와 진화, 고등브랜드

STEP 2
마케팅과 브랜딩의 이해
브랜드 경영과 디자인 경영의 실질적 사례와 매뉴얼

컨셉으로 브랜드를 구축하고, 구축한 브랜드와 상품을 결합시켜 런칭하는 일련의 프로세스를 배운다.

4단계	Vol.10	디자인 경영
5단계	Vol.8	브랜드와 컨셉
6단계	Vol.6	런칭 전략서는 브랜드 묵시록

STEP 3
소비자에 의한 브랜딩의 이해
브랜드를 구축하는 주체로서의 소비자

기업 주도적 마케팅과는 별개로 소비자가 브랜드를 구축하는 과정, 전략, 그리고 소비자 심리를 파헤친다.

7단계	Vol.11	ON-Branding
8단계	Vol.12	슈퍼내추럴 코드
9단계	Vol.2	브랜드 뱀파이어
10단계	Vol.9	호황의 개기일식

STEP 4
브랜드와 브랜더
사람이 브랜드가 된 이야기, 브랜드를 만드는 사람의 이야기

사람이 어떻게 브랜드가 되고, 어떻게 사람을 브랜드로 만들 것인가와 1인 기업, 1인 브랜드의 사례에서 노하우를 배운다.

| 11단계 | Vol.4 | 휴먼브랜드 |
| 12단계 | Vol.5 | 휴먼브랜더 |

Unitas BRAND
구입 문의 TEL 02.545.6240
브랜드 컨설팅 문의 TEL 02.542.8508 EMAIL 조선화 실장 sun@unitasbrand.com

Unitas CLASS
School of Marketing and Strategy

마케팅과 전략의 교육 솔루션으로
10만 명의 전략가를 양성하는 기업 교육 회사입니다

Book Seminar
회원들을 위한 북세미나 (연 6회)
컨퍼런스 (연 4회 /
Unitas BRAND 공동 주최)

E-reading
유니타스클래스
자체적으로 개발한 독점교재

블랙브랜드 1, 2
과정명 : 실천브랜드, 마케팅교육, 블랙브랜드 (2개월 과정)

패션브랜드 1, 2
과정명 : 패션브랜드마케팅 (2개월 과정)

Brand Education
기업 맞춤형 브랜드 교육과정

독특한 브랜드 교육 도구로 전사적
브랜드 패러다임 전환을 위한 교육

2010 우수 교육훈련 프로그램 경진대회
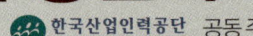 고용노동부　한국산업인력공단　공동 주최

패션 브랜드 레드북 1,2
[권민(지음) / 유니타스 클래스

원격교육훈련 우편원격 부문
유니타스 클래스 금상 수상

본 대회는 노동부와 한국산업인력공단 주최로 기업체, 교육훈련기관 등에서 운영되는 우수 교육훈련프로그램을 발굴, 전파함하여 근로자의 직업능력개발을 촉진하고 인적자원경쟁력을 강화 시키고자 하는 대회이다.

- **과정소개** 〈패션 브랜드 마케팅〉
- **과정내용** : 1개월 차에는 의류 브랜드 작동의 메커니즘, 의류브랜드의 브랜딩, 의류 마케팅의 현장 지식과 사례를 중심으로 내용이 설계되었다. 2개월 차에는 의류 브랜드 지식의 총화라고 할 수 있는 의류 브랜드 런칭 실전 전략을 배우고, 런칭 후에 어떻게 리뉴얼하고 콜래보레이션하며 성장 전략을 구사할 것인가에 대한 지식을 학습하게 된다.
- **학습 방법** : 우편원격훈련(독서교육)을 통한 케이스스터디를 통한 학습과제
- **교육비** : 노동부 고용보험 환급 과정으로 과정당 52,000원

"기존의 마케팅 관련 학습및 교재는 이론 중심적이었지만, 본 과정은 현실에 적용 가능한 내용이어서 많은 도움이 된다고 생각합니다."
—EXR코리아 김준우 차장

"일반적인 교육도서 보다는 구체적인 사례에 기반한 경험마케팅의 실현이 상당히 구체적인 것 같아서 당장 업무에 적용하는데 큰 무리가 없다고 판단했다."
—스타럭스 김경아 차장

"업무현장에서 막연하게 사용하고 듯던 개념들의 재정립의 기회가 되었다."
—신영와코루(비너스) 허신원 과장

(주)유니타스클래스　www.unitasclass.com
2F ST Bldg., 203-40 Dongkyo-Dong, Mapo-Gu, Seoul, KOREA　|　T 02.517.1984　F 02.517.1921　E class@unitasclass.com　담당 신현선 팀장

고용보험환급 브랜드 독서교육
BRAND GURU SERIES
브랜드 마케팅 구루시리즈 교육 과정

과정명
차별화된 비즈니스 중심의 브랜드 포트폴리오 전략

세계최초 브랜드 개념도입

~~52,000원~~ → **8,000원** (환급혜택)

교재명: 브랜드포트폴리오 전략
비즈니스북스/28,000원상당
저자: 데이비드아커 (10월과정출시예정)

어떤 브랜드에 집중하고 힘을 실을 것인가?
브랜드 전략을 명쾌히 재정립하고 경영하기 위한 실전 전략 학습함.

과정명
마케팅전략의 수립과 실행

마케팅의 아버지

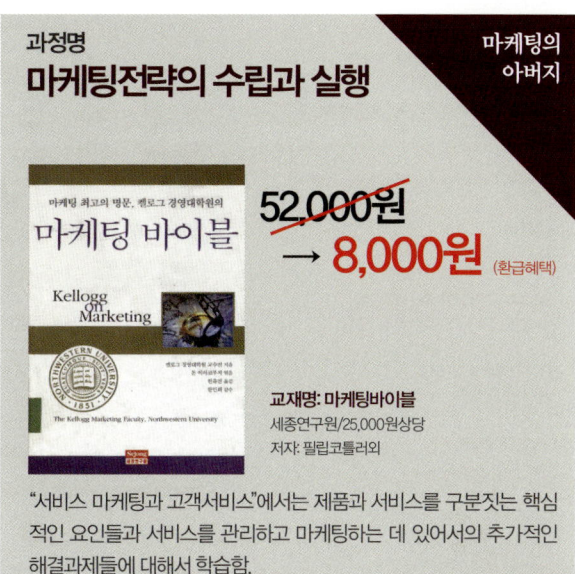

~~52,000원~~ → **8,000원** (환급혜택)

교재명: 마케팅바이블
세종연구원/25,000원상당
저자: 필립코틀러외

"서비스 마케팅과 고객서비스"에서는 제품과 서비스를 구분짓는 핵심적인 요인들과 서비스를 관리하고 마케팅하는 데 있어서의 추가적인 해결과제들에 대해서 학습함.

과정명
마케팅 담당자를 위한 브랜드 관리 실무

소비재 마케팅분야의 대가

~~52,000원~~ → **8,000원** (환급혜택)

교재명: 브랜드매니지먼트
비즈니스북스/40,000원상당
저자: 케빈레인켈러

브랜딩에 관한 최신 이론과 개발 전략을 학술적인 관점과 기업의 실천적인 관점에서 통합 제시.

과정명
전략적 브랜딩을 위한 브랜드 매니지먼트 이해

브랜드 아이덴티티 최초 개념 제시

~~52,000원~~ → **8,000원** (환급혜택)

교재명: 뉴패러다임브랜드매니지먼트
김앤김북스/37,000원상당
저자: 장노엘캐퍼러

시장의 성숙과 성장의 도전, 유통의 집중화와 시장 지배력의 강화, 저원가 경쟁의 심화와 가격 인하, 글로벌화의 경향과 로컬 시장에서의 적응 문제등 전략의 기초 형성.

학습 프로세스

위에 구루(Guru)시리즈 교육과정은 노동부 지 고용보험환급과정으로 유니타스클래스의 우편원격훈련과정 임. 도서별 2개월로 구성된 브랜드 마케팅 교육과정임. 교육비는 52,000으로(2개월) 수료 후 우선지원대상기업 기준 44,000원(대기업35,200원)환급 가능 교육 임.

4개의 교육 과정을 함께 수강할 경우

~~208,000원~~ → **32,000원**
(고용보험 환급혜택으로 실비용)

혼자 학습하기 쉽지 않지만 브랜드 구루들의 책들을 고용보험 환급 브랜드 독서교육을 통해서 32,000원의 비용으로 교재와 함께 Case Study 방식의 학습과제를 제공하여 쉽게 학습하실수 있습니다.

Unitas BRAND
유니타스브랜드
SEASON II Vol.17

CONSULTING EDITOR 주우진

PUBLISHER / EDITOR-IN-CHIEF 권민
ART DIRECTOR 안은주

COMMUNICATION MANAGER 조선화

EDITOR
김경희, 윤현식, 조아라

SPECIAL FEATURE EDITOR
UNITAS CLASS 김우형, 김경필

FEATURE EDITOR
배근정, 서정희

WEB EDITOR
박요철

COMMITTEE OF EDITORS
김미선, 주로니, 고은영

BOOK DESIGN AND ARTWORK
ART DESIGNER 이상민
ASSISTANT DESIGNER 이진희

UNITAS FINDER
PHOTOGRAPHER 김학중

BUSINESS MANAGER 진경은
MARKETING MANAGER 김일출
CONSUMER MARKETING 양성미

EDUCATION MANAGER 신현선

KNOWLEDGE DIRECTOR 홍성태

도서등록번호 서울 라 11598
ISBN 978-89-93574-48-7
출판등록 2007. 7. 3
인쇄발행 2010. 10. 1
인쇄 ㈜프린피아

2F, ST Bldg., 203-40 Dongkyo-Dong
Mapo-Gu, Seoul, KOREA, 121-819
서울시 마포구 동교동 203-40 ST빌딩 2층
Tel 02) 542-8508 Fax 02) 517-1921
광고문의 02) 542-8508
구독문의 02) 545-6240 010) 4177-4077

이 책은 저작권법에 따라 보호 받는
저작물이므로 무단전재와 무단복제를 금지하며,
이 책의 전부 또는 일부를 이용하려면 반드시
㈜모라비안유니타스의 서면 동의를 받아야 합니다.
이 책에 수록된 글, 사진 그림 등은 ㈜모라비안유니타스에
저작권이 있으며, 이미지는 저작권자의 허락을 얻어 실었습
니다. 계약을 얻지 못한 일부 이미지들에 대해서는
편집부로 연락하여 주시기 바랍니다.

www.unitasbrand.com

기업구독자

경기도교육정보연구원(문헌자료실), 한국광고단체연합회, ㈜웰캄, 교촌에프앤비㈜, 스튜디오바프㈜, 꼴크리에이티브, ㈜뉴데이즈, ㈜디자인파크, 제이에스티나, ㈜애드쿠아 인터렉티브, ㈜해피머니 아이엔씨, 라온비티엘그룹, 이노션월드와이드, ㈜이투스, ㈜팍스넷, 까사스쿨, 컨셉, MD SPACE, ㈜구산구산, ㈜아이디스트, 넥스브레인㈜, ㈜스튜디오애니멀, 야후!코리아, ㈜두영푸드, ㈜네이쳐앤휴먼지피, 빅인더크리에이티브, 한국암웨이㈜, ㈜예스북, ㈜네티션닷컴, 엑스포디자인브랜딩, ㈜이이씨엘리트, 동양생명, 한국우편사업지원, 다인, ㈜SSCP, 서울도시가스㈜, 영원무역, 우리컴, ㈜기분좋은커뮤니케이션, 한국고주파 산업연구조합, ㈜브라운스톤인터렉티브, ㈜한국용기순환협회, ㈜디자인원, 삼성에버랜드, 제이엔하이, 언일전자, 고양문화재단, 헤이프레스토, ㈜이너스커뮤니티, 이담트리, ㈜비콘커뮤니케이션, 새한정보시스템주식회사, 엔씨소프트, 인크로스, ㈜창조E&C, ㈜디지틀조선일보, 얼반테이너, 사람과디자인㈜, ㈜마이스터, 지에프커뮤니케이션즈, ㈜넥서스커뮤니티, 민주화 운동기념 사업회, 컨셉추얼, ㈜하이아트, 광고인, ㈜종합건축사사무소 건원, 연세의료원, 동숭아트센터, 에고이즘, 엠앤서비스㈜, 디자인수목원, 그랑팰리스웨딩홀, ㈜에스마일즈, 모노솜디자인, ㈜퍼셉션, 한화호텔앤드리조트, 바오로딸수녀회, ㈜헤어웨어, 다우그룹, 중앙m&b, 경희사이버대학교, 주식회사 보배네트워크, 에스엘컨설팅, 비아이티컨설팅㈜, ㈜아이포트, ㈜라인헤어, ㈜카길애그리퓨리나코리아, 한국수입업협회, LS산전, 송추가마골, 거송시스템

외부 교육 프로그램 진행

LG 전자 CVI그룹(고객가치 혁신팀)마케팅 교육, 서울 시청 해외 마케팅팀 브랜드&마케팅 교육, 펀 마케팅 클럽, PMC프러덕션 교육, 이화여자대학교 평생교육원 MD과정 교육, 연세대학교 브랜드 전문가 과정(BM스쿨), ㈜세정그룹 마케팅 교육, ㈜톰보이 임원 워크샵 특강, ㈜티디코 브랜드 특강, 프랭클린 플래너 마케팅 특강, 한국디자인진흥원 실, 디자이너 재교육 기획마케팅 과정, ㈜알파코 2008 우편원격교육 교재지정(노동부), 라퀴진 아카데미 트렌드 강의, 특허청 디자인트렌드 강의, 한국관광공사 온라인 브랜드 강의, 대우 일렉트로닉 디자인 트렌드 강의, Daum 브랜드 강의, 신세계 유통연수원, MD들의 수다장 정기세미나, 브랜드 커뮤니티 「링크나우」 세미나, 제 1회 인사이트 포럼 「패션 인사이트 창간10주년 기념」, 웹어워드 2010 온라인 브랜드마케팅 세미나, 서울 패션 소싱 페어 2010, 마포청년 창업아카데미, 「마포명물 가게만들기」 브랜드특강, ㈜하이트 임원 역량 강화 교육, 연대브랜드 과정, 대구·경북디자인센터

Unitas BRAND MEMBERSHIP

www.unitasbrand.com
TEL 02.545.6240
MOBILE 010.4177.4077
격월 짝수달 초 발행

등급별 가이드
회원 여러분의 필요에 맞춰 다양한 등급별 정기구독 제도를 마련하였으니, 각각의 혜택을 참조하여 꼭 필요한 멤버십 회원으로 신청하시기 바랍니다.

등급	브랜드 매거진			지식 세미나		통합지식 네트워크
Unitas BRAND Purple MEMBERSHIP 300,000원	유니타스브랜드 정기발송 (연 6회)	유니타스브랜드 뉴스레터 (연 12회)	유니타스뷰 (연 2회)	UB 컨퍼런스 (동반 2인 포함)	브랜딩 클래스 (연 2회)	북 세미나 (연 6회)
Unitas BRAND Black MEMBERSHIP 120,000원	유니타스브랜드 정기발송 (연 6회)	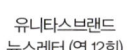 유니타스브랜드 뉴스레터 (연 12회)	유니타스뷰 (연 2회)	UB 컨퍼런스 (동반 1인 50% OFF)		
Unitas BRAND Green MEMBERSHIP 96,000원	유니타스브랜드 정기발송 (연 6회)	유니타스브랜드 뉴스레터 (연 12회)				

- 적용시점은 2010년 1월 1일 기준입니다.
- 현재 구독회원이 재구독할 경우 3가지 등급 중 하나를 선택해 연장하실 수 있습니다.
- 정기구독 기간 중 제품가격 및 운송료 인상시에도 추가 과금되지 않습니다.
- 기업구독 신청시 비노출 혜택을 받으실 수 있습니다.

세미나 및 교육 가이드

*사정에 의해 일정이 변경될 수 있습니다.

구분	횟수/시간	참가비	무료 참가자격	1월	2월	3월	4월	5월	6월	7월	8월	9월	10월	11월	12월
Branding Class (권민 편집장 브랜딩 클래스)	2회 (pm 7:00~8:30)	100,000원	퍼플 (동반 1인 50% OFF)		2/23										
UB Conference (UB 컨퍼런스)	4회 (pm 1:30~6:00)	70,000원	퍼플 (동반 2인 포함) 블랙 (동반 1인 50% OFF)				4/2			7/9			10/14 10/21		O
Book Seminar (북 세미나)	6회 (pm 7:00~9:00)	20,000원	퍼플			3/17		5/19		7/6		9/9	O	O	
Knowledge Donation Conference (지식기부 컨퍼런스)	2회 (pm 1:00~6:00) 예정	무료 (예치금 제도)													

구입처

Unitas BRAND
ONLINE   YES24, 인터파크, 알라딘, 교보문고, 영풍문고, 반디앤루니스, 리브로, 11번가
OFFLINE 교보문고 전점, 영풍문고 전점, 반디앤루니스 전점, 리브로(수원점), 프라임문고(신도림점), 대교문고 외
         기타 자세한 내용은 홈페이지 www.unitasbrand.com FAQ 참조

UNITAS MATRIX
ONLINE   FUN SHOP, 10X10, 후추통, YES24, 인터파크, 11번가
OFFLINE 핫트랙스(광화문점, 목동점) 영풍문고(종로점), 반디앤루니스(종로, 신림점), 북바인더스(가로수본점, SFC점)

㈜모라비안유니타스 서울시 마포구 동교동 203-40 ST빌딩 2층 Tel 02.545.6240 Email unitas@unitasbrand.com Web www.unitasbrand.com

당신의
아이디어는
다이어리 안에
가두기엔
너무 큽니다.

당신의 아이디어가 창의적 도구를 만날 때 남다른 결과가 시작됩니다.

번뜩이는 당신의 아이디어를 현장에서 구현해가는 과정을 프로젝트라고 말합니다.
그런 의미에서 일상에서 경험하는 모든 일,
예를 들어 여자친구와의 멋진 데이트 계획부터 신상품 기획까지
우리가 하는 모든 일은 프로젝트가 됩니다.
그런데 많은 사람들은 일의 일정을 맞추는 것이 프로젝트의 전부라 생각합니다.
그러나 더 중요한 것은 이 과정을 통해 남다른 결과를 만들어내는 일입니다.
유니타스매트릭스의 PROJECT NOTE는 당신의 넘치는 아이디어를
현실에서 창의적으로 구현할 수 있도록 돕는 멋진 도구입니다.

Project Note
Designed by Unitas BRAND for UNITAS MATRIX

UNITAS MATRIX Copyright©2008 by **MORAVIANUNITAS** 2F ST Bldg.,203-40, Donggyo-Dong, Mapo-gu, Seoul, KOREA
Tel. 02.545.6240 Mobile. 010.4177.4077 www.unitasbrand.com / www.unitasmatrix.com